Gisela Elsner

GEFAHRENSPHÄREN

Gisela Elsner

GEFAHRENSPHÄREN

Aufsätze

PAUL ZSOLNAY VERLAG
WIEN · DARMSTADT

Satz: Fotosatz-Studio Rizner, Salzburg · Wien
Druck und Bindung: May & Co., Darmstadt
Printed in Germany
ISBN 3-552-04008-0

CIP-Kurztitelaufnahme der Deutschen Bibliothek

Elsner, Gisela:
Gefahrensphären: Aufsätze / Gisela Elsner — Wien;
Darmstadt : Zsolnay, 1988
ISBN 3-552-04008-0

INHALT

LITERARISCHE AUFSÄTZE

POLITISCHE AUFSÄTZE

GESELLSCHAFTSKRITISCHE AUFSÄTZE

LITERARISCHE AUFSÄTZE

GEFAHRENSPHÄREN
Über Franz Kafkas AMTLICHE SCHRIFTEN

Hierzulande nur mit einer notorischen Ignoranz vermerkt, erschien im Jahre 1984 in der DDR im Akademie-Verlag-Berlin ein umfangreicher Band, der, mit einem Vorwort des Herausgebers Klaus Hermsdorf und einem Anhang mit Materialien, eine ansehnliche Sammlung der AMTLICHEN SCHRIFTEN von Franz Kafka enthält.

Die Tatsache, daß in der Bundesrepublik Deutschland, den Äußerungen des S. Fischer-Verlags zufolge, eine Publikation der AMTLICHEN SCHRIFTEN Kafkas noch nicht absehbar ist, dürfte nicht zuletzt darauf zurückzuführen sein, daß diese amtlichen Schriften die gesamte Sippschaft der etablierten Kafka-Interpreten, die sich bald metaphysisch, bald spekulativ, bald psychoanalytisch, bald philosemitisch, bald sogar zionistisch über Kafkas Dichtung hermachten, mit Betretenheit erfüllen. Denn Kafkas amtliche Schriften, an denen schwerlich heruminterpretiert werden kann, enthalten eine kompakte, waschechte Wirklichkeit, die dazu geeignet ist, Kafkas Werke aus ihrer entrückten Weltferne im Boden der Tatsachen zu verankern.

Diese amtlichen Schriften erbringen obendrein den Beweis, daß selbst ein Dichter, der, wie es Kafka tat, die Dichtung zu etwas Unbefleckten tabuisiert, seine Werke allen Reinlichkeitserhaltungs-Kulten zum Trotz dem Zugriff der Wirklichkeit nicht zu entreißen vermag.

Zwar äußerte Max Brod im Hinblick auf die Kafkasche Tabuisierung der Dichtung: „Gemeinsam war uns beiden . . . der Grundsatz: wenn es schon nötig war, außerhalb der literarischen Arbeit unseren

Lebensunterhalt zu verdienen . . ., so sollte es auf einem Gebiete geschehen, das von allem Literarischen möglichst weit entfernt ist. Brotarbeit und Dichtung sollten sich nicht hindern . . ." Max Brod selbst distanzierte sich, nach einem offenkundig anhaltenden inneren Ringen, von diesem Grundsatz, indem er unter anderem nicht ohne Spaß journalistisch tätig war. Kafka jedoch mühte sich bis zu seinem Lebensende, die Dichtung von dem Brotberuf, gegen den er eine geradezu dünkelhafte Mißachtung hegte, zu trennen. Dennoch pfuschte ihm der Beamte Kafka beträchtlich in sein dichterisches Handwerk. Auf seine Dichtung blieb nämlich keineswegs wirkungslos, daß Kafka vierzehn Jahre lang als Beamter der Prager Arbeiterunfallversicherung hinter einem Büroschreibtisch verbrachte, den er, weil sich darauf in Papieren festgehaltene ungeheuerliche Mißstände häuften, als ein „Ungeheuer" bezeichnete, während er die Akten, die er als Beamter zu bearbeiten hatte, weil sich darin zumal Gesetzesparagraphen tummelten, deren Interpretierbarkeit förmlich wucherte, „vertrackte Wesenheiten" nannte. Die Wirklichkeit, in die er als Beamter der Prager Arbeiterunfallversicherung in Form von Akten, Schriftstücken, Eingaben, Gesetzestexten, Einsprüchen, Statistiken und Bilanzen Einblick hatte, muß dem Dichter Kafka eine so doppelbödig wie trostlose Weltansicht vermittelt haben. Der Dichter Kafka haßte seinen Brotberuf zweifellos nicht weniger als seinen Vater. Trotzdem vereitelte eben dieser Brotberuf, daß aus Franz Kafka einer jener entlaubten Prager Poeten wurde, die, lechzend nach der Hintergründigkeit, geistige Verfinsterung mit Inspiration verwechselten.

Obwohl der Beamte Kafka bei seinem Eintritt in die Prager Arbeiterunfallversicherung offenkundig weit davon entfernt war, als Beamter Karriere machen zu wollen, obwohl ihn bei einer Beförderung in Anwesenheit seines Vorgesetzten ein zwangshafter Lachanfall übermannte, glückte es ihm nicht, seine Beamtenlaufbahn als der ewige Versager zu beenden, als den er sich nicht ungern auszugeben pflegte. Trotz seiner Brotberufphobie wurde der Beamte Kafka zunächst zum Praktikanten, dann zum Concipisten, daraufhin zum Vizesekretär und schließlich zum Obersekretär und Bevollmächtigten der Prager Arbeiterunfallversicherung befördert. In dieser

Position unterstand er unmittelbar dem Direktor dieser Versicherung.

Seine Karriere in einer öffentlich-rechtlichen Sozialversicherung hatte der Beamte Kafka im übrigen indirekt keinem anderen als Bismarck zu verdanken, der, in Anbetracht der Aufstände der Pariser Kommune kopfscheu geworden, zwar einerseits das weniger berühmte als berüchtigte GESETZ GEGEN DIE GEMEINGEFÄHRLICHEN BESTREBUNGEN DER SOZIALDEMOKRATIE erließ, andererseits jedoch keine andere Möglichkeit sah, als einen nicht undenkbaren Aufruhr der deutschen Arbeiterschaft abwieglerisch vorzubeugen, indem er sich zur Schaffung einer Sozialgesetzgebung herabließ, über die er im Jahre 1884 voller Abfälligkeit äußerte: „Wenn es keine Sozialdemokraten gäbe . . . würden die mäßigen Fortschritte, die wir überhaupt in der Sozialreform gemacht haben, auch nicht existieren."

Zwar erhoben die deutschen Sozialdemokraten gegen die Bismarcksche Sozialgesetzgebung wegen ihrer ungemeinen Mäßigkeit Protest, doch in der österreichischen k. k. Doppelmonarchie fand man sie eben deshalb durchaus nacheifernswert.

Einen Einblick in den Alibicharakter dieser Sozialgesetzgebung vermittelt in der besagten DDR-Ausgabe der AMTLICHEN SCHRIFTEN Kafkas abgedruckte, im Jahr 1915 erstmalig von der Prager Arbeiterunfallversicherungsanstalt publizierte Jahresbericht unter dem Titel: FÜNFUNDZWANZIG JAHRE ARBEITERUNFALLVERSICHERUNG, der alles andere als eine Dokumentation von bemerkenswerten Erfolgen ist. Diesem Jahresbericht ist zu entnehmen, daß der Vorstand der Prager Arbeiterunfallversicherung für seine Zuversichtlichkeit keinerlei Anlaß hat. Denn im Laufe eines Vierteljahrhunderts waren die Bemühungen um eine soziale Sicherheit der in dieser Anstalt versicherten Arbeiterschaft um keinen wesentlichen Schritt weitergekommen. Voller Erstaunen konstatiert der Leser des Jahresberichts auch, daß in der Prager Arbeiterunfallversicherung nicht etwa nur böhmische Arbeiter, sondern vielmehr auch die böhmischen Unternehmer gemeinsam mit ihren Gattinnen versichert waren. Die böhmischen Unternehmer, die im Falle einer Versicherungspflicht ihrer Betriebe, wenn überhaupt, so nur zähneknirschend Beiträge entrichteten, waren zynisch genug, um sich und ihren Gattinnen die Vergünstigungen nicht entgehen zu lassen, die eine Sozialversicherung verglichen mit einer viel kostspieligeren Privatversicherung zu bieten hatte.

Wie der Jahresbericht zeigt, kam ein weiterer Mißstand bereits in der Zusammensetzung des Vorstands zum Ausdruck, der nämlich schon insofern höchst ungeeignet war, die Interessen der in der Prager Arbeiterunfallversicherung versicherten Arbeiter zu wahren, als zwei Unternehmervertreter und zwei von der unternehmerfreundlichen Regierung des Königreichs Böhmen ernannte Vorstandsmitglieder bei Abstimmungen, Beschlüssen oder bei der Wahl eines neuen Direktors die zwei im Vorstand geduldeten Arbeitervertreter stets überstimmen und mundtot machen konnten.

Was den Anstaltsbereich betraf, so wurde dieser nach dem sogenannten Territorialprinzip aufgeteilt. Ausschlaggebend war allein die regionale Lage der versicherungspflichtigen Betriebe, wodurch größere Vereinigungen der Arbeiterklasse aufgrund gleichartiger Berufe oder gleichartiger Gefahrenklasseneinstufungen der diversen Betriebe, d. h. Vereinigungen aufgrund gleichartiger Interessenlagen vereitelt wurden.

Die Aufgabe, die nach dem Territorialprinzip regional aufgeteilten versicherungspflichtigen Betriebe in sogenannte Gefahrenklassen einzustufen, oblag keinem anderen als dem Beamten Franz Kafka. Um der Wettbewerbsfähigkeit in einem barbarischen Konkurrenzkampf und um eine geradezu frühkapitalistische Kapitalakkumulation zu betreiben, wußten die Besitzer die soziale Sicherheit der Arbeiter nach Kräften zu vernachlässigen. Die Aufgabe, die böhmischen Betriebe in auch nur annähernd angemessene Gefahrenklassen einzustufen, vermittelte dem Dichter Kafka zweifellos die Auffassung, daß die Erwerbstätigkeit, als Ganzes gesehen, eine einzige, in ihren Dimensionen überhaupt nicht mehr zu erfassende Gefahr für die arbeitende Bevölkerung darstellte. Denn allein eine solche Auffassung macht Kafkas Erzählung DIE VERWANDLUNG begreiflich. Sie stellt einen ins Gleichnishafte erhobenen Arbeitsunfall dar: Ein Reisender, das heißt der Vertreter einer Firma, der sich ständig dem entmenschlichenden Dienst eines Produktes unterzuordnen hat, findet sich eines Morgens beim Erwachen in seinem Bett als ein „ungeheures Ungeziefer“ verwandelt wieder. Der Grund zu solcher Verwandlung kann nur darin bestehen, daß der Vertreter Gregor Samsa, bedingt durch eine mangelnde Nachfrage nach dem Erzeugnis, das er an den Mann zu bringen hat, für die potentiellen Kunden der Firma nichts als eine Belästigung verkörpert. Der Prokurist der Firma erklärt: „. . . es ist zwar nicht die Jahreszeit, um besondere Geschäfte zu machen, das erkennen wir an; aber eine Jahreszeit, um keine Geschäfte zu machen, gibt es überhaupt nicht, Herr Samsa, darf es nicht geben . . .“ Weil Gregor Samsa um des Geschäftes willen Kunden behelligen mußte, die offenkundig das von ihm feilgebotene Erzeugnis nicht von ihm zu erwerben gedachten, erleidet er eine Verwandlung in den Inbegriff des Lästigen: in ungeheuerliches Ungeziefer nämlich, auf das selbst die eigene Familie wie auf ein gigantisches Ärgernis reagiert.

Obwohl derartige Arbeitsunfälle, die durch die Entmenschungsprozesse ausgelöst wurden, in die gängige Einstufung der Arbeitsverrichtungen in den diversen Betrieben in Gefahrenklassen von der Prager Arbeiterunfallversicherungsanstalt nicht einbezogen wurde, zeigt die Erzählung DIE VERWANDLUNG des Dichters Kafka davon, daß hier der Beamte Kafka Pate stand. Denn dank seiner Aufgabe, frühkapitalistische böhmische Betriebe, in denen überall für deren Lohnarbeitleistende Gefahren gewissermaßen auf Lauer lagen, muß sich der Beamte Kafka bewußt gewesen sein, daß jede Art von Arbeit, auch die eines Vertreters wie Gregor Samsa, weniger in der Verrichtung der diversen Tätigkeiten als vielmehr in dem Entrinnen von den diesen Tätigkeiten innewohnenden Gefahren bestand.

Die Aufgabe des Beamten Kafka, die böhmischen Betriebe in Gefahrenklassen einzureihen, war alles andere als ein Kinderspiel. Denn zum einen erklärte die Mehrzahl der böhmischen Unternehmer die in ihren Betrieben verrichteten Arbeiten prinzipiell für ungefährlich, obwohl Unfallstatistiken der Arbeiterunfallversicherung und die nicht weniger rapide steigenden alljährlichen Defizite der Arbeiterunfallversicherung die wahren Zustände aufs eindeutigste unter Beweis stellten. Beide Faktoren enthüllen zusätzlich hohe Versicherungsbeitragshinterziehungen von seiten der Unternehmer, denn die Lohnangaben dieser Unternehmer an die Arbeiterunfallversicherung waren noch niedriger als die ohnehin geringen Löhne ihrer Lohnarbeiter. Die für sie erstatteten Beträge wurden nämlich gemäß dem Lohnniveau und der jeweiligen Gefahrenklasse der Arbeit festgesetzt.

Im Jahre 1908, als Kafka als Aushilfsbeamter in die Prager Arbeiterunfallversicherungsanstalt kam, vertraten zirka zweihundert Beamte die Interessen von rundgerechnet 700.000 Versicherten. Ihnen war vom Gesetzgeber des Königreichs Böhmen jede gesetzliche Befugnis versagt, an Ort und Stelle die tatsächlichen Gefahren einzustufen, denen die Arbeiter beim Verrichten ihrer Lohnarbeit ausgesetzt waren. Der Gesetzgeber hinderte auch nicht zuletzt den Beamten Kafka daran, der Aufgabe, die ihm von Gesetzes wegen abverlangt wurde, gerecht zu werden. Dieser Widersinn, eine Aufgabe zugleich gestellt und verhindert zu sehen, prägt auch das Werk des Dichters Kafka, in dem der einzelne Mensch ohne Unterlaß mit einem Widersinn konfrontiert wird, vor dem er nur noch die Waffen strecken kann.

Der Aufgabe, die dem Beamten Kafka oblag, um offenkundig nicht ausgeführt werden zu können, wurden auch jene staatlichen Inspektorate nicht gerecht, die die gesetzliche Befugnis hatten, die Betriebe zum Zwecke einer Einstufung nach Gefahrenklassen zu besichtigen. Denn schon die konsternierend geringe Anzahl jener staatlichen Inspektorate stand in keinem Verhältnis zu der großen Anzahl der zu inspizierenden böhmischen Betriebe und war nicht dazu angetan, zahlreiche Betriebsinhaber von überraschenden Inspektionen ihrer Betriebe zu verschonen. Nicht wenige, offenkundig unter einer Immunschwäche gegen Bestechung leidende, staatliche Inspektoren ließen dem Beamten Kafka überdies des öfteren Gutachten zukommen, die sich insofern als untauglich erwiesen, als die Inspektoren eingestandenermaßen nicht einmal einen Fuß in die Betriebe gesetzt hatten. Diese Sachverhalte zeugen von der gewissermaßen unter der Hand gesetzlich angeordneten Handlungsunfähigkeit der Arbeiterunfallversicherung, der zwar jegliche gesetzlichen Befugnisse aberkannt wurden, dafür aber von dem selben Gesetzgeber die Befugnis zuerkannt wurden, eine Alibi-Institution zu sein, die dem Schein diente, man täte etwas für das Sein der in ihr versicherten Arbeiterklasse. Dieser öffentlich-rechtlichen Schein-Institution konnte als Aufgabe nur ein gewichtiger Leerlauf obliegen, dem der Dichter Kafka, ganz im Geiste des Beamten Kafka, in seinem Hauptwerk DER PROZESS Rechnung trägt. Er schildert in diesem Werk nämlich fortwährend die emsigen Tätigkeiten untergeordneter Beamter im Dienste einer unübersehbaren und undurchschaubaren Gerichtsbarkeit, die unter der Bürde ihrer Aufgabe schier zusammenzubrechen scheinen, aber nichts Handgreifliches zu erreichen vermögen. Wenn der Dichter Kafka diesem Widersinn den Charakter einer auf Erden obwaltenden Gesetzmäßigkeit unterschiebt, so zeugt dies von einer Fehleinschätzung des Dichters Kafka im Hinblick auf die Tätigkeit des Beamten Kafka. Denn der Vergeblichkeit in den Bestrebungen der Arbeiterunfallversicherung, die der Dichter Kafka zu einer Vergeblichkeit allen menschlichen Strebens verabsolutiert, wohnte trotz des offenkundigen Widersinns sehr wohl ein Sinn inne, nämlich bei den in dieser Sozialversicherung versicherten Arbeitern den trügerischen Eindruck zu erwecken, der Staat nehme sich ihrer Belange an.

Die Frage, wem an der die Werke Kafkas durchsetzenden Vergeblichkeit menschlichen Strebens gelegen sein konnte, läßt der Dichter Kafka offen. Der Beamte Kafka indes weiß mehr, als der Dichter Kafka wissen will, was die amtlichen Schriften belegen. Zwar erlebt, erduldet und erleidet auch der Beamte Kafka den ihm auferlegten, widersinnig erscheinenden Leerlauf zunächst, ohne ihn zu durchschauen. Denn in seiner im Jahre 1908 erschienenen ersten amtlichen Schrift vom UMFANG DER VERSICHERUNGSPFLICHT DER BAUGEWERBE UND DER BAULICHEN NEBENGEWERBE wendet sich der Beamte Kafka mit einer naiven Vertrauensseligkeit an den Gesetzgeber des Königreichs Böhmen, um ihm dessen jüngste Gesetzesinterpretation zu interpretieren, die in einer unternehmerfreundlichen Einschränkung der gesetzlichen Versicherungspflicht bestand. Hätte der Beamte Kafka durchschaut, daß der Sinn der ihm widersinnig erscheinenden gesetzlichen Versicherungspflichteinschränkung darin beruhte, den Besitzern baulicher Nebenbetriebe die notwendige Handhabe zu liefern, sich der ihnen zuvor gesetzlich vorgeschriebenen Beitragserstattungen für ihre Arbeiter zu entziehen, hätte er sich in seiner ersten amtlichen Schrift gewiß nicht in der offensichtlichen Hoffnung, ihn umzustimmen, ausgerechnet an den Gesetzgeber gewandt.

„Es ist wohl begreiflich", schreibt der Beamte Kafka in dieser Schrift, „daß die Frage nach dem Umfang der Versicherungspflicht der Baugewerbe und der baulichen Nebengewerbe gleich anfangs divergierenden Ansichten begegnen konnte. Denn in der Gruppe der Baubetriebe . . . kommt neben den auch bei den meisten anderen Betriebsgruppen vorkommenden Gefahrenunterschieden noch die Differenzierung zwischen zwei ganz verschiedenen Unfallsgefahren nach der Lage des jeweiligen Beschäftigungsortes in Betracht, nämlich die Unterscheidung zwischen der Gefahr in der Werkstatt und am Werkplatz einerseits und der Gefahr im Bauhof und am Bau andererseits. Hiezu tritt noch, daß die Arbeiter nicht selten innerhalb desselben oft kleinen Betriebes abwechselnd bald in die eine, bald in die andere Gefahrensphäre gelangen. Gerade der Bedenklichkeit dieser Frage wegen wäre deren baldigste, eindeutige und bleibende Lösung notwendig gewesen. Denn in dieser Angelegenheit durfte nicht nach Grundsätzen vorgegangen werden, deren man sich nicht sicher war . . ."

Ganz offensichtlich entging dem Beamten Kafka, daß die ihm unsicher erscheinenden Grundsätze des Gesetzgebers auf dem festen Grundsatz einer Unternehmerlobby fußten, sich der Versicherungspflicht und hiermit den Versicherungsbeitragserstattungen zu entziehen. Während der Beamte Kafka von Unternehmern spricht, pauschaliert er die Arbeiterschaft mit einem apathisch undifferenzierten MAN. Wenn er indes annahm, daß die Arbeiterschaft sich der Grundsätze, nach denen vorgegangen wurde, nicht sicher sein konnte, so irrte er sich gehörig. Denn jene von der jüngsten Gesetzesinterpretation betroffenen Arbeiter, die einerseits Gefahren ausgesetzt waren, denen andererseits dank der jüngsten Gesetzesinterpretation des Gesetzgebers im Falle eines Arbeitsunfalls eine Entschädigung streitig gemacht wurde, mußten sich aus eigener Erfahrung über den Schaden, der ihnen erwuchs, wie über den entsprechenden Nutzen für die Inhaber der Betriebe, durchaus im klaren sein.

Aber das Verhältnis zur Arbeiterklasse, die der Beamte Kafka mit seinem MAN der Gesichtslosigkeit überantwortete, ist wohl darauf zurückzuführen, daß er, bedingt durch den Scheincharakter der Institution, in der er tätig war, kaum Vertreter der Arbeiterklasse zu Gesicht bekam. Auch der Dichter Kafka sieht die Arbeiterschaft gänzlich undifferenziert. Dies belegt nicht zuletzt seine Erzählung BESUCH IM BERGWERK, dessen Erzähler ein offenkundig den Bergarbeitern zugehöriger, anonym bleibender Berichterstatter ist. Ihn kennzeichnet eine gezügelte Fassungslosigkeit über das Auftauchen einer Gruppe von Ingenieuren, auf deren Gutachten in einem Stollen tief unter der Erde dieser anonyme Berichterstatter aus dem Proletariat wie auf etwas überwältigend Sensationelles reagiert. Unter der Hand gewinnen in seinen Augen die Ingenieure den Charakter von Fabelwesen, deren Untersuchungen sich seinem Begriffsvermögen entziehen. Dadurch, daß der Dichter Kafka die anonymen Berichterstatter das an sich nicht der Rede werte Auftauchen der Ingenieure in einem gottverlassenen, namenlosen Stollen zu einem denkwürdigen Ereignis hochstilisieren läßt, dem Leser allerdings einen Eindruck von der Diskrepanz zwischen der gesellschaftlichen Stellung der Ingenieure und der gesellschaftlichen Stellung der Bergarbeiter, für die schon Ingenieure Fabelwesen darstellen. Der unverhältnismäßigen Individualisierung der einzelnen Ingenieure steht die Anonymität der Bergarbeiter gegenüber. Durch diese Anonymität wird deren klassenmäßig untergeordnete Stellung deutlich. Um die untergeordnete Stellung noch zu unterstreichen, läßt der Dichter Kafka einen Diener sich gegenüber den Bergarbeitern hochherrschaftlich gebärden.

„Hinter diesen zwei Herren", heißt es in der Erzählung, „geht der unbeschäftigte Diener. Die Herren haben, wie es bei ihrem großen Wissen selbstverständlich ist, längst jeden Hochmut abgelegt, der Diener dagegen scheint ihn in sich aufgesammelt zu haben. Die eine Hand im Rücken, mit der anderen vorn über seine vergoldeten Knöpfe . . . streichend, nickt er öfters nach rechts und links, so als ob wir gegrüßt hätten und er antwortete, oder so, als nehme er an, daß wir gegrüßt hätten, könne es aber von seiner Höhe aus nicht nachprüfen. Natürlich grüßten wir ihn nicht, aber doch möchte man bei seinem Anblick fast glauben, es sei etwas Ungeheures, Kanzleidiener der Bergdirektion zu sein . . ."

Obwohl sich der Dichter Kafka über diesen Domestiken lustig macht, dem die unverdiente Beachtung in dem gottverlassenen Stollen in den Kopf steigt, schenkt auch er ihm mehr Beachtung als den Bergarbeitern, was nur aus der Erfahrung des Beamten Kafka beruhen kann, der hier den Dichter Kafka inspirierte. Dank der Scheinfunktion der Prager Arbeiterunfallversicherung hatte es der Beamte Kafka nämlich statt mit Vertretern der Arbeiterklasse ständig nur mit Repräsentanten der Unternehmerschaft zu tun.

Auf welche Weise der böhmische Gesetzgeber die Interessen der Arbeiter ungeachtet ihrer angeblichen gesetzlichen Gewährleistung in Form einer öffentlich-rechtlichen Arbeiterunfallversicherung durch Gesetzesinterpretationen mit Füßen trat, verrät ein weiteres Textstück der ersten amtlichen Schrift des Beamten Kafka, in dem es heißt: „Die ursprüngliche Interpretation des Gesetzes, festgelegt in Ministerialverordnungen, in Ministerialerlassen, in Ministerialentscheidungen, in Erkenntnissen des Verwaltungsgerichts, werde durch ein scharf logisch gebautes Erkenntnis des Verwaltungsgerichtshofes im Jahr 1906 widerlegt, kehrt jedoch in den neuen Erkenntnissen des Verwaltungsgerichtshofes wider . . . Als Folge der neuen Sachlage müssen alle jene Mißstände wieder zu Tage treten, die vor dem Erkenntnis . . . gestanden haben . . . Das hierbei in Betracht kommende Hauptmoment ist jedoch, daß der Arbeiter des gleichen Betriebes in Diensten des gleichen Unternehmers einmal versichert ist, das andere Mal nicht. Hat dieser Umstand schon wiederholt zu Klagen geführt . . ., so wird durch die jetzige einschränkende Auslegung des Gesetzes die Unzufriedenheit der Arbeiter nur gefördert werden. Denn während sie eine geraume Zeit hindurch die beruhigende Gewißheit hatten, durch Versicherung gegen die Folgen aller möglichen Betriebsunfälle geschützt zu sein, so wird dies heute nicht mehr der Fall sein. Und die Arbeiter müssen . . . zu dem Glauben kommen, daß nicht Prinzipien, sondern Zufälligkeiten das Versicherungswesen beherrschen. Denn es ergeben sich für die Arbeiterschaft unverständliche Tatsachen: Derselbe Arbeiter, der in gleicher Beschäftigung bis zum 1. Juli 1908 gegen Unfälle in der

Werkstatt versichert war, soll es von da an nicht mehr sein; hier entscheidet also das Datum über das Vorhandensein einer Unfallgefahr. Der gleiche Arbeiter ist bei einem Unternehmer gegen Unfälle in der Werkstatt versichert, bei einem anderen Unternehmer des gleichen Gewerbes nicht; hier entscheidet also der persönliche Standpunkt des Unternehmers über die Versicherung ... Jedenfalls aber ist auf dem Gebiete der Entschädigungspraxis die äußerste Wirkung der neuen Judikatur des Verwaltungsgerichtshofes zu suchen, sie ist auch ... am meisten beklagenswert, letzteres umso mehr, als die neue, die Versicherungspflicht einschränkende Interpretation weder mit dem Geiste, noch mit dem Wortlaute des Gesetzes ... in Einklang gebracht werden kann ..."

In diesem Text stellt der Beamte Kafka zunächst jene Gewichtigkeit und jenen hierarchischen Aufwand dar, mit dem Gesetzgeber aller Herren Länder nicht nur zu Beginn des 20. Jahrhunderts auf eine verwirrend pomphafte Weise, die der Verschleierung der Interessen der Herrschenden dient, dem Unrecht zum Rang des Rechtes zu verhelfen verstehen. Weil der Laie zumeist der Ansicht ist, daß das Unrecht nur im Geheimen, in aller Stille und Verstohlenheit vonstatten zu gehen vermöge, tragen der Aufwand und die Gewichtigkeit, die der Laie dem Recht für gebührend hält, zu einer anhaltenden Verwirrung des Gerechtigkeitsverständnisses bei. Dem verleiht der Beamte Kafka in seiner ersten amtlichen Schrift Ausdruck. Allerdings ist er weit davon entfernt, den Gesetzgeber, der mithilfe einer widersinnigen Gesetzesinterpretation in Wahrheit den Interessen einer Unternehmerlobby Rechnung trägt, als einen Gesetzesbrecher zu brandmarken, der den Gesetzesbruch legalisiert. Vollauf damit beschäftigt, wie es der Beamte Kafka ist, die gesetzeswidrige Gesetzesinterpretation des Gesetzgebers zu interpretieren, durchschaut er nicht, daß gerade die den Gesetzen innewohnende Interpretierbarkeit den Zweck erfüllt, allen Gesetzen zum Trotz auch den Gesetzesbruch zu legalisieren. In Anbetracht der verwirrenden Interpretierbarkeit des zur Debatte stehenden Gesetzes unterläßt es der Beamte Kafka zudem, die bei weitem entscheidendere Frage zu stellen: Wer profitiert von der jüngsten Gesetzesinterpretation? Er entdeckt nur den Schaden, der durch die mit der jüngsten Gesetzesinterpretation geschaffenen Rechtsunsicherheit den Arbeitern erwächst. Daß der vermeintliche Widersinn den Sinn hat, jenen, denen er nicht schadet, zu nutzen, scheint dem Beamten Kafka nicht in den Kopf gekommen zu sein.

Der Beamte Kafka, dem der väterliche Geschäftsgeist ebenso verhaßt war wie sein Vater und sein Brotberuf, kroch einem rein formal legalistischen Gesichtspunkt auf den Leim. Deshalb ignorierte er die sozialen Interessen wie die sozialen Interessenkonflikte, das heißt die Klassengegensätze zwischen Arbeiterschaft und der Unternehmerschaft. Weil der Beamte Kafka diesen entscheidenden Aspekt ausklammerte, zweifelte er zu Beginn seiner Beamtenlaufbahn auch nicht daran, daß er dazu imstande wäre, als „Mittler", wie er es nennt, die Ansprüche der Arbeiterschaft, die möglichst hohe Entschädigungsbeträge für möglichst viele Unfälle herauszuschlagen suchte, und die Bemühungen der Unternehmerschaft, möglichst niedrige Versicherungsbeiträge für möglichst wenige Arbeiter zu erstatten, miteinander zu vereinbaren. Die Tatsache, daß derart diametral entgegengesetzte Interessen nicht einmal der Allmächtige zu vereinbaren vermag, wurde dem Beamten Kafka erst im Laufe seiner notorisch vergeblichen Bemühungen allmählich bewußt. Zu Beginn seiner Laufbahn führte der Beamte Kafka sein Scheitern als „Mittler" keineswegs auf Klassengegensätze, sondern vielmehr auf unterschiedliche Gesetzesinterpretationen zurück, in denen er weder bewußt böse noch bewußt gute Absichten und Zwecke, geschweige denn irgendwelche Verursacher zu entdecken scheint. Man gewinnt den Eindruck, als hegte der Beamte Kafka die Überzeugung, die Gesetzesinterpretationen verselbständigten sich, um sich zu Mesallianzen zur Zeugung weiterer und weiterer Gesetzesinterpretationen zusammenzurotten. Denn die Zielscheibe seines zartfühligen Angriffs war nicht der Gesetzgeber, der für ihn offenkundig eine unantastbare Instanz verkörperte. Vielmehr griff der Beamte Kafka stattdessen die interpretationsanfälligen Gesetze an. Es überstieg das Fassungsvermögen des Beamten wie des Dichters Kafka zu durchschauen, daß die Interpretierbarkeit der Gesetze schon insofern unabdingbar war, als sie jenen, denen diese Interpretierbarkeit von Nutzen war, dazu diente, auch den Gesetzesbruch vom Gesetzgeber legalisieren zu lassen.

Der außerordentlich bildhaften Vorstellungskraft des Dichters Kafka stehen die gleichermaßen trocken wie widersinnig erscheinenden Gesetzesinterpretationen gegenüber, mit denen sich der Beamte Kafka Tag für Tag herumzuschlagen hatte. Diesen Widerspruch zwischen der bildhaften Vorstellungskraft des Dichters Kafka und dem abstrakten und widersinnig erscheinenden Erfahrungsbereich des Beamten Kafka vermag der Dichter Kafka nicht mit einer konkret realistischen Darstellungsweise zu bewältigen. Aufgrund seiner außerordentlichen bildlichen Vorstellungskraft ist der Dichter Kafka nur imstande, die Erfahrungen des Beamten Kafka in Form von Parabeln darzustellen. So kennzeichnet sein Werk die Darstellung einer für den Menschen unbegreiflichen Weltordnung, denen seine bildhafte Vorstellungskraft in dem Maße erweitert, indem sie seine auf obwaltende Gesetze und Gesetzesinterpretationen, die sich in seinen Augen fortwährend verselbständigen, verengt.

Überwältigt von dem Wirrwarr und der scheinbaren Widersinnigkeit der Gesetzesinterpretationen, deren ursächliche Klärung dem Beamten Kafka fruchtlos erscheinen mußte, müht sich der Dichter Kafka, eine Ordnung und Eindeutigkeit zu finden. Hinter den interpretationsanfälligen Gesetzen eine allumfassende Gesetzmäßigkeit. Auf den Gedanken, nach Erklärung in der böhmischen Gesellschaftsordnung zu fahnden, kam der Dichter Kafka offenkundig nicht.

Ganz im Banne der die Gesetze förmlich überwuchernden Gesetzesinterpretationen, deren Bewältigung dem Beamten Kafka Tag für Tag oblag, macht sich der Dichter Kafka Nacht für Nacht schreibend auf die Suche nach einem Gesetz, das alle ihm unsinnig erscheinenden Gesetze entschlüsselt. Weil dem Beamten Kafka jeglicher Kontakt mit den verstümmelten Opfern von Arbeiterunfällen fehlte, ist es im Hauptwerk des Dichters kein Arbeiter, den ein vom Gesetzgeber unterstützter Unternehmer einer Rechtsunsicherheit überantwortet, indem er sich der Versicherungspflicht entzieht und hiermit einer sozialen Verelendung preisgibt. Vielmehr handelt es sich bei der Hauptfigur des Romans DER PROZESS bekanntlich um einen Bankprokuristen namens Josef K., der allerdings einer obwaltenden Rechtsunsicherheit in ähnlicher Weise überantwortet ist wie es ein Opfer eines Arbeitsunfalls im Königreich Böhmen zu Kafkas Lebzeiten war. Ebenso unvoraussehbar, wie dem böhmischen Arbeiter beim Verrichten seiner Lohnarbeiten ständig Gefahren auflauern, die zu Unfällen führen können, über deren Tragweite sich der Beamte Kafka prinzipiell im klaren sein mußte, ereilt den Bankprokuristen Josef K. aus heiterem Himmel eine Anklage, die für ihn jene Widersinnigkeit spiegelt, die der Beamte Kafka in den Gesetzesinterpretationen erkannt zu haben wähnte. Über die Schuld, deren der Angeklagte Josef K. bezichtigt worden ist, wird er nicht in Kenntnis gesetzt. Zunächst hält er, ganz wie es der Beamte Kafka in seiner ersten amtlichen Schrift im Hinblick auf die jüngste Gesetzesinterpretation tat, seine Anklage für einen Irrtum, den es nur aufzuklären gilt. Aber je eifriger er bemüht ist, den Irrtum aufzuklären, umso nachdrücklicher geben ihm die Repräsentanten untergeordneter Instanzen, hinter denen sich eine undurchschaubare und undurchdringbare Hierarchie von weiteren Instanzen zu verschanzen scheint, zu verstehen, daß seine Schuld außerfrage stehe. Auch jene, die er um Hilfe ersucht, betrachten seine Schuld als über jeden Zweifel erhaben. Wie der Beamte Kafka aufgrund seiner irrigen Auffassung, daß die gesetzgebenden Instanzen unantastbar wären, zeigt auch der Angeklagte Josef K. im Verlauf seines Prozesses, der in seiner Abwesenheit von hohen Instanzen abgewickelt wird, eine wachsende Neigung, sich vom Schein dermaßen blenden zu lassen, daß er darüber das Sein vergißt. Das Auftreten subalterner Wächter, Prügler und Beamter, die pessimistischen Äußerungen eines Winkeladvokaten über den Ausgang des Prozesses, die Verrottung eines Kaufmanns, den ein ähnlicher Prozeß dermaßen depraviert hat, daß er vor dem wichtigtuerischen Winkeladvokaten auf die Knie fällt, die scheinbaren Beistandsbekundungen eines korrupten Malers, der davon lebt, daß er in seinen Portraits abstoßend feiste Richtervisagen bis zur Unkenntlichkeit idealisiert — all dies betrachtet der immer defätistischer werdende Angeklagte Josef K., dessen Defätismus dem wachsenden Defätismus des Beamten Kafka entspricht, als Indizien für das Vorhandensein seiner Schuld. Statt diese

Schuld infrage zu stellen, erwartet der Angeklagte Josef K., den der widersinnige Prozeß so überwältigt hat wie den Beamten Kafka die nicht hinterfragte Widersinnigkeit der Gesetzesinterpretationen, in einer festlichen Kleidung, so als handle es sich hierbei um einen hochherrschaftlichen Besuch, seine beiden Henker. Gewissermaßen stumm seine Schuld eingestehend, indem er mit ihnen im Gleichschritt geht, läßt er sich abführen und in einem Steinbruch wie ein Stück Vieh abschlachten.

Das im Jahre 1914 entstandene Hauptwerk des Dichters Kafka stellt einen Extrakt der Erkenntnisse dar, die der Beamte Kafka im Laufe seiner Beamtenkarriere zwischen den Jahren 1908 und 1914 zu sammeln vermochte. Bereits die im Jahre 1909 erschienene zweite amtliche Schrift zeugt davon, daß angesichts der Widersinnigkeit eines weiteren, eben erlassenen Gesetzes der Beamte Kafka allmählich den Kampfesmut zu verlieren begann. Zwar mühte er sich hier unter dem Titel EINBEZIEHUNG DER PRIVATEN AUTOMOBILBETRIEBE IN DIE VERSICHERUNGSPFLICHT, durch einen Klärungsversuch den Widersinn eines Gesetzes aufzudecken, eines Gesetzes, das diesmal allerdings eine widersinnig erscheinende Erweiterung der Versicherungspflicht bestimmt. Ganz auf die Wahrung einer Sachlichkeit und einer Unparteilichkeit bedacht, die verrät, daß dem Beamten Kafka der Widersinn zu jener Selbstverständlichkeit zu werden anfing, die auch in den Werken des Dichters Kafka ihren Niederschlag findet, wendete sich der Beamte Kafka erneut an den Gesetzgeber, um ihm den Widersinn des neuen Gesetzeswerkes zu erläutern. Dies kann nur auf seine irrige Auffassung zurückzuführen sein, der Gesetzgeber erlasse widersinnige Gesetze lediglich aus Unkenntnis der Auswirkungen dieser Gesetze. Dabei offenbarte der neue Gesetzeserlaß nur den Zynismus der herrschenden Klasse im Königreich Böhmen, die selbst die ohnehin minimalen Vergünstigungen für ihre eigenen Interessen auszuschlachten.

In der zweiten amtlichen Schrift des Beamten Kafka ist nämlich von nichts anderem die Rede als von jenem Gesetzeserlaß, der es der Arbeiterunfallversicherung zumutete, außer Betrieben, die Kraftfahrzeuge produzierten, und außer den im Kraftfahrzeugsverkehr sowie im Transportwesen Beschäftigten auch die privaten Automobile privater Automobilbesitzer einzubeziehen, bei denen es sich ausschließlich um Mitglieder der gehobenen Kreise handeln konnte.

„Kraftfahrzeuge", so erläutert der Beamte Kafka dem Gesetzgeber in seiner zweiten amtlichen Schrift, „bildeten nur insofern einen Gegenstand der Unfallversicherung in bezug auf Versicherung, Unternehmerschaft, Beitragsleistung und Unfallentschädigung, als sie einen Bestandteil des versicherungspflichtigen gewerblichen Produktionsbetriebes bildeten oder selbständig der Ausübung des Personen- und Frachtentransportes dienten. Jetzt wurde nicht nur das Automobil der Eigenwirtschaft des Unternehmers eines versicherungspflichtigen Betriebes, sondern auch jenes von Personen, die gar nicht Unternehmer waren oder sind, als ‚Betrieb' erklärt. In diesen neuen ‚Betrieben' kommt auch die sonst herrschende Kollektivversicherung nicht zum Ausdrucke, sondern der Sachverhalt nähert sich dem der Individualversicherung, da die Automobilbetriebe, ohne dabei der Anstalt die Vorteile der Individualversicherung zu bringen, überwiegend Betriebe mit nur einer einzigen versicherten Person darstellen, so daß jeder einzelne Mensch ein Einzelrisiko bildet, ohne jede Möglichkeit eines inneren Ausgleichs innerhalb des Betriebes . . ."

Die Schwäche der Position des Gesetzgebers gegenüber der herrschenden Klasse kommt in diesem Gesetz dermaßen eklatant zum Ausdruck, daß man sich wirklich fragen muß, was sich der Beamte Kafka wohl von einem Gesetzgeber versprochen haben mochte, der sich offen den Interessen der gehobenen Schichten im Königreich Böhmen beugte: Statt für die Versicherung ihrer Person in Privatversicherungen hohe Beiträge zahlen zu müssen, gelangten die wohlbetuchten böhmischen Automobilbesitzer per Gesetz in den Genuß von Begünstigungen der billigeren Arbeiterunfallversicherung, die angeblich allein für die Opfer von Arbeitsunfällen ausgearbeitet worden war.

Weil der Beamte Kafka außerstande war, die sich hinter der Gesetzgebung verschanzenden Interessen zu erkennen, verabsolutiert der Dichter Kafka das Dasein des Menschen zum Inbegriff der Widersinnigkeit. In seiner Parabel VOR DEM GESETZ erhöht er diese Widersinnigkeit zu dem GESETZ schlechthin. In diesem Gesetz aller

Gesetze stellt sich das große Ungewisse dar, das sich dem menschlichen Fassungsvermögen entzieht. Vor zahllosen Eingängen zu zahllosen Räumlichkeiten versperren zahllose Türhüter jedem, der nach dem Gesetz sucht, den Zugang. Ihr Tun kann nur den Sinn haben, die Entfernung des Suchenden vom Gesetz zu vergrößern.

So wartet in Kafkas Parabel VOR DEM GESETZ ein gesichtsloser „Mann vom Lande", bei dem es sich wohl um einen unwissenden Bauern handelt, sein halbes Leben lang auf einem Hocker neben dem ersten Eingang zum Gesetz darauf, daß der Türhüter, der ihm den Zutritt verstellt, endlich beiseite tritt. Aus ihm unbegreiflichen Gründen wird der Mann vom Lande für seine die Menschenkraft überfordernde Geduld nicht etwa belohnt, sondern auch noch bestraft.

Dem Beamten Kafka können die Gründe nicht dermaßen unersichtlich gewesen sein, wie der Dichter Kafka vorgibt, der bemüht ist, seine Parabeln vor den Anfechtungen der Wirklichkeit zu schützen und sie dem Zugriff des Beamten Kafka nach Kräften zu entziehen. Vor seinem Tode blendet den Mann vom Lande zwar der Glanz des Gesetzes, der aber sowohl auf ein tatsächliches Vorhandensein dieses Gesetzes, als auch auf ein abgeschmacktes Täuschungsmanöver irgendwelcher Türhüter zurückzuführen sein kann. Eine Steigerung der Unmenschlichkeit erzielt der Dichter Kafka, indem er dem Manne vom Lande, der mittlerweile fast erblindet ist, vor dessen Tod die Frage in den Mund legt: „Alle streben nach dem Gesetz . . ., wieso kommt es eigentlich, daß in diesen vielen Jahren niemand außer mir Einlaß verlangt hat?" Hierauf erwidert der Türhüter mit einer barbarischen Ungerührtheit: „Hier konnte niemand sonst Einlaß erhalten, denn dieser Eingang war für dich bestimmt. Ich gehe jetzt und schließe ihn."

Diese Parabel findet man wortwörtlich am Ende des Kafkaschen Hauptwerkes DER PROZESS in dem Kapitel „Der Dom" wieder. Doch läßt der Dichter Kafka diese Parabel in seinem Hauptwerk nicht auf sich beruhen. Ein Gefängniskaplan, der dem Angeklagten Josef K. kurz vor der Hinrichtung in einer beklemmend niedrigen Kanzel dieses Gleichnis verkündet, fügt dem Gleichnis jene Art Interpretationen hinzu, mit denen der Beamte Kafka im Verlauf seiner Karriere fortwährend konfrontiert wurde.

Der Angeklagte Josef K. entnimmt den Interpretationen des Gefängniskaplans, daß der Türhüter den Mann vom Lande „getäuscht" hätte. Aber der Gefängniskaplan ermahnt den Angeklagten Josef K., keine voreiligen Schlußfolgerungen zu ziehen. „. . . Ich habe dir die Geschichte im Wortlaut der Schrift erzählt. Von Täuschung steht nichts darin", erwidert der Geistliche dem Angeklagten Josef K. Hierauf erwidert der Letztere: „Der Türhüter hat die erlösende Mitteilung erst dann gemacht, als sie dem Manne nicht mehr helfen konnte." „Er wurde nicht früher gefragt", verteidigt der Geistliche den Türhüter, „bedenke auch, daß er nur Türhüter war, und als solcher hat er seine Pflicht erfüllt." „Warum glaubst du, daß er seine Pflicht erfüllt hat? . . . Seine Pflicht war es vielleicht, alle Fremden abzuwehren, diesen Mann aber, für den der Eingang bestimmt war, hätte er einlassen müssen", meinte hierauf der Angeklagte Josef K. Den Einwand setzte der Gefängniskaplan jedoch wiederum mit einer sophistischen Erklärung außerkraft: „Diese Geschichte enthält über den Einlaß ins Gesetz zwei wichtige Erklärungen des Türhüters, eine am Anfang, eine am Ende. Die eine Stelle lautet: daß er ihm jetzt den Eintritt nicht gewähren könne, und die andere: dieser Eingang war für dich bestimmt. Beständе zwischen diesen beiden Erklärungen ein Widerspruch, dann hättest du recht, und der Türhüter hätte den Mann getäuscht. Nun besteht aber kein Widerspruch, die erste Erklärung deutet sogar auf die zweite hin . . . Nun mischen sich aber für den Türhüter noch andere Wesenzüge ein . . . Es läßt sich nicht leugnen, daß er ein wenig einfältig und im Zusammenhang damit ein wenig eingebildet ist . . . Aus alldem schließt man, daß er über . . . die Bedeutung des Inneren nichts weiß und sich darüber in Täuschung befindet . . . Es ist anzunehmen, daß er durch . . . ein ganzes Mannesalter gewissermaßen nur leeren Dienst erfüllt . . . nach dieser Meinung befindet sich der Türhüter noch in einer viel schwereren Täuschung, sie betrifft seinen Dienst . . ."

Es wirkt fast so, als spiegle der Dichter Kafka mit dieser Äußerung des Gefängniskaplans den Dienst, das heißt die Scheinfunktion des Beamten Kafka in der Arbeiterunfallversicherung wider, während sich der Dichter Kafka in die Rolle des Angeklagten Josef K. versetzt, dessen Argumente der Gefängnisgeistliche nachdrücklich mit den Worten entkräftet: „Manche sagen nämlich, daß die Geschichte niemandem das Recht gibt, über den Türhüter zu urteilen. Wie er uns auch erscheinen mag, ist er doch ein Diener des Gesetzes, also zum Gesetz gehörig, also dem menschlichen Urteil entrückt . . . an seiner Würdigkeit zu zweifeln, hieße das Gesetz bezweifeln . . ." Daraufhin fällt der Dichter Kafka in Gestalt des Angeklagten Josef K. dem Gefängniskaplan nicht nur ins Wort; vielmehr geht er mit dem Türhüter und seinem Apologeten, die den Standpunkt des Beamten Kafka vertreten, ins Gericht: „Trübselige Meinung . . . Die Lüge wird zur Weltordnung gemacht."

Doch nicht genug, daß der Dichter Kafka den Beamten Kafka anprangert, der Dichter Kafka desavouiert sich in seinem Prosatext VON DEN GLEICHNISSEN obendrein noch selber. Da heißt es: „Viele beklagen sich, daß die Worte der Weisen immer wieder nur Gleichnisse seien, aber unverwendbar im täglichen Leben, und nur dieses allein haben wir. Wenn der Weise sagt: ‚Gehe hinüber', so meint er nicht, daß man auf die andere Seite hinüber gehen solle, was man immerhin noch leisten könnte, wenn das Ergebnis des Weges wert wäre, sondern er meint irgendein sagenhaftes Drüben, etwas, das wir nicht kennen, das auch von ihm nicht näher zu bezeichnen ist und das uns also hier gar nichts helfen kann. Alle diese Gleichnisse wollen eigentlich nur besagen, daß das Unfaßbare unfaßbar ist, und das haben wir gewußt . . ."

Die Tatsache, daß er sich in seiner 1911 publizierten Schrift DIE ARBEITERUNFALLVERSICHERUNG UND DIE UNTERNEHMER nicht mehr an den Gesetzgeber wendete, legt den Verdacht nahe, daß der Beamte Kafka im Rahmen des von dem Dichter Kafka veranschaulichten Unfaßbaren erfaßt hatte, daß nicht der Gesetzgeber der richtige Adressat für seine Jahresberichte war. In der offensichtlichen Vermutung, daß im Königreich Böhmen der Bevölkerung von den in Wahrheit Herrschenden falsche Machtverhältnisse vorgetäuscht wurden, umging der Beamte Kafka hier den Gesetzgeber, von dem er zu Beginn seiner Laufbahn voller Naivität „eindeutige" und „bleibende" Gesetze gefordert hatte. Er gab obendrein die

Rolle des „Mittlers" zwischen der Arbeiterklasse und der Unternehmerschaft auf.

In der Rolle eines Fürsprechers der Arbeiterunfallversicherung, deren Defizite er zu verringern trachtete, wendete sich der Beamte Kafka an die böhmische Unternehmerschaft, auf deren guten Willen und Einsicht er baute.

In der ihm eigenen, in sozialer wie in historischer Hinsicht stark verengten Perspektive teilte der Beamte Kafka die böhmische Unternehmerschaft hinsichtlich ihrer Haltung zur Arbeiterunfallversicherung in zwei Gruppen ein. Bei der ersten handelt es sich um der Arbeiterunfallversicherung je nach Marktlage mehr oder minder wohlwollend gegenüberstehende Unternehmer, die der Beamte Kafka dadurch bei der Stange zu halten suchte, daß er ihnen ein heuchlerisch anbiederisches Lob zollt, weil sie der gesetzlichen Versicherungspflicht der bei ihnen beschäftigten Arbeiter nachkamen.

Die zweite Gruppe der Unternehmer, bei der der Beamte Kafka guten Willen und Einsicht vermißte, bezichtigte er keineswegs unverhohlen des Gesetzesbruchs, über dessen Duldung vonseiten des Gesetzgebers ihm offenkundig ein Licht aufgegangen war. Vielmehr zeigte sich der Beamte Kafka bemüht, diese zweite Unternehmergruppe, deren Eigennutz und Profitgier er angelegentlich ignorierte, bei der Ehre zu packen. Er versuchte zum sogenannten Allgemeinwohl, das im Königreich Böhmen zu seinen Lebzeiten das Wohl einer Minderheit und das Übel einer Mehrheit der Bevölkerung war, dadurch beizutragen, daß er die in einen barbarischen Konkurrenzkampf verwickelten Unternehmer zur Erlangung der Einsicht animierte, daß sie jene unter ihrer Versicherungspflicht schier ächzenden Konkurrenten von einem Teil dieser Bürde brüderlich erlösen müßten. Damit bezweckte der Beamte Kafka, daß durch eine gleiche Verteilung der Versicherungsbeitragserstattungslast zumindest unter den Unternehmern und bei der Arbeiterunfallversicherung Gerechtigkeit geschaffen wurde.

Obwohl der Beamte Kafka in seiner amtlichen Schrift eher dazu neigte, die beitragszahlungsunwillige Unternehmergruppe zu ermahnen oder gelegentlich auf eine recht philisterhafte Art und Weise zu tadeln, verfiel er angesichts der ihm vorliegenden Unfallstatistiken, der Arbeiterunfallversicherungsdefizite und der Schäden, die sich durch zu niedrige Lohnsummeneinbekennungen vonseiten jener Unternehmer ergaben, deren Beitragshinterziehungen die Weigerung des Gesetzgebers, einen die Lohnfrage und somit auch die Versicherungsbeitragfrage klärenden Lohnlistenzwang gesetzlich in Kraft treten zu lassen, Vorschub leistete, dann und wann in einen schärferen Tonfall. Doch schwächte seinen Angriff die Tatsache ab, daß er die Beitragshinterzieher nicht namentlich nannte und damit bloßstellte. Indem er sie stets nur „die Unternehmer" nannte, gewährte er ihnen den Schutz der Anonymität.

„Es ist selbstverständlich", heißt es in dieser amtlichen Schrift, „daß die ununterbrochene Erhöhung der Beitragslasten zur Arbeiterunfallversicherung von Kreisen der beteiligten Industriellen nicht freudig aufgenommen wurde, daß sich vielmehr Stimmen dagegen erhoben . . . Es waren dies allerdings nicht die einzelnen Mittel, welche zur Geltung gebracht worden sind. Es war vielmehr keine vereinzelte Erscheinung, daß Unternehmer ihr Verhältnis zur Anstalt sich in individueller Weise zulegten. Es ist hier notwendig, etwas näheres über die Gefahrenklasse und die Beitragstarife zu sagen. Bekanntlich ist die Beitragsleistung auf dem Gebiete der Arbeiterunfallversicherung nach der Gefährlichkeit der Betriebe . . . abgestuft. In den ersten Anfängen der österreichischen Arbeiter-Unfallversicherung war der Einreihung das statistische Material zugrunde gelegt worden, welches dem Ministerium des Inneren zur Verfügung stand und es muß gesagt werden, daß gerade dieses statistische Material vielleicht eines der verhängnisvollsten Momente für die ganze Entwicklung der . . . Arbeiterunfallversicherung gebildet hat. Dieser Material war nämlich derart mangelhaft und unvollständig, daß es die tatsächlichen Verhältnisse überhaupt nicht erfaßte . . ."

Auffallend ist, daß die erwähnten Statistiken und das Material zwar als mangelhaft und unvollständig, nicht aber als manipuliert bezeichnet wird. Davon, wie diese schönfärberisch als mangelhaft und unvollständig bezeichneten Statistiken zustande kamen, verlor der Beamte Kafka kein Sterbenswörtchen.

„Die unmittelbare Folge dessen war", fährt der Beamte Kafka fort, „daß die Anstalt in den ersten Jahren ihrer Entwicklung . . . danach streben mußte, eine Rektifizierung der ministeriellen Statistik durch Anpassung an die tatsächlichen Verhältnisse zu erreichen ... Im Jahre 1887 setzte die erste Steigerung des Beitragtarifes ein ... Die Gefahren-Rektifikation litt allerdings an einem Defekte, der bei den späteren Revisionen immer mehr zum Ausdruck kam. Man zog bei uns ... niemals aus den statistischen Ergebnissen die letzte Konsequenz, d. h. man gab den einzelnen Betriebsgruppen nicht jene Gefahrenklassen, welche ihnen ... zukamen, sondern man griff immer tiefer, wobei sich die Feststellung der Gefahrenklassen regelmäßig nach der Intensität der Einflußnahme bei der in Betracht kommenden Zentralstelle richtete ..."

Zwar tritt in der zitierten Textstelle deutlich ein Komplott zwischen den böhmischen Unternehmern und den böhmischen Inspektoraten zutage, von deren Immunschwäche gegen Bestechung bereits die Rede war. Denn pure Selbstlosigkeit kann es nicht gewesen sein, wenn die staatlichen Inspektoren bei der Feststellung der Gefahrenklassen, soweit sie überhaupt de facto festgestellt wurden, stets eine Stufe tiefer griffen. Allerdings vermißt man einen Hinweis des Beamten Kafka auf die Auswirkungen, die die implizierte Korruption auf die Arbeiterklasse zeitigte, die durch die ständigen Versicherungsbeitragsermäßigungen im Fall eines Arbeitsunfalls zu niedrige Entschädigungsbeträge erhielten.

Der Dichter Kafka räumt in seinen Werken weder den Unternehmern noch den Arbeitern einen nennenswerten Platz ein. Vielmehr zählen, seinem Weltbild entsprechend, seine Figuren zu sozial nicht präzise einstufbaren Zwischenschichten, wenn sie nicht gar einer anthropomorphisierten Tierwelt entstammen, wie in der schon erwähnten Erzählung DIE VERWANDLUNG und in der Erzählung BERICHT FÜR EINE AKADEMIE, in der der berichtende Affe die Qualen seiner Bemühungen um seine Menschwerdung schildert, die ihm ein Schlupfloch aus seinem Käfig und Einlaß zu einem Varieté einbringt, wo sich die Vertreter der Menschheit über seine qualvollen Anstrengungen, Mensch zu werden, amüsieren. Ansonsten bevölkern das Werk des Dichters Kafka vor allem Beamte, Bedienstete, Diener, Prokuristen, Sekretärinnen, Türhüter, Zimmervermieterinnen, Krankenpflegerinnen, Winkeladvokaten, mit einem Wort Personen, die sich zwischen den Fronten des Klassenkampfes voller Duckmäuserei gegenüber übergeordneten Instanzen oder Brotgebern mit der Bewältigung eines obwaltenden Widersinns verausgaben.

Nur in einer gewissermaßen inoffiziellen Variante eines Fragments in Kafkas Tagebüchern zeigt Kafka eine bewußte Konfrontation zwischen einem Zugehörigen der unteren Schichten und einem Zugehörigen der herrschenden Klasse. „Bauz, der Direktor der Versicherungsanstalt ‚Fortschritt'", heißt es in dieser Variante, „sah den Mann, der vor seinem Schreibtisch stand und sich um eine Dienerstelle bei der Gesellschaft bewarb, zweifelnd an . . . ‚Lang sind Sie ja', sagte er, ‚. . . aber was sind Sie wert? Bei uns müssen Diener mehr können als Marken lecken . . . Bei uns sind die Diener halbe Beamte, sie haben verantwortungsvolle Arbeit zu leisten: fühlen Sie sich dem gewachsen? Sie haben eine eigentümliche Kopfbildung. Wie Ihre Stirn zurücktritt. Welches war Ihr letzter Posten? Wie? Sie haben seit einem Jahr nichts gearbeitet? . . . Wegen Lungenentzündung? . . . Nun, das ist nicht sehr empfehlend, wie? Wir können natürlich nur gesunde Leute brauchen . . . Wenn Sie nur lauter reden würden! Sie machen mich ganz nervös mit Ihrem Lispeln . . . Nun ja. Da Sie jetzt schon einmal hier sind, lassen Sie sich gleich vom Arzt untersuchen . . . Daraus dürfen Sie aber nicht schließen, daß Sie angenommen werden, selbst wenn das Gutachten des Arztes günstig ist . . . Um aufrichtig zu sein, will ich Ihnen gleich sagen: Sie gefallen mir gar nicht. Gehn Sie schon. Gehn Sie. Hier hilft kein Bitten. Ich bin nicht berechtigt, Gnaden auszuteilen. Sie wollen jede Arbeit leisten . . . Das will jeder . . . Es zeigt nur, wie tief Sie sich einschätzen . . .'"

Für den Direktor ist der Abgefertigte, der bezeichnenderweise überhaupt nicht zu Worte kommt, nur ein Anlaß, seine Machtposition zu demonstrieren. Daß der Diener Arbeit und Anstellung sucht, genügt dem Direktor, ihn zu erniedrigen.

In Anbetracht der Position des Beamten Kafka, der ihm tiefgreifende Einblicke in die herrschenden Machtverhältnisse im Königreich Böhmen vermitteln mußte, wirkt die Unparteilichkeit des Dichters wie des Beamten Kafka geradezu konsternierend. Auch in seiner amtlichen Schrift DIE UNFALLVERSICHERUNG UND DIE UNTERNEHMER scheint dem Beamten Kafka, geradezu eingekeilt zwischen den Interessen der Arbeiterklasse und den Interessen der Unternehmerschaft, wie er es ist, die Defizit-Reduzierung der Arbeiterunfallversicherung ein weitaus größeres Anliegen zu sein, als die Verhütung einer Verelendung der rund 700.000 ständig von Unfällen bedrohten, versicherten böhmischen Arbeiter.

„Man muß", schreibt der Beamte Kafka, „mit Entschiedenheit der Anschauung entgegentreten, als ob dieses bloß buchstabenmäßige Defizit nichts bedeutete und als ob die Finanzlage der Prager Anstalt solange keine verzweifelte wäre, solange die Jahreseinnahmen zur Deckung der Jahresausgaben hinreichen. Diese Anschauung ist deshalb grundfalsch, weil doch immer in Erwägung gezogen werden muß, welchen Zweck der Gesetzgeber mit dem Kapitaldeckungssystem verfolgte, daß er nämlich durch dieses System die Industrie in den späteren Jahren der Arbeiterunfallversicherung entlasten . . . und ihr stets positive . . . Ziffern vor Augen halten wollte. Alle diese . . . Absichten des Gesetzgebers sind durch die tatsächliche Entwicklung der . . . Arbeiterunfallversicherung nicht erfüllt worden, . . . infolge der durchaus mißglückten Durchführung seiner Bestimmungen. Es wäre aber unrecht, für die gegenwärtigen Verhältnisse die Regierung allein verantwortlich zu machen, trotzdem sie . . . einen großen Teil der Schuld trägt . . . Es hieße vor Tatsachen seine Blicke verschließen, wollte man stillschweigend übergehen, daß . . . die Unternehmerschaft . . . ihre Verpflichtungen dem neuen Zweig der öffentlichen Fürsorge gegenüber nicht in dem Maße erfüllt hat, wie dieses der Gesetzgeber vorsah . . . Soll jeder Unternehmer im Sinne des Gesetzes zur Arbeiterunfallversicherung herangezogen werden, so muß die Gegenüberstellung von Lohnsummen und Unfallsbelastung eine den tatsächlichen Verhältnissen entsprechende sein . . . Es ist sowohl der Regierung als auch der Verwaltung der einzelnen Anstalten bekannt gewesen, in welcher beispiellosen Weise die Anstalten geschädigt und um Beiträge gekürzt worden sind . . . Das einzige, worauf der Vorstand der Prager Anstalt besonderes Gewicht legte, war die Forderung nach einem Lohnlistenzwang. Das ist der jährlich wiederkehrende Refrain in den Jahresberichten der Prager Anstalt, der die Melodie der immer steigenden Defizite begleitet, aber auch der beste Beweis der eigenen inneren Schwäche . . ."

Der gesetzlich bedingten, aber von dem Beamten Kafka nur als innere Schwäche bezeichneten Ohnmacht der Prager Arbeiterunfallversicherung und der Vergeblichkeit der Bemühungen des Beamten Kafka entspricht die Vergeblichkeit der Bemühungen der Roman- und Erzählfiguren im Werk des Dichters Kafka, dichterisch verabsolutiert zu einer totalen Vergeblichkeit menschlichen Strebens. Die widersinnige Position des Beamten Kafka in der Schein-Institution der Arbeiterunfallversicherungsanstalt bestimmt die Erfahrungsbereiche der Romanfiguren auch in der Dichtung. Der Aufwand, mit dem beispielsweise der Angeklagte Josef K. sich Klarheit und Hilfe zu erheischen sucht, der Aufwand, mit dem in der Parabel VOR DEM GESETZ der Türhüter dem Mann vom Lande den Einlaß zum Gesetz verwehrt, der Aufwand, mit dem in dem Roman DAS SCHLOSS der Landvermesser K. den Instanzenweg zu durchdringen strebt, der Aufwand, mit dem der zu einem ungeheueren Ungeziefer verwandelte Reisende Gregor Samsa seine nur Abscheu wachrufende neue Gestalt den Blicken seiner Mitwelt zu entziehen trachtet, der Aufwand, mit einem Wort, mit dem sich die Kafkaschen Figuren verausgaben, ist verlorene Liebesmüh. Die Figuren bleiben nicht nur als Besiegte, sondern obendrein als Sterbende zurück.

Die amtlichen Schriften des Beamten Kafka wurden, nicht anders als zu Lebzeiten die dichterischen Werke Kafkas, weitgehend ignoriert; Erfolg hatten sie keineswegs. Trotz ihrer Sachkenntnisse wurden diese amtlichen Schriften weder vom Gesetzgeber noch von der böhmischen Unternehmerschaft zur Kenntnis genommen, geschweige denn von der Arbeiterklasse gelesen.

Dennoch fuhr der Beamte Kafka fort, amtliche Schriften zu verfassen. Inwieweit er dies freiwillig oder notgedrungen tat, ist nicht bekannt. Jedenfalls erschien im Jahre 1910 eine weitere amtliche Schrift des Beamten Kafka, deren Titel UNFALLVERHÜTUNGS MASSREGEL BEI HOLZHOBELMASCHINEN lautete. Diese amtliche Schrift, die von dem Kafka-Kenner Klaus Wagenbach auch hierzulande schon veröffentlicht worden ist, enthält Illustrationen. Sie zeigen einmal in jeder erdenklichen Art und Weise verstümmelte Hände, unter denen eine Schutzvorkehrung für Holzhobelmaschinen, die zur Verhinderung der dargestellten Verstümmelungen untauglich ist, zum anderen unverstümmelte fünffingrige Hände mit einer zur Unfallverhütung tauglichen Schutzvorkehrung.

Das Irritierende an den Zeichnungen ist, daß diese Hände, ob sie nun verstümmelt sind oder nicht, an den Handgelenken enden und wie abgehackt wirken. Diese wie abgehackt wirkenden Hände, denen beim Hobeln nicht nur Späne, sondern oftmals Finger fielen, erinnern an einen gängigen Ausdruck amerikanischer Unternehmer und Konzernherren, die im Hinblick auf die Arbeiter nicht von WORKERS, sondern von HANDS zu reden pflegen.

„Die Messer der Vierkantwelle ...", heißt es in dieser amtlichen Schrift des Beamten Kafka, „direkt durch Schrauben an der Welle befestigt, drehen sich mit ihrer nackten Schneide bei 3800—4000 Umdrehungen in der Minute. Die Gefahren, die für den Arbeiter durch den großen Abstand zwischen Messerwelle und Tischfläche entstehen, treten deutlich hervor. An diesen Wellen wurde daher entweder gearbeitet in Unkenntnis der Gefahr, die dann womöglich größer wurde, oder es wurde im Bewußtsein einer ununterbrochenen Gefahr gearbeitet, die sich nicht vermeiden ließ. Ein äußerst vorsichtiger Arbeiter konnte wohl darauf achten, daß bei der Arbeit, also beim Hinwegführen des Holzstücks über den Hobelmesserkopf kein Fingerglied über das Arbeitsstück hinaus vorstand, aber die Hauptgefahr spottete jeder Vorsicht. Selbst die Hand des vorsichtigsten Arbeiters mußte in die Messerspalte geraten beim, bzw. bei dem nicht selten vorkommenden Zurückschleudern des Holzes, wenn er mit der einen Hand das zu hobelnde Stück auf den Maschinentisch aufdrückte und es mit der anderen Hand der Messerwelle zuführte. Dieses Emporheben und Zurückschleudern des Holzes war weder vorhersehbar, noch zu verhindern, denn dies geschah schon, wenn das Holz an einzelnen Stellen verwachsen oder ästig war ..."

Zwischen dieser emotionslosen Schilderung eines Arbeitsvorgangs, der geradezu wie geschaffen wirkt, die Arbeiter wegen einer verwachsenen oder ästigen Holzstelle von einem Tag zum anderen für immerdar zu erwerbsunfähigen Krüppeln zu machen, lassen sich zur Schilderung des Exekutionsapparates in Kafkas Erzählung IN DER STRAFKOLONIE schon insofern leichter Parallelen ziehen, als eine der gängigsten Interpretationen der Erzählung darin besteht,

Parallelen zu Auschwitz zu ziehen. Dieser Vergleich ist jedoch schon deshalb an den Haaren herbeigezogen, weil in der Strafkolonie jeweils nur ein einzelner zum Tode Verurteilter unter der Aufsicht eines fanatisierten Offiziers von einem einzigen Soldaten exekutiert wird, während in Auschwitz wie in den übrigen KZs des Dritten Reiches Massenvernichtungen erfolgten, die ihre Opfer jeglicher Individualität beraubten. Auch unterscheiden sich diese Massenvernichtungen des Dritten Reiches von den Einzelexekutionen in der Kafkaschen Strafkolonie dadurch, daß der jeweils Verurteilte auf dem Exekutionsapparat den Brennpunkt eines ungemeinen Interesses einstmals begeisterter Zuschauer darstellte, während in Auschwitz und anderen KZs mit teutonischer Tüchtigkeit unter Ausschluß der Öffentlichkeit im Akkord gemordet wurde. Zudem waren die Judenvernichtungen ein vom Antisemitismus propagierter Völkermord, bei dem Menschen nur aufgrund ihrer jüdischen Herkunft umgebracht wurden, während in Kafkas Erzählung jeweils ein einzelner wegen eines ganz bestimmten Verstoßes gegen einen ihm erteilten, ganz bestimmten Befehl auf eine seinem jeweiligen Verstoß abgestimmte Weise hingerichtet wird. Die Forderung eines Rudolf Hess nach Kapazitätssteigerungen der Leichenproduktion wäre hier undenkbar. Was der Kommandant von Auschwitz mit dem Offizier bei Kafka gemein hat, ist allein die von Ethik, Moral und Humanität gänzlich bereinigte Unmenschlichkeit der Strafkolonie, die ihrerseits wiederum der Unmenschlichkeit des frühkapitalistischen Produktionsprozesses entspricht.

Wie beim frühkapitalistischen Produktionsprozeß in der Schrift des Beamten Kafka, wo die Inhaber maschineller Holzbearbeitungsmaschinen es einer wie zufälligen Verwachsung oder einer Verästelung in Holzstücken überließen, ob ein Proletarier erwerbsfähig blieb oder als erwerbsunfähiger Krüppel verelendete, werden auch die Opfer einer offenbar militärischen Gerichtsbarkeit für nichtsundwiedernichts mit einer Härte bestraft, die in keinem Verhältnis zu ihren geringfügigen Verstößen steht. Über den Mann, der aus Müdigkeit einmal gegen den absurden Befehl verstoßen hat, jede Stunde vor der geschlossenen Tür seines Vorgesetzten zu salutieren, der diese Ehrerweisung überhaupt nicht zur Kenntnis nehmen konnte, wird das Todesurteil verhängt. Dies geschieht gemäß dem Prinzip des fanatisierten Offiziers, der erklärt: „Der Grundsatz, nach dem ich entscheide, ist: Die Schuld ist immer zweifellos."

Von dem prominenten Reisenden erhofft sich der fanatisierte Offizier, der ein Anhänger des früheren, verstorbenen Kommandanten ist, eine Beurteilung des Exekutionsverfahrens, die den neuen Kommandanten von einer Reform der in der Strafkolonie praktizierten Exekutionsmethoden abbringen soll. Der Verurteilte, dem man sein Todesurteil ebensowenig begründet wie dem Angeklagten Josef K. im Roman DER PROZESS, wird an den Exekutionsapparat geschnallt, dessen Funktion der Offizier dem Reisenden so ungerührt erläutert, wie dies der Beamte Kafka in seiner amtlichen Schrift über die Holzhobelmaschinen tut. Im Gegensatz zu der Erzählung IN DER STRAFKOLONIE wird in Kafkas amtlicher Schrift keinem geradezu feinsinnig sadistischem Morden das Wort geredet, im Geiste der Prager Arbeiterunfallversicherung schlägt der Beamte Kafka dem betroffenen Betrieben adäquate Schutzvorkehrungen vor, um Schadenersatzansprüche an die Versicherung zu vereiteln. Aber diese Schrift zeugt von einer genauen Kenntnis der verheerenden Auswirkungen der drohenden Gefahren in der Arbeitswelt, die dem Dichter Kafka wie eine Strafkolonie erscheinen mußte. In seiner Schilderung des Exekutionsapparates der Strafkolonie werden die existenzbedrohenden Gefahrenmechanismen des böhmischen Produktionsprozesses bildhaft verdichtet und dichterisch erhöht.

Der Dichter Kafka ist folglich weder der Prophet noch der Hellseher, als den ihn die Sippschaft der Kafka-Interpreten immerzu auf die Erzählung IN DER STRAFKOLONIE hinstellt. Trotz ihrer Phantastik und ihrer poetischen Überhöhung ist die Erzählung ein Ausdruck der zu seinen Lebzeiten in Böhmen herrschenden Unmenschlichkeit, deren Ausmaß der Beamte Kafka aufgrund von Unfallstatistiken, Hinterziehungen von Versicherungsbeiträgen, Versicherungsdefiziten und fragwürdigen Gesetzen zu erfassen vermochte. Diese Unmenschlichkeit unterstreicht der Dichter Kafka noch dadurch, indem er erzählt, daß dem Verurteilten als zusätzliche Strafe für seine müdigkeitsbedingte Unterlassung einer widersinnigen Ehrerweisung die Inschrift EHRE DEINEN VORGESETZTEN mit Nadeln in den Körper gestochen wird. Doch die Kürze dieses Spruchs tut dem Ausmaß der von dem Offizier angeordneten Torturen, die jeder Verurteilte in der Strafkolonie bis zu seinem Tode über zwölf Stunden zu erdulden hat, nicht Genüge. Deshalb wird der Spruch dem Verurteilten mit wuchernden Ornamenten in den Leib gestochen, so daß die Folter obendrein die Funktion hat, den Urteilsspruch zu verzieren, der offenkundig der üppigen Verzierung bedarf, um tragbarer anzumuten.

Der Dichter Kafka schenkt seine Beachtung nicht den Qualen des Opfers. Vielmehr läßt er den gnadenlosen Offizier seinen Standpunkt vertreten und bestätigt damit die dem Beamten Kafka bekannte Tatsache, daß die Unmenschlichkeit kein Einzelfall, sondern ein genereller Faktor der Verhältnisse ist. Nicht anders als im Produktionsprozeß des Königreichs Böhmen beschert in der Erzählung IN DER STRAFKOLONIE die Maschine Verstümmelungen oder den Tod. Was hierbei keine Rolle spielt, ist der Mensch mitsamt seinen Leiden und Qualen. Er ist nur ein Verurteilter, so wie die Arbeiter für die frühkapitalistischen böhmischen Industriellen nur „Kräfte" oder „Arbeitsmaterial" darstellten.

Mit einer Gnadenlosigkeit, die der Gnadenlosigkeit der böhmischen Industriellen entspricht, setzt der Offizier den Verurteilten ungerührt einer Mordmaschinerie aus, deren Funktionieren bei ihm eine frenetische Begeisterung entfacht. „Dieser Apparat . . . ist eine Erfindung unseres früheren Kommandanten", erklärt dieser Offizier dem besagten prominenten Reisenden. „. . . ich behaupte nicht zu viel, wenn ich sage, daß die Einrichtung der ganzen Strafkolonie sein Werk ist. Wir, seine Freunde, wußten schon bei seinem Tod, daß sein Nachfolger . . . nichts von dem Alten wird ändern können . . . sein Apparat steht hier vor uns. Er besteht . . . aus drei Teilen. Es haben sich im Laufe der Zeit für jeden dieser Teile . . . volkstümliche Bezeichnungen ausgebildet. Der untere heißt das Bett, der obere heißt der Zeichner, und hier der mittlere, schwebende Teil heißt die Egge . . . Ja, die Egge . . . der Name paßt. Die Nadeln sind eggenartig angeordnet, . . . wenn auch . . . viel kunstmäßiger . . . hier ist das Bett. Es ist . . . mit einer Watteschicht bedeckt . . . Auf diese Watte wird der Verurteilte bäuchlings gelegt, natürlich nackt; hier sind für die Hände, hier für die Füße, hier für den Hals Riemen, um ihn festzuschnallen. Hier am Kopfende des Bettes ... ist dieser kleine Filzstumpf, der ... so reguliert werden kann, daß er dem Manne gerade in den Mund dringt. Er hat den Zweck, am Schreien und am Zerbeißen der Zunge zu hindern ... Sobald der Mann festgeschnallt ist, wird das Bett in Bewegung gesetzt. Es zittert in winzigen Zuckungen ... sie müssen ... peinlich auf die Bewegungen der Egge abgestimmt sein ... Dem Verurteilten wird das Gebot, das er übertreten hat, mit der Egge auf den Leib geschrieben ... Wenn der Mann auf dem Bett liegt ... wird die Egge auf den Körper gesenkt ... Und nun beginnt das Spiel ... Die Egge scheint gleichförmig zu arbeiten. Zitternd sticht sie ihre Spitzen in den Körper ein ... Sie sehen zweierlei Nadeln. Jede lange hat eine kurze neben sich. Die lange schreibt nämlich, und die kurze spritzt Wasser aus, um das Blut abzuwaschen und die Schrift klar zu erhalten ..."

Der Offizier wird von dem Dichter Kafka hier keineswegs als ein Unmensch oder ein Sadist charakterisiert. Er verkörpert gewissermaßen als Inbegriff der obwaltenden Inhumanität einen Dutzendmenschen, dessen Denken zeitgemäß erscheint, weil es von jeglicher Ethik, jeglicher Moral und jeglicheer Barmherzigkeit bereinigt ist. Auch der prominente Reisende, von dem sich der Offizier eine objektiv anmutende Meinungsäußerung verspricht, reagiert auf die ihm vorgeführte Mordmaschinerie ohne jegliches Entsetzen. Er verfolgt die in Etappen schrittweise vonstatten gehende Hinrichtung mit einer nicht minder unmenschlichen Gleichgültigkeit. Unmenschlichkeit erscheint dergestalt als die selbstverständlichste Sache der Welt. Von dem Engagement des Offiziers ist der prominente Reisende durchaus angetan. Er macht jedoch kein Hehl daraus, daß er die Maschinerie selbst für überaltert hält. Überdies ist er nicht geneigt, sich in fremde Angelegenheiten einzumischen und bei dem neuen Kommandanten der Strafkolonie für den Fortbestand der überalterten Methoden einzutreten. In seiner Verzweiflung, keinen Parteigänger gefunden zu haben, schnallt der Offizier den Verurteilten mitten im Verlauf der Hinrichtung vom Exekutionsapparat und legt sich selbst auf das sogenannte Bett unter die sogenannte Egge, um sich auf seinen nackten Leib das ornamental überwucherte Urteil SEI GERECHT einstechen zu lassen.

Dieser Umschwung der Erzählung ist artistisch vollendet. Er basiert jedoch auf einer Fehleinschätzung der gesellschaftlichen Verhältnisse im frühkapitalistischen Königreich Böhmen. Dem Dichter wie dem zur Sozialdemokratie tendierenden Beamten Kafka, der sich stets abwieglerisch aus Klassenkonflikten herauszuhalten suchte, unterlief ein grober historischer und politischer Schnitzer, denn seit Menschengedenken hat sich aus freien Stücken nie ein herrschendes Regime selber liquidiert. Mit der Schilderung der freiwilligen Liquidation des Offiziers erteilt der Dichter Kafka dem Beamten Kafka für dessen politische Passivität gewissermaßen die Absolution.

Auch in seiner amtlichen Schrift ALLGEMEINE BEMERKUNGEN ZUR GEBAHRUNG IM JAHRE 1914 nahm es der Beamte Kafka in dem Kapitel über Unfallverhütung in den Steinbrüchen stillschweigend hin, daß auch für die Besitzer der böhmischen Steinbrüche die Arbeiter weitaus weniger wert waren als das Material, das sie auf eine gesetzlich unvorschriftmäßige, aber dafür zu rascheren Gewinnsteigerungen führende Weise abbauten. Der Beamte Kafka verschweigt die Anzahl der Arbeiter, die in den böhmischen Steinbruchbetrieben durch Unfälle ums Leben kamen. Aber er nennt konkrete Gefahren, so spricht er von möglichen Abstürzen der Arbeiter von Felsbrocken, die über Hohlräumen herabhängen, von einer möglichen Zerschmetterung der Arbeiter durch sich über ihnen lösende Felsbrocken oder von einer jähen Verschüttung dieser Arbeiter unter Geröllmassen, die sie lawinenartig begraben können. Diese ohnehin hohen Gefahren werden zusätzlich durch eine Tatsache erklärt, deren Auswirkungen der Beamte Kafka im besagten Kapitel seiner amtlichen Schrift ALLGEMEINE BEMERKUNGEN ZUR GEBAHRUNG IM JAHRE 1914 umriß. In der Nähe der böhmischen Steinbrüche befanden sich Wirtshäuser, von denen die Steinbrucharbeiter kannenweise den Schnaps bezogen, der ihnen vielleicht das Bewußtsein der Lebensgefahr, in der sie ohne Unterlaß schwebten, zu vernebeln vermochte, andererseits aber auch ihre Vorsicht schwinden ließ.

„Die Anregung zu einer Aktion", heißt es in dem betreffenden Kapitel dieser amtlichen Schrift, „. . . gaben der Anstalt insbesondere die Erfahrungen, welche in einem bestimmten Bezirke gemacht worden waren, in welchem sich im ganzen Umkreis eine Reihe von Schieferbrüchen vorfindet, in denen in fast gleicher Weise der Alkoholgenuß der Steinbrucharbeiter einen außerordentlichen Umfang angenommen hat. Die unmittelbare Veranlassung dessen ist, daß dort die Lieferung von Schnaps gewissermaßen im Arbeitsvertrag bedungen wird. Diese Gewohnheiten sind dort in so unverantwortlicher Weise gefördert worden, daß die Arbeiter die Arbeit überhaupt nicht antreten, wenn ihnen nicht die Lieferung von Schnaps von vornherein zugesagt wird. Wie solche Mißstände entstehen konnten, sei an einem besonders charakteristischen Beispiel gezeigt: Der Besitzer eines Steinbruchs war gleichzeitig Besitzer eines Wirtshauses, das etwa zehn Minuten vom Steinbruch entfernt war. Täglich brachte der Vorarbeiter — dies machte einen Hauptteil seiner Arbeit aus — große Schnapskannen aus dem Gasthaus und führte die Aufschreibungen über den Verbrauch . . . Allerdings waren die Vormerkungen über den Alkoholverbrauch durch den Aufdruck ‚Konto' verdeckt. Allwöchentlich erfolgte die Verrechnung, welche in der Weise vor sich ging, daß von dem Wochenlohn, auf welchen der Arbeiter nach seiner Arbeit Anspruch hatte, das ‚Konto' in Abzug gebracht wurde, welches . . . ausschließlich die Zahlung für Schnaps bedeutete. Diese Abzüge waren ungemein groß . . ."

Die Abzüge betrugen oft 30 Prozent des Gesamtlohns. An ihrem Leben scheint diesen Arbeitern ebenso wenig gelegen zu haben wie den Besitzern der Steinbrüche. Mit Dynamit ging man in diesen Steinbrüchen wie mit Mehl um. Lose in der Hand trug man es herum. Lose bewahrte man es in einer Hütte auf, in der die Gendarmerie eine Tabakpfeife fand. Kafka fügte diesem Kapitel über die böhmischen Steinbrüche auch einen behördlichen Bericht hinzu, in dem erwähnt wird, daß ein Steinbrucharbeiter vier klammgewordene Dynamitpatronen an einer offenen Feuerstelle gewärmt hatte. Die Explosion, bei der der Steinbrucharbeiter ums Leben kam, fand die böhmische Behörde unerklärlich.

„Die Anstalt", setzt der Beamte Kafka fort, „. . . konnte mangels eines Betriebsbesichtigungsrechtes, sowie auch mangels der nötigen Organe, auf die Aufdeckung derartiger Mißstände keinen ... Einfluß nehmen, zumal in den einzelnen Fällen, wo eine Betriebsbesichtigung durch Anstaltsorgane tatsächlich stattfand und ungünstige Betriebsverhältnisse konstatiert wurden, nichts weiter erreicht war, als daß eine Behauptung gegen Behauptung stand und neuerliche Superrevisionen stattfinden mußten, bei denen vielleicht dem Unternehmer seine Täuschungsabsichten wieder gelangen ..."

Es handelt sich bei den oben zitierten Stellen, wie bereits bemerkt, um Teile eines Kapitels aus der amtlichen Schrift des Beamten Kafka ALLGEMEINE BEMERKUNGEN ZUR GEBAHRUNG IM JAHRE 1914, dem Jahr, in dem der Erste Weltkrieg ausbrach. Dem Ersten Weltkrieg stehen der Beamte wie der Dichter Kafka zunächst mit einer nicht leicht begreiflichen Gleichmütigkeit gegenüber. Kafka, der als Beamter vom Kriegsdienst befreit war, kehrte nicht einmal den Pazifisten heraus. Dem Krieg und den Kriegsfolgen schenkte er vor allem im Hinblick auf die Arbeiterunfallversicherungsanstalt Beachtung. Entsprechend berücksichtigte der Beamte Kafka in seiner amtlichen Schrift die zumal kriegsbedingte Verschiebung und Steigerung der Gefahrenklassen. Der Arbeiterunfallversicherungsanstalt ging es für die neu angestellten Frauen und ungelernten Jugendlichen sowie die eingelegten Nachtschichten und Überstunden in den Rüstungsbetrieben mit ihrer erhöhten Unfallgefahr um eine Erhöhung der Beitragserstattungen.

„Für die Anstalt", schreibt der Beamte Kafka, „hatte der Krieg gerade in bezug auf die Anspannung der Kräfte bei der Erledigung ihrer Unfallsagenda eine besondere Bedeutung. Die Verletzten selbst drängten energischer auf eine baldige Erledigung ihrer Angelegenheiten, die Unternehmer legten ... Gewicht darauf, daß diese bald in den Besitz ihrer Rente kamen ... Die Folgen der Verwundungen und Erkrankungen im Kriege werden sich auf den Organismus dieser Personen dahin äußern, daß die früheren Unfallsfolgen vergrößert und daß sie selbst nach dem Wiedereintritt in die Arbeit einer größeren Unfallsgefahr ausgesetzt, d. h. mit einer größeren Neigung zu neuen Unfällen behaftet sein werden. Dies führt allerdings dazu, die Folgen des Unfalles vor dem Kriege von denen der Verwundung oder Erkrankung im Kriege zu unterscheiden. Die Anstalt hat die Möglichkeit hiezu geschaffen, daß in den Unfallformularen, in den Unfallprotokollen und in den ärztlichen Berichten und Gutachten eine Unterscheidung gemacht wird, welche erkennen läßt, ob der Versicherte zum Kriege eingerückt war und durch denselben eine Verletzung oder Erkrankung erlitten hat ..."

Mithilfe von Unfallformularen, Unfallprotokollen und ärztlichen Gutachten brannte die Arbeiterunfallversicherung den Kriegsversehrten dergestalt das Kainsmal ein, eine erhöhte Unfallsgefahr darzustellen, die höhere Versicherungsbeitragserstattungen mit sich brachte. Dieses Vorgehen der Arbeiterunfallversicherung konnte Kriegsheimkehrern in bezug auf ihre Wiedereinstellung in böhmischen Betrieben nur schaden. Der Beamte Kafka, der in der ihm eigenen Horizontsverengung alles ausklammerte, was nicht die Interessen der sattsam verrotteten Arbeiterunfallversicherung zu wahren vermochte, konnte oder wollte diese Schlußfolgerung ziehen. Allerdings war der Krieg ein im damaligen Sozialversicherungswesen des Königreichs Böhmen nicht berücksichtigter Zustand. Weil eine Kriegsversehrung nicht als Arbeitsunfall einzustufen war, sah der Beamte Kafka in Kriegsversehrungen nur einen Anlaß zu einer unliebsamen Versicherungsbeitragserhöhung.

Von einer solchen Horizontsverengung des Beamten Kafka kundet auch die Tatsache, daß er in seinen amtlichen Schriften zwar die Gesetze wegen ihrer Interpretierbarkeit angriff, nicht aber den Gesetzgeber. Im Gegensatz zu dem Dichter Kafka stellt der Beamte Kafka nicht in Abrede, daß die interpretationsanfälligen Gesetze von Menschen geschaffen wurden. Doch isoliert er, so wie es der Dichter Kafka in seinem Hauptwerk DER PROZESS tut, die Gesetze von deren Urhebern. Statt der Menschen, die diese Gesetze schufen, sah er nur Instanzen. Was seinem Blick zu entgehen schien, waren die Individuen oder die federführenden Persönlichkeiten, die da schalteten und walteten. Für den Dichter Kafka sind die Instanzen ebenso unantastbar wie für den Beamten Kafka, der die Kompetenzen dieser Instanzen einerseits über jeden Zweifel erhaben wähnte, die von diesen Instanzen verabschiedeten Gesetze andererseits jedoch als so fragwürdig empfand wie die Verweigerung jener Gesetze vonseiten des Gesetzgebers, die er für unabdingbar hielt. Fortwährend spricht er in seinen amtlichen Schriften von einem Gesetzgeber. Dieser GESETZGEBER ist indes so gesichtslos wie das Gesetz, zu dem in der Parabel VOR DEM GESETZ des Dichters Kafka der Mann vom Lande ein halbes Leben lang vergebens auf Einlaß wartet. Die Gesichtslosigkeit, die der Beamte Kafka dem Gesetzgeber in seinen amtlichen Schriften andichtete, macht ihn unidentifizierbar und somit unangreifbar. Ähnlich nebulos äußerte sich der Beamte Kafka, wie erwähnt, auch über die böhmischen Unternehmer. In seinen amtlichen Schriften schilderte er zwar ihre Übergriffe, doch verschonte er sie davor, zur Rechenschaft gezogen zu werden.

Wie der Dichter Kafka in seinem Hauptwerk DER PROZESS in den Menschen, mit denen der Angeklagte K. zu schaffen hat, nur Sendboten von unerreichbaren Instanzen erkennt, redete der Beamte Kafka von Ministerialerlässen, ohne die Namen der Minister zu nennen, die für die von ihm beanstandeten Erlässe verantwortlich waren. Der Beamte Kafka sprach des öfteren auch von einem VERWALTUNGSGERICHTSHOF, der eine „gefährliche Verwirrung der Rechtsverhältnisse" und „rechtliche Mißstände" schaffe. Weil er jedoch die Namen jener Richter, die er des rechtswidrigen Vorgehens bezichtigte, verschwieg, ermöglichte er es auch ihnen, sich hinter dem Verwaltungsgerichtshof wie hinter einem Schutzwall zu verschanzen.

Was dem Beamten Kafka recht war, ist dem Dichter Kafka billig. Seine Figuren kennzeichnet eine beispiellose Namenlosigkeit. Was sie charakterisiert, sind die himmelschreienden Umstände, in die sie aus heiterem Himmel geraten, so als wäre die Welt eine einzige gigantische Gefahrensphäre. Was Kafkas Figuren außerdem kennzeichnet, sind ihre Reaktionen auf ihre haarsträubende Lage. Anstelle der Verantwortlichen, die der Beamte Kafka kannte, aber nicht beim Namen nannte, setzt der Dichter Kafka eine jegliches menschliche Fassungsvermögen überfordernde Willkür, der seine Figuren ohnmächtig gegenüberstehen. Obwohl diese Prämisse des Dichters Kafka den realen Verhältnissen schwerlich anzupassen ist, wirkt sie bedingt durch das realistische Verhalten seiner Figuren, das psychologisch im Gegensatz zu den mangelnden sozialen Bezügen an Stimmigkeit nichts zu wünschen übrig läßt.

So fragt sich der Reisende Gregor Samsa in der Erzählung DIE VERWANDLUNG, nachdem er sich beim Erwachen in ein ungeheures Ungeziefer verwandelt findet: „Wie wäre es, wenn ich noch ein wenig weiterschliefe und alle Narrheiten vergäße ..." Erst bedingt durch das Verhalten seiner Mitwelt und seiner Familie wird sich der Reisende Gregor Samsa allmählich bewußt, daß er von der menschlichen Gesellschaft eliminiert worden ist. Ausgestattet mit einem der abscheuerregenden Verwandlung entronnenen menschlichen Bewußtsein findet er sich damit ab, daß für das, was ihm geschehen ist, weder das vom Fenster seines Zimmers aus sichtbare Krankenhaus noch ein Arzt zuständig ist, nicht einmal ein Veterinär, der zwar Schoßhündchen und Wellensittiche, aber kein ungeheuerliches Ungeziefer behandeln kann. Der ehemalige Reisende Gregor Samsa, der Mann vom Lande, der Angeklagte Josef K. und der Landvermesser K. aus dem Roman DAS SCHLOSS flüchten sich in eben jenen Defätismus, in dem auch der Beamte Kafka im Verlauf seiner Beamtenkarriere mehr und mehr sein Heil sucht.

In seiner ersten amtlichen Schrift forderte der Beamte Kafka noch „eindeutige", „bleibende" Gesetze, er kämpfte noch gegen eine gesetzliche Einschränkung der obligatorischen Versicherungspflicht an. Doch schon in seiner REDE ZUR AMTSEINSETZUNG DES DIREKTORS, die der Herausgeber des Bandes, Klaus Hermsdorf, den amtlichen Schriften Kafkas hinzufügt, entpuppte sich der Beamte Kafka als ein ganz normaler Beamter, der der leidigen Pflicht gerecht zu werden hatte, als Untergeordneter dem neuen Direktor der Arbeiterunfallversicherung Lobhudeleien zu zollen. Auch in den hier aufgenommenen Briefen, in denen der Beamte Kafka den Vorstand der Arbeiterunfallversicherung „hochlöblichster Vorstand" und sich selbst den „ergebensten Gefertigten" heißt, legte er eine Unterwürfigkeit an den Tag, die sich mit der dünkelhaften Mißachtung, die der Dichter Kafka gegen seinen Brotberuf hegte, schwerlich vereinbaren läßt.

Es sei jedem einzelnen Kafka-Leser überlassen, das defätistische Weltbild des Dichters Kafka zu akzeptieren oder abzulehnen. Hier soll nur vom Scheitern des Beamten Kafka und von seinem mit jeder amtlichen Schrift wachsenden Defätismus die Rede sein. So beginnt der Beamte Kafka in seiner bereits erörterten amtlichen Schrift zur gesetzlichen Einbeziehung privater Automobilbesitzer in die Versicherungspflicht einer Sozialversicherung, sich auf die Widersinnigkeit gesetzlicher Bestimmungen einzustellen, obwohl aufgrund dieser amtlichen Schrift deutlich ist, daß die Intention, die hinter dem Widersinn stand, dem Beamten Kafka keineswegs entgangen sein konnte. Daß sich der Beamte Kafka in seiner amtlichen Schrift über UNFALLVERHÜTUNGSMASSREGELN BEI HOLZHOBELMASCHINEN nicht mehr an den Gesetzgeber, sondern an die böhmischen Unternehmer wendet, weist darauf hin, daß er die Funktion des Gesetzgebers gründlicher durchschaute und daß er mittlerweile seine anfänglichen Forderungen entscheidend zurückgesteckt hatte. Denn statt gesetzliche Schutzvorkehrungen zu fordern, die für die Betriebsinhaber obligatorisch gewesen wären, pries er diesen Betriebsinhabern, die nicht einmal zur Zahlung adäquater Versicherungsbeiträge bereit waren, wie ein Vertreter Schutzvorkehrungen mit Angabe der Firma an, bei der sie erworben werden konnten. Von der Vergeblichkeit seiner Appelle an den „guten Willen" und die „Einsicht" der Unternehmer kundet auch seine amtliche Schrift MASSNAHMEN ZUR UNFALLVERHÜTUNG. Die rapide steigenden Unfallentschädigungssummen und die von Jahr zu Jahr entsprechend höheren Defizite der Arbeiterunfallversicherungsanstalt sprachen in der Tat eine unmißverständliche Sprache. Zwar mag man die amtliche Schrift des Beamten Kafka DIE ARBEITERUNFALLVERSICHERUNG UND DIE UNTERNEHMER wohlwollend als eine sachte Abrechnung mit der böhmischen Unternehmerschaft auslegen, doch über die Machtverhältnisse im Königreich Böhmen verlor Kafka, der als Beamter ein Bestandteil des Staatswesens war, das dieses Unheil duldete, kein Sterbenswörtlein. Aus seinen Erkenntnissen im Hinblick auf diese Machtverhältnisse, die für ihn unantastbar waren, zog er nur die kümmerliche Schlußfolgerung, daß es für die Arbeiterunfallversicherung das Klügste wäre, sich über die Köpfe der Arbeiterklasse und des Gesetzgebers hinweg mit den böhmischen Unternehmern zu einigen.

Dieser amtlichen Schrift ist zu entnehmen, daß zwischen der Arbeiterunfallversicherung und der böhmischen Unternehmerschaft in der Tat Abkommen getroffen wurden. Denn da heißt es unter anderem: „Wie in den beiden Vorjahren legt die Anstalt besonders Gewicht auf den persönlichen Verkehr mit den Unternehmern, der in bezug auf die Zahl der abgehaltenen Konferenzen . . . außerordentlich stieg. Diese eingehenden Konferenzen zeitigten durch gegenseitige Absprache nicht nur für die Beitragsvorschreibungen, sondern auch für die laufenden Einreihungsgeschäfte die besten Resultate . . . Ohne daß eine der beiden Seiten ihren prinzipiellen Standpunkt aufgab, gelangten beide unter gegenseitiger Anerkennung ihrer Interessen zu einem beruhigenden Mittelwege . . ."

Zwar ließ der Beamte Kafka in dieser amtlichen Schrift die Frage auf sich beruhen, für wen die „besten Resultate" erzielt wurden. Daß es nicht die böhmische Arbeiterklasse gewesen sein konnte, für die die Vertreter der Arbeiterunfallversicherung und die Vertreter der böhmischen Unternehmerschaft sich zu einem „beruhigenden Mittelwege . . ."

Zwar ließ der Beamte Kafka in dieser amtlichen Schrift die Frage auf sich beruhen, für wen die „besten Resultate" erzielt wurden. Daß es nicht die böhmische Arbeiterklasse gewesen sein konnte, für die die Vertreter der Arbeiterunfallversicherung und die Vertreter der böhmischen Unternehmerschaft sich zu einem „beruhigenden Mittelwege" durchrangen, steht außerfrage. Offenkundig sah der Beamte Kafka zu diesem Zeitpunkt keinen Sinn mehr darin, den „beruhigenden Mittelweg" und die sogenannten „besten Resultate", zu denen die erwähnten Konferenzen führten, durch eine Hinzuziehung von Vertretern der Arbeiterklasse zu gefährden, die womöglich den „beruhigenden Mittelweg" als beunruhigend und die sogenannten „besten Resultate" als die denkbar schlechtesten bezeichnet hätten.

Dieser Sachverhalt belegt auch die im Jahre 1913 publizierte amtliche Schrift GEWERBLICHE UNFALLVERHÜTUNG des Beamten Kafka. Denn in dieser Schrift ist die Rede davon, daß die erforderliche, aber nicht gesetzlich verordnete Unfallverhütung noch immer nicht freiwillig und mit dem guten Willen und der Einsicht der Betriebsinhaber durchgeführt worden war. Die im gleichen Jahr veröffentlichte Gewerkschafts-Resolution über PARLAMENT UND ARBEITERSCHUTZ sprach eine noch deutlichere Sprache. Nur allzu deutlich wies sie auf ein Steckenbleiben der Arbeiterunfallversicherung in den Kinderschuhen der guten, aber fruchtlosen Absichten hin, die, wenn sie gute Absichten bleiben, die Verhältnisse keineswegs verbessern, sondern nur verschlechtern können.

In einer Tonart, die in einem eklatanten Widerspruch zu den sophistischen Beschwichtigungsmanövern des Beamten Kafka steht, heißt es in dieser Resolution unter anderem: „Der Gewerkschaftskongreß stellt fest, daß das Parlament seit dem letzten Gewerkschaftskongreß auf dem Gebiet der Sozialpolitik so gut wie nichts geleistet hat. Schuld an dieser Stagnation ist die passive Resistenz der Regierung, die Obstruktion der bürgerlichen Parteien und die Arbeiterfeindseligkeit im Herrenhaus (womit die Vertreter des Adels gemeint sind, Anm. d. V.). Beherrscht von egoistischen Interessen der besitzenden Klasse, machen die bürgerlichen Parteien und das Herrenhaus jeden Fortschritt auf sozialpolitischem Gebiet unmöglich, indem sie die von den Sozialdemokraten eingebrachten Anträge niederstimmen. Der Kongreß protestiert auf das schärfste gegen die unverantwortliche Verschleppung des Sozialversicherungsgesetzes und aller ... Gesetze, welche zur Verbesserung der sozialen Stellung und zur Erhaltung der Gesundheit des arbeitenden Volkes dienen. Der Kongreß protestiert gegen das System der Regierung, die Arbeiterklasse mit wenigen nichtssagenden Verordnungen abspeisen zu wollen, während sie auf dem Gebiet der Gesetzgebung jede Initiative vermissen läßt ..."

Zu den weiteren Forderungen des Gewerkschaftskongresses zählten außer der Durchführung des Sozialversicherungsgesetzes eine Einführung der Alters- und Invaliditätsrente, ein höchstens zehnstündiger Arbeitstag, die volle Freiheit der Vereinigung der Arbeiterschaft, gesetzliche Bestimmungen zum Schutz von Leben und Gesundheit in den gesundheitsschädlichen Industrien und Betrieben, Schadloserhaltung der Arbeiter bei Berufserkrankungen, Vermehrung der Gewerbeinspektorate, eine Verkleinerung der Aufsichtsbezirke, eine Linderung der Folgen der Arbeitslosigkeit und die Forderung nach einer Reform der Arbeiterunfallversicherung.

Es ist nicht bekannt, ob der Beamte Kafka diese Gewerkschaftsresolution in die Hände bekam. Vergebens sucht man in den amtlichen Schriften des Beamten Kafka eine Auseinandersetzung mit den Forderungen der Gewerkschaft, die, im Unterschied der Arbeiterunfallversicherungsanstalt mit ihrem öffentlich-rechtlichen Charakter eines staatlichen Verwaltungsorgans, eine wirkliche Interessensvertreterin der Arbeiterklasse war. Trotz einer partiellen Übereinstimmung mit den Forderungen des Gewerkschaftskongresses wirken die von dem Beamten Kafka unter Rücksicht auf den Gesetzgeber ebenso unterwürfig wie nebulistisch vorgebrachten Anliegen jämmerlich. Was die vom Gewerkschaftskongreß geforderte Reform der Arbeiterunfallversicherungsanstalt betrifft, so stimmte der Beamte Kafka nicht in seinen amtlichen, aber in seinen privaten Schriften insofern überein, als er die Anstalt als ein „dunkles Bürokratennest" nennt. Während er die sich mühevoll verdiente Möglichkeit, nachtsüber ein Dichter sein zu können, als den „Lohn für eine Teufelsarbeit" bezeichnet. In seinen Tagebüchern gesteht der Dichter Kafka: „Die unmittelbare Nähe des Erwerblebens benimmt mir, trotzdem ich innerlich so unbeteiligt bin, als es nur möglich ist, jeden Überblick, so als wäre ich in einem Hohlweg, in dem ich überdies den Kopf senkte."

Wohl um sich aus der Affäre zu ziehen, erklärte der Beamte Kafka in seinen amtlichen Schriften mehrfach, die Arbeiterunfallversicherung müßte sich nicht um die Arbeiterklasse kümmern, weil diese ihre Interessen selber zu wahren wisse. In Wahrheit aber sahen der Beamte wie der Dichter Kafka keine sich noch teilweise formierende Klasse, sondern nur einzelne Arbeiter, die Opfer eines Arbeitsunfalls wurden. Den Äußerungen von Max Brod zufolge, soll Kafka, innerlich aufgewühlt, gesagt haben: „Wie bescheiden diese Menschen sind . . . Sie kommen bitten. Statt die Anstalt zu stürmen und alles kurz und klein zu schlagen, kommen sie bitten."

Aber davon abgesehen, daß Kafka selbst zusammen mit den Arbeitern die Anstalt hätte stürmen und alles kurz und klein schlagen können, erkannte er die Macht dieser heraufkommenden Klasse nicht. Vielmehr entdeckte er nur Opfer einer Gesellschaftsordnung, deren Überblick ihm angeblich durch die „unmittelbare Nähe des

Erwerblebens" genommen wurde, das der Beamte Kafka als Verantwortlicher des Ressorts für die Einstufung und für die Revisionen der Gefahrenklassen in den Betrieben, wenn nicht aus eigener Anschauung, so doch in Form von vielsagenden Schriftstücken, Statistiken, Lohnlisten, Gutachten und Anstaltsbilanzen fraglos bestens kannte. Obwohl seine Behauptung nicht sonderlich glaubwürdig anmutet, könnte sie als Rechtfertigung dafür gedacht sein, daß auch den Figuren der Romane und Erzählungen des Dichters Franz Kafka der Überblick mangelt. Denn hätten diese Figuren einen Überblick über die gesellschaftlichen Verhältnisse, hätte sich zwangsläufig auch das in Kafkas Romanen und Erzählungen vermittelte Weltbild einschneidend verändern müssen. Doch das Risiko, sein Weltbild zu ändern, mochte weder der Beamte noch der Dichter Kafka eingehen.

Im Jahre 1912 stellte der Dichter Kafka nach einem Besuch der Prager Asbestwerke, zu deren Teilhabern er zählte, fest: „Die Mädchen in ihren an und für sich unerträglich schmutzigen . . . Kleidern, mit den wie beim Erwachen zerworfenen Frisuren, mit dem unaufhörlichen Lärm der Transmissionen und von der einzelnen, zwar automatischen, aber unberechenbar stockenden Maschine festgehaltenem Gesichtsausdruck, sind nicht Menschen, man grüßt sie nicht, man entschuldigt sich nicht, wenn man sie stößt . . ."

Der Dichter wie der Beamte Kafka wären in der Funktion eines Teilhabers der Prager Asbestwerke durchaus imstande gewesen, zumindest im Einzelfall zu einer Menschwerdung der besagten Mädchen beizutragen. Aber den Beamten, den Dichter und den Teilhaber der Prager Asbestwerke hielten vielleicht eine affekthafte Aversion gegen jegliche unternehmerische Betätigung hievon ab. Zumal den Teilhaber der Asbestwerke werden seine unternehmerischen Interessen daran gehindert haben, im Alleingang jene Sozialreformen durchzuführen, deren Verabschiedung der Beamte Kafka vom Gesetzgeber zu Beginn seiner Beamtenlaufbahn noch gefordert hatte.

Von dieser Forderung kam der Beamte Kafka im Lauf der Jahre, wie gesagt, weiter und weiter ab. Er ließ den Gesetzgeber in zunehmendem Maße außer acht, er ließ die Arbeiterschaft in zunehmendem Maße außer acht, wen er nicht außer acht ließ, das waren die böhmischen Industriellen. Die Konferenzen der Arbeiterunfallversicherung mit den böhmischen Unternehmern zeugen von seiner Kenntnis der wahren Machtverhältnisse im Königreich Böhmen. Sie deuten darauf hin, daß der Beamte Kafka im Staat Böhmen ein Instrument zur Aufrechterhaltung der Macht und zur Wahrung der Interessen der herrschenden Klasse erkannte. Der Dichter Kafka hingegen münzt diese Machtverhältnisse zu einer bildhaft dargestellten Hierarchie von Instanzen um, von denen schon die erste für die Menschheit eine unüberwindliche Hürde verkörpert. Der Dichter Kafka klammert aus seinem Werk die herrschenden Mächtigen aus, indem er sie als für den Menschen undurchschaubare Mächte ausgibt, wodurch er diesen Mächten etwas Schicksalhaftes verleiht.

Der Beamte Kafka setzte sich nicht mit undurchschaubaren Mächten auseinander, von deren als unergründlich ausgegebenem Interesse, nämlich die Menschheit mit Unheil zu bedenken, im Werk des Dichters Kafka niemand zu profitieren scheint. Er setzte sich vielmehr mit den Machthabern im Königreich Böhmen an den Konferenztisch, um „beruhigende Mittelwege" auszuhandeln, die es zwischen Klassengegensätzen nicht geben kann. So wird aus dem einstmaligen „Mittler" zwischen der Arbeiterklasse und der Unternehmerschaft ein Komplize der Unternehmerschaft, für die die sogenannten „besten Resultate" tatsächlich nur die besten sein konnten. Das Interesse des Beamten Kafka an der böhmischen Unternehmerschaft hält auch im Ersten Weltkrieg an.

In seiner amtlichen Schrift ALLGEMEINE BEMERKUNGEN ZUR GEBAHRUNG IM JAHRE 1914 konstatierte der Beamte Kafka einerseits Bankrotte der an den Rüstungsprofiten unbeteiligten Unternehmer, die für die Arbeiterunfallversicherung nur deshalb von Belang waren, weil die mit den Bankrotten Hand in Hand gehende Arbeitslosigkeit der dort beschäftigten Arbeiter die Versicherungsbeitragserstattungen hinfällig machte. Andererseits vermerkt der Beamte Kafka in den Rüstungsunternehmen Kapazitätssteigerungen, die eine Erhöhung der Gefahrenklassen unabdingbar macht. Sie wurde in den Augen des Beamten Kafka auch insofern erforderlich, als die Kriegsversehrungen, die von den Schlachtfeldern heimgekehrten Proletarier zu Arbeitsunfällen schwerster Art prädestinierten, deren Auswirkungen für die Arbeiterunfallversicherung nur als weitere Negativposten zu Buche schlugen. Durch scheinbar wohlmeinende, in Wahrheit aber diskriminierende Maßnahmen, die der Beamte Kafka zur Erfassung Kriegsversehrter traf, erschwerte er diesen ohnehin Deklassierten auch noch die Wiederaufnahme ihrer Berufe innerhalb der böhmischen Unternehmen, die sich mit der Einstellung von Kriegsversehrten nur eine unerwünschte Erhöhung ihrer Versicherungsbeitragserstattungen aufgehalst hätten. Aus dem einstmaligen „Mittler" Kafka, aus dem einstmaligen Unternehmer-Komplizen Kafka und aus dem einstmaligen Vertreter Kafka ist also spätestens im Jahre 1914 ein verkappter Interessensvertreter der böhmischen Unternehmerschaft geworden. Auch hiefür erteilt dem Beamten Kafka abermals der Dichter Kafka die Absolution, indem er den Interessen und den Interessensvertretern der Mächtigen in seinen Werken einfach nicht Rechnung trägt.

Selbstredend interessiert den Dichter Kafka wegen seiner hohen dichterischen Warte jener Mißstand nicht, den der Beamte Kafka in seinem Kapitel über DIE VERHÜTUNG BEI STEINBRUCHARBEITEN in dürre Worte kleidete. Zwar billigte der Beamte Kafka die in den böhmischen Steinbrüchen herrschenden Mißstände nicht. Obwohl sie für die frühkapitalistischen Verhältnisse so typisch sind, daß sie den Dichter Bertolt Brecht, der hierin ein gefundenes Fressen gesehen hätte, zu einem Theaterstück oder zu einem Gedicht inspiriert hätten, erachtete der Dichter Kafka diese Mißstände wegen ihrer sich jeder Mystifikation widersetzenden Eindeutigkeit einer dichterischen Darstellung als unwürdig.

Dennoch pfuscht dem Dichter Kafka, der sich bewußt aus dem Erfahrungsbereich des Beamten Kafka nur das herausklaubte, was in sein Weltbild paßte, der Beamte Kafka ins dichterische Handwerk. Der Dichter Kafka läßt zwar in seinem Hauptwerk DER PROZESS im Kapitel „Im Dom" den Gefängniskaplan den Satz verkünden: „Richtiges Auffassen einer Sache und Mißverstehen der gleichen Sache schließen einander nicht aus." Sollte dieser Satz auf einen einzelnen Menschen bezogen sein, der die gleiche Sache zugleich richtig auffaßt und mißversteht, so sei die bodenlose Sophistik dieses Satzes getrost den Klärungsversuchen der Sippschaft der Kafka-Interpreten überlassen. Betrifft der besagte Satz indes zwei oder mehr Menschen, so ist er durchaus realistisch. Weil aber der Dichter Kafka diese Frage auf sich beruhen läßt, ergibt sich hieraus eine abermalige Sophistik, die möglicherweise einer Bewußtseinszerteilung zwischen dem Beamten Kafka, dem das profane richtige Auffassen einer Sache zukam, und dem Dichter Kafka, in dessen Werk das Mißverstehen kultiviert wird, Vorschub leistet.

Der Dichter Kafka gibt Anfang 1915 seine im Jahre 1914 begonnene Arbeit an seinem Hauptwerk DER PROZESS auf, einem Werk, das auch eine Widerspiegelung der langwierigen, erfolglosen, von dem Beamten Kafka erledigten amtlichen Prozeduren vorführen könnte, deren Ende wie das Ende des dichterischen Hauptwerks in eine unüberbietbare Kapitulation vor den gesetzlichen Instanzen einmündet. Im gleichen Jahr verfaßte der Beamte Kafka die amtliche Schrift UNFALLVERHÜTUNG UND ERSTE HILFE. Sie handelt vor allem von der Undurchführbarkeit der Unfallverhütung in Ermangelung einer gesetzlichen Verordnung, deren Ausbleiben es gebot, die ERSTE HILFE in den Vordergrund zu rücken.

Statt einer fruchtlosen Forderung nach „eindeutigen" und „bleibenden" Gesetzen, statt der fruchtlosen Forderung auf Versicherungspflicht der Betriebe, die Lohnempfänger vor Arbeitsunfällen zu schützen, statt eines fruchtlosen Ersuchens, eine gesetzeswidrige Hintertreibung von Versicherungsbeitragserstattungen durch einen gesetzlichen Lohnlistenzwang zu vereiteln, statt eines fruchtlosen Einschreitens gegen die gesetzliche Erweiterung der Versicherungspflicht zugunsten der widersinnigerweise als Betriebe deklarierten privaten Automobilbesitzer, statt einer fruchtlosen Anpreisung von Schutzvorkehrungen an Maschinen, die einen eklatanten Gefahrenfaktor für die an ihnen tätigen Proletarier darstellten, statt einer fruchtlosen Bittstellerei bei den Unternehmern, freiwillige Maßnahmen zur Unfallverhütung einzuführen, statt fruchtloser Konferenzen mit der Unternehmerschaft, gegen deren sogenannte „beste Resultate" die Gewerkschaft protestierte — statt all diesen Versuchsansätzen propagierte der Beamte Kafka, der aus Versicherungsinteressen die Wiedereinstellung von Kriegsversehrten erschwert hatte, nachdem die Arbeiterunfallversicherung im Jahre 1915 in die Kriegsbeschädigten-Fürsorge eingeschaltet worden war, mit einem Male nun doch Samariterdienste.

„Trotz des Mangels entsprechender gesetzlicher Vorschriften", heißt es in der amtlichen Schrift UNFALLVERHÜTUNG UND ERSTE HILFE, „machten sich bei der Prager Anstalt immer wieder Bestrebungen geltend, die Heilung der Verletzten sachgemäß zu fördern . . ., und das umso mehr, als sie in konkreten Fällen immer wieder beobachten konnte, daß bei zweckmäßigerer Ausheilung . . . die Anstalt eine verhältnismäßig kleinere Rente hätte leisten können . . . Allein trotzdem sich die Anstalt mit einigen Ärzten diesfalls in Verbindung setzte, scheiterten ihre Bestrebungen daran, daß in den Verletzten noch zu wenig Interesse wach geworden war, welche Bedeutung . . . die Wiedererstellung ihrer Erwerbsfähigkeit für sie besitzt, da ja die Unfallrente den erlittenen Schaden vielfach nicht vollständig auszugleichen vermag . . ."

Was hier zu denken gibt, ist vor allem die Bezichtigung der verletzten Kriegsheimkehrer, ihnen sei an ihrer Heilung nicht gelegen. Diese Bezichtigung, die an sich schon unglaubwürdig anmutet, ist allein deshalb fragwürdig, weil sich die Anstalt wohlgemerkt nur mit „einigen" Ärzten in Verbindung gesetzt hatte, deren Zahl in keinem Verhältnis zur Anzahl der Kriegsversehrten stand. Folglich hätte der vermeintliche Widerstand der Kriegsversehrten gegen ihre Heilung nicht einmal statistisch erfaßt werden können.

Jene Kriegsversehrten, die angeblich ihre Heilung hintertrieben hatten, scheint der Dichter Kafka dem Beamten Kafka als Phantasieprodukte offeriert zu haben. Was die Unfallrente für den erlittenen Schaden betraf, der von dem Beamten Kafka als „vielfach nicht vollständig" bezeichnet würde, so scheint der Dichter Kafka dem Beamten Kafka, der letztlich den Lebensunterhalt des Dichters Kafka bestritt, Formulierungen nahegelegt zu haben, die dazu geschaffen waren, das Beamtendasein des Beamten Kafka nicht zu gefährden.

Tatsächlich war die besagte Rente zum Leben zu niedrig und zum Sterben zu hoch. Mit ihren Appellen an die Vaterlandsliebe verurteilte die Regierung im Königreich Böhmen die zu den Schlachtfeldern vorrückenden Proletarier oft genug entweder zum Tod oder zu einer

Verelendung, die dazu angetan war, ihnen die Vaterlandsliebe für immerdar auszutreiben.

Dem vor einem „Ungeheuer" hockenden und „vertrackten Wesenheiten" ausgelieferten Beamten Kafka und dem von Seelenqualen heimgesuchten Dichter Kafka, der gemäß der bereits zitierten Äußerung des Angeklagten Josef K. in der Weltordnung zwar die Lüge entdeckte, aber vor lauter Lügen die Lügner nicht zu sehen vermag oder nicht sehen will, muß auch der Erste Weltkrieg nur eine weitere Art des obwaltenden Widersinns gewesen sein. Als eine weitere Variante des Widersinns dürfte dem Beamten wie dem Dichter Kafka vielleicht auch die Tatsache erschienen sein, daß im Frieden ein Proletarier satt werden konnte, wenn er sich beim Verrichten von Lohnarbeiten ständig unnötigen Gefahren auszusetzen willens war, aus dem Krieg aber als Kriegsversehrter heimkehren konnte, der zum Hungerleiden verdammt war.

Der Dichter Kafka hat sich über den Hunger, den der Beamte Kafka nach Kräften herunterzuspielen suchte, in seinen Werken geäußert. Obwohl der Beamte Kafka es besser wissen mußte, sieht der Dichter Kafka im Hunger keinen durch Not und Elend erzwungenen Zustand, sondern vielmehr eine Kunst, die darin besteht, sich über lange Zeitspannen hinweg ohne Nahrungsaufnahme am Leben zu erhalten. Schon der Titel DER HUNGERKÜNSTLER deutet darauf hin, daß hier der Hunger keine Folge einer durch frühkapitalistische gesellschaftliche Verhältnisse oder Kriege bedingte Not und Verelendung ist, die der Reichtum, über den sich der Beamte Kafka und der Dichter Kafka gleichermaßen in Schweigen hüllen wie über die Armut, nach sich zieht. Der Dichter Kafka schildert das Hungern als einen Akt der Freiwilligkeit, auf den sein Held nur verfällt, weil er in seinem Leben keine Speise gefunden hat, die ihm schmeckte.

Von einem Hunger, der keine Kunst, sondern eine der Auswirkungen des Ersten Weltkrieges war, sprach allerdings der Beamte Kafka nicht, der es sich als Beamter einer öffentlich-rechtlichen Anstalt kaum leisten konnte, das Hungern als den Ausdruck einer Kunst hinzustellen. Daß der Beamte Kafka nicht weiß, was Hungern heißt, verraten nicht zuletzt die seinen amtlichen Schriften hinzugefügten

Gesuche um Gehaltserhöhungen oder Beförderungen, die ihm im übrigen vom Vorstand der Arbeiterunfallversicherungsanstalt widersinnigerweise trotz oder wegen seines Scheiterns gewährt wurden. Auch die weitere amtliche Schrift des Beamten Kafka zur KRIEGSLAGE, GEFAHRENKLASSENEINREIHUNG UND UNFALLVERHÜTUNG enthüllt, daß abermals nur jene ewig ungelösten Probleme zur Debatte stehen, die sich dadurch, daß sie zur Debatte gestellt werden, nicht lösen lassen.

Zum Problem, das die Kriegsversehrten darstellten, äußerte sich der Beamte Kafka auf eine nur scheinbar der Humanität Rechnung tragende Weise.

„Ein neues, bis zum Kriege fast vollständig unbekanntes Problem der Unfallverhütung", schreibt er unter anderem, „ist im Laufe der Kriegszeit entstanden . . . und erfordert die besondere Aufmerksamkeit der Anstalt. Es ist dies die Frage der Verwendung der Kriegsbeschädigten in versicherungspflichtigen Betrieben. Es deutete sich für die Anstalt in verschiedenen Einzelfragen an. — So fragte z. B. ein Klempnermeister bei der Anstalt an, ob er sich keiner Haftungsgefahr aussetze, wenn er in seinem Betrieb einen Kriegsbeschädigten beschäftige, welcher infolge einer erlittenen Schrapnellverletzung epileptisch geworden ist . . . Trotzdem müsse natürlich der Meister ihn abweisen, wenn er in die Gefahr käme, für einen eventuellen Unfall haften zu müssen . . . Wir haben in dieser Hinsicht die einschlägigen Bestimmungen der verschiedenen Unfallverhütungsverordnungen. So heißt es z. B.: ‚. . . Personen, die an Fallsucht, Krämpfen, zeitweiligen Ohnmachtsanfällen, Schwindel, Schwerhörigkeit oder anderen körperlichen Schwächen oder Gebrechen in dem Maße leiden, daß sie dadurch bei gewissen Arbeiten einer außergewöhnlichen Gefahr ausgesetzt werden oder eine solche hervorrufen könnten, dürfen zu Arbeiten dieser Art nicht verwendet werden' — Aus . . . diesen Erwägungen ergibt sich, daß strenge, unabänderliche Grundsätze über die Verwendungsfähigkeit von Kriegsbeschädigten in bestimmten Berufen nicht so aufgestellt werden können, wie dies bisher in analogen Fällen in den Unfallverhütungsvorschriften möglich war . . . gegenüber Anfragen wie der obigen wird nur gesagt werden können: Die gleiche menschliche Rücksicht, welche dafür spricht, daß der Kriegsbeschädigte wieder in seinem früheren Berufe beschäftigt wird, muß gleichzeitig auch davon abhalten, ihm Arbeiten zu übertragen, von denen sich voraussehen läßt, daß sie ihn infolge seines Gebrechens in besonders große Gefahr bringen ..."

Während der Beamte Kafka einstmals im Hinblick auf die Einreihung und Revisionen der Gefahrenklassen in den diversen böhmischen Betrieben darüber klagte, daß der Arbeiterunfallversicherung vom Gesetzgeber keine gesetzlichen Befugnisse zuerkannt wurden, sich in den Betrieben ein Bild über die besagten Gefahrenklassen zu machen, während der Beamte Kafka einstmals darin scheiterte, vom Gesetzgeber gesetzliche Vorschriften über eine obligatorische Durchsetzung von Unfallverhütungsmaßnahmen zu erlangen, widersprach der Beamte nunmehr keineswegs, als der Gesetzgeber vorgab, kriegsversehrte heimgekehrte Proletarier vor den Gefahren einer Erwerbstätigkeit schützen zu wollen, die der Gesetzgeber in Friedenszeiten hartnäckig ignorierte.

Von der gleichen Kapitulation, mit der der Angeklagte Josef K. im Gleichschritt mit seinen Henkern zu seiner Hinrichtungsstätte marschiert, kundet auch die letzte, im Jahr 1916 erschienene amtliche Schrift des Beamten Kafka, deren Titel DEUTSCHER VEREIN ZUR ERRICHTUNG UND ERHALTUNG EINER KRIEGER- UND VOLKSNERVENHEILANSTALT IN DEUTSCHBÖHMEN IN PRAG lautet. Daß statt der Regierung ein öffentlich-rechtliches Verwaltungsorgan das böhmische Volk um Spenden zur Errichtung und Erhaltung einer Krieger- und Nervenheilanstalt aufrief, ist ein hinreichender Beweis dafür, daß der mittlerweile zum Obersekretär und Bevollmächtigten der Arbeiterunfallversicherungsanstalt aufgerückte Beamte Kafka weit davon entfernt war, die Verantwortlichen für die Verheerungen, die sie den eigenen Erläuterungen zufolge angezettelt hatten, zur Verantwortung zog.

„Volksgenossen!" heißt es in dieser letzten amtlichen Schrift des Beamten Kafka, der jetzt nurmehr als der Wahrer karikativer Belange fungiert. „Der Weltkrieg, der alles menschliche Elend gehäuft in sich enthält, ist auch ein Krieg der Nerven ... In diesem Nervenkrieg unterliegen nur allzuviele. So wie im Frieden ... der intensive

Maschinenbetrieb die Nerven der in ihm Beschäftigten ungleichlich mehr als früher gefährdete, störte und erkranken ließ, hat auch der ungeheuerlich gesteigerte maschinelle Teil der heutigen Kriegshandlungen schwerste Gefahren und Leiden für die Kämpfenden verursacht. Und dies in einer Weise, von der sich selbst der Unterrichtete kaum mehr eine zureichende Vorstellung machen kann ... was steht uns noch bevor? Wieviel Nervenkranke liegen noch in den außerböhmischen Spitälern? Wieviel Nervenkranke werden aus der Kriegsgefangenschaft zurückkommen? Unübersehbares Elend wartet hier auf Hilfe. Der nervöse Zitterer und Springer in den Straßen unserer Städte ist nur ein verhältnismäßig harmloser Abgesandter der ungeheuren Leidensschar. Was sollen wir tun? ... Hilfe kann nur eine sorgfältige Behandlung in einer neuzeitlich eingerichteten Heilanstalt bringen. Da die aber nicht vorhanden ist, ist auch das Schicksal dieser Unglücklichen besiegelt ... Aber es gibt noch eine andere Möglichkeit! Deutschböhmen, das heißt die Gesamtheit der deutschen Volksgenossen kann aus eigenen Mitteln eine große Volksnervenheilanstalt errichten, allerdings mit den entsprechenden Beiträgen der ... Regierung sowie der sozialen Versicherungsanstalten ..."

Außer der Regierung und den sozialen Versicherungsanstalten, mit deren Beiträgen es wohl, wenn man in Betracht zieht, daß Kafka die „Volksgenossen" zu Spenden aufruft, nicht weit her gewesen sein kann, nannte der Beamte Kafka absurderweise unter anderem die privaten Versicherungsanstalten, die Eisenbahnverwaltung, den Großgrundbesitz, die Großbetriebe und alle, „die mit warmem Herzen" „helfen wollen". Es rief der Beamte Kafka, mit einem Wort, alle jene zu Samariterdiensten auf, die, abgesehen von der böhmischen Bevölkerung, sattsam dafür Sorge trugen, daß sich schon im dritten Jahr des Ersten Weltkrieges das gesamte Königreich Böhmen in eine bis zu seinen Landesgrenzen reichende spezifische Art von psychiatrischer Anstalt ohne Krankenbetten, ohne Pflegepersonal, ohne Ärzte, ohne Heilmittel und ohne heilsame Behandlungsmethoden verwandelt hatte. Die Überzeugung des Beamten Kafka, daß die böhmischen Unheilstifter im Gegensatz zu den Missetätern aller übrigen Herren Länder, deren Gewohnheit auch zu seinen Lebzeiten nicht darin bestand, jenes Unheil freudig zu beheben, das sie, ohne Rücksicht, wie es zu beheben wäre, bedenkenlos stifteten, zeugt entweder von Weltfremdheit oder von der Neigung des Beamten wie des Dichters Kafka, im Notfall ein Täuschungsmanöver zu inszenieren.

Der Aufruf ist ein Ausdruck der totalen Kapitulation des Beamten Kafka, die, abgesehen von dem Roman AMERIKA, den Kapitulationen der Roman- und Erzählungsfiguren des Dichters Kafka entspricht. Während der Dichter Kafka in seinen Werken dem Widersinn, der wie ein Dirigent das Weltgeschehen zu lenken scheint, das Wort redet, war der Beamte Kafka darauf bedacht, die Kapitulation der Arbeiterunfallversicherung und sein eigenes Scheitern dadurch zu bemänteln, daß er dem Volk vorgaukelte, die Urheber jenes Leids, das breite Schichten der böhmischen Bevölkerung zu psychiatrischen Fällen depravierte, wären im nachhinein bereit, dem Unheil Abhilfe zu schaffen, für das sie letztlich die Verantwortung ablehnten.

„Die erste Arbeit ist die Beschaffung der Mittel", schreibt der Beamte Kafka ganz richtig in seiner letzten amtlichen Schrift. Aber die Beschaffung der Mittel für eine Krieger- und Volksnervenheilanstalt hatte ja eben den Haken, daß die vom Unheil Heimgesuchten aufgrund ihrer Mittellosigkeit die notwendigen Mittel zu ihrer Heilung aufzubringen außerstande waren. Jene, denen das Unheil der vom Unheil Heimgesuchten zum Heil, d. h. zu Profitratensteigerungen, verhalf, konnten selbstredend nicht gewillt sein, ihrem auf Unheilstiftung fußenden Heil durch die Beilegung des von ihnen angestifteten Unheils Abbruch zu tun.

Es ging letztlich um freiwillige Spenden, wo statt der Freiwilligkeit der gesetzliche Zwang und statt der Spende obligatorische Zahlungen rechtens gewesen wären. Da ist beim Beamten Kafka die Rede vom Beitritt zum besagten Verein, dessen Gründung ein durch Rüstungskosten zahlungsunfähiger Staat seinem öffentlich-rechtlichen Organ, nämlich der Arbeiterunfallversicherungsanstalt aufbürdet. Doch kämen als Stifter des geplanten Wohlfahrtvereins leider nur wieder die wohlbetuchten Unheilstifter infrage, denen der Beamte Kafka den Beitritt auch dadurch kaum schmackhafter zu machen vermochte, daß er ihnen für die Erstattung von 5000 Kronen die Möglichkeit eröffnete, der Pflege der Krieger- und Volksnervenheilanstalt einen Pflegling ihrer Wahl vorzuschlagen. Denn ein potentieller Pflegling dieser Krieger- und Volksnervenheilanstalt mußte in den Augen der von dem Beamten Kafka beknieten Stifter einen Schandfleck der Gesellschaft verkörpern, deren Spitzen die Schandtat wegen ihres gewinnabwerfenden Charakters zwar als unabdingbar, den desillusionierenden Schandfleck jedoch so als inakzeptabel einstufen müßten, daß sie ihren Blick abwandten.

Ganz als sei ihm der Dichter Kafka mit seiner phantastischen Vorstellungskraft wie der Teufel in den Leib gefahren, appellierte der Beamte Kafka auch an die ihm denkbar erscheinenden Gründer der Krieger- und Volksnervenheilanstalt: Für eine Spende von 1000 Kronen stellte er ihnen in Aussicht, daß ihre Namen auf einer Gedenktafel in der Nervenheilanstalt zum „ewigen Gedächtnis" verzeichnet werden sollen.

Kein „ewiges Gedächtnis" offerierte der Beamte Kafka hingegen den einfachen Bürgern, die den Verein mit einem Mitgliedsbeitrag von fünf Kronen schwerlich auf die Beine hätten stellen können.

Am Ende dieses jeglichen Wirklichkeitssinnes spottenden Aufrufs heuchelte der Beamte Kafka Zuversichtlichkeit. Damit das, was er eine „Bitte" hieß, nicht auf taube Ohren stieß, befreite er seine „Bitte" von ihrem bettlerhaften Charakter, indem er sie als „Bitte unserer geliebten Heimat" hinstellte.

Auf diese Weise brachte der wegen seines notorischen Scheiterns vom Vorstand einer vom Gesetzgeber zum Scheitern geschaffenen Scheininstitution beförderte Beamte Kafka immerzu am Ende sogar noch die „Heimat" ins Spiel, die für den Dichter Kafka eine einzige gigantische Gefahrenklasse in einem Niemandsland darstellte. Bei dem nächtlichen dichterischen Schaffen des Dichters Kafka wirkte umgekehrt gewiß immer wieder der sich am Tage mit der Bewältigung des Widersinns seiner Tätigkeit verausgabende Beamte Dr. Kafka mit, der den an einem Realitätsschwund krankenden Dichter Kafka herrisch zur Kenntnisnahme gewisser Tatsachen zwang.

Die Lektüre der amtlichen Schriften des Beamten Kafka verdeutlicht, daß der Dichter Kafka das vom böhmischen Gesetzgeber prädestinierte Schreiben des Beamten Kafka zu einer Weltsicht verabsolutierte. Wenn schon eine Sozialversicherung nur dazu imstande war, allen Anstrengungen ihres Beamten zum Trotz lediglich die Unsicherheit der in ihr Versicherten zu steigern, so konnte der Weltsicht des Dichters Kafka zufolge niemand nirgendwo vor irgendetwas sicher sein. In Mißachtung der Gesetzmäßigkeiten der obwaltenden Anarchie einer frühkapitalistischen Gesellschaft, die in den amtlichen Schriften des Beamten Kafka zwischen den Zeilen zum Himmel schreit, konnte der Dichter Kafka offenkundig nicht anders, als in seinen Werken der im Königreich Böhmen herrschenden Willkür der herrschenden Klasse, der er weder als Beamter noch als Dichter die Stirn zu bieten wagte, einer alle irdischen Gesetze annullierenden Widersinnigkeit Ausdruck zu verleihen. Daß diese Widersinnigkeit im Königreich Böhmen in Kafkas Werken nur dank eines Ignorierens der Klasseninteressen und Klassengegensätze zu triumphieren vermag, zeugt von der ausgeprägten Neigung des Beamten und Dichters Kafka, im Habitus des Schwächlings und auf die Macht der fingierten eigenen Schwäche bauend, den Stärkeren seiner Stärke wegen moralisch ins Unrecht zu setzen, dabei aber zu übersehen, daß dies der Stärke des Stärkeren schon insofern keinen Abbruch tun kann, als seine Stärke ja eben auf der Übermacht des Unrechts beruht, das ein Ins-Unrecht-Setzen des Unrechts vonseiten des Schwächeren allein nicht zu mindern vermag.

Hierbei sind in den Werken des Dichters Kafka nicht etwa die Proletarier die vorerst Schwächeren und die Unternehmer die vorerst Stärkeren. Vielmehr sind Kafkas Figuren nicht Mächtigen, sondern Mächten ausgeliefert, die der Beamte Kafka kannte, der Dichter Kafka jedoch, möglicherweise um der in der Kultur der Bourgeoisie für Größe bürgenden Interpretierbarkeit seiner Dichtung willen, nicht zu erkennen vorgab. Seine Parabeln sind dichterisch in einer schier unnachahmbar erscheinenden Art und Weise in sich geschlossen. Sie tragen nicht, je nach Auffassung, den Makel oder die Größe einer historisch überprüfbaren Wirklichkeit zur Schau, deretwegen einem Schriftsteller wie Zola der Dichterruhm bis heute versagt geblieben ist. Kafkas Werke analysieren auch nicht eine in ästhetisch unanfechtbarer Form vorgebrachte Wirklichkeit, wie sie das Werk des Dichters Bertolt Brecht kennzeichnet, der dem Dichter Kafka zwar hinsichtlich der bildhaften Vorstellungskraft unterlegen, aber im Hinblick auf seine logischen Schlußfolgerungen und auf ein von keiner verengenden Bildkraft beeinträchtigtes Abstraktionsvermögens überlegen ist. Die bildhafte Vorstellungskraft des Dichters Kafka wirkt, wie zum Beispiel an seiner Erzählung IN DER STRAFKOLONIE nachprüfbar ist, in bezug auf die Wirklichkeit geradezu verheerend. Kafkas Bildhaftigkeit mutet zwar zunächst einprägsamer und schlagkräftiger an als die Analyse von Sachverhalten, die man nicht bestaunen kann, sondern begreifen muß. Doch das Bild des Dichters Kafka verabsolutiert nur einen Aspekt der Wirklichkeit zu einem Weltbild, in dem der Mensch geschaffen wird, um sinnlos vor die Hunde zu gehen. Seine Parabeln, die sich als allumfassend geben, werden nicht einmal der Wirklichkeit des Königreichs Böhmen während des Zeitabschnitts gerecht, in dem der Beamte Kafka eine alles in allem doch bemerkenswerte Einsicht in die gesellschaftliche Wirklichkeit gewann. In seinen amtlichen Schriften, die zusammengesehen ein Bild dieser Wirklichkeit vermitteln, läuft der Beamte Kafka dem Dichter Kafka schreibend in bezug auf die Wirklichkeit den Rang ab. Die amtlichen Schriften liefern den Inhalt für ein Werk, das zu schreiben der Dichter Kafka verschmähte.

Während Zola in seinem Werk die Geschichte einer Epoche zu Papier brachte, indem er auf der Suche nach Fakten in der Wirklichkeit hausieren ging, während Bertolt Brecht die in der kapitalistischen Gesellschaft obwaltenden Kräfte und Mechanismen in einer parteiergreifenden Art und Weise, die ihm massenhaft Feinde einbrachte und ihn auch heute noch der Mißachtung vieler sogenannter Dichter preisgibt, offenlegte, erweist sich der Dichter Kafka, an dessen Größe hier nicht gerüttelt werden soll, insofern als kokett, als er dem Leser keine Erkenntnisse vermittelt, sondern sich durch die Interpretierbarkeit seiner wechselbalghaften Parabeln von einer Sippschaft von Interpreten hofieren läßt. Kraft der Interpretierbarkeit seines Werkes, die allerdings die bislang übersehene Interpretierbarkeit der Gesetze im Königreich Böhmen als Hintergrund haben und so hinterrücks eine gewisse Wirklichkeitsnähe gewinnen, gibt der Dichter Kafka Gelegenheit zum Unken, Munkeln, Deuten und Herumtüfteln.

Dennoch sei am Ende dieser Abhandlung eine Deutung eines der Kafkaschen Werke hinzugefügt, die die Vorgehensweise dieses Dichters dartun und zugleich den Beweis erbringen soll, daß sich der Dichter Kafka seine weltfern erscheinenden Parabeln auf Raubzügen in den Bereich der Wirklichkeitserfahrung erbeutete, die dem Beamten Kafka sein Brotberuf lieferte. Obwohl das Scheitern des Beamten Kafka mit dem Scheitern des Angeklagten Josef K. auf einen Nenner zu bringen wäre, erscheint uns eine andere dichterische Version des Scheiterns des Beamten Kafka interessanter. Es handelt sich um die Erzählung: BEIM BAU DER CHINESISCHEN MAUER.

Eine Eigentümlichkeit dieser Erzählung ist es, daß sie wie der Brotberuf des Beamten Kafka von der Sicherung eines Volkes handelt. Anstelle der trockenen Statistiken, Bilanzen, Schriftstücke und Beschwerdeschreiben, die dem Beamten Kafka förmlich über den Kopf wuchsen, setzt der Dichter Kafka anschaulich den Bau einer Mauer, die das chinesische Volk vor den Überfällen angeblich grausamer nördlicher Völker schützen soll. Dem verzerrenden Charakter der Feindbilder wird der Dichter Kafka gerecht, indem er einen Mann aus dem chinesischen Volk über die angeblich grausamen Nordvölker sagen läßt: „Wir lesen von ihnen in den Büchern der Alten die Grausamkeiten, die sie ihrer Natur nach gemäß begehen . . . Auf den wahrheitsgetreuen Bildern der Künstler sehen wir diese Gesichter der Verdammnis, die aufgerissenen Mäuler, die mit hoch zugespitzten Zähnen besteckten Kiefer, die verkniffenen Augen, die schon nach Raub zu schielen scheinen. Aber mehr wissen wir von diesen Nordvölkern nicht . . . Gesehen haben wir sie nicht . . ."

Die Erzählung BEIM BAU DER CHINESISCHEN MAUER entstand im Jahre 1917. Zu einem Feindbild scheinen den Dichter Kafka die Feindbilder inspiriert zu haben, die von Propaganda-Institutionen im Ersten Weltkrieg geschaffen wurden. Möglicherweise inspirierte den Dichter Kafka auch die durch diesen Krieg zusätzlich verstärkte Rechtsunsicherheit der böhmischen Bevölkerung. So wie der Beamte Kafka dem böhmischen Gesetzgeber die Interpretationsanfälligkeit der Gesetze ankreidet, wird von einem anonymen Berichterstatter aus dem chinesischen Volk das Vorgehen einer gewissen Führerschaft angegriffen: „. . . ich habe . . . gefunden, daß wir Chinesen bewillte . . . staatliche Einrichtungen in einzigartiger Klarheit, andererseits wieder in einzigartiger Unklarheit besitzen . . . auch der Mauerbau ist von dieser Frage wesentlich betroffen . . .", meint der anonyme Berichterstatter.

Obwohl aus den AMTLICHEN SCHRIFTEN des Beamten Kafka hervorgeht, daß ihm die Gründe für die in der Erzählung als „Unklarheiten" bezeichnete Interpretierbarkeit der Gesetze des böhmischen Gesetzgebers im Laufe seiner Beamtenkarriere klar geworden sein müssen, läßt der Dichter Kafka, dem Mystifikationen näher lagen als Konflikte heraufbeschwörende Analysen der Machtverhältnisse, den Mann aus dem chinesischen Volk von einer „Führerschaft" berichten, die beim Bau der chinesischen Mauer nach Prinzipien vorgeht, deren man sich, um aus den AMTLICHEN SCHRIFTEN des Beamten Kafka zu zitieren, „nicht sicher war".

„In der Stube der Führerschaft — wo sie war und wer dort saß, weiß und wußte niemand, den ich fragte — in dieser Stube kreisten wohl alle menschlichen Gedanken und Wünsche und in Gegenkreisen alle menschlichen Ziele . . . Durch das Fenster fiel aber der Abglanz der göttlichen Welten auf die Pläne zeichnenden Hände der Führerschaft. Und deshalb will es dem unbestechlichen Betrachter nicht eingehen, daß die Führerschaft, wenn sie es ernstlich gewollt hätte, nicht auch jene Schwierigkeiten hätte überwinden können, die einem zusammenhängenden Mauerbau entgegenstanden. Bleibt also nur die Folgerung, daß die Führerschaft den Teilbau beabsichtigte. Aber der Teilbau war . . . unzweckmäßig. Bleibt also nur die Folgerung, daß die Führerschaft etwas Unzweckmäßiges wollte — Sonderbare Folgerung — Damals war es gemeinsamer Grundsatz Vieler . . . : Suche mit allen deinen Kräften die Anordnungen der Führerschaft zu verstehen, aber nur bis zu einer bestimmten Grenze, dann aber höre mit dem Nachdenken auf . . ."

Dem Grundsatz entspricht das Grundverhalten des Beamten und vor allem des Dichters Kafka, der einmal in einem Brief an seine Verlobte Felice Bauer schrieb, er wiche Verantwortungen wie einer Schlange aus. Denn der Grundsatz, widersinnige Anordnungen zu verstehen und, falls sich diese als unverständlich erweisen, mit dem

Nachdenken aufzuhören, leistete dem Hang des Beamten Kafka, sich aus der Affäre zu ziehen, wie dem Hang des Dichters Kafka Vorschub, Erkenntnisse von Tragweite zu verschleiern. Wie es seinen amtlichen Schriften zu entnehmen ist, verschwieg der Beamte Kafka seine Erkenntnisse wohlweislich immer dann, wenn ihre Formulierung in Form von amtlichen Schriften seine Beamtenexistenz gefährdet hätte. Der Dichter Kafka aber suchte, um sich einer Parteiergreifung in den Klassenkonflikten im Königreich Böhmen zu entziehen, Zuflucht in Mystifikationen. Im Hinblick auf sein Werk ist es jedoch keineswegs von Nutzen, daß statt einer Brandmarkung der realen Machthaber unfaßbare Mächte obwalten, deren Unwesen, das überhaupt nicht ohne Sinn betrieben sein kann, er in eine gigantische Widersinnigkeit einbettet, in einem der Menschheit unzugänglichen Gesetz, dem großen Ungewissen, das sich der Gewißheit aus unersichtlichen Gründen entzieht. Seiner Dichtung wohnt dadurch eine Ungenauigkeit inne, die auch seine scharf umrissene Bildersprache nicht auszumerzen vermag.

Doch wie der Beamte Kafka sich mit großem Aufwand einem Leerlauf widmete, an welchem dem Gesetzgeber im Königreich Böhmen schon insofern gelegen sein mußte, als er seine Sozialgesetzgebung nur ins Leben rief, um die Sicherheit der Bevölkerung durch eine legalisierte Rechtunsicherung zu untergraben, macht auch in Kafkas Erzählung BEIM BAU DER CHINESISCHEN MAUER der Optimismus, mit dem der anonyme Mann aus dem chinesischen Volk berichtet, allmählich einem Pessimismus Platz: „Die Chinesische Mauer ist an ihrer nördlichsten Stelle beendet worden", erzählt der anonyme Berichterstatter. „Von Südosten und Südwesten wurde der Bau herangeführt und hier vereinigt. Dieses System des Teilbaues wurde auch im Kleinen innerhalb der zwei großen Arbeitsheere, des Ost- und Westheeres, befolgt. Es geschah das so, daß Gruppen von etwa zwanzig Arbeitern gebildet wurden, welche eine Teilmauer von etwa fünfhundert Metern Länge aufzuführen hatten, eine Nachbargruppe baute ihnen eine Mauer von gleicher Länge entgegen. Nachdem dann aber die Vereinigung vollzogen war, wurde nicht etwa der Bau am Ende dieser tausend Meter fortgesetzt, vielmehr wurden die Arbeitergruppen wieder in ganz andere Gegenden zum

Mauerbau verschickt. Natürlich entstanden auf diese Weise viele große Lücken . . . Ja, es soll Lücken geben, die überhaupt nicht verbaut worden sind, eine Behauptung allerdings, die möglicherweise nur zu den vielen Legenden gehört, die um den Bau entstanden sind, und die für den einzelnen Menschen wenigstens mit eigenen Augen und eigenem Maßstab infolge der Ausdehnung des Baues unüberprüfbar sind . . ."

Die Unüberschaubarkeit der chinesischen Mauer entspricht der Weigerung des böhmischen Gesetzgebers, den Vertretern der Arbeiterunfallversicherung die Befugnisse einzuräumen, jene Betriebe zu besichtigen, die sie in Gefahrenklassen einzustufen hatten. Die Lücken im Mauerbau sind identisch mit den die Sozialversicherungen im Königreich betreffenden Gesetzeslücken, die einer sozialen Sicherheit der Arbeiterschaft im Wege standen. In der Erzählung des Dichters Kafka gewinnen die Lücken zwischen den Mauerstücken der chinesischen Mauer den Charakter von Türen und Toren, die den Gefahren, denen der Dichter Kafka den Ausdruck NORDVÖLKER verleiht, obwohl der Beamte Kafka diese Gefahren in seinen amtlichen Schriften in weitaus unmißverständlichere Ausdrücke kleidet, buchstäblich im Sinne des Wortes Tür und Tor öffnen. Die lückenhafte Mauer, die die Schutzbedürftigkeit des chinesischen Volkes offenbart, muß Aggressoren zu Angriffen provozieren, die den Übergriffen des böhmischen Gesetzgebers und der böhmischen Unternehmerschaft im Hinblick auf die durch Gesetzesinterpretationen geschaffene Rechtsunsicherheit vergleichbar ist. Den offenkundigen Widersinn des mit großem Aufwand, aber mit einem ebenso großen Mangel an Folgerichtigkeit vollzogenen Baus der chinesischen Mauer, der dem Widersinn der Fürstreiter aller wesentlichen Kompetenzen beschnittenen Prager Arbeiterunfallversicherungsanstalt entspricht, könnte zwar das chinesische Kaisertum, das eine bildhafte Darstellung der Instanzen im Königreich Böhmen widerspiegelt, entwirren. Aber von diesem Kaisertum heißt es in der Erzählung, daß es „zu unseren allerundeutlichsten Einrichtungen" gehöre, zu einer Einrichtung nämlich, über die allein in der Hofgesellschaft „einige Klarheit" besteht, „wiewohl auch diese eher scheinbar als wirklich ist", was sich wiederum mit dem Zustand der Prager Arbeiterunfallversicherung vergleichen läßt.

Zwar ist in Kafkas Erzählung von einer Botschaft die Rede, die der sterbende Kaiser vor seinem Tode einem Boten ins Ohr geflüstert haben soll. Aber die hierarchische Wesensart des Kaisertums, das der hierarchischen Ordnung der Instanzen im Königreich Böhmen entspricht, vereitelt es, daß die offenkundig dem chinesischen Volk wohlgesonnene Nachricht der chinesischen Bevölkerung zu Ohren kommt, weil der kaiserliche Bote an den hierarchischen Instanzen scheitert. „Man hörte zwar viel", äußert der anonyme Berichterstatter aus dem chinesischen Volk, „konnte aber dem Vielen nichts entnehmen . . . Der Bote hat sich gleich auf den Weg gemacht. Aber die Menge ist groß; ihre Wohnstätten nehmen kein Ende . . . nutzlos müht er sich ab; immer noch zwängt er sich durch die Gemächer des innersten Palastes; niemals wird er sie überwinden und gelänge ihm dies, wäre nichts gewonnen; die Höfe wären zu durchmessen; und nach den Höfen der zweite anschließende Palast; und so weiter durch Jahrtausende; und stürzte er endlich aus dem äußersten Tor — aber niemals, niemals kann dies geschehen — liegt erst die Residenzstadt vor ihm, die Mitte der Welt . . . Niemand dringt hier durch und gar mit der Botschaft eines Toten. — Du aber erträumst sie Dir, wenn der Abend kommt."

Hier zeigt sich, wie der Dichter Kafka Schwierigkeiten aufbauscht, die dem opportunistischen Beamten Kafka, der sehr wohl der Bevölkerung Begründungen für deren Rechtsunsicherheit hätte zukommen lassen können, gewissermaßen Absolution für sein Scheitern erteilt. Die Prämisse der Dichtung des Dichters Kafka, der es der menschlichen Erkenntnisfähigkeit abspricht, den Sinn der Weltordnung auch nur erahnen zu können, ist höchst fragwürdig. Sie läßt außeracht, daß es im Hinblick auf Gedeih und Verderb der Menschheit vorerst um die Ergründung der auf dem Planeten Erde obwaltenden konkreten Gesetzmäßigkeiten geht. Die Darstellung einer völligen Undurchschaubarkeit der irdischen Gesetzgebung und der völligen Undurchdringbarkeit einer hierarchischen Instanzenordnung ist äußerst unrealistisch. Nur durch eine strikte Ausklammerung der für die obwaltenden Mißstände Verantwortlichen gelingt es dem Dichter Kafka, eine auf kompakte Interessen fußende Gesellschaftsordnung vom Fundament der Wirklichkeit zu trennen. Das von der irdischen Gesetzgebung getrennte Gesetz erhebt der Dichter Kafka zu einer Weltordnung, von der der Angeklagte K. in Kafkas Hauptwerk behaupten kann, daß sie „Lüge" sei. So handeln die Werke Kafkas, mit Ausnahme des Romans AMERIKA, der innerhalb der allgemeinen Hoffnungslosigkeit einen Hoffnungsfunken enthält, ausschließlich von den Opfern einer bis ins Überirdische abstrahierten Willkür, nicht aber von den keineswegs erdfernen Tätern.

Die AMTLICHEN SCHRIFTEN des Beamten Kafka jedoch verweisen, wenn auch mit der für einen Beamten im Königreich Böhmen unabdingbaren Diskretion, auf die Täter. Sie bekannten zudem, daß der Beamte Kafka mehr wissen mußte, als der Dichter Kafka in seinen Werken zu wissen vorgibt.

Es war eindeutig der Beamte Kafka, der den Dichter Kafka dazu trieb, sich von Fall zu Fall über die Hürden der Lüge hinwegzusetzen, statt sie als unüberwindbar zu begaffen. Weil die Beine der Wahrheit so lang sind, daß sie ohne Schwierigkeiten über die ihr von der Lüge in den Weg gestellten Hürden hinwegzusetzen vermögen, enthält das Werk des Dichters Kafka, sosehr er der Wahrheit zu entwischen trachtete, durch das Eingreifen des Beamten Kafka genügend Wahrheit, um es wert zu sein, gelesen zu werden. Der Wahrheit dieses Werkes stehen gewissermaßen nur die oftmals hypothetischen Ausgangspunkte der einzelnen Werke dieses Dichters im Wege.

Obwohl es sich bei diesen hypothetischen Ausgangspunkten um verkappte verdrehte Tatsachen handelt, behaften diese verkappten Tatsachenverdrehungen den Dichter Kafka schon insofern nicht mit dem Ruch, ein profaner Tatsachenverdreher zu sein, als der Beamte Kafka den Dichter Kafka mit Tatsachen konfrontierte, die allen Verschlüsselungsbemühungen, die der Dichter Kafka aus einer fehlgelenkten Auffassung des Charakters der Dichtung unternahm, zuwiderlaufen. Dank der AMTLICHEN SCHRIFTEN steht den Lesern der dichterischen Werke Kafkas ein Schlüssel zur Verfügung, der dazu angetan ist, diesen Werken zu einer wohltuenden Wirklichkeitsnähe zu verhelfen.

Vorerst hüllt sich die Sippschaft der Kafka-Interpreten, die, sobald die Neuerscheinung eines Werkes des Dichters Kafka zur Debatte stand, die literarische Welt mit einem Wortschwall zu überfluten pflegte, dem mit Argumenten nicht beizukommen war, angesichts der AMTLICHEN SCHRIFTEN des Beamten Kafka, die sich im Akademie-Verlag, Berlin, leichterdings bestellen ließen, in ein denkwürdiges Stillschweigen. Dieses denkwürdige Stillschweigen scheint darauf hinzuweisen, daß den etablierten Kafka-Interpreten die AMTLICHEN SCHRIFTEN des Beamten Kafka nicht in ihr ohnehin brüchiges Kafka-Konzept passen. Offensichtlich will sich diese Sippschaft in Franz Kafka den Propheten und Hellseher erhalten, zu dem sie diesen Dichter bagatellisierend krönte. Zu ihrem Bilde vom Propheten und Hellseher Kafka paßt es allerdings keineswegs, daß Kafka ein ziemlich kompromißlerischer und opportunistischer Beamter war. Selbstredend kann die Sippschaft der etablierten Kafka-Interpreten nichts davon wissen wollen, daß die Weltsicht ihres bagatellisierend zum Propheten und Hellseher gekrönten Dichters Kafka kein anderer als der Beamte Kafka prägte, eine Tatsache, die dem dichterischen Werk des Franz Kafka keinen Abbruch tut. Würde nämlich die Sippschaft der Kafka-Interpreten diesem Umstand Rechnung tragen, so sähe sie sich gezwungen, die eigenen Interpretationen für null und nichtig zu erklären, was einer Kapitulation aller Kafka-Interpreten gleichkäme, die davon leben, daß sie stets alles besser wissen, als es der Dichter Kafka wußte. Es wäre kein Wunder, wenn diese etablierten Kafka-Interpreten in ihrem eigenen Interesse den Beamten Kafka mitsamt seinen AMTLICHEN SCHRIFTEN in einer Rumpelkammer der Literaturgeschichte abstellten und den Propheten und Hellseher Kafka mit künstlichen Stützpfeilern vor seinem Sturz bewahrten, wie man es bei Obstbäumen tut, die unter der Last ihrer eigenen Früchte sicher zusammenzubrechen drohen. Denn der von seinem Sockel steigende Prophet und Hellseher würde zu Boden fallend all seine Interpreten unter sich begraben.

DAS FROHLOCKEN ANGESICHTS DES RICHTBLOCKS

Einige Überlegungen zu Heinrich von Kleists Novelle MICHAEL KOHLHAAS

Die Behauptung, daß die Wahrscheinlichkeit nicht immer auf seiten der Wahrheit ist, wird niemand infrage stellen, der gelegentlich einen Blick in die Tageszeitung oder in die Sensationspresse wirft. Auch in einem Märchen fände sie der Leser keineswegs fehl am Platze, geschweige denn aus dem Rahmen fallend. Leitet jedoch eine solche Behauptung aus heiterem Himmel förmlich in einer weitgehendst realistischen Novelle eine Episode ein, die in der Tat an Unglaubwürdigkeit nichts zu wünschen übrig läßt, so fragt man sich ganz unwillkürlich, aus welchem Grunde wohl ihr Verfasser von der sogenannten dichterischen Freiheit, das heißt der Möglichkeit, von der Wahrheit, die offensichtlich auf dem Kriegsfuß mit der Wahrscheinlichkeit zu stehen scheint, zugunsten der Glaubwürdigkeit abzuweichen, keinen Gebrauch machen wollte.

Denn es handelt sich bei diesem Verfasser nicht etwa um einen Dilettanten, der aus reiner Wahrheitsliebe die Bedeutung der Glaubwürdigkeit im Bereich des Fiktiven außer acht läßt. Wer hier mit der Glaubwürdigkeit kurzen Prozeß macht, wer hier dem Leser nicht nur einen Brocken vorwirft, an dem er zu beißen hat, sondern ihm darüber hinaus mit einer überflüssigen Generosität das Zweifeln anheimstellt, das ist kein anderer als Heinrich von Kleist. Dem Satz: „Und wie denn die Wahrscheinlichkeit nicht immer auf seiten der Wahrheit ist, so traf es sich, daß hier etwas geschehen war, das wir zwar berichten: die Freiheit aber, daran zu zweifeln, demjenigen, dem es wohlgefällt, zugestehen müssen ..." — diesem Satz folgt in der Novelle Michael Kohlhaas, der eine in großen Teilen mit den historischen Fakten übereinstimmende Chronik, die in der zweiten Hälfte des 16. Jahrhunderts entstandene MÄRKISCHE CHRONIK des Peter Haft nämlich, als Vorlage diente, allerdings nicht etwa eine jener Begebenheiten, die man gemeinhin als unglaublich, aber wahr bezeichnet. Die eigentliche Pointe dieser Textstelle, in der von einem zufällig aus der Menge herausgegriffenen Trödelweib die Rede ist, das sich zufällig als jene Zigeunerin entpuppt, die dem Pferdehändler Michael Kohlhaas zufällig einen Zettel mit einer Weissagung von Wichtigkeit für das sächsische Herrscherhaus hatte zukommen lassen, liegt vielmehr darin, daß es sich trotz des Nachdrucks, mit dem auf den gelegentlichen Widerstreit zwischen Wahrheit und Wahrscheinlichkeit hingewiesen wird, sowohl um eine unglaubliche als auch um eine frei erfundene Episode handelt.

Läßt sich daraus umgekehrt schließen, daß die historische Begebenheit zu denjenigen zählt, wo die Wahrheit auf seiten der Wahrscheinlichkeit war und sich deren Wiedergabe literarisch als weitaus weniger unglaubwürdig herausgestellt hätte? Was für ein Bewenden hätte es, gesetzt den Fall, dies träfe zu, wohl mit der Wahrheit? Immerhin macht das Exempel, das Kleist hier statuiert, indem er nicht zugunsten der Wahrscheinlichkeit, sondern auf Kosten der Wahrscheinlichkeit von der Wahrheit oder, weniger moralisierend ausgedrückt, von den Fakten abweicht, recht stutzig.

Als die Novelle MICHAEL KOHLHAAS 1810 vom Berliner Verleger Reimer in einem Novellenband, der den Titel MORALISCHE ERZÄHLUNGEN trug, veröffentlicht wurde, erregte sie nicht nur nicht das Aufsehen, das die im selben Band enthaltene Novelle DIE MARQUISE VON O . . . erregte. Sie erregte kaum Aufsehen. Heutzutage wird dem MICHAEL KOHLHAAS eine thematische Brisanz, die man damals entweder überlas oder nicht hineininterpretierte, keineswegs abgesprochen. Legt man die Novelle richtig aus, wenn man von der Geschichte eines Aufruhrs redet, vom Aufruhr nämlich eines untadeligen Staatsbürgers, der um die Mitte des 16. Jahrhunderts sein Recht, nachdem er feststellen mußte, daß es ihm auf dem Instanzenweg verwehrt wird, auf eigene Faust zu erlangen sucht? Oder handelt es sich nicht vielmehr, so jedenfalls, wie sie Kleist erzählt, um die

Geschichte einer Unterwerfung, die erst durch das Moment des Aufruhrs ihre volle Tragweite gewinnt?

Tatsächlich ist das Unrecht, das dem Pferdehändler Michael Kohlhaas, einem „der rechtschaffensten zugleich und entsetzlichsten Menschen seiner Zeit", wie es in der Novelle heißt, durch einen Junker, den Junker Wenzel von Tronka, zugefügt wird, kein himmelschreiendes: die beiden Rappen, die Michael Kohlhaas, aus dem Brandenburgischen kommend, gezwungenermaßen als Pfänder beim Überqueren der sächsischen Grenze auf der Burg des Junkers mitsamt seinem Knecht zurückgelassen hatte, wurden geschunden, und sein Knecht wurde mißhandelt und fortgejagt. Aber das Rechtsgefühl, das Michael Kohlhaas zum Räuber und Mörder machen soll, gleicht, wie es in der Novelle heißt, „einer Goldwaage". Als er erfährt, daß derartige Übergriffe keine Ausnahmen sind, verklagt er, in der Ansicht, „daß es ein Werk Gottes wäre", den Junker beim Dresdner Gerichtshof auf Wiederherstellung der Pferde sowie auf Schadenersatz für sich und seinen Knecht, mit dem Erfolg, daß seine Klage dank der Intrigen einflußreicher Verwandter des Junkers niedergeschlagen wird. Er selbst muß sich einen Querulanten schimpfen lassen. Nach wie vor jedoch überzeugt, daß die Welt trotz „ihrer gebrechlichen Einrichtung" intakt sei, setzt er seine Bemühungen geduldig fort. Erst als die Bittschrift, die er nun an seinen Landesherrn, den Kurfürsten von Brandenburg, richtet, statt in dessen Hände wiederum in die Hände eines Verwandten des Junkers gerät und der Versuch seiner Frau, dem Kurfürsten eine weitere Bittschrift persönlich zu überreichen, nicht nur mit einer tödlichen Verletzung durch einen der Leibwächter dieses Kurfürsten endet, sondern Michael Kohlhaas überdies außer einem abschlägigen Gerichtsbescheid die Androhung einer Gefängnisstrafe erhält, falls er fortfahren sollte, seine Sache weiter zu betreiben, fühlt er sich aus einem Staatsgefüge ausgeschlossen, das ihm keinen Rechtsschutz gewährt.

„Kraft der ihm angeborenen Macht", wie es in der Novelle heißt, verfaßt er selbst einen Rechtsschluß, in dem er den Junker verurteilt, bewaffnet seine Knechte und trachtet danach, sich das Recht, das ihm auf friedlichem Wege nicht zuteil geworden ist, gewaltsam zu verschaffen. Seine Fehde gegen den Junker weitet sich zu einer regelrechten Fehde gegen das Kurfürstentum Sachsen aus. Er verfaßt Mandate, in denen er, anfangs noch verhältnismäßig sachlich, das Volk auffordert, gegen den Junker Partei zu ergreifen, und sich zuletzt voller Fanatismus als einen „Statthalter des Erzengels Michael" bezeichnet. Auch spricht er vorübergehend von einer unumgänglichen „Neuordnung der Welt". Durch eine geschickte Taktik und dank des Zulaufs aus dem Volk geht er als Sieger aus den Gefechten mit den Heerhaufen hervor, die ihm die Landesregierung entgegenschickt. Ja, seine Aussichten, sein Recht auf kriegerischem Wege zu erlangen, sind mit einem Wort alles andere als schlecht, als Michael Kohlhaas mit einem Anschlag Martin Luthers konfrontiert wird, der abrupt seinen Glauben an die Gerechtigkeit seines Krieges ins Wanken bringt, obwohl die Argumente Luthers jegliche Stichhaltigkeit vermissen lassen.

In diesem Anschlag ist nämlich nicht nur von „schnöder Selbstrache" die Rede. Die geduldigen und langwierigen Bemühungen des Pferdehändlers werden als „leichtfertige" Versuche hingestellt. Ein weiteres, vielleicht am wenigsten überzeugendes Argument ist das Unwissen der Obrigkeit, die dem Haufen des Michael Kohlhaas immerhin Heerhaufen entgegengeschickt hatte. In der Novelle heißt es: „Und muß dir sagen, Gottvergessener, daß deine Obrigkeit von deiner Sache nichts weiß — was sag ich? daß der Landesherr, gegen den du dich auflehnst, auch deinen Namen nicht kennt, dergestalt, daß wenn dereinst du vor Gottes Thron trittst, in der Meinung, ihn anzuklagen, er, heiteren Antlitzes, wird sprechen können: diesem Mann, Herr, tat ich kein Unrecht, denn sein Dasein ist meiner Seele fremd?"

Auf eine Unterredung mit Luther hin löst Kohlhaas seinen Haufen auf und begibt sich, nachdem ihm der Kurfürst von Sachsen freies Geleit und Amnestie zugesagt hat, wohlwissend, daß dieses Versprechen keiner Garantie gleichkommt, nach Dresden, um den Prozeß gegen den Junker fortzusetzen. Die Einrichtung der Welt scheint indes doch gebrechlicher zu sein als es der Pferdehändler zunächst glaubte und als es ihm Martin Luther wieder glauben machte: Michael Kohlhaas wird erneut das Opfer von Intrigen und Rechtsbrüchen. Aber geläutert, wie er es ist, bereut er keineswegs, daß er den

Kampf aufgegeben hat. Die ehemalige Überzeugung von der Gerechtigkeit seines Kampfes ist der Überzeugung gewichen, daß es ein Unrecht sei, sich das Recht, das auf dem Rechtswege nicht zu erlangen war, mit Waffengewalt zu verschaffen.

Und als er, mittlerweile ein Gefangener, vom Kurfürstentum Sachsen an das Kurfürstentum Brandenburg ausgeliefert wird, macht er, obwohl ihm ein Prozeß wegen kaiserlichen Landfriedensbruchs bevorsteht, auch von der Möglichkeit, den bereits erwähnten Zettel mit der Weissagung der Zigeunerin gegen Leben und Freiheit einzutauschen, keinen Gebrauch. Er zeigt keine Neigung, sich der Strafe zu entziehen: im Gegenteil, er ist bereit, das, was er seit seinem an den Haaren herbeigezogenen Gesinnungswandel für ein Vergehen hält, zu sühnen.

Die Verlesung des Todesurteils bringt ihn nicht außer Fassung. Während das Volk auf seine Rettung hofft, gleicht „nichts der Ruhe und Zufriedenheit seiner letzten Tage". Und die Überzeugung, daß die Welt trotz „ihrer gebrechlichen Einrichtung" im Grunde intakt wäre, muß für ihn spätestens in dem Augenblick zurückgewonnen sein, da er am Tage seiner Hinrichtung inmitten einer unermeßlichen Menschenmenge seine beiden Rappen dickgefüttert auf dem Richtplatz stehen sieht.

Als er zudem erfährt, daß der Dresdner Gerichtshof den Junker zu zwei Jahren Gefängnis verurteilt hat, fällt Michael Kohlhaas vor dem Kurfürsten voller Dankbarkeit auf die Knie. Angesichts des Richtblocks kann er frohlocken. „Sein höchster Wunsch", wie es in der Novelle heißt, „auf Erden ist erfüllt." Ein Rest bürgerlicher Aufmüpfigkeit steckt zwar in der Geste, mit der er den Zettel mit der Weissagung der Zigeunerin schluckt. Die Enthauptung aber nimmt er mit der Selbstverständlichkeit, ja mit der Willfährigkeit des Untertanen, der er aus freien Stücken wiederum geworden ist, in Kauf. Die Volksmenge klagt. Seine beiden Söhne indes werden zu Rittern geschlagen. Die Fügsamkeit des Vaters hat sich zumindest für die Nachkommenschaft bezahlt gemacht.

So endet die Novelle, die dermaßen streitbar begann, dermaßen defütistisch, daß sogar die Klage des Volks nur einem kleinen Mißton innerhalb des allgemeinen Einklangs gleichkommt. Ist es ein

Wunder, daß die MARQUISE VON O . . . im Jahre 1810 die Gemüter weitaus mehr erhitzte als der MICHAEL KOHLHAAS?

Allerdings hat Goethe am Sujet der Novelle in einem Gespräch mit dem Satiriker Johann Daniel Falk Anstoß genommen. Er meinte: „Es gebe ein Unschönes in der Natur, ein Beängstigendes, mit dem sich die Dichtkunst bei noch so kunstreicher Behandlung weder befassen noch aussöhnen könne."

Wilhelm Grimm aber rechnet es Heinrich von Kleist hoch an, daß er seinen Helden nicht in Grund und Boden verdammte. In der Zeitung FÜR DIE ELEGANTE WELT schreibt er 1910: „Wie bei allem er den Menschen Achtung abnötigte, und sie zu dem Geständnis zwang, daß selbst die durch Ausschweifung oder Schwärmerei entstellte Idee nicht ohne eine gewisse Größe ist."

Ludwig Tieck hingegen kommt erst elf Jahre später, im Jahr 1821, darauf zu sprechen, daß nicht nur merklich von der wirklichen Geschichte abgewichen worden sei, sondern daß Kleist Anachronismen unterlaufen seien, die deutlich auf eine spätere Zeit hinwiesen als die Augusts des Starken, daß die Figur des sächsischen Kurfürsten weder mit Friedrich dem Weisen noch mit Friedrich dem Standhaften, die allein in den zeitlichen Rahmen der Erzählung paßten, im geringsten übereinstimme, und daß beispielsweise die Residenz dieser Kurfürsten Wittenberg und nicht Dresden gewesen sei.

In seiner Vorrede zu Kleists HINTERLASSENEN SCHRIFTEN schreibt Ludwig Tieck weiter: „Dieser Mangel an wahrer Lokalität hat noch zur Folge, daß der Dichter, nachdem er uns durch Wahrheit und Natur so lange gezogen hat, . . . uns noch auf 50 Seiten durch eine phantastische Traumwelt führt, die sich mit der vorigen, die wir durch ihn so genau haben kennen lernen, gar nicht vereinbaren will. Diese wunderbare Zigeunerin . . ., diese grauende Achtung, die der Verfasser plötzlich selber vor den Geschöpfen seiner Phantasie empfindet, alles dies erinnert an so manches schwache Produkt unserer Tage und an die gewöhnten Bedürfnisse der Lesewelt, daß wir uns nicht ohne eine gewisse Wehmut davon überzeugen, daß selbst so hervorragende Autoren wie Kleist (der sonst nichts mit diesen Krankheiten des Tages gemein hat), dennoch der Zeit, die sie hervorgerufen hat, ihren Tribut abtragen müssen."

Zweifellos hat Heinrich von Kleist mit „den Krankheiten des Tages", wie es Ludwig Tieck nennt, nichts gemein. Ein Dichter der Romantik ist er nie gewesen. Auch zeigt die Tatsache, daß er eine Chronik als Vorlage verwendet hat, wie wenig geneigt er war, eine jener romantischen Erzählungen zu verfassen, in die sich die Figur der Zigeunerin und der Zettel mit der Weissagung, das heißt die Möglichkeit einer Rettung durch überirdische Kräfte, leichter hätten integrieren lassen, als ausgerechnet in einer Novelle wie dem MICHAEL KOHLHAAS, die dank der Meisterschaft ihres Verfassers nach ein paar Seiten schon die Wirklichkeitsnähe gewonnen hat, gegen die die Zigeunerin nicht eben viel ausrichten kann. Obwohl diese Novelle in der Mitte des 16. Jahrhunderts spielt, hat ihre Fragestellung, nämlich die Fragestellung, ob der Kampf mit Waffengewalt um das Recht, das auf dem Rechtswege verwehrt wird, zu bejahen oder zu verneinen sei, ihre Aktualität bis zum heutigen Tag nicht verloren. Mit Elementen aus der Märchenwelt, wo die Wunder an der Tagesordnung sind und das Unglaubliche aller Wahrscheinlichkeit zum Trotz wahr wird, läßt sich diese Novelle eben wegen ihrer Aktualität nicht so mirnichtsdirnichts vom Tische wischen.

Läßt sie sich etwa dadurch entschärfen, daß die Schilderung gewissermaßen auf eine andere Ebene abgeschoben wird, auf eine Ebene, wo die Wörter nicht mehr wörtlich genommen werden müssen, wo einem der Dichter augenzwinkernd das Zweifeln nahelegt und an die Stelle der Wahrheit das tritt, was das Bildungsbürgertum als die sogenannte höhere Wahrheit bezeichnet, ohne dabei zu verraten, ob es diese höhere Wahrheit für die Vorspiegelung falscher Tatsachen hält oder nicht?

Die Frage, die sich dem Pferdehändler zunächst so handgreiflich stellte, daß er um eine Beantwortung nicht herumzukommen schien, die Frage, ob der Kampf mit Waffengewalt um das Recht, das auf dem Instanzenweg nicht erreichbar ist, zu bejahen oder zu verneinen sei, wird am Ende der Novelle, die, wie gesagt, in einem Erzählungsband mit Titel MORALISCHE ERZÄHLUNGEN publiziert wurde, insofern eine rein hypothetische, als Michael Kohlhaas ja doch durch einen Gerichtsbeschluß sein Recht zuteil wird: der Junker ist verurteilt, die Rappen sind dickgefüttert worden. Und so folgerichtig dem Leser das Vorgehen des Pferdehändlers, nach all seinen erfolglosen Versuchen, anfänglich erscheinen mußte, so überflüssig und ungerechtfertigt muß es ihm am Schluß erscheinen.

Wäre der Kampf des Michael Kohlhaas nun ebensowenig zu rechtfertigen gewesen, wenn der Junker seiner Strafe entgangen wäre und die Dickfütterung der Rappen nicht stattgefunden hätte?

Diese Frage hat Heinrich von Kleist nicht beantworten wollen, obwohl sie sich ihm bei der Lektüre der MÄRKISCHEN CHRONIK des Peter Haft so gestellt haben muß. In dieser Chronik ist nämlich weder von einer Bestrafung des Junkers noch von einer Dickfütterung der Rappen die Rede. Die Wahrheit stand ganz offensichtlich hier auf seiten der Wahrscheinlichkeit.

Im Gegensatz zum Kleistschen Helden wurde Hans Kohlhaase schlichtweg hingerichtet, ohne sein Recht erlangt zu haben. Im Gegensatz zum Kleistschen Helden hat sich Hans Kohlhaase keineswegs einer Gerichtsbarkeit gestellt, deren traurige Zustände sein Fall — und nicht nur er — kaum besser hätte belegen können. In seiner Chronik berichtet Peter Haft beispielsweise auch über den damaligen Brauch, in Klöstern aus Gewinnsucht, das heißt wegen der nicht unbeträchtlichen Abgabe, die alle dem Kloster hörigen Bauern dafür zu bezahlen hatten, Unschuldige hinrichten zu lassen. Im Gegensatz zum Kleistschen Helden wurde Hans Kohlhaase gefaßt, unbekehrt und keines Besseren belehrt von Martin Luther, der ihm in seinem historischen Brief den Ratschlag erteilte: „Was Ihr mir mit Recht ausführen moget, da tut Ihr wohl; KÖNNT Ihr das Recht nicht erlangen, so ist kein ander Rat da, denn Unrecht leiden . . . Hie musset Ihr dennoch, so Ihr Christ sein wollt, sagen: Mein lieber Herr Gott, ich hab's wohl verdienet, du bist gerecht, und tust nur allzuwenig nach meinen Sunden."

Ohnehin scheint Hans Kohlhaase eher Kaufmann denn Christ gewesen zu sein. Und seine Motive, den Rechtsstreit auf die eine oder auf die andere Weise zu gewinnen, waren wohl weniger ideeller als materieller Natur. Auch in dieser Hinsicht stand die Wahrheit auf seiten der Wahrscheinlichkeit. Der Prozeß gegen den Junker von Zaschwitz, der sich hinzog, hatte eine höchst geschäftsschädigende Wirkung auf Hans Kohlhaase. Die Gläubiger trauten dem Kaufmann nicht mehr über den Weg. Und nicht weil es, wie es in der Novelle heißt, „Zwecke gibt, im Vergleich zu welchen, seinem Hauswesen, als ordentlicher Vater, vorzustehen, untergeordnet und nichtswürdig" sei, hat Hans Kohlhaase Haus und Hof und Äcker und Wiesen pfandweise abgetreten. Er tat es gezwungenermaßen. Denn er konnte seinen Verbindlichkeiten nicht mehr nachkommen.

Außerdem wartet die wahre Begebenheit mit einer Pointe ganz besonderer Art auf, mit einer Pointe nämlich, die die Moral der Novelle, in der sich die Welt trotz „ihrer gebrechlichen Einrichtung" im Grunde als intakt darstellt, in ihr Gegenteil verkehrt hätte: anstelle der Bestrafung des Junkers und der Dickfütterung der Pferde fand im Zusammenhang mit der Festnahme und Hinrichtung des Hans Kohlhaase nichts anderes als ein Justizmord statt: der Mord an einem Ehepaar, das zu Unrecht verdächtigt wurde, einen Spießgefährten des Hans Kohlhaase bei sich versteckt zu haben.

Diesem trostlosen Ende der wahren Geschichte, das sich mit einer schönen Folgerichtigkeit an den Anfang der Novelle hätte fügen lassen, hat Heinrich von Kleist ein tröstliches Ende vorgezogen. Statt ihren Bankrott zu erklären, läßt er die Gerechtigkeit Triumphe feiern, nicht nur wider besseres Wissen, möchte man meinen, nein: trotz der Widersprüche, in die er sich verwickelt, wenn er es Martin Luther beispielsweise in den Mund legt, die Versuche des Pferdehändlers, die sich dem Leser als überaus geduldig darstellten, leichtfertig zu heißen und der Obrigkeit, die, wie gesagt, dem Aufrührer Heerhaufen entgegengeschickt hatte, Unwissenheit zugute zu halten, und wenn er schließlich auf solche wenige stichhaltige Argumente hin in seinem Helden einen Gesinnungswandel sich vollziehen läßt.

Hat sich allein im Helden der Novelle ein solcher Gesinnungswandel vollzogen? Es scheint fast so, als wäre Heinrich von Kleist mit der Moral der wahren Geschichte nicht so recht zurande gekommen. Immerhin erweist sich in der wahren Geschichte die Einrichtung der Welt keineswegs als nur gebrechlich. Sie erweist sich als dermaßen brüchig, daß sie geradezu nach einer neuen Ordnung schreit. Eine solche Neuordnung hat zwar der Kleistsche Held ins Auge gefaßt, doch nur vorübergehend und zudem, wie es uns der Dichter wissen läßt, nicht klaren Kopfes, sondern schwankend zwischen Raserei, Vermessenheit und Größenwahn.

Ob auch der Kaufmann Hans Kohlhaase eine Neuordnung der Welt in Erwägung zog und verwarf, ist nicht bekannt. Mit einem Freiheitskämpfer wie Thomas Münzer haben beide wenig gemein: der Pferdehändler Michael Kohlhaas und der Kaufmann Hans Kohlhaase, der, weder einer der rechtschaffensten noch entsetzlichsten Menschen seiner Zeit, wie viele seiner Zeitgenossen inmitten der herrschenden Rechtsunsicherheit und der Anarchie um die Selbsthilfe nicht herumkommen zu können meinte. Beide nämlich, der Kleistsche Held wie der Kaufmann Hans Kohlhaase, bejahen die herrschende Gesellschaftsordnung trotz ihrer krassen Mängel grundsätzlich. Würden sie sich sonst mit einer derartigen Hartnäckigkeit immer wieder an die Gerichte wenden? Als Bürger nicht mehr den Deklassierten, sondern schon den Privilegierten zuzurechnen, wie sie es beide waren, streben beide nur eines an: in den Genuß der Privilegien zu gelangen, die ihnen auf dem Papier mittlerweile zuerkannt worden sind. Und das Widersprüchliche, ja das Selbstmörderische ihres Vorgehens liegt allein darin, daß sie beide gegen Gesetze verstoßen, auf deren strikter Anwendung sie zugleich bestehen. Dieses Moment des Selbstmörderischen kommt am Ende der Novelle durch die Euphorie des zum Tode verurteilten Pferdehändlers angesichts des Richtblocks deutlich zum Ausdruck.

Trotz ihrer Anachronismen, trotz der Figur der Zigeunerin, trotz des Zettels mit der Weissagung, ja, trotz der Freimütigkeit, mit der Kleist dem Leser das Zweifeln am Geschilderten nahelegt, hat man die Novelle historisch für so zuverlässig gehalten, daß nach ihrem Erscheinen die Artikel über Hans Kohlhaase in MEYERS KONVERSATIONSLEXIKON und im BROCKHAUS nichts anderes als Auszüge aus dieser Novelle waren. Der berühmtere von beiden ist der Pferdehändler geblieben und nicht der Kaufmann, der übrigens mit Honig gehandelt hat.

WIE MAN SICH EINFACH UNMÖGLICH MACHT

Über Ehebrecherinnen in der Weltliteratur und die Moral der Bourgeoisie

Obwohl die herrschenden Klassen auf Schilderungen gesellschaftlicher Mißstände mit Protestgeschrei und Repressalien zu reagieren pflegen, sind gesellschaftliche Mißstände schon immer das Thema bedeutender literarischer Werke gewesen. Einen solchen literarisch thematisierten Mißstand stellt die bürgerliche Konvenienzehe dar, die im 19. Jahrhundert und zu Beginn des 20. Jahrhunderts ein pures Rechtsgeschäft war.

Die Opfer derartiger Rechtsgeschäfte sind nicht zuletzt die Heldinnen der Romane von Stendhal, Gustave Flaubert, Leo Tolstoj, Theodor Fontane und David Herbert Lawrence: nämlich MADAME DE RÊNAL aus dem Roman ROT UND SCHWARZ, MADAME BOVARY, ANNA KARENINA, EFFI BRIEST und LADY CHATTERLEY, die allesamt an einem bestimmten Punkt des Romangeschehens nicht mehr imstande sind, die ihnen von der Bourgeoisie auferlegten Zwänge weiterhin voller Schicksalsergebenheit hinzunehmen. Ihre gegängelten Gefühle und ihre abgerichteten erotischen Regungen gewinnen jäh die Oberhand. Gewissermaßen aus der geduckten Haltung heraus mucken sie auf und setzen sich trotz der Strafe, die ihnen droht, über die pervertierten bürgerlichen Moralbegriffe hinweg. Kraft eines Ehebruchs sprengen sie zwar nur vorübergehend, dafür jedoch voller Vehemenz die Ketten der patriarchalischen Ehe, in der der Gatte nicht nur die Funktion eines Vormunds und Gebieters innehat, sondern einen Repräsentanten der Moral der Bourgeoisie verkörpert.

Allerdings ist die verzweifelte Leidenschaft, mit der sich die genannten Ehebrecherinnen ihren jeweiligen Liebhabern hingeben, durchdrungen von Furcht, Scham und Schuldgefühlen. Kaum daß sie die verbotene Lust empfunden haben, übermannt sie auch schon die Reumut. Obwohl sie mit ihrer Handlungsweise gegen die herrschende Moral vorstoßen, haben sie diese Moral dermaßen verinnerlicht, daß für sie der außereheliche Liebesakt den Charakter einer Straftat gewinnt.

Die tugendhafteste von den zur Debatte stehenden Ehebrecherinnen ist wohl Madame de Rênal, die Heldin aus dem Roman ROT UND SCHWARZ, zu dem Stendhal 1827/28 durch einen Kriminalprozeß inspiriert wurde. Vor dem Eintreffen des neuen Hauslehrers ihrer drei Kinder, eines gewissen Julien Sorel, wagte Madame de Rênal nicht einmal von einer außerehelichen Liebesbeziehung zu träumen. Sie war eine als beispielhaft geltende, gottesfürchtige Mutter und Gattin. Wie mörderisch zersetzend die herrschende Moral ist, zeigt sich zumal in jenen Augenblicken, da Madame de Rênal gegen diese Moral verstößt, indem sie sich dem Hauslehrer ihrer drei Kinder Julien hingibt. Hierüber heißt es in Stendhals Roman: „Selbst als sie ihm nichts mehr zu verweigern hatte, stieß sie Julien mit einer wirklichen Empörung von sich, um sich gleich darauf wieder in seine Arme zu stürzen . . . Sie hielt sich für rettungslos verloren und, schauernd vor dem Höllenabgrund, überhäufte sie Julien mit den wildesten Zärtlichkeiten . . ."

Während der Roman ROT UND SCHWARZ bei seinem Erscheinen im Jahr 1830 als ein „geschmackloses, unsittliches Sittengemälde" totgeschwiegen wurde, trug der Roman Madame Bovary, der im Jahr 1857 erschien, Gustaf Flaubert bekanntlich einen Prozeß wegen „Unsittlichkeit" und wegen „Religionslosigkeit" ein. In einem Brief an eine Bekannte äußert sich Flaubert beileibe nicht so hingerissen, wie es ihm ständig wegen seiner Äußerung „Madame Bovary, c' est moi" nachgesagt wird. Vielmehr schreibt er in dem besagten Brief: „. . . sie ist eine etwas perverse Natur, eine Frau der falschen Poesie und der falschen Gefühle . . ."

Tatsächlich ist Emma Bovary vorrangig ein Produkt der Kitschromane, die sie als Zögling einer Klosterschule in ihrer Jugend verschlang. Mit den Heldinnen dieser Kitschromane, mit den ihr atemberaubend erscheinenden Erlebnissen dieser Kitschromane hat sie sich lange vor ihrer Ehe, die die erste Folgeerscheinung ihrer durch die Lektüre bedingten Fehleinschätzung der Wirklichkeit ist, dermaßen identifiziert, daß sie ihr zwar sicheres und bequemes, aber behäbig monotones Landarztgattinendasein als eine regelrechte Hölle empfindet.

Ihre abklatschhaften Glücksvorstellungen stehen in einem Widerspruch zu ihrer wirklichen Existenz, der so kraß ist, daß Madame Bovary außer einer tödlichen Langeweile, außer einer bohrenden Unzufriedenheit und einem immer hemmungsloser werdenden Hang zum Luxus lediglich eine geradezu panische Erwartungshaltung im Hinblick auf ein den Erlebnissen der Kitschromanheldinnen vergleichbares, sogenanntes großartiges Erlebnis beseelt, von dem sie allerdings nur höchst vage Vorstellungen hat. „Im tiefsten Grunde ihrer Seele", schreibt Flaubert, „harrte sie immer des großen Erlebnisses. Wie der Schiffer in Not, suchte sie mit verzweifelten Augen den einsamen Horziont ihres Daseins ab und spähte in die dunstigen Fernen nach einem weißen Segel. Dabei hatte sie gar keine bestimmte Vorstellung ... nach welchem Gestade sie steuern würde ..."

Weil Madame Bovary nach einem großen Erlebnis lechzt, verliebt sie sich recht kleinkariert in den Adjunkten eines Notars, einen gewissen Leo Dûpuis, der, weil er noch keine Erfahrungen in der Liebe gesammelt hat, außerstande ist, sich dazu zu ermannen, den ersten Schritt zu tun, Emma Bovary dazu treibt, ihren sexuellen Exzessen in ihrer Phantasie zu frönen. Sie tut dies so hemmungslos, daß hierauf die Anwesenheit des Adjunkten störend wirkt. „Die Wollust der Träume", schreibt Flaubert, „war durch den leibhaftigen Anblick des Geliebten nur gestört. Wenn sie seine Schritte hörte, zitterte sie. Sobald er aber eintrat, verflog diese Erregung und sie fühlte nichts als namenlose Verwunderung und tiefe Schwermut ..."

Nachdem der Adjunkt Leo, der wegen seiner Berufsausbildung nach Paris abreisen muß, von der Bildfläche des Provinzkaffs, in dem Emma lebt, verschwunden ist, vermißt sie ihn nicht einmal. Vielmehr bietet ihr die Begegnung mit einem zynischen Weiberhelden namens Rudolf nunmehr das sogenannte großartige Erlebnis. Gerade die Phrasenhaftigkeit der Liebeserklärungen dieses Weiberhelden und dessen routinierte Umarmungen überzeugen Emma Bovary von der Tiefe der Gefühle des frivolen Herzensbrechers, der da in Flauberts Roman kitschromangerecht behauptet: „Eines Tages begegnet man dem Glück . . . Endlich ist er da, der Schatz, den man so lange gesucht hat, leibhaftig da . . . Man ist geblendet, als käme man plötzlich aus der Nacht in die Sonne . . ."

Derlei Phrasen, die Flaubert lückenlos in seinen großartigen Roman einzubauen weiß, werden für Madame Bovary, für die dank ihrer Lektüre ohnehin der Abklatsch realer ist als die Wirklichkeit, zur höheren Wahrheit. Hoffnungslos verstrickt in ihre klischierten Träume, deren Verwirklichung hauptsächlich die Wirklichkeit im Wege steht, plant Emma Bovary zu dem Zeitpunkt, da sie ihrem Liebhaber zu langweilen beginnt, eine Flucht, die sich nicht in irgendeinem namenlosen Land, sondern im Kopf der Protagonistin des Vaters des Realismus abspielt. Die dieser Kitschwelt innewohnende Vagheit und Seichtheit schildert Flaubert, indem er über seine Heldin schreibt: „Seit acht Tagen sah sie sich, von vier flotten Rossen gezogen, auf der Reise nach einem anderen Lande . . . Sie und ihr Geliebter fuhren und fuhren dahin, Hand in Hand . . . Und eines Abends erreichten sie ein Fischerdorf, wo braune Netze im Winde trockneten . . . Dort wollte sie . . . immerdar wohnen, in einem kleinen Haus . . . im Schatten hoher Zypressen, an einer Bucht des Meeres. Sie schaukelten in Gondeln und träumten in Hängematten . . ."

Ebenso erbärmlich wie dieser von einer bodenlosen Vorstellungsarmut zeugende Fluchtplan scheitert auch die Flucht der Emma Bovary, die ihrem Geliebten lediglich den Anlaß liefert, seiner ewig in ihre eigene Liebe verliebten Geliebten Emma den Laufpaß zu geben. Das einzige, was den Fluchtplan, über dessen materielle Fragen sich Emma Bovary selbstredend nicht den Kopf zerbricht, nicht zu einem totalen Nichts zerrinnen läßt, sind außer einer extravaganten auf Nimmerwiedersehen im Schrank verschwindenden Reisekleidung, mit der Madame Bovary im Fischerdorf ihrer Träume nur ein ungutes Aufsehen erregt hätte, die ungepackt im Speicher verstaubenden Koffer. Diese Reisekleidung und diese Koffer sind als

Indizien für das Scheitern der ihrerseits an ihrer Wirklichkeitsferne gescheiterten Flucht der Madame Bovary das einzig Wirkliche.

Für die Rückkehr in eine Wirklichkeit, die ihr außer Indizien für ihr Scheitern nichts zu präsentieren hat, kann sich Emma Bovary in ihrer übermächtigen Furcht vor einer Bewährungsprobe vor der Wirklichkeit nicht mehr entscheiden. Den Träumen, die, weil sie realisierbar sind, zwangsläufig auch scheitern können, zieht Emma Bovary jene Träume vor, die ihre Krisenfestigkeit als Lug und Trug, als Hirngespinste oder als ein gegen jeden Wertverfall immunisierter sanfter Wahn erwiesen haben.

Obwohl Flauberts Protagonistin wähnt, sie wäre fähig, Lüge und Wahrheit, Wahn und Wirklichkeit von einander zu unterscheiden, lügt sie oft genug nicht etwa, um die Wahrheit zu verbergen, sondern lediglich des Spaßes wegen, den ihr die Äußerung der Unwahrheit macht. Auch betrügt sie ihren Ehemann, der der einzige ist, der sie voller Innigkeit liebt, weniger wegen der Lust, die sie in den Armen des Weiberhelden Rudolf verspürt, als vielmehr wegen der Genugtuung, die es ihr verschafft, dem ein wenig tölpelhaften Charles Bovary mit ihrer Untreue dafür zu bestrafen, daß sie ihn in ihrem verderblichen Hang für Fehleinschätzungen mit dem Mann ihres Lebens verwechselte.

Verwechslungen zwischen Wahn und Wirklichkeit unterlaufen Madame Bovary auch anläßlich einer Theaterpremiere in einer namenlos trostlosen Provinzmetropole. Sie hält die Gestalt des Adjunkten Leo Dûpuis, der einstmals den Anstoß zu ihren erotischen Exzessen in der Phantasie abgab, zunächst für ein Trugbild. Der Überraschungseffekt dieses Wiedersehens, das bloß auf einen ganz profanen Zufall zurückzuführen ist, gewinnt für die Provinzlerin Emma und den aus Paris in die Provinz heimgekehrten Provinzler Leo den Charakter der Großartigkeit, die so beflügelnd auf die beiden höchst gehemmten Hinterwäldler wirkt, daß diese ihre Hemmungen verlieren.

Die vermeintliche Großartigkeit dieses Erlebnisses ramponiert Gustave Flaubert, indem er nur über die banalen Begleiterscheinungen dieses Erlebnisses redet.

„‚Fahren Sie irgendwohin', befahl Leo und schob Emma in die Kutsche.

Das schwerfällige Gefährt setzte sich in Bewegung. Der Kutscher fuhr durch die Großebrückenstraße, über den Platz der Künste, den Kai Napoleon, über die Neue Brücke und machte vor dem Denkmal Corneilles Halt.

‚Weiterfahren', rief eine Stimme aus dem Inneren.

Die Kutsche fuhr weiter. Der Kutscher trocknete sich den Schweiß von der Stirn und lenkte sein Gefährt durch eine Seitenallee dem Seine-Ufer zu, bis an die Wiesen.

‚So fahren Sie doch weiter', rief die Stimme diesmal wütend.

Befehlsgemäß nahm der Wagen seine Fahrt wieder auf . . . Ab und zu warf der Kutscher einen verzweifelten Blick vom Bock herab nach den Kneipen. Er begriff nicht, welche Bewegungswut in seinen Fahrgästen steckte, die nirgendwo Halt machen wollten . . ."

Ohne auch nur ein Sterbenswörtchen über die Wonnen zu verlieren, derer Madame Bovary im Verlauf dieser Kutschenfahrt durch die Provinzmetropole hinter den verschlossenen Rouleaus der Kutsche in den Armen des Adjunkten Leo am hellichten Tag und auf offener Straße offenkundig teilhaft wird, beschreibt Gustave Flaubert außer dieser grotesken Odyssee durch die Enge einer trostlos vertrauten Provinzmetropole ausartenden Kutschenfahrt vor allen die mit den Wonnen seiner Protagonistin verbundenen Leiden des immer durstiger und immer desolater werdenden Kutschers, der all seinen Grübeleien über den Sinn dieser ihm ebenso endlos wie ziellos erscheinenden Kutschenfahrt aus purer Einfältigkeit nicht herausfindet, daß er es ist, der mit jedem Peitschenhieb, den er seinen schweißtriefenden Gäulen auf deren Ärsche verpaßt, den Exzessen seiner beiden hinterwäldlerischen Fahrgäste zu dem Galopp verhilft, ohne den diese Exzesse offenkundig weitaus weniger großartig wären. Allein durch die Nennung der Straßen- und Brückennamen, allein durch die Erwähnung des Namens jenes Dichters, dem die Stadtverwaltung der Provinzmetropole die Ehre nicht verwehrte, ihm ein Denkmal setzen zu lassen, allein durch die Wiederholung der Straßen, deren Kürze die von dem immer wütender werdenden Adjunkten befohlenen Fahrtverlängerungen dem Kutscher ein ständiges Umkehren, Zurückkehren, Verschwinden und Wiederauftauchen der Kutsche auferlegt, allein durch die Begriffstutzigkeit des immer durstiger und desolater werdenden Kutschers, der in seiner Engstirnigkeit nicht ahnt, daß er mit seiner Peitsche in der Hand nicht nur seine Gäule weitertreibt, sondern vielmehr der Dirigent ist, der den Takt der Leidenschaft der Emma Bovary und des Adjunkten Leo bestimmt, gelingt es dem Vater und Meister des Realismus mit einer wahrhaft satanischen Beiläufigkeit, dem Leser ein Bild der rettungslos verrotteten Vorstellungswelt des weiblichen Geschlechts zu präsentieren, das im Sumpfe der Verinnerlichung seiner gesellschaftlichen Unterdrückung entweder bereits versunken ist oder zu versinken droht.

Während Madame Bovary, die selbst ihre Ehebrüche bis hinein in die Vagina verinnerlicht, mit ihrer Selbstentleibung aus dem Reich der Kitschwelt zwar nicht auf, aber zumindest unter die solide Erde kommt, stirbt Anna Karenina, die Heldin von Tolstojs gleichlautendem Roman, dessen erster Teil 1875 und dessen zweiter Teil 1877 erschien, an der Überschätzung der Macht ihrer Liebe zu einem Grafen namens Wronskij. Gestützt auf ihre Liebe, deren Füße sich ziemlich rasch als wacklig erweisen, bietet Anna, indem sie Mann und Kind verläßt, um mit ihrem Geliebten nicht mit der salonfähigen Geheimniskrämerei und Verlogenheit, sondern mit einer ärgerniserregenden Offenheit ein neues Leben zu beginnen, der besseren Gesellschaft im zaristischen Rußland die Stirn.

Daß die herrschende Klasse eine solche Provokation nicht dulden kann, wird Anna erst bewußt, als sie die Diskriminierungen dieser Klasse aus eigener Erfahrung kennenzulernen bekommt. Gerade die Tatsache, daß sie sich nicht nur weigert, ihre Liebe zu einer frivolen Liaison herabzuwürdigen, sondern diese Liebe zu einer wahren „Werther-Leidenschaft" adelt, ruft bei den gehobenen Kreisen eine geradezu blutrünstige Rachsucht hervor: „Die meisten jungen Frauen", schreibt Tolstoj, „die Anna beneideten, . . . warteten nur auf den Umschwung der öffentlichen Meinung, um mit der ganzen Wucht ihrer Verachtung über Anna herzufallen. Sie hatten schon ihre Schmutzklumpen bereit, mit denen sie die Karenina bewerfen wollten . . ."

Die Perfidie der gehobenen Kreise besteht nicht nur darin, daß sie Anna den Zutritt zu ihren Salons verweigern. In ihrer Infamie unterminieren diese Kreise außer Annas gesellschaftlicher Stellung vor allem deren „Werther-Leidenschaft", indem sie Annas Geliebten jene Türen, die Anna Karenina verschlossen sind, mit einer heuchlerischen Großmut öffnen. Dergestalt wird gewissermaßen Türen schließend und öffnend zwischen die in innigster Liebe Verbundenen ein Keil getrieben.

Der Perfidie der herrschenden Klasse zeigt sich selbst eine wahre Werther-Leidenschaft nicht gewachsen. Den geselligen Verkehr ihres Geliebten zu jenen Kreisen, zu denen ihr der Zutritt verwehrt wird, empfindet Anna nicht zu Unrecht als einen Verrat des geliebten Grafen. Mit allen Mitteln trachtet sie danach, Wronskij im Bannkreis ihrer Liebe festzuhalten. Doch je erpresserischer sie ihren Geliebten an sich zu fesseln sucht, um so eindeutiger distanziert sich dieser von ihr.

„Er ist mein ein und alles", heißt es in Tolstojs Roman, „und ich verlange völlige Hingabe von ihm. Er aber strebt immer mehr danach, sich von mir zu lösen. Vor unserer Verbindung gingen wir einander entgegen, aber dann gingen wir unaufhaltsam . . . auseinander."

Nicht Wronskijs Haß treibt Anna an den Rand der Verzweiflung, sondern ihre Feststellung, daß sie ihrem Geliebten nur noch lästig ist. Nicht gewillt, die unaufhaltsam auf sie zukommende Niederlage ihrer Liebe, die sie, gelöst von allen gesellschaftlichen Bezügen, idealisiert, hinzunehmen, sucht sie dieser Niederlage durch ihren Tod in einen Sieg umzumünzen. In der Hoffnung, mit ihrer Selbstentleibung wenigstens mit Wronskijs Erinnerung ihre Liebe zu verewigen, und mit dem Hintergedanken, sich wegen seines Verrats dadurch an ihm zu rächen, daß sie ihm mit ihrem Tod einen unverschmerzbaren Verlust beschert, also herabgesunken in ihren Gedanken zu den Berechnungen einer Krämerseele, wirft sich Anna Karenina vor einen fahrenden Zug.

Während Tolstojs Roman ein Plädoyer für seine Heldin Anna Karenina und zugleich eine Anklageschrift gegen die im zaristischen Rußland herrschende Gesellschaft darstellt, während Flaubert dessen Obsession, sich schreibend, ohne Partei zu ergreifen, an eine Objektivität heranzupirschen, die sich vor der Wirklichkeit nicht zu schämen braucht, das Schicksal seiner Heldin die nötigen Instrumente dazu liefert, anhand der Obduktion der französischen Bourgeoisie vor deren Untergang herauszufinden, woran sie zugrunde gehen wird, kehrt Theodor Fontane in seinem erst 1896 erschienenen Roman EFFI BRIEST seiner Heldin und somit auch seinen Lesern gegenüber den Schulmeister heraus, der sich zum Moralapostel berufen fühlt.

Obwohl es heißt, daß man in der Schule für das Leben lerne, beweist Fontanes philisterhafter Roman ein weiteres Mal, wie wenig die Schulmeister vom Leben verstehen. Zwar spricht er in einem Brief davon, daß „alle seine Frauengestalten einen Knacks" weghätten. „Gerade dadurch sind sie mir lieb, ich verliebe mich in sie . . ." Aber der Knacks, den seine Protagonistin Effi Briest weghat, die ständig die Farbe wechselt, scheint eher ein Knacks des Theodor Fontane zu sein, der seine Heldin nicht in den Griff zu bekommen vermag. Zunächst ist Effi ein Wildfang, was der deutsche Realist nach Hausmacherart durch den Hang seiner Heldin zum Hasch-Mich-Spielen und durch deren ständig zerrauften Lockenkopf zum Ausdruck bringt. In dem Augenblick, da sich der erstbeste standesgemäße Freier, nämlich Baron von Instetten, zeigt, verwandelt sich Fontanes Wildfang in eine vor Berechnung und Standesdünkel geradezu strotzende Drohne der Bourgeoisie, deren Jawort ein nacktes Bekenntnis zum Karrierismus beinhaltet, der dem zuvor geschilderten Wildfang fremd sein müßte.

Einer Freundin antwortet Fontanes Heldin auf deren Frage, ob Baron von Instetten der Richtige sei: „Gewiß ist er der Richtige . . . Jeder ist der Richtige. Natürlich muß er von Adel sein und seine Stellung haben . . ."

Als Ehefrau bringt Effi Briest geradezu Dressurleistungen in der Disziplin der Unterwürfigkeit zustande, um sich aus heiterem Himmel, obwohl sie sich nicht nach Liebhabern, sondern nur nach Mamachen und Papachen sehnt, einem von Fontane nur schemenhaft skizzierten Schürzenjäger mit einer kokottenhaften Leichtfertigkeit an den Hals zu werfen, die sich weder mit dem Naturkind Effi noch mit der Drohne Effi vereinbaren läßt. Vielmehr hat der Ehebruch nur die Funktion, den höchst inhaltsleeren Roman von Fontane zu einem Anreißer und zu einem Kernpunkt zu verhelfen.

Dennoch zieht die Liaison seiner Heldin eine Ungereimtheit im Schlepptau nach sich, die sich nicht allein auf das hohe Alter, in dem der hiesige hausgemachte Realist den Roman verfaßte, zurückführen läßt. Die besagte Ungereimtheit reimt sich zwar nicht auf die Wirklichkeit, wohl aber auf die beim Erscheinen dieses Romans obwaltende Moral der Bourgeoisie, deren Doppelbödigkeit Theodor Fontane in dessen dichterisches Handwerk derart rigoros zu pfuschen verstand, daß der vom Bildungsbürgertum und von der damaligen Kritikerzunft mit größter Begeisterung zur Kenntnis genommene Roman EFFI BRIEST dem Machwerk eines Dilettanten eher ähnelt als dem Alterswerk eines angeblich realistischen Romanciers, den zweifellos die herrschende Not an deutschen Realisten gleichermaßen zum Dichterruhm verhalf wie dessen Tugend seiner Dichtung Not darstellt.

Als ein Monument der Doppelbödigkeit der bürgerlichen Moral ist dieser Roman sicherlich in moralischer Hinsicht weitaus bedeutsamer als in literarischer. Denn ebenso unhaltbar wie diese Moral, die ohne die Krücken der herrschenden Macht zu Kreuze kröche, sind nicht nur die Romanfiguren des Theodor Fontane, deren Promiskuität der Promiskuität der Moral der Bourgeoisie entspricht. Auf den Krücken der ihnen von Fontane unterjubelten Moral der Bourgeoisie humpeln moralgerecht die Romanfiguren durch die Handlung des Romans, dessen Anreißer und Kernpunkt: nämlich der Ehebruch der Effi Briest, vom dichtenden Moralapostel Fontane aus Gründen, die allein moralischer Natur sein können, lediglich andeutungsweise, aber voller Taktgefühl und Diskretion mit einem nichtssagenden ES erwähnt werden.

„Ich kann es nicht loswerden . . .", läßt Fontane seine Heldin zu sich selber sagen. „Ich habe die Schuld auf meiner Seele . . . Aber lastet sie auch auf meiner Seele: Nein . . ."

Der Moral der Bourgeoisie genügt es nicht, daß der Geschlechtsverkehr mit einem Mann, der nicht der eigene ist, zu einer Schuld hochstilisiert wird, die für Effi Briest die Scheidung, den Verstoß aus dem ehelichen Heim, den Verlust der Mutterrechte und obendrein einen Tod zur Folge hat, dessen Ursache nämlich eine medizinisch indiskutable Todesursache, eine mystifizierte Verschnupfung ist, die sich die Protagonistin Fontanes vor ihrem Jungmädchenzimmerfenster stehend und zu den Sternen am Himmelszelt aufblickend in einer nicht einmal als kalt bezeichneten Abendluft zuzieht.

Was die bürgerliche Moral vor Effis Tod der Ehebrecherin und dem Verfasser des Romans in aller Härte abverlangt, ist eine jener sogenannten höheren Einsichten, die nur höher heißen, weil sie keine Menschenseele einsehen kann. Vor ihrem Tod gewinnt Effi Briest die höhere Einsicht, daß ihr Gemahl, der mit allen Kainsmalen der Widerwärtigkeit ausstaffierte Baron von Innstetten, zu dem Fontane offenkundig ebenfalls ein höchst gespaltenes Verhältnis hat, recht gehandelt hätte, indem er seine treulose Gattin in den Tod trieb. „Und es liegt mir daran", läßt Fontane seine Heldin im Sterbebett sagen, „daß er erfährt, wie mir hier klargeworden, daß er in allem recht gehandelt . . ."

Mit der Formulierung dieser höheren Einsicht, von der man nicht erfährt, wie und wodurch es zu ihr gekommen ist, fällt nicht nur der Moralapostel dem hiesigen hausgemachten Realisten Fontane in den Rücken. Der Moralapostel Fontane versetzt dem gesamten Roman einen Todesstoß. Denn die einzige Stärke dieses Romans besteht in der Schilderung der widerwärtigen Wesensart des Baron von Innstetten, über den es in dem Roman heißt:

„Er hatte das Gefühl, Effi zu lieben, und das gute Gewissen, daß es so sei, ließ ihn von besonderen Anstrengungen absehen. Es war fast zur Regel geworden, daß er sich, wenn Friedrich die Lampe brachte, aus seiner Frau Zimmer in sein eigenes zurückzog. Ich habe da noch eine verzwickte Geschichte zu erledigen. Und damit ging er. Die Portiere blieb freilich zurückgeschlagen, so daß Effi das Blättern in dem Aktenstück oder das Kritzeln seiner Feder hören konnte, aber das war auch alles . . ."

Die Tatsache, daß Fontane am Ende des Romans den gefühlsarmen, karrieristischen Baron von Innstetten zu einem Freispruch verhilft, beinhaltet nicht nur eine Kapitulation vor der bürgerlichen Moral, sondern auch einen Kniefall vor der Macht der herrschenden Klasse, deren Krücken das einzig Brauchbare sind, was die darauf humpelnde Moral zu bieten hat. Wer, bemüht, die Humpelei eilfertig in den Rang der wahrhaft hoheitsvollen Gangart zu erheben, hinterdreinhinkt, ist kein anderer als der Moralapostel Theodor Fontane, der aufgrund seiner Moral, die dazu dient, das zu verbergen, was jeder Realist ans Licht zu bringen trachtet, nicht einmal als ein Möchtegern-Realist zu bezeichnen ist. Daß man ihn dennoch zum hiesigen Realisten nach Hausmacherart adelte, verdankt Fontane nicht seiner Dichtung, sondern seiner Moral.

Was seinen lobpriesenen Roman betrifft, so ist die Moral von der Geschicht, daß diese Geschichte in keiner Weise der Wahrheit entspricht. Zwar hat selbstredend eine realistische Geschichte nicht nach Art Willi Bredel aus dem wahren Leben geschöpft zu werden. Doch sind im Falle von Fontane dessen Abweichungen von der wirklichen nicht nur interessant, sondern auch im Hinblick auf dessen Roman höchst entlarvend. Offensichtlich bemüht, seinem von jeglichem Realismus bereinigten Roman im nachhinein ein Gran Realität zu unterjubeln, machte Fontane nach dessen Erscheinen öffentlich keinen Hehl daraus, daß sein Roman auf einer „Berliner Affäre", wie er es heißt, fuße. Was Fontane, um dessen dichterische Freiheit es hier nicht geht, jedoch nicht an die große Glocke hängte, das plauderte er in einem vertraulichen Privatbrief aus, dessen Inhalt darauf hinweist, wie Fontane die Realität der Fuchtel der bürgerlichen Moral unterwirft. Gewissermaßen unter vier Augen vertraute Fontane dem Empfänger des besagten Briefes an, daß die „wirkliche Effi" trotz des Todes der fiktiven Effi in bester Gesundheit lebte und im Gegensatz der nach ihrer Scheidung vereinsamten Effi als „vortreffliche Pflegerin in einer großen Heilanstalt" tätig sei.

Dies wirft die Frage auf, warum es Fontane vorzog, seiner fiktiven Effi außer deren Tod eine Eliminierung aus der besseren Gesellschaft und ein nutzloses Dasein in einem gesellschaftlichen Niemandsland auferlegte, statt die weitaus provozierendere Geschichte der „wirklichen Effi" zu schreiben, die aus ihrem Ehebruch kerngesund hervorging und als vortreffliche Pflegerin in einer großen Heilanstalt für einen Lohn, den zu verdienen für eine ehemalige Dame einen Verstoß gegen das Standesbewußtsein darstellte, auf eine impertinente Weise nützlich war. Die „wirkliche Effi" mußte den gehobenen Kreisen insofern ein Dorn im Auge sein, als sie das Selbstverständlichste tat, das allerdings seit eh und je, aus der hohen Warte der Moral der Bourgeoisie gesehen, einen Affront darstellte. Denn die „wirkliche Effi" zog, statt unter ihrer Eliminierung aus den besseren Kreisen zu leiden, die schlechteren Kreise vor.

Im Gegensatz zur fiktiven Effi, die mit ihrer Rückkehr in ihr Elternhaus, wo man Gnade vor Recht ergehen ließ, bekundet, daß sie lieber bis zu ihrem Lebensende Kind und eine kaschierte Almosenempfängerin sein will, emanzipierte sich die „wirkliche Effi", indem sie berufstätig wurde. Fontanes fiktive Effi hingegen liebäugelt nicht einmal mit dem Gedanken, Lohnempfängerin zu werden. Sie bleibt eine Dame, nach der kein Bedarf mehr besteht. Ihre Zeit verbringt sie mit der Züchtung von Schuldgefühlen so lange, bis Fontane sich bemüßigt fühlt, diesem unergiebigen Thema durch Effis Tod, der stark nach einem Gottesurteil stinkt, ein Ende zu machen.

Zwar sind die Geschichten, die das Leben schreibt, für Romaninhalte nicht immer tauglich. Aber die Geschichte der „wirklichen Effi", die sich ihrer unsinnig gewordenen Damenhaftigkeit entledigte und als simple Lohnempfängerin den Zugang zu den schlechteren Kreisen schaffte, die immer noch besser sind als keine, enthält einen gesellschaftskritischen Zündstoff, an dem sich ein Theodor Fontane nicht die Finger zu verbrennen wagte. Seine Umfälschung der wahren Geschichte ist keine dichterische Freiheit, sondern ein Zugeständnis an den Opportunismus. Während sich die wirkliche Effi in die menschlichen Niederungen begab, mied diese Niederungen unser hiesiger hausgemachter Realist tunlichst, weil ein Moralapostel ohne seinen hohen Standpunkt leichterdings der Moral verlustig gehen und, eh er sich's versieht, zum Realisten werden kann.

Fontane verspielte sich durch die Umfälschung der wahren Geschichte bis zur Unkenntlichkeit die Chance, ein Realist zu werden. Doch dafür, daß er so lange an der Wirklichkeit herumflickte, bis diese der Moral der Bourgeoisie wie ein Maßanzug paßte, krönte man ihn zum hiesigen Dichter des Realismus. Während Fontane geadelt wurde, brachte D. H. Lawrence seine Mißachtung der herrschenden Moral, die in seinem 1928 erschienenen, leider von einer Sexual- und Naturmystik etwas derangierten Roman LADY CHATTERLEYS LOVER offen zutage tritt, außer Unkosten nicht nur Schimpf und Schande ein. Die Publikation seines Romans, den er, weil ihn die

Verleger für ein zu heißes Eisen hielten, auf eigene Kosten drucken lassen mußte, löste in der englischen Öffentlichkeit einen hysterischen Empörungssturm aus. Der Roman wurde gewissermaßen zum inneren Feind der Nation. Das englische Innenministerium trat sofort in Aktion. Unermüdlich spürten Post- und Zollbeamte, um die Verbreitung des Romans zu hintertreiben, jedes für sie nur greifbare Exemplar auf. Der Verfasser des Romans D. H. Lawrence wurde zum Schmutzfinken per se.

Die Beschlagnahmungen dieses Druckerzeugnisses, von dem mehr Exemplare konfisziert als gelesen wurden, mußte zumal bei jenen Bildungsbürgern, die keine Zeile dieses Romans gelesen hatten, den Eindruck erwecken, daß der besagte Roman das Gemeinwohl gefährde. Die Tatsache, daß der Staat seine Bürger vor der Lektüre eines Buches schützte, gab dem eingefleischten Vorurteil der Bourgeoisie, die seit eh und je in ihrem Pragmatismus in literarischen Werken Ausgeburten einer mehr oder minder krankhaften Phantasie der Verfasser dieser Werke sah, neue Nahrung. Obwohl die Sprachrohre der herrschenden Klasse aus gutem Grund ihren Protest von dessen eigentlicher Ursache trennten und, wie sie es noch heute tun, ihre Empörung in die Bahnen der herrschenden Moral gängelten, so daß sich jeder, der den Roman des Schmutzfinken per se D. H. Lawrence las, als Schmutzfink entlarvte, waren diese Sprachrohre der Bourgeoisie außerstande, zu verhindern, daß der Roman LADY CHATTERLEYS LOVER dank seiner Verrufenheit eine Bedeutung erlangte, der er sich heute nur mehr mit knapper Not gewachsen zeigt.

Die Lektüre dieses Romans ist hauptsächlich insofern höchst interessant, als sie dem Leser die Aufgabe stellt, den eigentlichen Stein des Anstoßes in diesem mehr als nur verrufenen Werk aufzuspüren, dessen Heldin Lady Chatterley zum Inbegriff der Verworfenheit des weiblichen Geschlechts herabgewürdigt wurde. Nicht wegen ihres Ehebruchs wird diese Lady zum Inbegriff der Verworfenheit des weiblichen Geschlechts. Vielmehr war der Ehebruch im Jahr 1928 so weitgehend legitimiert, daß selbst der Gatte der Lady Chatterley, der aus dem Krieg als ein von den Hüften abwärts gelähmter, impotenter Krüppel heimkehrt, aber ein Baronet und zudem ein Land-

und Kohlegrubenbesitzer ist, ohne hiermit gegen den sogenannten guten Ton zu verstoßen, seiner eigenen Ehefrau den Ehebruch nahelegt.

Die Tatsache, daß der besitzenden Klasse deren Besitz mehr wert ist, als sie sich selbst, bringt das Ansinnen des Land- und Kohlegrubenbesitzers zum Ausdruck, der, weil er außer seiner Potenz nichts zu entbehren hat, nichts sehnlicher wünscht als einen Erben, der auch, wenn er, Baronet Cliffort Chatterley, zum Würmerfraß geworden ist, garantiert, daß sein Eigentum seinen Tod überlebt.

Was diesen Erben betrifft, so geht Clifford Chatterley davon aus, daß er seiner Gattin nicht zu erklären braucht, daß sein Eigentum selbstverständlich einem Mitglied jener Klasse zufallen soll, die sich ein Monopol auf den Besitz zu schaffen wußte: nämlich einem Mitglied der besitzenden Klasse. In dem Roman von D. H. Lawrence fragt Connie Chatterley ihren Gatten:

„Und wäre es dir gleich, von welchem Mann ich das Kind bekomme" . . .

„Nun Connie, ich würde mich auf deinen . . . Anstand und Geschmack verlassen. Du würdest es nicht dulden, daß ein indiskutabler Bursche dich anrührte."

Denn in gehobenen Kreisen diskutiert man nun einmal nicht über das, was die gehobenen Kreise für „indiskutabel" erklärten. Man diskutiert dort auch nicht über die Frage, was diskutabel oder was indiskutabel sei. Was diskutabel ist, verraten allein die Diskussionen der Mitglieder der gehobenen Klasse. Was indiskutabel ist, besagt allein die Floskel, daß etwas „kein Thema" sei. Wer dennoch über etwas Indiskutables, das kein Thema ist, diskutiert, der macht sich, wie es im Jargon der Gehobenen heißt: „einfach unmöglich".

Obwohl es für einen Menschen, der nicht nur eine Möglichkeit, sondern die Fleisch und Blut gewordene Verkörperung einer Möglichkeit darstellt, schlichtweg ein Ding der Unmöglichkeit ist, „sich einfach unmöglich" zu machen, tut Lady Chatterley das, was man sich einfach unmöglich machen heißt. Unmöglich macht sich diese Lady, indem sie zum Erzeuger des von ihrem Gemahl ersehnten Erben eines Besitzes einen Mann auswählt, der nur einen Erben zeugen kann, der als Erbe eines Besitzes, auf den die Besitzenden ein

Monopol geltend machen, schon deshalb indiskutabel ist, weil es sich bei ihm nur um einen Sprößling der nicht zur besitzenden Klasse zählenden Lohnempfänger: nämlich einen von dem Baronet entlohnten Waldhüter handelt.

Die Lady gibt sich einem indiskutablen Burschen hin und wird allein deshalb zum Inbegriff der Verworfenheit abgestempelt, als ihre Liebe zu dem Wildhüter, wenn auch nur in der Form eines Einzelfalls, der unter keinen Umständen Schule machen durfte, nicht nur die Klassenunterschiede außer Kraft setzt. Darüber hinaus beinhaltet die Absicht der Lady, die Frau des Vaters des in ihrem Leibe keimenden Lebens zu werden, die Vermessenheit, ihre Mesallianz durch eine Eheschließung von einem Staat sanktionieren zu lassen, der der herrschenden Klasse zur Aufrechterhaltung ihrer Herrschaft dient, die ohne die Unterdrückung der Beherrschten unmöglich wäre, der Beherrschten, von denen D. H. Lawrence in seinem Hang zur Naturmystik leider statt eines Kumpels aus den Kohlegruben des Baronets einen für dessen Ländereien zuständigen Waldhüter herausgriff, was leicht aus der immer wieder in einer Sackgasse endende Aufbruch der Lady Chatterley unter dem Motto ZURÜCK ZUR NATUR zu interpretieren ist.

Dennoch kunden der öffentliche Entrüstungssturm und das Eingreifen des englischen Staates, der, schon um das Gesicht einer über den Klassen stehenden Institution nicht zu verlieren, kein Gesetz in Kraft setzen konnte oder kann, was die Eheschließung einer Lady mit einem Lohnempfänger ihres Gatten zur Straftat macht, davon, daß D. H. Lawrence in bezug auf die Schilderung gesellschaftlicher Verhältnisse ein Volltreffer gelang. Den Sachverhalt, daß D. H. Lawrence beim Verfassen seines Romans sehr wohl wußte, was er tat, verrät die von ihm geschilderte Reaktion des Land- und Kohlegrubenbesitzers auf das Geständnis seiner Gattin. Denn die Empörung dieses fiktiven Baronets entspricht auf eine frappierende Weise der Empörung, die die Publikation dieses verpönten Romans auslöste.

Der fiktive Land- und Kohlegrubenbesitzer, der in seiner Verkrüppelung, seiner Impotenz und seiner Sucht, sich nach seinem Tod kraft seines Eigentums ein Denkmal zu setzen, das dem Eigentum in der Hand der Besitzenden dessen Unsterblichkeit bescheinigt, gerät nicht anders, als es die Öffentlichkeit beim Erscheinen des Romans tat, in eine von Mordlust durchtränkte, besinnungslose Empörung.

„Mein Gott", läßt ihn D. H. Lawrence sagen, „du müßtest vom Erdboden vertilgt werden: . . . Dieser Schuft! . . . Dieser niederträchtige Hundsfott! Und die ganze Zeit hast du es mit ihm getrieben, während du hier warst und er zu meinen Bediensteten gehörte! Mein Gott, mein Gott, gibt es irgendwelche Grenzen für die viehische Gemeinheit der Frauen! . . . Und du willst sagen, daß du einem Kerl wie dem ein Kind in die Welt setzen willst? . . . Man kann sich nur wundern, . . . daß solche Kreaturen geboren werden dürfen . . . Und du willst behaupten, daß du ihn heiraten willst und seinen stinkenden Namen tragen? . . . Das zeigt mir, daß ich recht hatte mit dem, was ich immer dachte: du bist nicht normal, du bist nicht bei Verstand. Du gehörst zu diesen halb irrsinnigen, perversen Weibern, die hinter der Verworfenheit her sind . . ."

Auch von den Sprachrohren der Bourgeoisie wurden dem Roman vor allem dessen vermeintliche Perversität, dessen vermeintliche Obszönität und dessen vermeintliche sittliche und moralische Niedrigkeit zur Last gelegt, obwohl das Liebesverhältnis der Lady und des Lohnempfängers ihres Gatten eine ganz normale, lediglich von der Naturmystik der Lady etwas getrübte Leidenschaft ist, deren eigentliche Abnormalität nur darin besteht, daß gemeinhin Damen aus den gehobenen Kreisen nichts abwegiger erscheint, als die Ehefrauen der von der Hand in den Mund lebenden Lohnempfänger ihrer vermögenden Gatten zu werden.

Die Tatsache, daß Lady Chatterley in einem Habenichts den Mann ihres Lebens und in einer Eheschließung mit diesem Habenichts, die ihr nur materielle Entsagungen und Entbehrungen zu bieten hat, ihr Lebensglück sieht, das D. H. Lawrence, indem er vor dessen Auftakt seinen Roman abschließt, auf sich beruhen läßt, verleiht zwar diesem Roman einen romantischen Charakter. Aber die gegen Romantik geeichte, berechnende Bourgeoisie erkannte offensichtlich, daß D. H. Lawrence das Lebensglück auf sich beruhen ließ, weil ihm das Glück der Lady und des Lohnempfängers als ein Wunschtraum zu heilig war, um diesen

Wunschtraum, indem er ihn realistisch schilderte, womöglich in ein Unheil umzumünzen.

In der Absicht, eine Verwirklichung dieses Wunschtraums zu vereiteln, zerstörten die Sprachrohre der Bourgeoisie den besagten Wunschtraum, indem sie ihn als gemeingefährliches, schmutziges Machwerk diffamierten, während der Staat einer angeblich um sich greifenden Besudelung seiner Untertanen mit dem Schmutz dieses Machwerks vorbeugte und dieses Machwerk zum Schutze der allgemeinen Gesinnungsreinheit beschlagnahmte. Die Seligkeit, die Lady Chatterley in den Armen eines Lohnempfängers ihres impotenten, verkrüppelten Gemahls empfand, wurde dergestalt einfach „indiskutabel", wie es ihr Liebhaber, dessen in ihrem Leib wachsendes Kind und vor allem ihre Absicht, auch noch eine Eheschließung zu verwirklichen, waren.

Bemüht, den diese Liebesbeziehung überbrückenden Klassenunterschied zum Ausdruck zu bringen, läßt D. H. Lawrence die Lady den Liebesakt zu einem mystischen Erlebnis werden, während die Liebeserklärungen des Lohnempfängers zwar von dessen Vulgarität, aber auch von dessen Liebeskraft kunden.

„Du hast den schönsten Arsch, den ich kenne . . .", läßt D. H. Lawrence den Waldhüter zu der Lady sagen. „Jeder Millimeter davon hat was von 'ner Frau — das ist so sicher wie nur was . . . Du hast 'nen richtigen weichen runden Hintern — 'nen, bei dem es einem Mann durch und durch geht. Du hast einen Hintern, wie er die Welt zusammenhalten könnte, das steht fest. Und wenn du scheißt und wenn du pißt, das gefällt mir. Du bist richtig. Du hast sogar 'n bißchen was von einem Nuttchen. Du hast einen anständigen Weiberarsch. Ich lieb ihn. Und wenn ich nur noch zehn Minuten zu leben hab und deinen Arsch streicheln kann, würde ich denken, ich hab mein Leben gelebt . . ."

Obwohl vom Scheißen, Pissen und obendrein auch noch von einem als anständig bezeichneten Weiberarsch die Rede ist, formuliert hier D. H. Lawrence in der Gossensprache eine Huldigung an die geliebte Frau, mit der verglichen sich nicht nur ein Handkuß oder ein MEINE GNÄDIGSTE, sondern auch ein AVE MARIA dürftig ausnehmen. Vergleichbar ist der Huldigung, die D. H. Lawrence da in

Worte kleidet, zum Beispiel der in einem Ferdinand-Céline-Roman fallende Satz: „Ich könnte sogar deine Scheiße fressen . . ."

Derartige Huldigungen sind Lady Chatterley mehr wert als ihre Privilegien. Ohne Zweifel ist es unter anderem auch dem Neid, der Mißgunst und dem Ressentiment der sogenannten GNÄDIGEN FRAUEN zu verdanken, daß die fiktive Romanfigur Lady Chatterley, die ihrem Geliebten noch scheißend und pissend zur Madonna wird, während die Bourgeoisie „nur mal eben zur Toilette geht", zum Inbegriff der Verworfenheit wurde, obwohl sie bloß das Phantasieprodukt eines Romanciers ist, den nicht der Ruhm, sondern die Verrufenheit bis zum heutigen Tag überlebte.

Im Gegensatz zu Lady Chatterley, die ihre Deklassierung, um sich sogar beim Scheißen und Pissen von seiten eines sogenannten „indiskutablen Burschen" Huldigungen einzuheimsen, voller Lebenslust, aber nicht ahnend, daß sie in den Armen des besagten Waldhüters ihres Gemahls auf die Barrikaden steigt, in Kauf nimmt, opfert Madame de Rênal aus dem Roman ROT UND SCHWARZ ihre Privilegien erst in dem Augenblick, da es zu spät ist, während Madame Bovary keine Privilegien opfert, sondern sich Privilegien anmaßt, die ihr nicht zustehen, indem sie auf eine ruinöse Weise auf Kredit über ihre Verhältnisse lebt und Effi Briest sich nach ihrer Verbannung aus der besseren Gesellschaft damit verausgabt, zumindest eine Dame zu bleiben, nach der allerdings keine Nachfrage mehr besteht.

Die Tatsache, daß Anna Karenina ihre Deklassierung geradezu provoziert, liegt an ihrer Idealisierung der Liebe zu einer über allen irdischen Nichtigkeiten thronenden Macht. Aufgrund dieser Idealisierung begreift Anna Karenina selbst vor ihrer Selbstentleibung nicht, daß sich sogar die höchsten aller Gefühle nicht von ihrer Verankerung in niedrigen, irdischen, belanglos erscheinenden Nichtigkeiten keineswegs zu lösen vermögen. Unbelehrbar legt sie ihrem Geliebten zur Last, was die Schuld der besseren Kreise im zaristischen Rußland ist, die ihre Liebe so perfide zu unterminieren verstehen, daß diese Liebe zu einem zänkischen, gehässigen, eifersüchtigen und erpresserischen Stellungskrieg entartet, aus dem weder Tolstojs Protagonistin noch deren Geliebter als Sieger hervorgehen.

Während sie beide eine Niederlage erleiden, triumphiert der obwaltende Geschäftsgeist, dem alles, was nicht als bare Münze zu Buche schlägt, suspekt ist, über die Liebe. Lobhudelnd verhackstückt er die hohen Gefühle zu einer emotionalen Kleinkrämerei.

Diese Kleinkrämerei schildert Tolstoj folgendermaßen:

„Keiner von beiden sprach sich über den Grund seiner Gereiztheit aus, aber jeder war überzeugt, daß der andere im Unrecht sei, und bemühte sich bei jedem Anlaß, das zu beweisen.

‚Ich fühle mich ihr gegenüber nicht schuldig', dachte er. ‚Wenn sie sich selbst bestrafen will, tant pis pour elle.'

Als er hinausging, war es ihm, als sagte sie etwas und sein Herz zuckte plötzlich vor Mitleid mit ihr zusammen.

‚Was ist denn', fragte er.

‚Ich habe nichts gesagt', antwortete sie ebenso kalt und ruhig wie vorher.

‚Nun, wenn du nichts gesagt hast, dann tant pis', dachte er, wieder völlig kühl, drehte sich um und ging hinaus. Im Hinausgehen sah er im Spiegel ihr blasses Gesicht mit den zitternden Lippen. Er wollte stehenbleiben und ihr ein tröstendes Wort sagen, aber seine Füße trugen ihn aus dem Zimmer, ehe er sich etwas ausdenken konnte . . ."

Nicht nur Graf Wronskij, sondern auch Anna Karenina zeigen sich vom obwaltenden Geschäftsgeist infisziert. Anna Karenina wirft sich nicht vor einen fahrenden Zug, um bloß zu sterben. Vielmehr bezweckt sie mit ihrer Selbstentleibung, daß diese die unausmerzbare Unvergeßlichkeit ihrer Person im Gedächtnis ihres Geliebten, die schmerzlichste Trauer um sich in dessen Gemüt und vor allem eine ätzende Reumut als Profit für sie abwirft. Mit der Entfachung dieser Reumut trachtet Anna Karenina danach, sich an ihrem Geliebten zu rächen, dem sie es nicht verzeihen kann, daß er den Verrat beging, in eben jenen gesellschaftlichen Kreisen gesellig zu verkehren, die, wie gesagt, Türen öffnend und schließend eine Entzweiung zwischen den beiden in innigster Liebe Vereinten herbeiführten, weil Anstand und Sitte nicht nur im zaristischen Rußland den Damen verbaten, was den Herren gestattet wurde.

Abgesehen von Lady Chatterley, deren Deklassierungsfolgen

nicht das Thema des Romans von D. H. Lawrence sind, enden alle zur Debatte stehenden Ehebrecherinnen tragisch. Madame de Rênal versetzt der Tod ihres Geliebten den Todesstoß, was nicht unbedingt plausibel erscheint. Madame Bovary treibt die Konfrontation mit der Wirklichkeit, die sich ihr in Gestalt eines gesichtslosen Gerichtsvollziehers präsentiert, in den Tod. Obwohl die Pfändung ihrer jeglichen Glanzes entbehrenden Habe, zu der es der einfältige Landarzt Charles Bovary zu bringen vermochte, lediglich die leichterhand voraussehbare Folge jener Unbekümmertheit ist, mit der Madame Bovary, um zumindest den Tand und den Plunder zu ergattern, der das Gold der Kitschwelt ist, einen Schuldschein nach dem anderen unterzeichnete, reagiert die ohne Unterlaß auf das Unvoraussehbare abgerichtete Protagonistin des Gustave Flaubert auf das Voraussehbare wie auf eine Katastrophe.

„Wie in einer Betäubung stand sie da", schreibt Flaubert über seine Protagonistin. „Sie empfand kaum noch etwas anderes als das Pochen und Pulsen ihres Blutes in ihren Adern, das ihr aus dem Körper zu springen und wie laute Musik das ganze Land rings um sie zu durchrauschen schien. Der Boden unter ihren Füßen kam ihr weicher vor als Wasser, und die Furchen der Felder am Wege erschienen ihr wie lange braune Wellen, die auf und nieder wogten. Alles, was ihr im Kopfe lebte, alle Gedanken und Erinnerungen sprangen auf einmal heraus . . ."

Gerade die bodenlose Alltäglichkeit des gesichtslosen Gerichtsvollziehers und der nicht einmal verunstaltende Stempel auf den Möbelstücken zeigen Madame Bovary das Gesicht der Wirklichkeit, die ihr selbst, so wie es der Gerichtsvollzieher mit den Möbelstücken tut, den Stempel einer nicht der Rede werten Landarztgattin aufdrückt, die zu nichts amderem imstande war, als ihren biederen Gemahl zu einer Spottfigur zu machen und diese Spottfigur noch obendrein um Ihre Habe zu bringen.

So spricht Flaubert, ohne dies zu sagen, aus, daß es die ganze profane Geldnot ist, die da die Menschen in den Tod treibt, und nicht die Moral, hinter der sich die Profitgier verschanzt. Verraten und verkauft von Lug und Trug, von ihren Hirngespinsten und von ihrem sanften Wahn im Stich gelassen sowie von der Wirklichkeit der X-Beliebigkeit überführt, sieht die auf Großartiges geeichte Madame Bovary keine andere Wahl mehr, als der ihr in die Wiege mitgegebenen Auswegslosigkeit durch ihren Freitod ein jähes Ende zu bereiten.

Mit einer medizinischen Korrektheit schildert Gustave Flaubert die Stadien einer Arsenvergiftung, die groteskerweise, obwohl es sich dabei um typische Arsenvergiftungserscheinungen handelt, weder der verzweifelte Landarzt Charles Bovary noch weitere aus der näheren Umgebung herbeigeeilte Provinzärzte als Vergiftungserscheinungen zu diagnostizieren imstande sind. Selbst die Tragödie einer qualvollen Agonie, die Emma Bovary zumindest sterbend zu der von ihr ersehnten Großartigkeit hätte verhelfen können, läßt die gemeine Wirklichkeit, der Flaubert seine Seele verschrieben hat, zu einer Farce herunterkommen. Ihren tragischen Abtritt verpatzt unwillentlich der Emma Bovary das Auftauchen der Koryphäe unter den Provinzärzten in der Gegend. Einem Deus ex machina gleich führt Flaubert die besagte Koryphäe einzig und allein ein, um die Mitleidslosigkeit zu veranschaulichen, die in den friedlich anmutenden französischen Provinzkaffs wütet, welche in Wahrheit Mördergruben sind.

Über das Auftauchen der Koryphäe heißt es in Flauberts Roman: „Der Apotheker beschwor . . . Lavière, er möge ihm die hohe Ehre erweisen, zum Frühstück sein Gast zu sein.

Man schickte rasch zum Goldenen Löwen nach Trauben . . ., nach Sahne . . ., nach Eiern und zum Fleischer nach Koteletts. Der Apotheker, selbst bei den Vorbereitungen zum Mahle behilflich, und Frau Homais, sich ihre Jacke zurechtzupfend, sagte: ‚Sie müssen schon entschuldigen, Herr Professor, man ist in einer so entlegenen Gegend nicht immer gleich vorbereitet . . .'

‚Die Weingläser', flüsterte Homais.

‚Wer in der Stadt wohnt, der kann sich schnell helfen . . .'

‚Sei doch still — Zu Tisch, bitte, Herr Professor!'"

Das Auftauchen der besagten Koryphäe wirkt in dem Kaff, in dem selbst Provinzkoryphäen Fabelwesen sind, ungleich viel sensationeller als die Agonie der Madame Bovary. Während an Emmas Totenbett mutterseelenallein jener Mensch, den sie zur Spottfigur machte, obwohl er keinen Grund hätte, ihr auch nur eine Träne nachzuweinen, nämlich der sattsam von ihr mit Verachtung bedachte, belogene, betrogene, hintergangene und obendrein finanziell ruinierte Charles Bovary, gebeutelt von einem herzzerreißenden Schmerz, bittere Zähren vergießt, kümmert sich die Mitwelt zunächst einmal um ihre eigene Gesundheit.

Weil das eigene Wehwehchen einem jeden wichtiger ist als seines Nächsten Agonie, nutzt man die einmalige Gelegenheit und konsultiert die Koryphäe, die jedermann, weil sie es eilig hat, davon überzeugen kann, daß sie tatsächlich eine Koryphäe ist. Madame Bovary läßt man allein mit einer Spottfigur, die sie sich schuf nach ihrem Ebenbild, mit einem „wahnsinnigen Gelächter" sterben. Die Leichenbittermienen setzt man selbstverständlich auf, sobald der Anstand dies gebietet. Man gibt der Ehebrecherin nur deshalb gravitätisch das letzte Geleit, weil sich Madame Bovary im Gegensatz zu den übrigen Ehebrecherinnen mit ihrer Verlogenheit, mit ihrer Hinterlist und ihrer Heuchelei darauf verstand, den Anschein einer Ehrbarkeit zu wahren, die ihre Mitwelt für erhaben über jeden Zweifel hält.

Die von Flaubert vivisektorisch observierte und sezierte Wirklichkeit gebietet es nun einmal, daß sich da, ganz in Schwarz, die Mitwelt zu Madame Bovarys Leichenbegängnis zusammenrottet, um der Verlogenheit, der Hinterlist und der Heuchelei, indem sie die besagte Landarztgattin wegen derer unehrbarer Ehrbarkeit bloß mit der letzten Ehre abspeist, eine Ehre zu erweisen, von der auch heutzutage noch nicht abzusehen ist, wann diese Ehre endlich zu einer wirklich letzten Ehre wird.

Die besagte Ehre zollt auch der Moralapostel Theodor Fontane der Moral der Bourgeoisie dadurch, daß er sich als Romancier den Bärendienst antut, über seine Heldin Effi ein mühselig verkapptes Gottesurteil zu verhängen. Denn der Allmächtige allein vermag es, aus einer Verschnupfung, deren Folgeerscheinung bekanntlich Niesreiz, eine verschwollene Nase, verstopfte Nasenlöcher, triefende Augen und die Absonderung grünlich-gelben Rotzes sind, zu einer Todesursache hochzustilisieren, die selbst dem größten Kurpfuscher im höchsten Grade unglaubwürdig erscheinen muß. Während sich auf dieser Erde, seitdem Taschentücher auf den Markt geworfen werden, jeder zivilisierte Mensch, der sich erkältet hat, die Nase schneuzt, tut die verschnupfte Heldin des Moralapostels Theodor Fontane aus Gründen rein moralischer Natur artig und adrett ihren letzten Atemzug.

Ungeachtet ihrer höheren Einsicht ist Effi Briest mit ihrer Schuld, die Theodor Fontane, wie gesagt, taktvoll mit einem ES umreißt, derart befrachtet, daß sie die höhere Einsicht, so hoch sie auch immer sein mag, nicht mehr erheben kann. Vielmehr kriecht Effi Briest in Anbetracht der Bürde ihrer als ES definierten Schuld zu Kreuze.

Gemäß der biblischen Anweisung, daß man dem, der einem auf die linke Backe einen Streich versetzt, auch noch die rechte Backe darzubieten hat, gibt Effi Briest ihrem Gemahl, der als Repräsentant der Moral der Bourgeoisie, die ihre Profite allerdings unter dem ebenfalls biblischen Spruch AUGE UM AUGE, ZAHN UM ZAHN zu erzielen pflegt, ihren eigentlichen Henker darstellt, mit einer Selbstvergessenheit recht, die sich nur als ein Rufmord an sich selbst bezeichnen läßt. Gemeinsam mit seiner Heldin kriecht der Moralapostel Theodor Fontane vor der bürgerlichen Moral, durchdrungen von deren Geschäftssinn, wie er es ist, zu Kreuze, während Gustave Flaubert dieser Moral, ohne auch nur eine Stellungnahme abzugeben, einen grandiosen Tritt versetzt, der die gesamte Bourgeoisie zum geprügelten Hund depraviert. Dies gelingt ihm, eben weil er sich nicht über die bürgerliche Moral entrüstet, geschweige denn seinerseits vom moralischen Standpunkt aus argumentiert. Vielmehr stellt es der Vater und Meister des Realismus als die selbstverständlichste Sache der Welt hin, daß die bürgerliche Ehrbarkeit auf Unredlichkeit beruht, und daß die bürgerliche Rechtschaffenheit in der Könnerschaft besteht, so als handle es sich hierbei um grünende Auen, über Leichen zu gehen.

Die Tatsache, daß Flaubert aufgrund seines Romans MADAME BOVARY wegen „Unsittlichkeit" und „Religionslosigkeit" in einen Prozeß verwickelt wurde, ist entsprechend ebenfalls die selbstverständlichste Sache der Welt. Über diesen Prozeß schreibt Flaubert an einen Freund: „. . . ich teile Ihnen mit, daß ich morgen . . . die Bank der Gauner in der 6. Strafkammer mit meiner Anwesenheit beehren werde. Damen haben Zutritt, geschmackvolle, dezente Toilette ist vorgeschrieben. Ich erwarte keinerlei Gerechtigkeit. Ich werde verurteilt werden und zwar vielleicht zur Höchststrafe, eine süße Belohnung für meine Arbeit, eine edle Ermutigung, die man der Literatur zuteil werden läßt."

Zwar wurde Flaubert nicht verurteilt, weil sein Rechtsanwalt den Staatsanwalt haufenweise mit anstößigen Stellen aus Werken berühmter Aufklärer wie Montesquieu überflutete. Aber der Vater und Meister des Realismus begriff sehr wohl, daß es eine Ehre war, von der Justiz der Bourgeoisie wegen der Publikation eines Romans in einen Prozeß verwickelt zu werden. Allerdings beweist dieser Prozeß, daß die Bourgeoisie, die im Geschäftsleben immer wieder in das Stadium der Barbarei zurückzufallen pflegt, ihre Moral behutsam wie ein rohes Ei behandeln muß. Denn nicht anders als die Schale eines rohen Eis ist die Moral der Bourgeoisie dermaßen leicht zerbrechlich, daß sie der Unantastbarkeit bedarf, weil sonst sofort die Schale der Moral zerbräche und die Tatsache an den Tag käme, daß des Bürgers Tugenden in Wahrheit Laster sind.

Obwohl es heißt, daß jene, die am lautesten schrien, im Unrecht sind, bringt es die Bourgeoisie mit einer nachgerade paralysierenden Regelmäßigkeit immer wieder zustande, mit ihrer unüberbietbaren Besorgtheit um die Reinerhaltung ihrer Moral nicht nur den Eindruck zu erwecken, daß ihr höchstes und heiligstes Gut ihre auf den Hund gekommene Moral sei. Die samariterhafte, ja geradezu missionarische Art und Weise, in der die Bourgeoisie sich ihrer verrotteten Moral, als wäre diese ihr Einundalles, annimmt, muß zwangsläufig jedermann suggerieren, daß eine Moral, die dermaßen exzessiv geschützt wird, einen unschätzbar hohen Wert hat.

Entsprechend sind auch Hungerleider darauf erpicht, zumindest dessen teilhaftig zu werden, was die besitzende Klasse als viel wertvoller ausgibt, als den von ihr gehorteten Besitz. So versteht es die Bourgeoisie, selbst den Hungerleidern, deren Hunger nicht zuletzt eine Folgeerscheinung der bürgerlichen Moralvorstellungen ist, ihre lumpige Moral als ein Kleinod anzudrehen. Sogar die Habenichtse macht die Bourgeoisie glauben, daß zumindest die ihnen aufgeschwatzte Moral herzeigbar wäre. Diejenigen, die in dieser Moral nichts Herzeigbares zu sehen imstande sind, weiß die Bourgeoisie allein mit den harten Strafen, mit denen sie Verstöße gegen ihre Moral ahndet, dermaßen einzuschüchtern, daß es schon der Selbsterhaltungstrieb gebietet, sich, gleichgültig was man von der Moral der Bourgeoisie auch immer hält, an deren Richtlinien zu halten.

Dergestalt macht die Bourgeoisie, seit dem sie, bedingt durch den Verrat an den von ihr proklamierten Zielen: FREIHEIT, GLEICHHEIT, BRÜDERLICHKEIT zur herrschenden Klasse emporstieg, ihre als Moral verkaufte Amoral zur herrschenden Moral, wogegen mit Verstößen gegen diese herrschende Moral, die auf dem festen Fundament des Kapitals wahrhaftig nicht auf Sand gebaut ist, nichts Nennenswertes zu erreichen ist. Solange Angriffe auf die Moral der Bourgeoisie und nicht auf deren Kapital gerichtet sind, verfehlen diese Angriffe ihr Ziel. Das Kapital, dem die Bezeichnung MORAL nun einmal kein Begriff ist, schafft sich stets nur die Moral, die profitabel ist. Begnadet dazu, wie es die Bourgeoisie ist, aus allem Profite herauszuschlagen, sorgt sie dafür, daß selbst Anfeindungen ihrer Moral diese Moral nicht etwa unterminieren, sondern untermauern.

Die Meisterschaft der Bourgeoisie, vor allem jene, die ihre Moral ins Unrecht setzen, ihrerseits dermaßen rabiat ins Unrecht zu setzen, daß das Unrecht der Gerechtigkeit noch immer leichterdings den Rang abläuft, bescheinigt nicht nur jene abgrundtiefe Abfälligkeit, mit der Stendhals Roman ROT UND SCHWARZ, weil darin die Sitten der Bourgeoisie als Unsitten gebrandmarkt werden, als ein „geschmackloses, unsittliches Sittengemälde" verworfen und totgeschwiegen wurde. Die Meisterschaft der Bourgeoisie, jedem, der ihre Sitten als den Inbegriff der Unsittlichkeit entlarvt, der „Unsittlichkeit" zu bezichtigen, beweist auch der Prozeß, in dem Gustave Flaubert auf der Anklagebank saß, um einer Justiz, die der Bourgeoisie dazu dient, deren morsches moralisches Rückgrat zu stützen, Rede und Antwort zu stehen.

„Das Plädoyer von Rechtsanwalt Sénard ist glänzend gewesen", schreibt Flaubert seinem Bruder. „Er hat den Staatsanwalt mit Argumenten zermalmt, so daß dieser sich auf seinem Sitz wand und erklärte, er werde nicht antworten. Der Saal war übervoll. Es war prächtig, und ich habe eine großartige Figur gemacht. Ich habe mir einmal erlaubt, den Staatsanwalt persönlich der Lüge zu bezichtigen, und er wurde noch auf der Stelle der Unwahrheit überführt und hat seine Worte zurückgenommen ..."

Dank seiner Kunst, kommentarlos und ohne Stellung zu beziehen Urteile zu fällen, die die Gerichtsbarkeit der Bourgeoisie verkünden muß, damit diese Urteilsverkündungen wenigstens den Anschein erwecken, es obwalte in den Gerichtssälen der Bourgeoisie Gerechtigkeit, war Gustave Flaubert keine Straftat nachzuweisen. Der Vater und Meister des Realismus schilderte die Krönung der Schöpfung, die realistisch gesehen die Bourgeoisie darstellte, auf eine Art und Weise, die keinen Zweifel darüber offen ließ, daß dem Allmächtigen diese Krönung seiner Schöpfung schon insofern mißraten war, als diese sich von einem Wurm hauptsächlich dadurch unterschied, daß sie sich statt kriechend in einer aufrechten Gangart erniedrigte.

Trotzdem krümmte Flaubert in seinem Roman MADAME BOVARY der Krone der Schöpfung kein Härchen. Und was die ihm angelastete „Religionslosigkeit" betraf, so paßte der Schöpfer dieser Erde dem Vater und Meister des Realismus, der über Gott kein böses Wort verlor, aus jenen ästhetischen Gründen, die die realistische Darstellungsweise nun einmal verlangt, nicht in sein realistisches Konzept. Flaubert sah sich gezwungen, den Allmächtigen in seinem Roman außeracht zu lassen. Seinen Freispruch, den ihm die bürgerliche Gerichtsbarkeit erteilen mußte, hat Flaubert allein einem Mangel an Indizien zu verdanken, die er schreibend nicht hinterließ. Er zeigte in seinem Roman zwar das Gesicht der Bourgeoisie als eine Fratze. Doch zugleich suggeriert er der von ihm verunstalteten Bourgeoisie, die Fratze wäre ein Charakterkopf.

Die Tatsache, daß der Roman ANNA KARENINA nicht zu einem öffentlichen Ärgernis wurde, hat Tolstoj im Gegensatz zu dem Moralapostel Theodor Fontane nicht seiner Untertänigkeit, sondern zumal dem Ruhm zu verdanken, den er bereits vor dem Erscheinen dieses Romans erlangt hatte. Zu seinem Glück und zu seinem Unglück war jenes Blatt Papier, das er beschrieb, ein Wertpapier, dessen Wertverfall den sogenannten guten Geschmack der gehobenen Kreise im zaristischen Rußland in seinen Sog gerissen hätte. Obwohl Tolstoj in seinem Roman unmißverständlich die moralische Verrottung der besseren russischen Gesellschaft aufdeckt, ließ ihm diese nicht einmal die Ehre einer Verunglimpfung zuteil werden. Anstelle einer Ehre taten Tolstoj die gehobenen Kreise die Schmach an, ihn als großen Dichter zu feiern. So setzte die bessere russische Gesellschaft einen großen realistischen Romancier schachmatt, indem sie aus der Wahrheit Dichtung machte.

Nicht zufällig veranstaltet die Bourgeoisie immer wieder Diskussionen oder Round-Table-Gespräche, deren abgedroschene Themenstellung zwar DICHTUNG UND WAHRHEIT lautet, aber in Wahrheit DICHTUNG ODER WAHRHEIT heißt. So versteht es die Bourgeoisie, das, was die Wahrheit ist, unschädlich zu machen, indem sie die Wahrheit zur Dichtung krönt, das heißt degradiert. Wie ein Gelackmeierter muß Tolstoj dagestanden haben, weil man ihn zum Dichter krönte, um ihm unter der Hand zu verstehen zu geben, daß man die Wahrheit, die er geschrieben hatte, einfach nicht ernst zu nehmen geruhte.

Während Tolstoj die Perfidie der besseren Gesellschaft, die er in seinem Roman ANNA KARENINA beschreibt, am eigenen Leibe zu spüren bekam, gereicht die bis zum heutigen Tage unverwüstlich gebliebene Verrufenheit, die dem Roman LADY CHATTERLEY'S LOVER anhaftet, dessen Verfasser D. H. Lawrence zur Ehre. Die Tatsache, daß sein Roman zum inneren Feind der Nation avancierte, beweist, daß D. H. Lawrence nicht nur die Moral der Bourgeoisie angriff, die einen Stoßtrupp darstellt, hinter dem das Kapital, die Fahne hoch, die Reihen fest geschlossen, in ruhig festem Schritt und Tritt marschiert. Vielmehr griff D. H. Lawrence außer der Moral der Bourgeoisie deren Eigentum an. Er rüttelte somit an den Grundpfeilern des Staates, den sich die Bourgeoisie zur Wahrung ihrer Eigentumsverhältnisse schuf. Deshalb verfehlt jeder Angriff auf die bürgerliche Moral ihr Ziel.

Die mit allen Merkmalen der Widerwärtigkeit ausgestatteten Herren Gemahle der zur Debatte stehenden Ehebrecherinnen in der Weltliteratur verkörpern nur Repräsentanten der auf den Hund gekommenen Moral der Bourgeoisie. Jeder, der sich mit der Verrottung der bürgerlichen Moral und deren oft verheerenden Auswirkungen befaßt, verausgabt sich am Ende doch vergebens. Daß dem so ist, dokumentiert nicht allein der Sachverhalt, daß die Moral der Bourgeoisie, obwohl sie ein Kadaver ist, der längst verscharrt hätte werden müssen, diejenigen, die ihr die Stirn boten: nämlich Stendhal, Flaubert, Tolstoj und D. H. Lawrence, überlebte. Das Kainsmal der Widerwärtigkeit, das diese großen Romanciers den Gatten der zur Debatte stehenden Ehebrecherinnen einbrannten, tat der Bourgeoisie, deren Repräsentanten diese Gatten darstellten, nicht einmal weh. Ihr Protestgeschrei verfestigte nur den Schutzwall dieser Moral, hinter dem verschanzt die Raffgier ihre Schäfchen ins Trockene zu bringen weiß.

Denn es geht nun einmal nicht darum, das Wesen und die Auswirkungen der bürgerlichen Moral anzuprangern, aufzudecken oder bloßzustellen. Man muß bis zu dem Fundament hinabsteigen, in dem die bürgerliche Moral verwurzelt ist: nämlich im Kapital der Bourgeoisie. Dies taten die großen Romanciers, von denen hier die Rede ist, nur punktuell oder am Rande. Sie krochen der Moral der Bourgeoisie insofern auf den Leim, als sie sich, wenn auch anprangernd, mit ihr überhaupt befaßten. Die Bourgeoisie bestrafte sie mit Totschweigen, Prozessen und Beschlagnahmungen. Tolstoj tat sie sogar die Schmach an, ihn als Dichter zu feiern, aber dessen Botschaft außer acht zu lassen. Allein D. H. Lawrence war wohl unter anderem auch bedingt durch sein jüngeres Geburtsdatum imstande, außer dem Gesicht der Moral der Bourgeoisie, die er in Gestalt eines gelähmten, impotenten, mit einem verbiesterten Frohsinn in seinem Rollstuhl durch seine Ländereien kutschierenden Land- und Kohlegrubenbesitzers präsentiert, die Verankerung dieser verrotteten Moral im Kapitel zu erfassen. Weil die Liebschaft der Lady Chatterley nicht gegen die Moral der Bourgeoisie verstößt, sondern die Unantastbarkeit der Eigentumsverhältnisse infrage stellt, bezeichnete die Lady deren Gemahl als nicht normal, pervers und als verwerflich, während der englische Staat einen Roman zum inneren Feind kürte.

Über die Meinungsfreiheit schreibt Bertolt Brecht: „Herr Well ist überzeugt, daß in seinem Land jedermann die Freiheit besitzt, jede ihm beliebige Ansicht zu vertreten, und willens, die gleiche Freiheit den Schriftstellern anderer Länder erkämpfen zu helfen. Was seine

Überzeugung betrifft, gibt es zwei Möglichkeiten. Er kann die Erlaubnis besitzen zu schreiben, was er meint, und er kann die Meinung besitzen, die zu schreiben erlaubt ist. Das sind natürlich zwei sehr verschiedene Dinge."

Die Freiheit, ihre Meinung zu sagen, obwohl sie weder eine Erlaubnis hierzu noch eine Meinung hatten, die zu schreiben erlaubt war, nahmen sich, abgesehen von dem Moralapostel Theodor Fontane, der eine Meinung besaß, die, wie Brecht schreibt, „zu schreiben erlaubt war", Stendhal, Flaubert, Tolstoj und D. H. Lawrence heraus. Die Reaktionen, die die Veröffentlichungen ihrer Romane zeitigten, werfen ein ungutes Licht auf die Meinungsfreiheit und auf jene, die vorgaben, diese Freitheit für heilig zu halten.

Was nun die Wahrheit betrifft, über die die genannten großen Romanciers schreiben, so meint Brecht zu diesem Thema in seinem Aufsatz, dessen Titel FÜNF SCHWIERIGKEITEN BEIM SCHREIBEN DER WAHRHEIT lautet: „So ist es zum Beispiel nicht unwahr, daß Stühle Sitzflächen haben und der Regen von oben nach unten fällt. Viele Dichter schreiben Wahrheiten dieser Art. Sie gleichen Malern, die die Wände untergehender Schiffe mit Stilleben bedecken ... Unbeirrbar durch die Mächtigen, aber auch durch die Schreie der Vergewaltigten nicht beirrt, pinseln sie ihre Bilder ..."

Dies trifft auf die hier zur Debatte stehenden großen Romanciers allerdings nur bedingt zu. Denn Stendhal, Flaubert, Tolstoj und D. H. Lawrence bleiben keineswegs unbeirrt durch die Schreie der Vergewaltigten, auch wenn es sich bei diesen Vergewaltigten, nämlich den besagten Ehebrecherinnen, nur um Frauen bürgerlicher oder adeliger Herkunft handelt. Doch sind diese Ehebrecherinnen nicht einmal Vorkämpferinnen der bürgerlichen Frauenbewegung, geschweige denn der proletarischen Frauenbewegung, deren Wortführerinnen, statt der Entfaltung ihrer Persönlichkeit, von Anfang an höhere Löhne forderten, die allein eine Entfaltung der Persönlichkeit ermöglichen. Die Ehebrecherinnen in der Weltliteratur sind, weil sie in der Mehrzahl in den Kinderschuhen ihrer Schuldgefühle steckenbleiben, lediglich die Opfer eines Gewaltstreichs ihrer Begierden, die auf ihr Recht pochen, ehe dies die besagten Ehebrecherinnen selbst zu tun wagen.

Allerdings sind die zur Debatte stehenden großen Romanciers im Brechtschen Sinne vergleichsweise unbeirrbar durch die Mächtigen, deren Macht auf ihrem Eigentum beruht, von dem in den genannten Romanen der Weltliteratur nur am Rande die Rede ist. Nur insofern bedecken diese Romanciers mit ihren Schilderungen der Moral der Bourgeoisie die Wände jener Schiffe, die Brecht als untergehende bezeichnet, womit er die Gesellschaftsordnung der Bourgeoisie meint, die allerdings bislang noch nicht untergegangen ist. Geradezu fixiert auf die Verrottung der Moral der Bourgeoisie, wie es außer Flaubert, der diese Moral als selbstverständlich hinstellt, Stendhal, Tolstoj und D. H. Lawrence sind, vermochten sie der Bourgeoisie nur einen vergleichsweise kleinen Schlag zu versetzen. Weil sie vor lauter Auswirkungen der bürgerlichen Moral deren Funktion nicht mehr sahen, glückten ihnen im Hinblick auf das Fundament dieser Moral nur Zufallstreffer. Allein der Vater und Meister des Realismus Gustave Flaubert bezog im Hinblick auf die Moral der Bourgeoisie weder im negativen noch im positiven Sinn, wie es der Moralapostel Theodor Fontane tat, Stellung. Flauberts Protagonistin Madame Bovary starb nicht wegen ihrer seelischen Schuld, sondern wegen der Schuldscheine, die sie so unbekümmert unterschrieb. Sie starb mit einem Wort höchst realistisch am Geldmangel und an der von ihr verursachten, noch nicht durchgestandenen materiellen Not, der sie sich durch ihren Tod entzog.

DAS LUKRATIVE GEWERBE EINER KERKERMEISTERIN
Über die Dauerseller, die Verleger und die Leser von Marie Louise Fischer

„Paul Reimers erinnerte sich an die Worte: ‚Die ganz großen Edelnutten ... fahren mit ihren Luxusschlitten die Kaiserstraße entlang und picken sich ihre Freier auf.‘

Er konnte es sich nicht recht vorstellen, aber immerhin begann er, langsam vorbeigleitende Wagen zu kontrollieren und entdeckte mehr als einmal eine verführerische einsame Frau am Steuer.

War es möglich? Gab es so etwas wirklich?

Eine prickelnde Erregung überfiel ihn ...

Mit so einer Frau in einem Luxusauto mußte doch alles ganz anders sein als zu Hause mit Anna ...

Er trat noch einen Schritt vor, winkte zaghaft mit der Hand, überschlug im gleichen Augenblick seine Barschaft.

Ein schneeweißer Mercedes 220 glitt langsam heran, hielt dicht neben ihm ...

Ein Fenster wurde heruntergekurbelt, und eine rauhe ... Stimme sagte: ‚Guten Abend ...‘

Er sah undeutlich ein sorgfältig geschminktes Gesicht unter kupferroten üppigen Locken, grüne Augen unter langen schwarzen Wimpern und — erkannte seine Tochter Helga.

Den Bruchteil einer Sekunde starrten sich Vater und Tochter durch das geöffnete Fenster des weißen Mercedes an.

Dann sagte Paul Reimers mit einer Stimme, die fremd in seinen eigenen Ohren klang: ‚Helga ... du?‘

. . . ‚Was wollen Sie von mir', stieß sie rauh hervor. ‚Ich kenne Sie ja gar nicht!'

Blitzschnell ging das Fenster in die Höhe. Der weiße Mercedes glitt davon.

Paul Reimers war es, als drehte sich die nächtliche Großstadtstraße um ihn. Er . . . suchte einen Halt. Aber um ihn war nichts, als eine öde, gähnende Leere, die ihn zu verschlingen drohte . . ."

Diese vor Dramatik geradezu berstende Textstelle ist einem Roman der Autorin Marie Louise Fischer entnommen, die sich auf Auflagen berufen kann, von denen selbst die gehätschelten Schoßkinder des hiesigen Literaturbetriebs nicht einmal zu träumen wagen. Tatsächlich zählt Marie Louise Fischer neben Heinz Günther Konsalik und Johannes Mario Simmel zu den auflagenstärksten Autoren dieses Landes. Mit den 85 Romanen, die sie, abgesehen von 49 Jugendbüchern und einer Handvoll Lebenshilfe bietenden Sachbüchern bislang verfaßt hat, hat Marie Louise Fischer allein in der Bundesrepublik eine Gesamtauflage von mehr als 30 Millionen Exemplaren erreicht.

Obwohl man viele von ihren Romanen, die in 17 Sprachen übersetzt wurden, mittlerweile als recht betagt bezeichnen könnte, ist keiner von ihnen vergriffen. Verlage wie Moewig, Bastei-Lübbe, Blanvalet, Schneider, Goldmann, Bertelsmann und Heyne wetteifern darin, den Buchmarkt mit den Phantasieprodukten zu überschwemmen, die Marie Louise Fischer ebenso unermüdlich auszuscheiden scheint, wie Schnecken den Schleim, auf dem sie sich voranbewegen. Allein der Wilhelm-Heyne-Verlag, der der größte Herausgeber von systemkonformer Massenliteratur ist, hat nicht weniger als 54 Romane von Marie Louise Fischer in sein Taschenbuchprogramm aufgenommen.

In einer Glückwunschadresse zum 60. Geburtstag der 1922 geborenen Autorin schreibt der Verleger Rolf Heyne über die Bücher von Marie Louise Fischer: „. . . zusammen und als geistige wie schöpferische Einheit bilden sie die wesentlichen Säulen eines Verlages . . . Es mag pathetisch klingen, aber es stimmt nun mal. Immer wieder erfüllt es mich mit Freude . . . und Dankbarkeit, Dein Verleger . . . zu sein."

Die Ergriffenheit dieses Verlegers wird umso verständlicher, wenn man bedenkt, daß die 54 Romane, die Marie Louise Fischer dem Heyne-Verlag anvertraut hat, mittlerweile eine Gesamtauflage von 15 Millionen Exemplaren überschritten haben. Unter diesen Romanen befindet sich, den Äußerungen des Cheflektors von Heyne zufolge, kein einziger Ladenhüter. Auch gibt der Heyne-Verlag für die Werbung für die Romane von Marie Louise Fischer nicht mehr Geld aus als für die Werbung für anderer Autoren Romane. Auch der Bertelsmann-Verlag, der in seinem Lesering mit 44 Romanen von Marie Louise Fischer aufwartet, die eine Gesamtauflage von acht Millionen Exemplaren erreicht haben, hält es nicht für nötig, dieser Autorin einen Sonder-Werbeetat einzuräumen. Den Äußerungen der Cheflektorin des C. Bertelsmann-Verlages zufolge hat Marie Louise Fischer ein bestimmtes Lesepublikum, das immer wieder ihre Bücher kauft. Der Bertelsmann-Verlag muß diesem Lesepublikum nur klarmachen, daß wieder ein neuer Roman dieser Autorin herausgekommen ist, damit dieser Roman von Stammlesern der Marie Louise Fischer gekauft wird.

Obwohl die Auflagenziffern ihrer Romane geradezu unaufhaltsam steigen, ist Marie Louise Fischer ein literarisches Mauerblümchen geblieben. Beifall wird ihr vor allem von seiten ihrer Verleger zuteil. „Die hohen Auflagen sind der Beifall für jene kreativen Menschen, die ohne Bühne und Rampenlicht arbeiten müssen", schreibt der Verleger Gustav Lübbe in einer von den Glückwunschadressen, die in einem Original-Taschenbuch zu lesen sind, mit dem sich der Goldmann-Verlag anläßlich des 60. Geburtstags von Marie Louise Fischer offenkundig für deren Verdienste im Hinblick auf die Profitratensteigerung dieses Verlages erkenntlich zu zeigen sucht.

Allerdings ist dieses Taschenbuch über die Autorin und über ihr Werk schon insofern nicht geeignet, Marie Louise Fischer von ihrem literarischen Schattendasein zu erlösen, als sich jede Druckzeile ganz unverblümt als mühsam gezügelte Sales-Promotion entpuppt. Wie ein Stoßtrupp stehen die Verleger vor ihrer Autorin. Mit dem Pathos, das selbst die gemütsärmsten Geschäftsmänner beim Anblick positiver Bilanzen zu übermannen pflegt, rühmen sie ausschließlich die immateriellen Werte der Dauerseller, die sie Marie Louise Fischer zu verdanken haben.

Doch nicht nur die Verleger von Marie Louise Fischer kommen in dem besagten Goldmann-Band zuworte. Wie die Eßreste in einem Kochtopf hat die Herausgeberin Meinungen über das Werk der Autorin zusammengekratzt. Da darf sich der vierzehnjährige Sohn der Autorin über die Erzeugnisse seiner Mutter äußern. Da darf der inzwischen verstorbene Ehemann von Marie Louise Fischer seine Gattin als eine „Callas der Feder" bezeichnen. Da ringen sich Walter Scheel und Josef Ertl, um nicht über die Romane der Autorin reden zu müssen, über deren Gastfreundlichkeit anerkennende Äußerungen ab. Jeder Druckzeile haftet förmlich der Geruch des Schweißes an, den es gekostet haben muß, den einhundertzweiundzwanzig Seiten umfassenden Goldmann-Band mit Buchstaben zu füllen.

Der Leser erfährt nicht allein, daß Marie Louise Fischers Lieblingsvogel die Bachstelze und Marie Louise Fischers Lieblingslyriker Hölderlin ist. Der Goldmann-Verlag bietet ihm obendrein sogar Gelegenheit, die Reproduktionen einer von vorn, von hinten und von innen photographierten Einladungskarte für einen im März 1977 für die Autorin veranstalteten Pressecocktail zu bestaunen, dessen epochale Bedeutung von der Geschichtsschreibung offensichtlich noch nicht erkannt worden sind.

Selbstverständlich wird der Autorin in dem Goldmann-Band sehr viel Platz zur Formulierung ihrer Weltsicht zugebilligt. Marie Louise Fischer verschweigt dem Leser weder ihre Gedanken zum Penisneid noch ihre Gedanken zum Nationalsozialismus. Wie viele Mitbürger hat die Autorin, die zu der Zeit, da die Geschwister Scholl hingerichtet wurden, an der Münchner Universität Germanistik, Theaterwissenschaft und Kunstgeschichte studierte, zum Nationalsozialismus ein höchst zwiespältiges Verhältnis. „Ich befand mich", gesteht sie, „während des ganzen Krieges in einem schweren inneren Konflikt . . . Ich war hin und her gerissen zwischen meiner Ablehnung der nationalsozialistischen Herrschaft und meinem Bewußtsein, Deutsche zu sein. Deshalb schlug ich mich nicht einmal auf die Seite der ‚Meckerer', sondern zog es vor, den Mund zu halten."

Was das Schreiben betrifft, so versichert die Autorin ihrer Leserschaft, daß die Beweggründe, aus denen sie seit mehr als drei Jahrzehnten am laufenden Band Dauerseller verfaßt, stets die lautersten gewesen seien. „Ich schreibe", meint sie, „nicht um des Geldes, nicht um des Erfolges oder gar des Ruhmes willen . . . Ich schreibe um des Schreibens willen . . . Während des Schreibens denke ich auch an meine Leser und an das, was sie von mir erwarten."

Die Uneigennützigkeit, die sich Marie Louise Fischer voller Eifer selbst bescheinigt, verleiht ihrem lukrativen Schaffen den Charakter eines karikativen Akts, der die Käufer ihrer Romane, obwohl sie es sind, die zur Kasse gebeten werden, in die Rolle von Almosenempfängern drängt. So antwortet beispielsweise eine begeisterte Marie-Louise-Fischer-Leserin auf die Frage, warum sie die Romane dieser Autorin verschlinge: „Weil sie mir unendlich viel gibt."

Während sich die Käufer der Romane von Marie Louise Fischer zu Dankbarkeitsbekundungen verpflichtet fühlen, kann die Autorin mit ihrem umfangreichen Œuvre den Halbgöttern, die in den Feuilletonredaktionen renommierter Zeitungen thronen, nicht einmal eine Mißfallensäußerung entlocken. Entsprechend scheint auch das Bildungsbürgertum, für das die Urteile jener Halbgötter Richtlinien sind, nicht zu wissen, wer diese Marie Louise Fischer eigentlich ist, die da wie ein Maulwurf unterhalb des literarisch diskutablen Niveaus so unermüdlich ihre Gänge gräbt. Der Geschäftsführerin der Münchner Autoren-Buchhandlung ist der Name Marie Louise Fischer kein Begriff. Sie brauchte auch bisher für die Kunden dieser Buchhandlung, in der sich hauptsächlich Bildungsbürger ihre literarischen Leckerhappen zu ergattern pflegen, im Lauf von mehr als zehn Jahren noch nie einen Titel von Marie Louise Fischer zu bestellen. Beim Bildungsbürgertum sind Marie Louise Fischers Romane unbekannt.

Die kritischen Urteile über ihre Romane, die die Herausgeberin des Goldmann-Bands zusammengetragen hat, sind als Bürgen für die literarische Kreditwürdigkeit der Autorin alles andere als geeignet. Zitiert wird aus einer gewissen Dillenburger Zeitung, aus der Lahn-Zeitung, aus den Klosterburger Nachrichten oder aus dem Mindener Tagblatt. Nur eine einzige überregionale Zeitung, die inmitten der Provinzblättchen wie ein Pfau zwischen Legehennen aus dem Rahmen fällt, nämlich DIE WELT, nimmt sich der Autorin an. Ein Rezensent des Springer-Blatts, der allerdings nur mit den Initialen seines Namens für sein Urteil gradesteht, meint über Marie Louise Fischer: „Vielleicht liegt das Geheimnis ihrer dauerhaften Beliebtheit in der Wahl ihrer Themen, es sind Allerweltsgeschichten, Berichte aus dem Leben von Menschen, die jedem von uns begegnen können."

Tatsächlich kennzeichnet die Romane von Marie Louise Fischer nicht die Wirklichkeitsnähe, sondern die Enthaltsamkeit, die sich die Autorin im Hinblick auf die Schilderung der Realität auferlegt. Gleichgültig, welchen Roman man aus dem Œuvre von Marie Louise Fischer herausgreift, stets stößt man bei der Lektüre nur auf klägliche Rudimente des Wirklichen, die der Unwahrscheinlichkeit des Geschehens das Alibi der Lebensnähe liefern sollen.

So handelt beispielsweise der Roman VERBOTENE LIEBE von einer Anwaltssekretärin namens Sabine Kortner, in deren glanzloses Dasein dadurch eine unvermittelte Wende eintritt, als sich der einzige Sohn und Erbe eines steinreichen Bauunternehmers in einem steckengebliebenen Fahrstuhl in sie verliebt. Obwohl Peter Hartmann, der Unternehmersohn, nicht nur mit Wohlstand, sondern obendrein mit einer „breitschultrigen Figur", „sonnenbrauner Haut", „nußbraunen Augen" und nicht zuletzt, wie alle positiven Helden in den Romanen der Autorin, mit jenen „blendendweißen Zähnen" aufwarten kann, die dank des Vernichtungswerks der Karies, dem selbst Kapazitäten der Zahnheilkunde nahezu ohnmächtig gegenüberstehen, zu Raritäten geworden sind, wirft sich die Sekretärin ihm nicht an den Hals. Vielmehr beweist sie, indem sie zunächst Distanz wahrt, daß sie nicht zu den Glücksjägerinnen zählt, die die gesellschaftliche Stufenleiter um jeden Preis emporsteigen möchten.

„‚Ich gehöre ja nicht zu Ihren Kreisen', versuchte sie zu scherzen.

‚Gibt es das denn noch? Kreise, meine ich. Wir gehören doch alle zusammen zum arbeitenden Teil der Menschheit.'

‚Nur mit dem Unterschied, daß Sie, Herr Hartmann, in der Firma Ihres Vaters arbeiten, die Sie später übernehmen werden . . . während ich immer Anwaltssekretärin bleiben werde. Was nicht heißen soll, daß ich mich beklagen will. Ich wollte Ihnen nur klarmachen, daß Sie eben doch in eine andere Welt gehören.' Sabine war merkwürdig ernst geworden.

Er aber lachte: ‚Wirklich? Das Schicksal scheint nicht Ihrer Ansicht zu sein, sonst hätte es uns nicht zusammen eingesperrt . . .'"

Die Liebe, die er für die Sekretärin empfindet, immunisiert den Unternehmersohn nicht nur gegen die Verführungskünste einer Architektentochter namens Gisela, mit der ihn seine Mutter verkuppeln will. Weitaus beeindruckender als die Standhaftigkeit, mit der Peter Hartmann auf Giselas „girrend, aufreizendes" Lachen reagiert, wirkt diese Bereitschaft, um seiner von seinen Eltern mißbilligten Liebe willen auf die väterliche Erbschaft und auf seine gesellschaftliche Stellung zu verzichten. Er widersetzt sich dem Willen seines Vaters, der von ihm verlangt, daß er, um die Dauerhaftigkeit seiner Gefühle zu erproben, ein Jahr fern von der Sekretärin in Amerika verbringt. Als ihm der Vater eröffnet, daß er ihn zum Teilhaber seiner Firma machen will, meint Peter Hartmann: „‚Das klingt sehr verlockend . . . Aber Sabine und ich, wir haben uns ja gerade erst kennengelernt. Eine Trennung könnte alles zerstören.'

‚Wenn du das befürchtest, ist es eben doch nicht die große Liebe!'

‚Willst du wirklich, daß ich mit dir über Liebe diskutiere, Vater?' Peter lachte kurz auf. Plötzlich war die Atmosphäre zum Zerreißen gespannt. ‚Nein', stieß er hervor. ‚Mein Entschluß steht fest: Ich gehe nicht nach Amerika!'

Sekundenlang sahen sich Vater und Sohn schweigend in die Augen. Beide spürten, daß dies eine Kraftprobe war.

‚Wenn es so ist', sagte Paul Hartmann mit drohendem Unterton, ‚wirst du die Konsequenzen ziehen müssen . . .'

‚Und die wären?' fragte Peter und kniff die Augen zusammen.

‚Dann ist für dich kein Platz mehr in meiner Firma.'

Peter stand auf. ‚Damit hatte ich gerechnet, Vater', sagte er kühl. ‚. . . Ich werde mir eine andere Stellung suchen.'"

Glücklicherweise bleibt es bei dieser Verzichtsbereitschaft, die den Unternehmersohn in den Augen des Lesers adelt, ohne daß ihm daraus irgendein materieller Schaden erwüchse. Vor die Alternative gestellt, ihrem Helden entweder einen sozialen Abstieg zuzumuten oder ihn zu einem Schwächling abzustempeln, der vor seinem Vater zu Kreuze kriecht, entschärft Marie-Louise Fischer, wie so häufig in ihren Romanen, den Konflikt, den sie so todesverächtlich auf die Spitze getrieben hat, mithilfe eines Gesinnungswandels, der sich in der Anwaltssekretärin vollzieht.

Kaum daß sich Sabine Kortner dem Unternehmersohn aus Rührung über dessen Verzichtbereitschaft erstmalig hingegeben hat, bittet sie ihn, sich dem Willen seines Vaters nicht weiter zu widersetzen:

„‚Ein Jahr', sagt sie, ‚was ist das schon? . . . Wenn du zurückkommst, wird alles in Ordnung sein. Dann haben wir deinen Eltern bewiesen, daß unser Liebe nicht nur ein Strohfeuer war, daß . . . keine Macht der Welt uns trennen kann.'

Er . . . drückte sein Gesicht in ihr seidiges blondes Haar . . . ‚Sabine, du ahnst nicht, wie ich mich fühle . . . Innerlich zerrissen!'

‚Es ist besser so', sagte sie. ‚Es ist unsere letzte Prüfung. Wenn wir sie bestanden haben, liegt das ganze Leben vor uns . . .'"

Mit der gleichen Charakterstärke, mit der sich der Unternehmersohn seiner Unterwerfung widersetzt hat, nimmt er die Prüfung, zu der diese Unterwerfung im Handumdrehen aufgewertet wurde, auf sich. Indem Peter Hartmann die Reise nach Amerika antritt, beugt er sich nicht mehr dem Willen seines Vaters, sondern jener sogenannten höheren Einsicht, die in den Romanen von Frau Fischer oft genug dazu herhalten muß, dem Opportunismus ihrer Heldinnen und Helden einen heroischen Anstrich zu verleihen. Weil sich die Autorin wohlweislich davor hütet, den Leser des Romans dadurch vor den Kopf zu stoßen, daß sie ihm die verheerenden Folgen schildert, die Peter Hartmanns Verzichtsbereitschaft, wenn sie fiktiv in die Tat umgesetzt worden wäre, ganz zwangsläufig nach sich gezogen hätte, büßt der Edelmut des Unternehmersohns nichts von seiner Vorbildlichkeit ein.

Obwohl Peter Hartmann der Anwaltssekretärin beim Abschied versprochen hat, daß er ihr gleich nach seiner Ankunft schreiben würde, vergehen Wochen und Monate, ohne daß Sabine Kortner, die mittlerweile zu ihrem Schrecken festgestellt hat, daß sie schwanger ist, auch nur ein kurzes Lebenszeichen ihres Geliebten erhält. Sie ahnt nicht, daß ein Intrigant mit einem „diabolisch" grinsenden,

„sinnlichen" Mund und einer „speckigen" Stimme die Briefe des Unternehmersohns abfängt. Sie ahnt nicht, daß sie von dem Intriganten bei ihrem Geliebten auf eine Weise angeschwärzt wird, die diesen an ihrer Liebe zweifeln läßt.

Der Leser, dem die Motive des Intriganten, bei dem, der Autorin zufolge, ein „Haß auf das reine Glück der Liebe" die Triebkraft seines Handelns ist, alles andere als stichhaltig erscheinen, übersieht, daß Marie Louise Fischer auf Intriganten nicht verzichten kann. Er dient ihr gewissermaßen als Blitzableiter, der den sozialen Konflikt, der inzwischen als Anreißer seinen Zweck erfüllt hat, neutralisieren muß. Die Kluft, die sich zwischen beiden Liebenden auftut, wird nicht durch die Besitzverhältnisse, sondern durch die abgrundtiefe Niedertracht des Intriganten geschaffen.

Nicht einmal ein Arzt leistet der Sekretärin Beistand, als sie in einem Mütterheim einem Kind das Leben schenkt. Daß dieses Kind, kaum daß es seinen ersten Schrei ausgestoßen hat, von einer betrunkenen Hebamme gegen das totgeborene Kind einer Industriellengattin ausgetauscht wird, macht das Unglück von Sabine Kortner zu einer runden Sache, der die Ahnungslosigkeit des Unternehmersohns, der nach wie vor den Falschmeldungen des Intriganten aufsitzt, lediglich ihren letzten Schliff verleiht. Weil einer Desinformation, die derartige Ausmaße angenommen hat, nur noch durch das Eingreifen der Presse beizukommen ist, macht die Sekretärin mit einem mißglückten Selbstmordversuch Schlagzeilen, die den Unternehmersohn endlich aufrütteln. Unverzüglich begibt er sich in seine Heimatstadt, um an Ort und Stelle den Dingen auf den Grund zu gehen.

Weitere Mißverständnisse, die die Liebenden vorübergehend erneut entzweien, bringen den Leser schließlich dahin, daß er nach einem Happy-End wie Tantalus nach den Trauben lechzt. In dem Augenblick, da er nicht mehr bereit ist, noch eine Niederlage der Heldin hinzunehmen, erringt Sabine Kortner ihren sattsam verdienten Sieg. Was die Sekretärin mit der Liebe nicht erreichen konnte, erreicht sie dank der Mutterliebe, die innerhalb des Werkes von Frau Fischer der einsame Spitzenreiter ist.

Die Todesverachtung, mit der Sabine in die Luxusvilla des Industriellen eindringt, der nichts anderes im Sinn zu haben scheint, als ihr entwendetes Kind zu verhätscheln, erweicht selbst das Herz des Unternehmersohns:

„,Geben Sie mir mein Kind', flüsterte sie leise, aber alle hörten es.

,Nein!' Unwillkürlich drückte Schwester Ulrike den Jungen fester an sich. ,Der Herr Generaldirektor hat ausdrücklich befohlen . . .'

Aber wie unter einem Zwang gab sie nach. Es war das Leuchten auf Sabines Gesicht, das den Widerstand brach. Mutterliebe und der Wille zum Kampf lagen in diesem Leuchten. Die Schwester reichte Sabine das Baby.

Ganz still war es in diesem Augenblick in der Halle. Niemand sprach. Alle sahen auf Sabine.

. . . Unendlich behutsam drückte sie das Kind an sich und doch mit einem Ausdruck, der sagen wollte: Niemand wird mir mein Kind wieder wegnehmen können!

Peter trat dicht an Sabine heran, legte schützend seinen Arm um ihre Schulter.

Doktor Seeger, das Hausmädchen und die Kinderschwester wurden ergriffen von der tiefen Innigkeit dieses Bildes: die jungen Eltern vereint mit ihrem Kind . . .

Und dann geschah etwas Wunderbares. Das winzige Gesicht des Kindes verzog sich, und ein Lächeln wurde sichtbar . . ."

Mit dem Kind im Arm vollbringt die Sekretärin zuguterletzt noch ein weiteres Wunder: angesichts des Säuglings streifen auch die Eltern von Peter Hartmann ihren Standesdünkel ab und werden zum Opa und zur Oma wie Hinz und Kunz auch. Das sogenannte rein Menschliche, auf das sich Ausbeuter zu berufen pflegen, sobald es unter den Ausgebeuteten wieder einmal ruchbar geworden ist, daß es Klassenunterschiede geben soll, triumphiert am Ende des Romans. Soziale Unterschiede werden zu Bagatellen, über die nur Krämerseelen Worte verlieren, wenn ein gesunder Säugling genügt, um Besitzende und Mittellose in familiärem Glück zu vereinen.

Indem Marie Louise Fischer die ebenso engstirnige wie unbescholtene Sekretärin die soziale Stufenleiter hochklettern läßt, gaukelt sie ihren Lesern vor, daß der gesellschaftliche Aufstieg gerade mit den Tugenden zu erlangen sei, die in der Wirklichkeit eher dem

Abstieg Vorschub leisten: nämlich Selbstlosigkeit, Bescheidenheit, Aufopferungsfähigkeit und Gefühlsduselei. Die Auflagenziffern, die Frau Fischer vorzuweisen hat, sprechen dafür, daß die Leser dieser Autorin offensichtlich scharenweise auf den Leim kriechen.

So erwidert beispielsweise eine Marie-Louise-Fischer-Leserin auf die Frage, ob sie glaube, daß sich in der Wirklichkeit etwas Ähnliches zutragen könnte, wie in den Romanen von Frau Fischer: „Ja, genau, genau. Sie schreibt das wahre Leben."

Der Cheflektor des Heyne-Verlags hingegen macht kein Hehl daraus, daß er unter dem „wahren Leben" etwas anderes versteht als die Handlungen der Marie-Louise Fischer. Dennoch ist er weit davon entfernt, der Autorin die Schilderung realer Zustände nahezulegen. „Wenn man den Alltag darstellen wollte", meint er, „dann wäre das sicher eine etwas schwierige Sache, auch für uns kommerziell eine sehr schwierige Sache. Daß eine bestimmte Häufung von Konfliktlösungen stattfindet, gehört sicher zum Erfolg, und ein gewisses Kontrastprogramm zum relativ öden Alltag suchen sehr viele Leserinnen und Leser in den Romanen."

Ähnlich verharmlosend wie der Cheflektor vom Heyne-Verlag äußern sich auch die Verleger von Frau Fischer in ihren Festreden und Glückwunschadressen. Sie betonen nicht allein, daß Marie Louise Fischer lediglich einem breiten Leserpublikum die spannende Unterhaltungslektüre liefere, die es verlange. Sie gebärden sich so, als würde ihre Autorin weit unter deren Wert gehandelt. Obwohl Marie Louise Fischer schreibend keinen Schritt von dem Trampelpfad abweicht, den vor ihr unter anderem Eugenie Marlitt, Caroline Pichler, Charlotte von Ahlefeld, Luise Polko und Hedwig Courth's Mahler ausgetreten haben, wird Frau Fischer von ihren Verlegern als eine Pionierin hingestellt, die sich, umzingelt von einer unterhaltungsfeindlichen Meute, ihre Daseinsberechtigung zu erkämpfen hat.

Während der Leiter des Blanvalet-Verlages, so als sei ihm noch nie eine Bestseller-Liste zu Gesicht gekommen, davon spricht, daß die Unterhaltungsliteratur im „deutschen Sprachraum" noch ein „Dornröschendasein" führe, vermutet der Verleger Gustav Lübbe sogar, daß das notorische Ruhmesdefizit, das Frau Fischer zu verbuchen hat, auf deren Auflagenziffern zurückzuführen sei. „Im deutschen Sprachraum", schreibt er, „ist es manchem Rezensenten verdächtig, wenn ein Roman hohe Auflagen hat. Auch Marie Louise Fischer bekommt das zu spüren. Ihre Leser wundert das, denn ihre Bücher erfreuen das Gemüt, trösten Menschen in Not und machen Bedrängte glücklich. Und die Leser meinen mit Recht, daß sie ihre Lektüre nach eigenem Gutdünken aussuchen können. Der mündige Bürger mag seit langem das Dreinreden nicht."

Die Mitbürger, die dieser Verleger dazu ermutigt, ihre Mündigkeit dadurch unter Beweis zu stellen, daß sie, ohne sich durch das hartnäckige Schweigen der Literatur-Kritik kopfscheu machen zu lassen, Romane von Frau Fischer kaufen, können nicht ahnen, daß sie zwischen zwei Buchdeckeln nicht nur spannendes Lesefutter heimtragen, sondern auch jene Art Ideologie, die die geistige Entmündigung breiter Volksmassen zum Dauerzustand zu verfestigen trachtet. Der Leser, der sich von den Spannungseffekten fesseln läßt, die Marie Louise Fischer dadurch erzielt, daß sie vor den Höhepunkten der Aktion Informationen über den Fortgang der Handlung zurückhält, hängt gewissenmaßen wie ein todkranker Patient am Tropfer. Selbst wenn es dem Patienten gelingt, die einzelnen Ingredienzien der Lösung, die ihm da in die Venen geträufelt wird, in Erfahrung zu bringen, kann er als Laie nicht beurteilen, ob sie geeignet sind, einen Heilungsprozeß herbeizuführen. Er kann nur hoffen, daß er nicht in die Hände eines Kurpfuschers geraten ist. Wenn sich sein Befinden auch nur vorübergehend bessert, verleitet ihn seine Unkenntnis dazu, in seinem Arzt einen Retter zu sehen. Verschlechtert sich sein Befinden nach der kurzen Besserung wieder rapide, wird er hierfür nicht mehr den Arzt, der ihm doch schon einmal geholfen hat, die Schuld in die Schuhe schieben. Vielmehr wird er in zunehmendem Maße dazu neigen, sich mit der vermeintlichen Unheilbarkeit seiner Krankheit abzufinden. Er ersehnt nicht mehr seine Genesung. Er ist für jede Linderung seiner Beschwerden dankbar.

Obwohl weder der Bertelsmann-Verlag noch der Heyne-Verlag mit einer Marktanalyse aufwarten können, gibt es genügend Anzeichen, die dafür sprechen, daß es sich bei den Patienten von Frau Fischer hauptsächlich um Frauen handelt. Zu ihren Leserinnen zählen, den Äußerungen des Cheflektors von Heyne zufolge, sowohl reifere Frauen als auch Schülerinnen.

Solche Auskünfte bestätigen nur den Eindruck, den man bei der Lektüre der Romane von Marie Louise Fischer gewinnt. Bald bedachtsam, bald ungeschlacht wird die Thematik dieser Romane von der Autorin stets dergestalt zurechtgestutzt, daß sie sich in jenes geistige Ghetto pferchen läßt, in dem sich Frauen, geschützt vor den Anfechtungen der Intelligenz und der Wißbegier, Gedanken über Männer und Kinder machen dürfen. Damit die Engstirnigkeit, die in diesem geistigen Ghetto grassiert, gewährleistet bleibt, liefert Frau Fischer ihren Leserinnen für den Fall, daß diese nicht ohnehin schon ein Brett vor dem Kopf haben, mit jedem Roman das unerläßliche Brett gewissermaßen als Beigabe mit.

Was die Handlung der Romane betrifft, so hält sich die Autorin mit einer Disziplin, die gewöhnlich nur Befehlsempfängern abverlangt wird, an das bereits im 18. Jahrhundert entworfene und im 19. Jahrhundert perfektionierte Muster des Frauenromans, der sich seit eh und je jeder kritischen Auseinandersetzung mit den bürgerlichen Verhältnissen entzogen hat. Am Anfang eines Romans bricht aus heiterem Himmel die sogenannte „wahre Liebe" über zwei Menschen herein, von denen der eine weiblichen und der andere männlichen Geschlechts zu sein hat. Am Ende des Romans findet diese Liebe ihre Erfüllung in einem gleichermaßen vagen wie totalen Glück, das nicht mehr Gegenstand der Handlung ist. Zwischen dem Anfang und dem Ende sind die beiden Liebenden ausschließlich damit beschäftigt, die Hürden auf dem Weg zu ihrem totalen Glück zu überwinden. Dennoch kann man sich des Eindrucks nicht erwehren, daß Marie Louise Fischer und andere zeitgenössische Verfasserinnen von Frauenromanen, im Gegensatz zu den Bahnbrecherinnen dieses Genres, deren Realitätsbewältigung offensichtlich das Ergebnis einer Verinnerlichung patriarchalischer Unterdrückungsmechanismen ist, ihren Leserinnen ganz bewußt eine falsche Realitätsbewältigung vorexerzieren.

Obwohl sich bei Marie Louise Fischer alles um die Liebe dreht, tritt die Sexualität, wenn sie nicht völlig eliminiert ist, bestenfalls als eine peinliche Begleiterscheinung zutage. Es zählt zu den Kennzeichen abstoßender, fetter Lüstlinge mit wulstigen Lippen und glitzernden Augen, daß sie Begierden haben. Der positive Held mit dem markanten Profil kämpft gegen Begierden, wenn sie ihn all seiner Lauterkeit zum Trotz übermannen, wie gegen Flatulenzen an.

Selbst in dem Roman DAS HERZ EINER MUTTER, der von einer Prostituierten für gehobenere Ansprüche handelt, umkreist die Autorin die Beischlafszenen wie eine Katze den heißen Brei. Der Leser erfährt entweder, was vorher oder was nachher geschieht. Das Kernstück wird ihm vorenthalten:

„‚Aufstehen!' rief Kitty ... und ging langsam auf das Bett zu ... Bei jedem Schritt fiel der weite Morgenmantel in der Mitte weit auseinander und gab ihre Beine bis zu den Oberschenkeln frei.

Aber dem Mann im Bett entging dieser Anblick. Er ... schnarchte leise, mit offenem Mund.

Kitty betrachtete ihn mit Abscheu.

... Sein dicker weißer Bauch quoll hervor ... Sein schlaffes Gesicht unter der feuchten Glatze wirkte ungemein töricht ...

... Sie bohrte ihm die langen, knallrot lackierten Fingernägel in die schwarz behaarte Schulter ... bis der Schmerz ihn aus dem Schlaf riß. ‚Verdammt, was soll das?'

Aber gleichzeitig mit seinem Bewußtsein erwachte erneut seine Begierde. Kitty hatte sich über ihn gebeugt, ihr Gesicht mit dem grell geschminkten Mund, den ... grünen Augen unter den langen schwarzen Wimpern war dicht vor ihm. Er aber sah nicht ihr Gesicht, sondern den tiefen Ausschnitt ihres Morgenmantels ... Er griff nach ihr.

‚Na, komm schon', sagte er, ‚hab dich nicht so!'

‚Nein', schrie sie. ‚Laß mich los! ... Deine Zeit ist um ...!"

Vollends auf die Spitze getrieben wird die mit dem Moder des 19. Jahrhunderts behaftete Prüderie, die die Autorin für geboten hält, in dem Roman HASARDSPIEL DER LIEBE. Obwohl hier der Beischlaf keineswegs ein verabscheuenswerter Broterwerb ist, kann weder die Ehefrau, die eine Scheidungsklage einreichen will, noch die mit ihr befreundete Anwältin das in Worte kleiden, was man gemeinhin Verweigerung ehelicher Pflichten nennt. Der Dialog zwischen den beiden Damen beschränkt sich auf die folgenden Anspielungen:

„‚Ich würde dir nur raten, damit wir eine klare Sachlage haben ... verzichte vorläufig mal auf ... na, du weißt schon ...‘

‚Ich soll nicht mehr mit Eduard ...?‘

‚Ja, es wäre besser ... mach jetzt nicht so ein Gesicht ...‘

‚Es ist nicht deshalb, Lotte ... ich weiß nur nicht, wie ich das kann ...‘“

Die positiven Heldinnen mit den tiefblauen Augen und den seidigen blonden Haaren nehmen die männlichen Begierden hin wie die Bewohner sumpfiger Gegenden Mückenstiche. Ihre Liebe ist eine von Trieben bereinigte Liebe, die sich nicht bei den körperlichen Vereinigungen mit dem geliebten Mann entfalten kann. Erst in der Aufopferung für das eigene Kind findet diese Liebe als Mutterliebe ihren Höhepunkt.

Wie weit eine wahrhaft gute Mutter in ihrer Aufopferungsbereitschaft zu gehen hat, führt Frau Fischer ihren Leserinnen beispielsweise in dem Roman EINE FRAU IN DEN BESTEN JAHREN vor. In diesem Roman betrachtet es die verwitwete Protagonistin als ihre mütterliche Pflicht, den Ruf ihres Sohnes dadurch zu retten, daß sie einem von der Habsucht, der Niedertracht und der Heimtücke gleichermaßen gezeichneten Bankdirektor, der sie mit den gefälschten Schecks, die ihr Sohn in Umlauf brachte, erpreßt, ihr Jawort gibt:

„Roman Miller ... konnte ... seinen Triumph nicht verbergen.

‚Sie sind also damit einverstanden, meine Frau zu werden?‘ sagte er ...

‚Ja‘, sagte sie kalt.

Er beugte sich vor. ‚Sie werden es nicht bereuen, Sylvia ... ich habe Sie schon seit Jaren angebetet ...‘

‚Bitte, ersparen Sie mir diese Sentimentalitäten‘, sagte sie kühl, ‚wir wollen uns doch nichts vormachen ... Wann geben Sie mir die kompromitierenden Papiere?‘ ...

‚Am Tag unserer Hochzeit ...‘

‚Unter diesen Umständen muß mir natürlich daran liegen, den Hochzeitstermin für die nächste Zukunft festzulegen.‘“

Damit die entsetzlichen Folgen, die eine solche bedingungslose Selbstvergessenheit nach sich ziehen würde, der Mutterliebe in den Augen der Leserin keinen Abbruch tun, wird der erpresserische

Bankdirektor ermordet, ehe er auf dem Standesamt Unheil stiften kann. Weil sie keiner Bewährungsprobe vor der Wirklichkeit unterworfen wird, büßt die Mutterliebe wie die Verzichtbereitschaft des Unternehmersohns nichts von ihrer Vorbildlichkeit ein.

In Anbetracht des Mutterglücks, dessen die Heldinnen von Marie Louise Fischer erst im fortgeschrittenen Stadium ihrer Entpersönlichung teilhaftig werden, gewinnt der Liebesakt, soweit der positive Held daran beteiligt ist, den Charakter einer Dienstleistung, während die Hingabe der positiven Heldin von vornherein ein Opfer ist, das dem Tier in jenem Mann, den das Schicksal zum Erzeuger der künftigen Kinder der Heldin auserkoren hat, wohl oder übel gebracht werden muß. Nicht im seidenbezogenen Himmelbett erbringt die positive Heldin den Beweis ihrer körperlichen Qualitäten. Das Möbelstück, auf dem sie sich zu bewähren hat, ist der gynäkologische Stuhl.

In dem Roman GISELA UND DER FRAUENARZT, in dem es nicht um sexuelle Begierden geht, sondern um die Fähigkeit der Frau, Steuerzahler und Kanonenfutter in die Welt zu setzen, nimmt Frau Fischer entsprechend auch kein Blatt vor den Mund. Gleich am Anfang des Romans wartet die Autorin mit einer gynäkologischen Untersuchung auf:

„‚Mach dich bitte frei', sagte Gisela und fügte, als Ulrike ihr Blüschen aufknöpfen wollte, rasch hinzu: ‚Nein, unten rum. Den Rock kannst du anlassen ... Den schieben wir dann einfach hoch.' Sie legte ein sauberes Tuch auf den Sitz.

Ulrike verschwand hinter dem Wandschirm.

‚Es ist alles so schrecklich, Gisela!' ... Ulrike zitterte, als sie barfuß wieder zum Vorschein kam.

Gisela half Ulrike auf den hohen Stuhl. ‚Du mußt die Beine spreizen ... Ja so ...' Sie legte die Beine der Patientin auf die beiden Beinhalter.

Ulrike ... schloß die Augen.

Dr. Burg zog sich, eintretend, hauchdünne Plastikhandschuhe über ...

Vorsichtig schob er zwei Finger in die Scheide und fand ... die Gebärmutter ...

Mit einem undurchdringlichen Gesicht richtete er sich auf. Auch Gisela, die ihn gespannt ansah, gab er kein Zeichen ...

‚Schon geschehen', sagte er und verließ das Zimmer ...

Gisela half Ulrike vom Untersuchungsstuhl."

Verglichen mit dem Unterleibsfachmann Dr. Burg, der nach schweren inneren Kämpfen stets Gewissensentscheidungen fällt, deren Folgen seine Patientinnen zu tragen haben, nehmen sich die übrigen positiven Helden von Marie Louise Fischer wie Jammerlappen aus. Gleichgültig, ob Dr. Burg einen Schwangerschaftsabbruch verweigert oder einen Kaiserschnitt durchführt — immer überragt er, der Herr über die Gebärmutter, die zwergenhaften Samenspender, denen die Schmutzarbeit des Zeugens überlassen bleibt. Dennoch erringt die Sprechstundenhilfe Gisela dank der Unermüdlichkeit, mit der sie den Patientinnen von Dr. Burg auf den gynäkologischen Stuhl hilft, der im Gegensatz zu den üblichen gynäkologischen Stühlen offensichtlich so außerordentlich hoch ist, daß er sich nicht ohne fremde Hilfe erklimmen läßt, die Liebe des Gynäkologen. So wie im Roman VERBOTENE LIEBE die Sekretärin Sabine Kortner zur Gattin eines künftigen Bauunternehmers wird, wird die Sprechstundenhilfe zur Arztfrau.

Der Beruf der weiblichen Hauptfiguren, der vorrangig untergeordneter Art ist, wird von Marie Louise Fischer als ein dem Fegefeuer vergleichbares Zwischenstadium hingestellt, in dem die Heldinnen ihrer Erlösung harren. Endziel ist und bleibt immer die Ehe.

Auch die Protagonistin des Romans JEDE NACHT IN EINEM ANDEREN BETT, die durch den jähen Tod ihres Vaters Chefin eines großen Verlagshauses geworden ist, gelangt letztlich zu der Einsicht, daß eine Frau in einer derart exponierten Stellung fehl am Platze sei. Nachdem ihre Emanzipationsversuche, die die Autorin mit dem ganzen Hohn bedenkt, den sie aus sich herauszupressen vermag, kläglich gescheitert sind, streckt die Verlagschefin frohgemut die Waffen und überläßt, erleichtert, daß ihr die Verantwortung abgenommen wird, dem cleveren Verlagsvertreter, mit dem sie eine Ehe eingehen will, die Verlagsleitung.

Den Schluß des Romans bildet der folgende Dialog zwischen Maria, der Verlegerin, und Borro, dem Verlagsvertreter:

„‚. . . Willst du keine Kinder?‘

‚Doch, Borro, o ja, natürlich möchte ich Kinder haben. Ich dachte nur, du . . .‘

‚Nicht soviel denken, Maria‘ —

‚Oh, Borro, herrlich wird das werden! Dann brauche ich mich nicht mehr mit dem dummen Verlag herumzuärgern, nicht wahr? Das tust du dann, ja? Und ich kriege Kinder und erziehe sie, und erst wenn alle in der Schule sind, komme ich in den Verlag zurück und helfe dir.‘

‚Ja, eines nach dem anderen. Erst einmal kochst du mir gute Sachen und machst dich schön für mich . . . hast mich lieb.‘

‚Immer, Borro, mein ganzes Leben lang.‘“

Dieses Plädoyer für die liebesdienerische Unterwerfung der Frau unter den Willen des Mannes wird in dem Roman HASARDSPIEL DER LIEBE, dessen Thema die Ehescheidung ist, noch überboten. Die Protagonistinnen des Romans sind zwei miteinander befreundete, verheiratete Frauen. Die eine, nämlich Evelyn, ist eine leichtfertige, egozentrische, verschwendungssüchtige Person, die sich auf Gedeih und Verderb scheiden lassen will, um ihre Freiheit wiederzuerlangen. Die andere, nämlich Judith, ist ein zwar ein wenig unscheinbares, dafür aber selbstloses, sparsames, bescheidenes Geschöpf, eine mustergültige Mutter und eine treuergebene Gattin, die trotz der Treulosigkeit ihres Mannes, der sich eine Geliebte zugelegt hat, eine Scheidung zunächst nicht einmal in Erwägung zieht. Vielmehr veranlaßt Judith die Treulosigkeit ihres Mannes zu folgenden Überlegungen:

„Eduards Herz war wankelmütig, ja, das wußte sie nun. Mußte sie nicht deshalb doppelt treu, doppelt zuverlässig, doppelt beständig sein? Sie mußte versuchen, ihn zurückzugewinnen, mußte ihm klarmachen, auf welchen Platz er gehörte — zu seiner Familie, zu ihr, und nirgendwo anders hin. Sie wußte, Vorwürfe konnte er nicht ertragen, Szenen schon gar nicht . . . Durch eine Auseinandersetzung konnte sie ihn sicher nicht gewinnen. Der einzige Weg war, zu schweigen, noch freundlicher, noch herzlicher, noch liebevoller zu ihm zu sein . . .“

Darüber, daß auch eine solche Selbstvergessenheit nicht genügt, um einen treulosen Mann dem Bannkreis seiner Geliebten zu entreißen, wird Judith in einer, wie es Frau Fischer nennt, „Tiefenpsychologischen Eheberatungsstelle" aufgeklärt. Eine Sachverständige für Ehefrauen belehrt sie:

„,. . . eine Frau darf nicht . . . nur Ehefrau und Mutter sein, sie muß immer noch eine eigene Persönlichkeit bleiben.'

,. . . Wie soll man so etwas machen?'

,Sie sollten sich ein Hobby suchen . . .'"

Daß dieser Rat oft erteilt zu werden scheint, verrät die wachsende Schar der verhärmten Ehefrauen, die mit einer von Tranquilizern gedämpften Erregtheit auf der Suche nach einer Möglichkeit der Selbstverwirklichung durch Behindertenheime, Blindenanstalten und Werkkunstschulen irren. Aus Frau Fischers Heldin wird zwar keine besessene Töpferin. Judith begnügt sich mit einem Halbtagsjob in einem Büro, der es ihr ermöglicht, dann und wann zum Friseur zu gehen und sich gelegentlich eine neue Bluse zu kaufen. Obwohl sie hiermit ihrer heruntergewirtschafteten Ehe eine Art „zweiter Flitterwochen" abzutrotzen vermag, muß sie feststellen, daß ihr Mann Eduard sie weiter betrügt. Nicht aus Eifersucht faßt sie den Entschluß, die Scheidungsklage einzureichen. Sie tut dies lediglich, um ihren Mann von seinen Gewissensqualen zu erlösen.

Die bejammernswerte Lage ihres Gatten erläutert sie mit einer mit ihr befreundeten Anwältin folgendermaßen:

„,Früher . . . Da hat er mich einfach betrogen und sich nichts dabei gedacht, aber heute hat er . . . ein schlechtes Gewissen . . . Er ist entsetzlich unglücklich, er leidet, er ist hin und her gerissen . . . und ich kann das einfach nicht länger mitansehen, Lotte . . .'

,Trotzdem darfst du dich nicht scheiden lassen.'

,Und warum nicht?'

,Weil es kaum eine Ehe gibt, die so schlimm ist wie das Dasein einer geschiedenen Frau!'

,. . . Wenn wir getrennt wären, dann würde jeder von uns doch mindestens seine Ruhe haben.'

,Was für eine Ruhe würde das sein, Judith? Ich kann es dir sagen, eine kalte Ruhe, eine tote Ruhe, die Ruhe eines Grabes. Niemand wird sich mehr um dich kümmern, außer ein paar alten Freundinnen, denen du gerade recht bist, um dich zu bemitleiden. Das ist alles. Du wirst allein sein, schrecklich allein . . . Willst du ein Leben ohne Freude führen?'

‚Das tue ich heute auch.'

‚. . . Glaube mir, ich habe genug Klientinnen gehabt, die erst darauf gedrängt haben, frei zu sein . . . und was nachher kam, ich weiß es. Sicher haben sie niemandem anderen erzählt, wie es ihnen wirklich geht, aber vor mir, ihrer Rechtsanwältin, haben sie sich nicht geschämt, und deshalb weiß ich es . . . und deshalb rate ich jeder Frau, die zu mir kommt, um sich scheiden zu lassen: Tun Sie es nicht! . . . Männer, die sich scheiden lassen wollen, verteidige ich natürlich gern.'

‚. . . Ein Mann ist nicht allein, wenn er geschieden ist?' . . .

‚. . . Es ist eine feststehende Tatsache . . . auf einen geschiedenen Mann warten tausend Frauen . . .'"

Von der Anwältin mit dem grauenvollen Schicksal der geschiedenen Frauen, denen die Unterwerfung unter den Willen eines Mannes möglicherweise für immer versagt bleiben wird, vertraut gemacht, erkennt die Klientin endlich die Vorteile, die die Selbsterniedrigung mit sich bringt. Nur um ihren Mann zu schockieren, reicht Judith auf Anraten der Anwältin die Scheidungsklage ein. Was sie sich mit neuen Blusen und Frisuren nicht erzwingen konnte, gelingt ihr dank dieser Hinterlist, die sich auch hier als die Waffe der Duckmäuser bewährt.

Ihr Verfahren, völlig haltlosen Thesen zu einer vermeintlichen Gültigkeit zu verhelfen, indem sie sie mit Hilfe einer an den Haaren herbeigezogenen frei erfundenen Handlung scheinbar untermauert, erlaubt es Frau Fischer nicht, die negative Protagonistin Evelyn, die auf die Scheidung versessen ist, ungestraft davonkommen zu lassen. Nach der Scheidung widerfährt Evelyn genau das, was die Autorin der Anwältin in den Mund legte. Von ihrer Mutter bevormundet, von den Männern, in deren Rangordnung, wenn man der Autorin glauben will, geschiedene Frauen auf einer Stufe mit den Prostituierten rangieren, mit schmutzigen Anträgen überhäuft, versucht Evelyn, ihrem selbstverschuldeten Los dadurch zu entrinnen, daß sie am Ende des Romans eine Heiratsanzeige aufgibt.

So reiht sich ein Zirkelschluß nahtlos an den nächsten, und der Leser kommt aus dem Staunen darüber nicht heraus, daß die Autorin letztlich immer recht behält. Ist er erst einmal in den Strudel dieses Rechtbehaltens geraten, kann er Marie Louise Fischer nur noch beipflichten.

„Das Schreiben ist der Inhalt meines Lebens", meint die Autorin. „Ich finde es großartig, weil man Menschen erfinden und schildern kann, die lieben dürfen, kämpfen müssen, in Gefahr sind, zu verzweifeln — während man doch immer ihr Schicksal in der Hand behält und ihnen zu einem guten Ausweg verhelfen kann."

Was Marie Louise Fischer in ihrer Begeisterung außer acht läßt, ist die Tatsache, daß sie ihren Figuren nur zu einem Ausweg verhelfen kann, indem sie sich bedenkenlos über die Wirklichkeit hinwegsetzt. Während ihre Heldinnen und Helden auf dem Ausweg, den sie ihnen auftut, der Wirklichkeit entwischen, steht der Leser nachdem ihm das Happy-End auf dem Präsentierteller serviert wurde, vor geschlossenen Toren.

Dennoch zeugt es von einer beträchtlichen Fehleinschätzung, wenn manche Linke den Verfassern von Trivialliteratur vor allem anlasten, daß sie ihre Leserschaft von deren eigenen Problemen ablenken. Wer den Lesern von Trivialliteratur abverlangt, daß sie sich ohne Unterlaß mit ihren eigenen Problemen auseinandersetzen, der verrät nur, daß er das Ausmaß der Misere seiner happyendhungrigen Mitbürger nicht kennt. Ganz zu Recht läßt Bertolt Brecht den weisen Kin-jeh sagen: „Gegen schlechte Kunst loszuziehen und bessere verlangen oder den Geschmack des Volkes schmähen, was soll das nützen? Stattdessen sollte man fragen: Warum braucht das Volk Rauschgift?"

Was Marie Louise Fischer betrifft, so begnügt sie sich nicht damit, ihren Lesern mit ihren Romanen, wie sie es betont, „Gelegenheit" zu geben, „dem grauen Alltag mit all seinem Verdruß" zu entfliehen. Sie führt ihre Leser ganz bewußt in die Irre, indem sie ihnen das als Ausweg verkauft, was nur für ihre der Wirklichkeit entwischenden Helden und Heldinnen ein Ausweg sein kann. Daß die Autorin, obwohl sie in der Rolle einer Ratgeberin für alle Lebensfragen nicht einmal sonderlich glaubwürdig wirkt, Vertrauen erweckt, zeugt wohl weniger von der Gutgläubigkeit als von der Desorientierung ihrer Leser, die auch für Wegweiser, die in die falsche Richtung zeigen, dankbar zu sein scheinen.

Bei der Lektüre des ersten, zweiten und dritten Fischer-Romans neigt man dazu, sich vor allem über die Kaltschnäuzigkeit zu ereifern, mit der die Autorin falsche Ratschläge erteilt. Vollauf damit beschäftigt, diese Ratschläge als falsch zu entlarven, übersieht man die Tatsache, daß Marie Louise Fischer nie ein Ratschlag unterläuft, mit dem ihren Lesern wirklich geholfen wäre. Erst wenn man den siebten, achten und neunten Roman lesend bewältigt hat, ohne auf einen nutzbringenden Ratschlag gestoßen zu sein, kann man sich des Verdachts nicht erwehren, daß der Autorin von ihren Verlegern ein Maulkorb umgelegt worden sei.

Doch die Cheflektorin des C. Bertelsmann-Verlags versichert, daß die Ideen und das Handlungsgerüst der Romane von Frau Fischer stammen. Es werden höchstenfalls etwaige Einwände vom Verlag mit der Autorin besprochen. Ähnlich äußert sich auch der Cheflektor des Heyne-Verlags, wenn er meint: „Marie Louise Fischer kommt mit einem fertigen Manuskript. Sie erzählt mir vielleicht, während sie daran arbeitet, was für eine Geschichte es ist, und wir besprechen vielleicht auch einmal einen neuen Roman miteinander. Aber die Geschichte bestimmt immer sie selbst. Außerdem glaube ich, daß Marie Louise Fischer's Erfahrung mit den Leserbedürfnissen ihrer Leserinnen einfach sehr viel größer ist als meine eigene. Insofern wäre es töricht, da allzu groß sich einmischen zu wollen."

Offensichtlich lassen die Verleger Frau Fischer weitgehend freie Hand, weil sich diese Autorin längst als stubenrein erwiesen hat. Wer es war, der Marie Louise Fischer abgerichtet hat, ist schwer in Erfahrung zu bringen. Ihre Verleger lassen zwar durchblicken, daß der Beifall für die unnachahmliche Dressurleistung, von der die Romane der Autorin kunden, allein den Lesern gebühre. Dennoch entzieht sich die Vorstellung, daß Frau Fischer erst unter der Knute der Beherrschten zum Sprachrohr der Herrschenden geworden sei, dem Fassungsvermögen. Festzuhalten ist lediglich, daß das Grundmuster der Fischer-Romane haargenau mit dem Grundmuster übereinstimmt, das der Bastei-Verlag, um etwaigen Fehltritten vorzubeugen, den Verfassern und Verfasserinnen seiner Frauenromanserien anempfiehlt.

Dieses Grundmuster umreißt der Cheflektor des Bastei-Verlags folgendermaßen: „Der Stil muß betulich und geschwollen sein, die Handlungsführung simpel, damit der Leser nichts zu denken braucht. Ein Happy-End ist unerläßlich. Obwohl sich die Dinge in unseren Romanen im Märchenhaften bewegen, müssen sie soviel Realität enthalten, daß sie glaubhaft bleiben."

Der Cheflektor des Bastei-Verlags ist nicht der einzige, der die Trivialliteratur vom Ruch der Volksverseuchung zu bereinigen sucht, indem er ihr einen Platz im Märchenhaften einräumt. Doch die Märchenerzähler, die niemandem das Wunderbare, das sich in ihren Geschichten ereignet, als Wirklichkeit verkaufen, haben mit den Verfassern von Trivialliteratur, deren Broterwerb die Tatsachenverdrehung ist, nicht das geringste gemein. Während sie die Grenzen des Phantastischen nie überschreiten, leben die Verfasser von Trivialliteratur von den Plünderungen fremder Gebiete.

Wie ihre Vorgängerinnen okkupiert Marie Louise Fischer mit ihren Frauenromanen jenes gesellschaftliche Niemandsland, in dem das Unwahrscheinliche und das Nicht-Völlig-Undenkbare einen Pakt gegen die Frau Fischer mit dem „wahren Leben" verwechseln, wenn nicht inmitten einer massiven Unwahrscheinlichkeit einzelne kleine Vorkommnisse, die, aus dem Kontext gelöst, nicht platterdings undenkbar sind, den trügerischen Abglanz des Wahrscheinlichen verliehen, von dem sich der Leser um so leichter hinters Licht führen läßt, als er, von den Spannungseffekten der Romane mitgerissen, wie er es ist, gar keine Zeit findet, die Ereignisse im Hinblick auf deren Realitätsgehalt zu überprüfen. Sobald die Unwahrscheinlichkeit des Geschehens in ihrer ganzen Kraßheit zutage zu treten droht, wirft Frau Fischer dem Leser, ehe er die Zweifel, die in ihm aufkommen, artikulieren kann, einen Brocken Wirklichkeit hin.

Diese Wirklichkeitsbrocken haben vor allem miteinander gemein: sie verpflichten die Autorin zu nichts. Der Auskunftsfreudigkeit, mit der Marie Louise Fischer mit protokolarisch genauen, aber völlig austauschbaren Angaben von Straßennamen, Automarken oder Stoffmustern aufwartet, entspricht die Verschwiegenheit, die sie sich im Hinblick auf gesellschaftliche Zusammenhänge auferlegt. Der Leser erfährt zwar, in welchem Augenblick ein ganz bestimmter steinreicher Mann die Beine übereinander geschlagen hat. Er erfährt, in welchem Augenblick sich der besagte reiche Mann eine Zigarette angezündet hat. Wie der Krösus hingegen zu seinem Wohlstand gekommen ist, wird dem Leser ganz angelegentlich unterschlagen.

Was die Auswirkungen der Kapitalanhäufung in den Händen weniger betrifft, so muß der Leser der Romane von Frau Fischer früher oder später den Eindruck gewinnen, Milliardäre unterschieden sich hauptsächlich dadurch von ihm, daß sie Champagner trinken, ihre Gattinnen mit Brillantringen beglücken und über Teppiche schreiten, in denen man fast versinken kann. Dieser Eindruck kommt dadurch zustande, daß Marie Louise Fischer die Arbeitswelt weitgehend aus ihren Romanen ausklammert.

Der einzige Arbeitsplatz, den der Leser kennenlernen darf, ist zugleich eine Kultstätte: nämlich der Operationssaal, wo der Chefchirurg betäubte Patienten von den Toten auferstehen läßt. Der Leser des Romans GEHIRNSTATION kommt allerdings nicht allein deshalb auf seine Kosten, weil er solchen Auferweckungen gewissermaßen als Zaungast beiwohnen darf. Indem ihn die Autorin erst über die Symptome unterrichtet, die durch Gehirntumore hervorgerufen werden, und es ihm daraufhin überläßt, den Zustand eines Gehirnchirurgen zu diagnostizieren, der mit sämtlichen Symptomen aufwartet, die auf das Vorhandensein eines Gehirntumors hindeuten, räumt Frau Fischer dem Leser die Rolle eines Sachverständigen ein.

Während der Gehirnchirurg, obwohl er Spezialist für Gehirntumore ist, nicht die leiseste Ahnung hat, worunter er leidet, hat der Leser längst herausgefunden, daß sich im Gehirn dieses Chirurgen, der den Operationssaal mit seinen Tobsuchtsanfällen entweiht, ein Tumor eingenistet hat. In dem Maße, in dem nicht allein die Ahnungslosigkeit des Gehirnchirurgen, sondern darüber hinaus auch die Ahnungslosigkeit des Oberarztes, der Assistenzärzte, der Schwestern, die allesamt tagein, tagaus mit nichts anderem als Gehirntumoren zu schaffen haben, zutage tritt, wächst das Überlegenheitsgefühl des Lesers. Um dieses Überlegenheitsgefühl bis zur Neige auskosten zu können, ist er bereit, die Ahnungslosigkeit des Spezialisten hinzunehmen, ohne sich darum zu scheren, daß sie jeglicher Glaubwürdigkeit entbehrt. Wie den Unfug eines Kindes verfolgt er die Bemühungen des Gehirnchirurgen, der nun andere Ärzte konsultiert, die ebenfalls den Tumor betreffend im dunkeln tappen. Der einzige inmitten der ratlosen Spezialisten, der Licht in dieses Dunkel bringen könnte, ist und bleibt der Leser. Er hat den rettenden Befund längst parat. Auch der Augenarzt, der diesen Befund endlich bestätigt, kann dem Leser den Rang nicht mehr ablaufen. Obwohl er von Frau Fischer für dumm verkauft wird, hält sich der Leser für klüger als alle anderen.

So, wie die Autorin dem Leser den Befund in den Mund legt, legt sie ihm auch Normen, Wertvorstellungen und Urteile in den Mund, die ihm als eigene Meinung über die Lippen rutschen. Wenn beispielsweise in dem Roman DAS HERZ EINER MUTTER die Prostituierte ermordet wird, vollstreckt der Mörder lediglich das Urteil, das die Leserin, ohne zu merken, daß ihr dieses Urteil souffliert worden ist, über die Hure verhängt hat. Weil ihr Marie Louise Fischer wohlweislich nur die Alternative bietet: entweder für die haltlose habgierige Prostituierte oder für deren servile, aufreizend und unbedarfte Mutter Partei zu ergreifen, schlägt sich die Leserin ganz zwangsläufig auf die Seite der Mutter, die sie eigentlich verachten müßte.

Diese Mutter wird von der Autorin folgendermaßen als Identifikationsfigur eingeführt:

„Als Frau Reimers mit ihren beiden jüngsten Kindern vom sonntäglichen Kirchgang nachhause kam, nahm sie sich nicht einmal die Zeit, ihren Mantel auszuziehen. Sie stürzte sofort in die Küche, . . . öffnete das Backrohr und zog den Rost, auf dem die Kasserolle mit dem Schweinebraten stand, heraus.

Erleichtert atmete sie auf, als sie sah, daß sie nichts versäumt hatte. Der Braten begann sich gerade angenehm zu bräunen. ‚Gott sei dank! . . . die ganze Zeit während der Predigt mußte ich immerzu daran denken . . .‘

Ohne daß sie darauf geachtet hatte, war ihr Rolf, der Fünfzehnjährige, gefolgt . . .

‚Willst du mir helfen?' fragte sie lächelnd und fuhr ihm liebevoll durch das blonde ... Haar ...

... ‚Nein, Mutti, das nicht! ... Kann ich noch mal runter?'

‚Jetzt vor dem Essen?'

‚Papa ist doch auch noch nicht da!'

... ‚Bei Papa ist das etwas anderes, er mußte noch zum Frühschoppen ...' ...

Frau Reimers hatte das Tuch von der Schüssel mit dem Hefeteigansatz genommen und rief ...: ‚Karin! Karin!'

Es dauerte Minuten, bis Karin in die Küche trat ...

‚Was gibt's denn', fragte sie unwillig ...

‚Wie wäre es, wenn ihr schon mal den Tisch decken würdet?'

Karin wurde ernst. ‚Tut mir furchtbar leid, Mutti, aber ... ich kann heute mittag nicht mit euch essen.'

... Die Augen von Frau Reimers wurden groß.

‚Ausgerechnet heute, ... wo ich mir all die Arbeit gemacht habe!'

‚Ärgere dich nicht, Mammutschka', sagte Rolf ... ‚ich haue jetzt ab ...'

Ehe die Mutter ihn noch zurückhalten konnte, war er schon aus der Küche geschlüpft ...

‚Wenn du ein bißchen Familiensinn hättest, Karin', sagte Frau Reimers, ‚würdest du wenigstens zum Mittagessen dableiben ...'

Karin legte ihren Arm um die Schulter der Mutter ...

‚Ich habe jetzt keine Zeit, mich mit dir ... zu unterhalten ...', schon war sie aus der Küche.

Anna Reimers blieb allein zurück ... Ihre Hände, die eben noch so fleißig gearbeitet hatten, wurden langsamer ... Sie merkte selber erst, daß sie weinte, als eine Träne in den Teig tropfte ..."

Dergestalt verhilft Marie Louise Fischer Leitbildern, die die Frauenrechtlerinnen schon im 19. Jahrhundert auf dem Schindanger der Geschichte verscharrt haben, zu einem Comeback. Trotz ihrer Perücken und falschen Gebisse verrät das Licht, in das sie gezerrt werden müssen, um einem staunenden Publikum demonstrieren zu können, daß sie nicht umzubringen sind, die Gebrechlichkeit und Betagtheit dieser Leitbilder. Abgetakelte Stars waren sie schon vor einem Jahrhundert. Sie könnten dem 1876 erschienenen FRAUEN-

BREVIER von einer gewissen Jeanette Holthausen entnommen sein, die ihren Leserinnen folgende Richtlinien erteilte:

„Strenge Pflichterfüllung, unermüdliche Tätigkeit, Milde gegen ihre Umgebung, das sind Haupterfordernisse einer tüchtigen und liebenswürdigen Hausfrau. Nachdem wir der Kindheit Flügelkleid mit dem rosigen Gewande der Jugend, dieses dann mit dem Brautgewand und Myrtenkranz vertauscht haben, gewinnt unser Leben ... eine höhere Bedeutung an der Seite des geliebten Gatten. Mit freudigem Herzen bringen wir die eigenen Wünsche und Neigungen den seinen zum Opfer und fühlen uns reichlich belohnt durch den Ausdruck dankbarer Zufriedenheit, der uns aus seinen Augen entgegenstrahlt. Nächst der Geduld, der Nachgiebigkeit, der heiteren Genügsamkeit, ist auch die Bescheidenheit eine Tugend, die das Weib dem Gatten lieb und teuer macht ..."

Die Tatsache, daß das Comeback, zu dem die Verfasserinnen von Frauenromanen solchen Leitbildern verhelfen, mit einer beklemmenden Regelmäßigkeit zum Kassenschlager wird, scheint darauf hinzuweisen, daß unter dem Millionenheer von Frauenromanleserinnen der Hang, sich ans Messer liefern zu lassen, weitverbreitet ist. Die Lektorin der Marie Louise Fischer im C. Bertelsmann-Verlag meint: „Ich glaube, sie schreibt und beschreibt das, was viele Frauen gerne im Leben hätten. Die Wirklichkeit ist bei den meisten Frauen ja nicht das, was man sich erträumt hat. Und was Marie Louise Fischer schildert, ist schon ein Traum."

Dagegen läßt sich zunächst einmal einwenden, daß Träume im Gegensatz zu den Inhalten der Druckerzeugnisse von Frau Fischer keine abgekarteten Manipulationen der Wirklichkeit im Dienst der Irreführung und der Unterdrückung, sondern Wegbereiter sind. Die Gefesselte, die träumend ihre Fesseln sprengt, leitet bereits die ersten Schritte zu ihrer Befreiung in die Wege. Daß die Gefesselte vorläufig auf Träume angewiesen ist, um ihre Gefangenschaft ertragen zu können, macht sich Marie Louise Fischer zunutze. Gewissermaßen als Fluchthelferin verkappt, schleicht sie sich in diese Träume ein und paralysiert die Gefesselte mit einem Schreckensbild der Freiheit. Dadurch, daß sie die Gefesselte lesend die Qualen einer Entflohenen miterleiden läßt, lenkt sie zwar vorübergehend von ihren Fesseln ab. Zugleich hintertreibt sie jedoch jeden Ausbruchsversuch der Gefesselten, der die Befreiung, die zuvor das Ziel ihrer Träume war, in Anbetracht des Martyriums der Entflohenen als immer weniger erstrebenswert erscheinen läßt. Wenn die Autorin die Entflohene schließlich aus freien Stücken in den Kerker zurückkehren läßt, dem sie bereits entronnen war, kann die Gefesselte gar nicht anders, als Erleichterung empfinden. Im Handumdrehen gewinnt die freiwillige Rückkehr der Entflohenen in den Kerker, die in Wirklichkeit eine schmachvolle Kapitulation ist, für die Gefesselte den Charakter des Happy-Ends, als das sie von der Autorin hingestellt wird. Dankbar, daß auch für sie von der vermeintlichen Glückseligkeit, deren die Entflohene angeblich nur hinter Schloß und Riegel teilhaftig werden kann, ein Brocken abfällt, sanktioniert die Gefesselte, indem sie die Einkerkerung der Entflohenen, die ihr Entsetzen einflößen müßte, als Happy-End akzeptiert, ihre eigene Gefangenschaft. Sie ist auf dem besten Weg, das Opfer der Ideologie zu werden, die ihr suggerieren will, daß sie ihre Interessen am ehesten wahre, wenn sie ihnen zuwider handle.

So verrichtet Marie Louise Fischer schreibend den Dienst einer Kerkermeisterin. Ihre Worte, Sätze und Sentenzen haben die Funktion der Schlösser, Riegel und Gitter, die für jene Geborgenheit unerläßlich sind, der die Autorin sirenenhaft ihr Loblied singt.

SCHREIBENDE LEISETRETER
Über Glanzpapier-Journal-Literatur

Die Herausgeber und die Redakteure der Glanzpapier-Journale, zu denen unter anderem ESQUIRE, HARPER'S BAZAAR, MADAME und YORKER zählen, haben es weiß Gott nicht einfach. Es fällt ihnen nämlich keineswegs nur die Aufgabe zu, den Koryphäen aus Handel, Banken und Industrie Ratschläge zu erteilen, wie sie ihr überflüssiges Geld, statt es bloß blindwütig zu vergeuden, auf eine furoremachend extravagante Weise zum Fenster hinauswerfen können. Obendrein obliegt diesen Herausgebern und Redakteuren auch noch die Fron, der Großbourgeoisie, die seit dem Antritt ihrer Herrschaft immer wieder einen unguten Hang gezeigt hat, in eine steinzeitliche Verrohung zurückzufallen, außer Lebensart und Geschmack eine Halbbildung einzutrichtern, die vermutlich schon manch einen zeitgenössischen Krösus davor bewahrt hat, sich auf einer High-Society-Party mit der Frage, ob Baudelaire der Erfinder des Büstenhalters gewesen sei, ein Armutszeugnis auszustellen.

Daß die Herausgeber und Redakteure der Glanzpapier-Journale von Resignationsanfällen nicht verschont bleiben, verraten zumal die der Halbbildung vorbehaltenen Seiten ihrer Journale. Ja, wer sich in die Kulturteile dieser Journale vertieft, kann sich sogar des Eindrucks nicht erwehren, daß deren Herausgeber mittlerweile vor der bitteren Erkenntnis kapituliert haben, daß es die internationale Hautevolee ganz und gar nicht ungern sieht, wenn mit der Kultur ein wenig Schindluder getrieben wird.

Zwar faßt man den renommierten Filmregisseur Federico Fellini, der da in einem in HARPER'S BAZAAR publizierten Interview wehklagt: „Mein Kopf ist leer, mehr als leer" gleichermaßen mit Samthandschuhen an wie den offenkundig ebenfalls unter Kopfesleere leidenden bulgarischen Verpackungskünstler Christo Jaracheff, dessen Absicht, den Berliner Reichstag zu verpacken, um dessen „wahre Gestalt zu enthüllen", durch das Veto der Bundesregierung vereitelt wurde. Was hingegen Pablo Picasso betrifft, so müssen dessen Werke mehr und mehr von den Duftwolken des Parfüms zurückweichen, das seine Tochter Paloma „creiert" hat.

Daß auch Dichter wie Charles Dickens, Honoré de Balzac und Marcel Proust nicht ihrer Werke, sondern allein des Unmuts wegen, den sie angeblich beim Trinkgeldgeben empfanden, von der HARPER'S BAZAAR-Redaktion einer Erwähnung für wert erachtet werden, versteht sich fast von selbst. Schließlich müssen es sich sogar die Paukerpoeten Goethe und Schiller gefallen lassen, daß sie in MADAME in einer Spalte über die EWIGE JUGEND mit keiner anderen als Coco Chanel zitiert werden.

Der brutalste Tritt wird allerdings Gustave Flaubert von dem Aufsteiger-Journal LUI verpaßt, in dem der Roman MADAME BOVARY für eine Masturbationsvorlage herzuhalten hat. Unter dem Untertitel: EIN MODERNER PHOTOGRAPH ZEIGT, WAS SICH DER FRANZÖSISCHE MEISTER NUR DENKEN KONNTE, stellt in einer Farbphotoserie ein kälbisch unbedarft dreinblickendes Nackedei mit punkhaft zu Berge stehendem Kopfhaar und fesch zurechtfrisierten Schamhaaren in den bekannten Standardposen das nach, was sich Flaubert angeblich gedacht haben soll.

Um einer solchen Verhackstückerei zu entgehen, bedarf ein Schriftsteller offenkundig anderer Qualitäten als Dickens, Balzac, Proust oder Flaubert. Der Autor Pawel Kohout, der sich im Gegensatz zu den genannten Dichtern rühmen darf, ein waschechter Dissident zu sein, wird beispielsweise von der HARPER'S BAZAAR-Redaktion förmlich auf Händen getragen. Nicht genug, daß man seiner Erzählung STILLE NACHT die Ehre erweist, sie von den profanen Cosmetic-News durch eine erbauungsfördernde Farbphotoserie mit idyllischen Aufnahmen der Stadt Prag abzugrenzen. Wie einen Stoßtrupp schickt man Kohouts Erzählung auch noch die geradezu vor Pathos triefenden Worte des tschechischen Systemgegners und

Literaturpreisträgers Jaroslav Seifert, dessen Namen niemandem ein Begriff ist, voraus. Der tschechische Literaturpreisträger und Systemgegner meint: „Wenn immer ich auf Prag schaue . . . wende ich mein Sinnen zu Gott . . ."

Der geballten Massivität einer derartigen Innerlichkeit kann allerdings die Erzählung Pawel Kohouts schon deshalb nicht standhalten, weil sie von nichts Trivialerem als einem Gynäkologen, Kenner und Schätzer des weiblichen Unterleibs, handelt, der, nicht um sein Sinnen zu Gott zu wenden, zur technischen Metropole aufbricht. Weil Pawel Kohouts Held, von einer Vergangenheitsbewältigung einmal abgesehen, vor allem eines preisgünstigen Beischlafs halber nach Prag reist, beschränkt sich die Botschaft der Erzählung, der von der HARPER'S BAZAAR-Redaktion so weihevoll der Weg bereitet wurde, auf den eher stammtischgerechten als literaturtauglichen Fingerzeig, daß man hinter dem Eisernen Vorhang weitaus wohlfeiler zu einem Koitus mit einem Schuß sozialistischer Gratisliebe kommen kann, als durch jene strapaziösen Orgasmusflüge nach Thailand, die Hinz und Kunz dem Vernehmen nach noch immer, geduckt unter der Knute eines sich selbst auferlegten Amüsierzwangs, auf sich nehmen.

Ebenso aufklärungsfeindlich und antididaktisch wie die Einstellung Pawel Kohouts, der da meint: „Ich verstehe mein Schreiben . . . als ein Geschenk des Schicksals, das mir mein eigenes Leben besser überleben hilft", ist auch die Haltung von Siegfried Lenz seinem Beruf gegenüber.

„Schreiben ist für mich eine Art Selbstbefragung, und in diesem Sinne versuche ich, auf gewisse Herausforderungen mit meinen Möglichkeiten zu antworten", erklärt der gebürtige Ostpreuße, dessen Name in MADAME „hochkarätig" genannt wird, der Redaktion von HARPER'S BAZAAR, die ihm nicht nur nachsagt, daß er „zu den Großen der anspruchsvollen deutschen Gegenwartsliteratur" zähle. Die Zeitschrift gibt Siegfried Lenz durch den Abdruck seiner Erzählung: MEIN AUSTRALISCHER SEHNSUCHTSVOGEL obendrein Gelegenheit, der Mitwelt zu demonstrieren, was unter „anspruchsvoller deutscher Gegenwartsliteratur" zu verstehen ist.

Allerdings hat der Leser bei der Lektüre dieser Erzählung einige geistige Hürden zu überwinden. Zum einen muß er es stillschweigend hinnehmen, daß sich Siegfried Lenz nach wie vor für die mit Abstand attraktivste Figur seiner Prosawerke zu halten scheint. Zum anderen muß sich der Leser damit abfinden, daß Siegfried Lenz auf die Einladung zu sieben Dichterlesungen an sieben australischen Universitäten wie ein Möchtegern-Marco-Polo reagiert.

Aber selbst wenn der Leser zu derartigen Konzessionen bereit ist, kann er sich in Anbetracht der an ein Selbstverhör grenzenden Selbstbefragung, mit der Siegfried Lenz seine Erzählung startet, des Eindrucks nicht erwehren, daß sich der Autor mit dem hochkarätigen Namen wie ein Schaf vom Leithammel von der Binsenweisheit WAS ICH NICHT WEISS, MACHT MICH NICHT HEISS gängeln läßt.

„Was wird mir dort unten am ehesten helfen? Politische Kenntnisse? . . . Mineralogische? Klimatologische? . . . Und ist es nicht überhaupt ratsamer, ohne wohlfeiles Vorwissen zu reisen, nur mit der Bereitschaft, sich entgeistern . . . zu lassen?" fragt sich Siegfried Lenz augenscheinlich in der unverbrüchlichen Überzeugung, daß er über hinlänglich viel Geist verfüge, um es sich leisten zu können, sich entgeistern zu lassen, ehe er beschließt, „ohne taktisches Wissengepäck" zu reisen.

Trotz seiner Wissensphobie widerfährt dem Autor jedoch das Malheur, daß ihm „im letzten Augenblick" das „Wissen zugespielt" wird, daß es in Australien einen Vogel namens Kukkaburra gibt, der in ein menschlich anmutendes Gelächter auszubrechen vermag. Welche „Zwänge" bereits von „einem so beiläufigen Wissen" ausgehen können, müht sich der Autor zwar dem Leser einzureden, der recht rasch keinen Zweifel mehr darüber hegt, daß Siegfried Lenz, gesetzt den Fall, er wäre Adam gewesen, ganz gewiß nicht in den Apfel vom Baum der Erkenntnis gebissen hätte. Doch obwohl der Autor eine „gegenseitige Sympathieerklärung durch Gelächter" mit dem Kukkaburra anpeilt, sucht er so halbherzig nach dem zu lachen befähigten Vogel, daß von Zwängen keine Rede sein kann. Ein arg lädiertes Kukkaburra-Pärchen muß er allerdings dennoch am Ende in einem „Zoo der Traurigkeit" schon insofern finden, als ihm dieses Kukkaburra-Pärchen zu jener Enttäuschung verhilft, die er bitter nötig hat, um seine Wissensphobie zu sanktionieren.

„Diese Vögel hatten wirklich nichts zu lachen", lautet die trostlose Pointe der Erzählung, die so seichtsinnig ist, daß sie verglichen mit den Erzählungen und Romanen der 1954 verstorbenen Unterhaltungsschreibe-Veteranin Sidonie-Gabrielle Colette verbleicht.

Obwohl es sich bei der Heldin der in MADAME publizierten Colette-Story DIE HÜNDIN tatsächlich um eine Hündin handelt, ist die Unterhaltungsschreibe der Colette keineswegs so rettungslos auf den Hund gekommen, wie die Dichtkunst des Siegfried Lenz. Statt sich wie der Autor mit dem hochkarätigen Namen hinter dem Damm einer preußisch militanten Ignoranz zu verschanzen, zieht es die Colette vor, stets die Klügere zu sein. In ihrer Story führt zwar eine Hündin den Geliebten ihrer unauffindbaren Herrin, so als wollte sie ihm verraten, wo ihn sein Herzensschatz betrügt, zu einem verdächtig anheimelnden Häuschen. Weil der besagte Geliebte jedoch vor diesem Häuschen angelangt, davor zurückschreckt, der Angelegenheit auf den Grund zu gehen, tappt auch der Leser, von der Colette mit den der Hündin zugedachten Worten: „Deine Seele — deine Hundeseele ... deine schöne Seele ..." im Stich gelassen, im Hinblick auf die Treue oder die Treulosigkeit der Geliebten am Ende der auf eine raffiniert psychologisierten Erzählung im Dunkeln.

In der Nachfolge der Colette, aber ohne Verständnis für deren Kniffe und Tricks, scheinen mittlerweile zahlreiche jüngere Glanzpapier-Journal-Story-Verfasser erkannt zu haben, daß sie ihre ohne die Sensibilität der Colette verfaßten Elaborate lediglich, indem sie dem Leser die einzigen wesentlichen Informationen vorenthalten, vom Odium einer rudimentären Plattheit bereinigen können. Allerdings zeichnet sich dieser antiaufklärerische Trend, der eine wachsende Nachfrage nach Eintrübungs- und Vernebelungsliteratur mit sich bringt, nicht nur in den Glanzpapier-Journalen ab. Auch in dem Aufsteiger-Journal LUI oder im PLAYBOY ist es gang und gebe, daß der Leser statt unterrichtet, unterhalten oder erbaut zu werden, von den Story-Verfassern genasführt wird.

Ein Paradebeispiel für einen von diesen despotischen Erzählern ist der Autor des Bestsellers: E.T. — DER AUSSERIRDISCHE, nämlich William Kotzwinkle, von dem das immer wieder in die Niederungen geratene Aufsteiger-Journal LUI eine Erzählung mit dem Titel DER

LETZTE BAUCHTANZ veröffentlichte, in der ein Sultan, dessen Sklavin eine von einem Kameltreiber und von einem reichen Kaufmann begehrte Bauchtänzerin ist, erst von dem Kameltreiber im Verlauf eines regelrechten Blutbads niedergemetzelt wird, um gleich darauf kraft einer ex cathedra verkündeten Erklärung des Autors, daß das Blutbad bloß ein Traum des Kameltreibers gewesen sei, von den Toten aufzuerstehen, nur damit er, ehe ihm der reiche Kaufmann die Bauchtänzerin abkaufen kann, imstande ist, nochmals halsüberkopf zu sterben.

„Man findet sieben Stufen auf dem Weg zum Großen Geist ... Ich glaube, ich bin höchstens auf der ersten angelangt", erklärt der sich hauptsächlich von Sojabohnen ernährende Autor, dem man nur wünschen kann, daß er auf seinem Weg zum Großen Geist niemals die siebte Stufe erreichen wird.

Nach der Lektüre seiner von einem chaotischen Stupor gekennzeichneten Story empfindet man die im NEW YORKER publizierte Erzählung: EFEU IM KAMIN, die der hier unbekannte amerikanische Autor James Wilcox verfaßt hat, als wahre Labsal. Denn das einzige Problem der Mehrzahl der Glanzpapier-Story-Schreiber, das darin besteht, etwas notorisch Unproblematisches zu problematisieren, um es am Ende wieder in das Nichts, das es von vornherein war, aufzulösen, existiert für James Wilcox nicht. Was er in seiner Erzählung schildert, ist die Agonie des Familiengeistes im amerikanischen Mittelstands-Milieu. Mit einer prächtigen Perfidie entlarvt Wilcox etappenweise eine Christfestfeier, bei der die wie Rekruten angetretenen einzelnen Familienmitglieder im Schweiße ihres Angesichts mit knapper Not zu verhüten wissen, daß das Fest der Liebe zu einer Orgie des Hasses ausartet.

Doch obwohl der NEW YORKER einstmals zu den Journalen zählte, die zwischen den zwanziger und den vierziger Jahren dieses Jahrhunderts unter anderem durch die Abdrucke von Erzählungen von Sinclair Lewis, William Faulkner und Ernest Hemingway die internationale Hautevolee in kultureller Hinsicht auf Vordermann zu bringen suchten, haben Stories wie die Story von Wilcox mittlerweile auch im NEW YORKER Seltenheitscharakter. An der Tagesordnung sind die larmoyanten Ergüsse entlaubter Ästheten, von denen dem einen eine Eule anbetungswert erscheint, und ein anderer die räudige Erkenntnis, daß der Rückzug des Individuums in sein ureigenstes Ich dessen Rettung sei, nicht für sich behalten kann. Ein weiterer Dichter wartet mit der ausgeleierten Erkenntnis auf, daß die Kreatürlichkeit des Individuums dessen Wiedergeburt als einen Teil des Universums garantiere.

Während im NEW YORKER eine nostalgische Wehleidigkeit vorherrscht, macht sich in dem amerikanischen Journal ESQUIRE eine Kampfeswütigkeit breit, von der sich selbst die hiesige Springer-Presse eine Scheibe abschneiden könnte. Noch ehe man die von dem Kriegsveteranen Tobias Wolff verfaßte Story SOLDATENFREUDEN gelesen hat, bieten einem bereits die Inserate von ESQUIRE, auf denen hauptsächlich vor Manneskraft strotzende, Lassos schwingende oder Gewichte stemmende Mordskerle mit einem stahlharten Blick zu sehen sind, die wie geschaffen dazu wirken, der Welt zu zeigen, was eine Harke ist, einen galligen Vorgeschmack des Geistes, der die Herausgeber von ESQUIRE umtreibt.

Auch der Verfasser der erwähnten Story, dessen Akteure Soldaten sind, die sich gegenseitig mit Fäkalausdrücken wie „Fickvisage" anraunzen, ist alles andere als ein Schlappschwanz. Vielmehr haut der schriftstellernde Kriegsveteran Tobias Wolff gehörig auf die Pauke, indem er die um sich greifende Demoralisierung einer US-Company schildert, die nicht etwa an Kriegsmüdigkeit krankt. Schuld am langsamen Versacken der Truppe im Sumpf des Defätismus und des Lebensekels ist, wenn man dem Autor glauben will, ausschließlich der paralysierende Frieden, der die Soldaten, denen das Bombardieren, Massakrieren, Brandstiften, Plündern, Vergewaltigen und Verseuchen von Landstrichen versagt ist, an den Rand der Verzweiflung treibt. Den Schilderungen des Verfassers zufolge scheint der Frieden um so mörderischer zu werden, je länger er anhält.

Unter den offenkundig ausschließlich psychischen Verheerungen, die der Frieden anzurichten vermag, leidet zumal der Kompanie-Koch dermaßen, daß er keine andere Wahl sieht, als sich, um dem Frieden zu entrinnen, zu erschießen. Ein wacheschiebender Kamerad, der den Koch zwar von seinen Selbstmordabsichten abzubringen trachtet, bekundet dennoch vollstes Verständnis für die dem Leser reichlich unbegreifliche Verzweiflung des Kompanie-Verköstigers.

Auf die Frage des Kochs, wo er seine schönste Zeit erlebt hätte, erwidert der Kamerad wie aus der Pistole geschossen: „In Vietnam".

„Alles war sonnenklar . . . man brachte dir bei, was du zu wissen hattest, und den Rest konntest du vergessen . . . Selbst wenn du glauben solltest, du hättest irgendwelche Probleme . . . so werden diese Probleme auf dem Schlachtfeld keine fünf Minuten überdauern . . .", meint der wacheschiebende Soldat, ehe er den desolaten Kompanie-Verköstiger mit den Sätzen: „Auch du wirst noch deine Chance bekommen . . . Das spüre ich schon jetzt . . ." durch die Aussicht auf einen baldigen Krieg, auf den es sich zu hoffen lohnt, zu trösten sucht.

Inmitten der üblichen Glanzpapier-Journal-Stories, in denen die Welt zwar als leicht schrammig, aber im wesentlichen als heil hingestellt wird, fällt die Erzählung dieses Kriegsveteranen schon insofern aus dem Rahmen, als Tobias Wolff die in den meisten Glanzpapier-Journalen exerzierte Bagatellisierungsakrobatik durchkreuzt. Er konfrontiert den Leser mit einer für die Menschheit lebenswichtigen Frage, nämlich mit der Frage: Krieg oder Frieden.

Die Tatsache, daß dieser schriftstellernde Kriegsveteran, ohne daß Proteste laut wurden, den Krieg als ein Patentrezept offerieren kann, das dazu angetan ist, den in den westlichen Demokratien grassierenden Schlamassel mit einem Inferno Abhilfe zu schaffen, sagt über die geistige Verfassung der Glanzpapier-Leser weitaus mehr aus als die gängigen Glanzpapier-Journal-Stories, die sich vorzugsweise in einem gesellschaftlichen Niemandsland jenseits des Highlife der internationalen Hautevolee und jenseits der Alltagsmisere der internationalen Arbeiterschicht abspulen, die selbstredend als Kehrseite des Highlife tabu sein muß.

Dieses Tabu verletzt auch der LUI-Autor Frank Nicolaus nicht, wenn er kraftmeierisch in etwas greifend, das leider nicht das wahre Leben ist, seinen Stimmungsbericht über den Ruhrkohlepott mit dem Satz beginnt: „Und als der Oberkellner dann mit der Rechnung kam, kotzte der Willi aufs weiße Tischtuch und sagte: Der Rest ist für Sie."

Denn dieser Anfangssatz hat ebensowenig mit der Wirklichkeit zu tun wie die weniger kraftmeierischen übrigen Glanzpapier-Journal-Stories, in denen eine von einem Wissenschaftler berichtet, der sich in einem außerirdischen Raum erst erfolgreich von seinen beiden Kollegen in einen Hund verwandeln läßt, ehe er, in der für den Leser unersichtlichen Absicht, sich von seinen Kollegen in einen Hasen verwandeln zu lassen, insofern scheitert, als er aus der beabsichtigten Verwandlung als eine Fliege hervorgeht, die, weil sie außerstande ist, ihren Kollegen mitzuteilen, daß es sich bei ihr um einen verwandelten Wissenschaftler handelt, den mißglückten Verwandlungsversuch dadurch zu büßen hat, daß sie von ihren Kollegen im Weltall unbekümmert totgeschlagen wird. Mit dem Wort KLATSCH endet die Geschichte, die sich in ihrer Unerheblichkeit keineswegs von den übrigen Glanzpapier-Journal-Stories unterscheidet, deren Verfasser eine beachtliche Dressurleistung in der Disziplin der Leisetreterei darbieten.

Die Glanzpapier-Journal-Stories sind mit einem Wort keineswegs dazu geeignet, einem unfreien Fremden das Ausmaß der Freiheit der westlichen Kunst zu veranschaulichen. Zwar äußert Peggy Noonan, die dem amerikanischen Präsidenten Ronald Reagan seit einigen Jahren die von der Weltöffentlichkeit als am ätzendsten empfundenen Wörter in den Mund legt, in dem Glanzpapier-Journal ESQUIRE: „. . . Kunst ist ein Ausdruck der Kreativität, und Kreativität wird . . . in Freiheit geboren." Aber wie immer es auch um die Freiheit der Kunst in den westlichen Demokratien bestellt sein mag: die Glanzpapier-Journale, deren Herausgeber keineswegs wie Pfennigfuchser vorzugehen haben, sondern ansehnliche Honorare zu bezahlen imstande sind, sprechen jedenfalls dafür, daß der Kapitalismus, wo er am Ruder ist, eine geistige Verelendung im Schlepptau mit sich zieht, die den Worten ihre Bedeutung entreißt und die Sätze der Sinnlosigkeit überantwortet.

POLITISCHE AUFSÄTZE

DIE VOLKSZERTRETER

Über die Regierungserklärungen der Bundeskanzler der Bundesrepublik Deutschland

Für die Existenzangst, die unter den Bürgern dieses Landes zunehmend um sich greift, besteht allem Anschein nach kein ernster Grund. Wenn man den Worten Glauben schenken will, die unsere insgesamt sechs Bundeskanzler in ihren Regierungserklärungen geäußert haben, so hat seit dem Bestehen der Bundesrepublik, von der oft genug in den düstersten Farben geschilderten Bedrohung aus dem Osten einmal abgesehen, nie ein ernsthafter Grund für Existenzängste bei unseren Bürgern bestanden. Nicht nur der ehemalige Bundeskanzler Helmut Schmidt äußerte in seiner letzten Regierungserklärung im Jahr 1976 die Ansicht: „Nie zuvor in der Geschichte hat es auf deutschem Boden eine freiere und nie zuvor eine sozial gerechtere Ordnung gegeben."

Schon im Jahr 1949 bezeichnete Konrad Adenauer in seiner ersten Regierungserklärung das „Streben . . . nach sozialer Gerechtigkeit" als den „obersten Leitstern" bei der gesamten Arbeit der damaligen Regierung. „Ein verständiger Ausgleich sozialer Gegensätze ist eine unumgängliche Voraussetzung für den Aufstieg unseres Volks", behauptete er seinerzeit.

Dieser sogenannte verständige Ausgleich sozialer Gegensätze sollte und soll nicht nur Konrad Adenauers Äußerungen zufolge mit Hilfe des Prinzips der sozialen Marktwirtschaft, die auch als eine freie, eine freiheitliche oder als eine freie soziale Marktwirtschaft bezeichnet wird, bewerkstelligt werden. Es sollte mit einem Wort einem Prinzip gemäß vorgegangen werden, das keineswegs auf einer grobschlächtigen Neuordnung der Besitzverhältnisse von heute auf morgen und in einer andersgearteten Verteilung der gesellschaftlich erwirtschafteten Güter, die noch heute eine private Verteilung ist, beruht.

„Es ist nicht nur in nationalökonomischen Lehrbüchern nachzulesen, sondern es ist lebendige, praktische Erfahrung, daß dieses Ziel — soll nicht Schaden für die Gesamtheit daraus erwachsen — nicht auf dem Wege der Umverteilung bestehender Vermögen erreicht werden kann", sagte Ludwig Erhard in seiner ersten Regierungserklärung. Hieraus geht ohne Zweifel hervor, daß es sich bei der sozialen Marktwirtschaft um ein Prinzip zu handeln scheint, bei dem die soziale Gerechtigkeit dermaßen unmerklich, ja schleichend herbeigeführt wird, daß sich der einzelne, der Bürger, der Laie, der Arbeitslose, der Sozialhilfeempfänger oftmals des Eindrucks nicht erwehren kann, es stände statt der Herbeiführung der sozialen Gerechtigkeit eher das Gegenteil zur Debatte.

Was dererlei zu kurz Gekommene offenkundig übersehen, ist wohl die Tatsache, daß wir es seit der Gründung der Bundesrepublik mit einem differenzierten Prozeß zu tun haben, der sich beileibe nicht in ein paar lumpigen Jahrzehnten abwickeln läßt. Heute, immerhin fast vierzig Jahre, nachdem dieser Prozeß in die Wege geleitet wurde, erweckt es zumindest den Anschein, als wäre der besagte Prozeß, von allen Fehlschlägen, Mißgeschicken und Unheilsüberrumpelungen begleitet, wie er es war, ist und voraussichtlich auch in Zukunft sein wird, über seine ersten Anfänge längst noch nicht hinausgekommen. Aus mysteriösen Gründen steckt er noch immer in den Kinderstiefeln. Unter diesem Gesichtspunkt kann man es kaum als ein Wunder bezeichnen, wenn selbst der wenig bekenntnisfreudige Konrad Adenauer in seiner zweiten Regierungserklärung im Jahr 1953 freimütig bekennt, daß „nicht alle Bevölkerungskreise . . . an dem wirtschaftlichen Aufstieg der Bundesrepublik . . . gleichmäßig" teilgenommen hätten. Was diese Bevölkerungskreise wohl daran gehindert haben könnte, den eigenen Aufstieg zu hintertreiben, das ließ der Kanzler Adenauer leider offen.

Statt dessen erklärte er: „Es sind nicht in erster Linie die materiellen, sondern es sind die moralischen und ethischen Kräfte, die unsere Welt zum Höheren entwickeln. Es hat deshalb für uns eine entscheidende Bedeutung, daß wir uns auf die Pflichtauffassung und Arbeitswilligkeit des deutschen Arbeiters verlassen können." Lag, fragt man sich, wenn man derartig gravitätische Worte liest, das Versagen derer, die allem Aufstieg zum Trotze drunten bleiben, an deren Amoral, an deren Nihilismus, an deren Pflichtvergessenheit oder an deren Arbeitsscheue. Doch Konrad Adenauer bezichtigt diesbezüglich keinen. Vielmehr spricht er in der Folgezeit mit einer schönen Regelmäßigkeit von einer sogenannten Streuung des Eigentums, als handle es sich hierbei um Körner, die man Hühnern vor die Schnäbel wirft.

„Streuung von Besitz in weitem Umfang ist nötig, um einer möglichst großen Zahl von Staatsbürgern Selbstgefühl und das Gefühl der Zugehörigkeit zum Volksganzen zu geben", heißt es zwar in der dritten Regierungserklärung, die Konrad Adenauer im Jahre 1957 verlautbaren ließ. Doch dachte offenkundig keiner, der über Eigentum verfügte, daran, die sogenannte breite Streuung seines Eigentumes vorzunehmen. Denn auch in seiner vierten Regierungserklärung im Jahr 1961 spricht Adenauer erneut von der sogenannten Streuung.

„Aber nicht nur das Eigentum an Haus und Boden", meinte er, „auch die sonstige Streuung des sich neu bildenden Vermögens sind für uns in Zukunft ein vordringliches Anliegen. Privates Eigentum stärkt die wirtschaftliche Freiheit und Unabhängigkeit des einzelnen und der Familie. Die breite Streuung des privaten Eigentums ist eine Voraussetzung für die Stabilität unserer freiheitlichen Wirtschafts- und Gesellschaftsordnung."

Auf welche Art und Weise indes das besagte Eigentum von wem hingestreut zu werden hatte, damit das Volk dem Volke sich als zugehörig zu empfinden vermochte, verschweigt auch Bundeskanzler Ludwig Erhard. Doch spricht er nicht wie Adenauer von einem breit gestreuten Eigentum, sondern von einem „immer breiter . . . gestreuten . . . privaten Eigentum" in seiner ersten Regierungserklärung im Jahr 1963, da offenbar die sogenannte breite oder immer breiter werdende Streuung des Eigentums, von dem da ständig ohne jegliche Erwähnung der Eigentümer jenes Eigentums die Rede ist, im argen lag.

„Ohne die oft gebrauchten Thesen ‚Wohlstand für alle', ‚Eigentum für jeden' an dieser Stelle noch einmal interpretieren zu wollen, kann und soll niemand an der Ernsthaftigkeit des Willens der Bundesregierung zweifeln, daß sie auf dem Wege über immer breiter gestreutes privates Eigentum das Selbstbewußtsein zu wecken und den Bürgersinn zu stärken . . . bestrebt ist."

Weil jedoch auch Ludwig Erhard sich nicht nur weigerte, die CDU-Parolen: „Wohlstand für alle" oder „Eigentum für jeden" zu interpretieren, sondern obendrein allein vom Eigentum, nicht aber von den Eigentümern, die es ihr eigen nennen, sprechen mochte, gewann das Eigentum den Charakter eines über allen nichtigen irdischen Belangen thronenden sogenannten heiligen Guts, das man, wenn man es sich barbarisch aneignet, entweiht. Der profane Besitz wurde dermaßen rabiat idealisiert, daß Willy Brandt im Jahre 1969, also sechzehn Jahre nach der Gründung der Bundesrepublik, in seiner ersten Regierungserklärung nicht umhin konnte, die „Vermögensbildung in breiten Schichten . . . völlig unzureichend" zu finden. Zumal in „Arbeiterhand" vermochte er keine zureichende Vermögensbildung zu entdecken.

„. . . sie muß kräftig verstärkt werden", sagte er, ehe er mit einer atemberaubenden Kühnheit eine „gezielte Vermögenspolitik . . . zu den Schwerpunkten der Wirtschafts- und Gesellschaftspolitik" zählte. Zwar tauschte er den Ausdruck „Streuung" mit dem Ausdruck „gezielte Vermögenspolitik", doch über die Vermögenden, die ihr Vermögen bekanntlich nicht mit Politik allein zu mehren wissen, verlor der kühne Kanzler Willy Brandt kein Wort. Während er gewissermaßen diesbezüglich auf die Pauke haute, äußerte sich Bundeskanzler Helmut Schmidt im Jahr 1974 in seiner ersten Regierungserklärung geradezu zimperlich im Hinblick auf die Vermögensbildung — einem Begriff, der den Eindruck vermittelt, es bilde sich das Vermögen wie Schimmel.

Zwar sprach Helmut Schmidt in der besagten Regierungserklärung nicht über Schimmel. Vielmehr nannte er nicht zu Unrecht die Vermögensbildung ein „heikles Kapitel". Sich über dieses „heikle Kapitel" zu äußern, verbot ihm wohl sein Taktgefühl, das er auch in seiner zweiten Regierungserklärung im Jahr 1976 zu wahren wußte.

Fast unwirsch wies er nicht allein die Tarifvertragspartner auf ein längst vorhandenes Vermögensbildungsgesetz hin, dessen bis heute noch unmerklich gebliebene Vermögenswirksamkeit Willy Brandt schon im Jahr 1969, indem er recht marktschreierisch von einer Offerte sprach, in Aussicht gestellt hatte. Doch Helmut Schmidt überging in seiner Regierungserklärung im Jahr 1976 die naheliegende Frage, aus welchen Gründen breite Bevölkerungsschichten von der sogenannten „Offerte“ des Willy Brandt, sich in den Genuß der Vermögenswirksamkeit des Vermögensbildungsgesetzes zu bringen, keinen Gebrauch gemacht hatten.

Den Worten Helmut Schmidts zufolge drehte es sich nämlich nicht mehr um die soziale Gerechtigkeit. Vielmehr machte dieser Bundeskanzler keinen Hehl daraus, daß Samariterdienste nötig waren, um denen hilfreich unter die Arme zu greifen, die, wie er es hieß, „bislang im Schatten der Belebung des Arbeitsmarktes gestanden hatten“. Daß es sich bei denen, die „bislang im Schatten der Belebung des Arbeitsmarktes gestanden hatten“ — unfeiner ausgedrückt — um Arbeitslose handelte, steht außer Frage, obwohl Helmut Schmidt nicht von Arbeitslosen, sondern feinsinniger von „Personengruppen“ spricht. Im Gegensatz zu ihm bezeichnete Konrad Adenauer im Jahre 1953, da das Problem derjenigen, die im Schatten der Belebung des Arbeitsmarktes standen, schon einmal hatte aufgegriffen werden müssen, die im Schatten Stehenden noch plump als Arbeitslose.

Während die damalige Arbeitslosigkeit oder das damalige im Schatten der Belebung des Arbeitsmarktes Stehen von Adenauer auf eine mangelnde Verflechtung der bundesdeutschen Wirtschaft mit der Weltwirtschaft zurückgeführt worden war, führt Helmut Schmidt im Jahre 1976 die Arbeitslosigkeit oder das im Schatten der Belebung des Arbeitsmarktes Stehen auf das Gegenteil: nämlich auf die „starke internationale Verflechtung unserer Volkswirtschaft“ zurück, eine Verflechtung, der wir, Konrad Adenauers Äußerungen zufolge, andererseits die Vollbeschäftigung im Jahr 1961, da noch von einer Streuung des Eigentums die Rede war, zu verdanken hatten.

„Die enge internationale Verflechtung hat mit dazu beigetragen, in Deutschland die Vollbeschäftigung zu sichern“, erklärte

Adenauer im Jahre 1951, nichtahnend, daß die Vollbeschäftigung lediglich vorübergehend gesichert sein würde. Die resolute Art und Weise, in der er die Vollbeschäftigung als einen Dauerzustand hinstellte, änderte nichts an der Unbeständigkeit dieses vermeintlichen Dauerzustands.

„Unsere Volkswirtschaft wird wegen ihrer starken internationalen Verflechtung vom weltwirtschaftlichen Strukturwandel besonders betroffen", klagte im Jahr 1976, da die Rezession im Wirtschaftswunderland wütete, Bundeskanzler Helmut Schmidt.

„Wir werden auf dem Gebiet der Wirtschaft . . . durch immer stärkere Einordnung der deutschen Wirtschaft in die Weltwirtschaft systematisch die . . . Strukturfehler der deutschen Wirtschaft beseitigen", prophezeite hingegen im Jahr 1949 Konrad Adenauer. Im Jahr 1976 jammerte Bundeskanzler Helmut Schmidt darüber, daß dieser Staat, der noch heute ein Provisorium darstellt, „von der Nachfrage auf jenen Märkten draußen", abhinge, die er „nicht durch Globalsteuerung oder andere Steuerungsmechanismen von hier aus beeinflussen" könne.

Was niemandem bei der Lektüre der Regierungserklärungen unserer Bundeskanzler entgehen dürfte, ist die Tatsache, daß sie samt und sonders eines gemein haben: ein, gelinde gesagt, beträchtlich gestörtes Verhältnis zu wirtschaftlichen Verflechtungen und Konzentrationsprozessen. Allesamt scheinen sie wirtschaftliche Verflechtungen und Konzentrationsprozesse als ebenso schädlich wie unerläßlich zu betrachten.

„Unternehmenskonzentration ist zwar in vielen Bereichen notwendig. Sie darf aber nicht zur Ausschaltung des wirksamen Wettbewerbs führen", meinte Willy Brandt im Jahr 1969.

„Wir wollen nicht, daß schließlich bei immer größerer Konzentration der Wirtschaft zu Großbetrieben das Volk aus einer kleinen Schicht von Herrschern über die Wirtschaft und einer großen Klasse von Abhängigen besteht. Wir brauchen unabhängige mittlere und kleine Existenzen in Handwerk, Handel und Gewerbe", sagte Konrad Adenauer im Jahr 1957. Neunzehn Jahre später erklärte Helmut Schmidt: „Es ist zwar wahr, daß die Zahl der Betriebsstillegungen . . . überdurchschnittlich angestiegen ist, aber der Wille zur Gründung neuer selbständiger Existenzen hat keineswegs nachgelassen. Diesen Willen wollen wir weiterhin fördern, wie wir die Selbständigen ja auch in der hinter uns liegenden schwierigen Phase nicht allein gelassen haben."

Von mehr als einer Förderung des Willens, eine selbständige Existenz zu gründen, kann wohl unter den gegebenen Umständen kaum mehr die Rede sein. Obwohl die Aufrechterhaltung eines wirksamen Wettbewerbs, der erklärtermaßen als das Hauptcharakteristikum der sogenannten sozialen Marktwirtschaft gilt, so etwas wie ein Steckenpferd unserer Bundeskanzler zu sein scheint, hatten sie samt und sonders hierin eine alles andere als glückliche Hand. Während in den Regierungserklärungen andere Probleme, Themenkreise oder Begriffe auftauchen und verschwinden, teils weil sie sich wie der Begriff einer sogenannten „FORMIERTEN GESELLSCHAFT" oder der Begriff der sogenannten SCHANDMAUER wegen ihrer lachreizerregenden Wirkung auf die Dauer nicht aufrechterhalten ließen, teils, weil sie wie der Begriff der sogenannten KONZERTIERTEN AKTION oder der Begriff OSTZONE an der Wirklichkeit zerschellten, teils, weil sie sich wie der Begriff des sogenannten OHNE-MICH-STANDPUNKTS, dank der Wiederaufrüstung erübrigten, während ein Slogan Willy Brandts WIR WOLLEN MEHR DEMOKRATIE WAGEN von Helmut Schmidt auch in abgewandelter Form nicht mehr in den Mund genommen wurde, spielt das Kartellgesetz in den Regierungserklärungen die Rolle eines Spukgespensts.

Zwar machte Konrad Adenauer in seinen ersten drei Regierungserklärungen keinen Hehl daraus, daß nicht etwa ein wirksames Kartellgesetz zu den Hauptanliegen der Regierung zählte, sondern vor allem die Förderung der Kapitalbildung. „Die Förderung der Kapitalbildung . . . wird unser vordringliches Ziel sein", sagte er 1949. „Nur wenn wir nach Kräften die innerdeutsche Kapitalbildung steigern, können wir erwarten, daß . . . das dringend benötigte ausländische Kapital zum Wiederaufbau unserer Wirtschaft zur Verfügung steht." Zwar meinte er auch im Jahr 1953 in seiner zweiten Regierungserklärung: „Schaffung von Kapital, meine Damen und Herren, ist notwendig, um die Produktivität unserer Wirtschaft zu steigern und sie krisenfest zu machen. Die Bundesregierung prüft die Gesetzgebung zur Förderung des Kapitalmarktes dahin, ob nicht steuerliche Maßnahmen, die diese Entwicklung beschleunigen, getroffen werden können." Auch im Jahr 1957 verausgabte sich Adenauer in seiner dritten Regierungserklärung im Dienste der Schaffung des Monopolkapitalismus. „Schaffung von Kapital, meine Damen und Herren", meinte er damals, „ist notwendig, um die Produktivität unserer Wirtschaft zu steigern und sie krisenfest zu machen . . ." Geradezu selbstvergessen erwartete der sich im Dienste der Etablierung eines hiesigen Monopolkapitalismus verausgabende Konrad Adenauer von der hiesigen Wirtschaft als Gegenleistung lediglich, daß diese den Wettbewerb bejahe.

Erst im Jahr 1961 ist sogar in einer Regierungserklärung dieses Kanzlers von der „Entstehung wirtschaftspolitisch schädlicher marktbeherrschender Unternehmen", ja, von der Möglichkeit eines „Mißbrauchs . . . bereits vorhandener Macht" die Rede. Erst in diesem Jahr empfand es Konrad Adenauer offenkundig als unerläßlich, eine Überprüfung und Verbesserung des Kartellgesetzes öffentlich in Aussicht zu stellen. In seine Fußstapfen trat vier Jahre später Ludwig Erhard, der immerhin verhieß, daß sich das „Hohe Haus" bei der „Beratung des Kartellberichts" mit der „Behandlung marktbeherrschender Unternehmen" zu befassen vorhätte. Im Jahr 1969 beteuerte Willy Brandt, daß er sein Menschenmögliches tun würde, um die „Mißbrauchskontrolle marktbeherrschender Positionen auszubauen". Im Jahr 1973 kündigte Willy Brandt die „Verbesserung eines Kartellgesetzentwurfes" an.

„Wer den Wettbewerb einschränkt, braucht sich nicht zu wundern, wenn die marktwirtschaftlichen Prinzipien in Mißkredit geraten", erklärte er seinerzeit nicht allein. Als bislang erster und letzter Bundeskanzler brachte er sogar ein Wort wie „Wirtschaftskriminalität" über die Lippen. Ja, er nahm es sogar auf seine Kappe, alle Welt wissen zu lassen, daß die Regierung die Wirtschaftsdelikte nicht als einen Sport betrachtete. „Wir betrachten die alarmierend wachsenden Wirtschaftsdelikte nicht als Sport wenig ehrenswerter Herren", sagte er mit einem drohenden Unterton. Im Jahr 1974 sah es schließlich so aus, als wäre hierzulande hinsichtlich eines wirksamen Kartellgesetzes, eines Gesetzes, an dem Regierungen scheiterten, die trotz des Widerstands von seiten der Bevölkerung die Remilitarisierung betreffend ein außerordentliches Durchsetzungsvermögen zeigten, die letzte Hürde überwunden. Lakonisch verkündete in diesem Jahr Bundeskanzler Helmut Schmidt: „Das neue Kartellgesetz verstärkt den Wettbewerb."

Doch bereits zwei Jahre später ist in Helmut Schmidts Regierungserklärung erneut vom Entwurf einer weiteren Novelle zum Kartellgesetz die Rede. „Eine nicht auf eigener wirtschaftlicher Leistung beruhende Verstärkung der Marktmacht, wie sie aus wettbewerbsschädlichen Unternehmenszusammenschlüssen erwachsen kann, darf unser Wettbewerbsrecht nicht dulden", meinte er mit einer Entschlossenheit, die ihre Wirkung auf manch einen Wähler vermutlich nicht verfehlte.

Dennoch ist diese Entschlossenheit einfach nicht vergleichbar mit jener Entschlossenheit, die in der Nachkriegszeit der Bundesverband der Deutschen Industrie, die Bundesvereinigung der Deutschen Arbeitgeber oder die Unternehmensleitungen verschiedener Ruhrkonzerne an den Tag legten, als es galt, die Dekartellisierungspolitik der Alliierten dadurch zu durchkreuzen, daß man die Rechtsgültigkeit der Dekartellisierungsgesetze, ihre Vereinbarkeit mit dem Völkerrecht in Frage stellte und zumal Einwände wegen der damals gesetzlich unklar gebliebenen Regelung der Eigentumsverhältnisse beziehungsweise der Entschädigungsfrage geltend machte.

Derlei Maßnahmen zeitigten immerhin den Erfolg, daß die Umgestaltung der für die Dekartellisierung vorgesehenen Konzerne von den Vorständen dieser Konzerne höchstpersönlich vorgenommen wurde und innerhalb von kürzester Zeit die aus den ehemaligen Konzernen herausgelösten Einheitsgesellschaften wiederum nahezu ausnahmslos zu Konzernen unter den traditionellen Firmenbezeichnungen zusammenschmolzen.

„Als eine Grundvoraussetzung unseres wirtschaftlichen Aufstiegs betrachte ich die eindeutige Wiederherstellung verletzter Eigentums- und Vermögensrechte, gleichgültig, von wem die Verletzung ausgegangen ist", erklärte Fritz Berg, der Präsident des Bundesverbandes der Deutschen Industrie, in einem Presseinterview im Jahr 1949, das heißt zu einer Zeit, da gewissermaßen die Weichen für die künftige

Politik in diesem Staat gestellt wurden. Deshalb ist zumal die erste Regierungserklärung Konrad Adenauers überaus aufschlußreich.

Tatsächlich laufen die in dieser Regierungserklärung zum Ausdruck gebrachten wirtschaftlichen und innenpolitischen Ziele auf die Wiederherstellung der alten machtpolitischen Verhältnisse in Wirtschaft und Staat hinaus. Denn zu diesen Zielen der ersten Bundesregierung zählten unter anderem: die Förderung der freien Unternehmerinitiative, die Senkung der Einkommensteuer zwecks Kapitalbildung, die Gewinnung des Vertrauens des ausländischen Kapitals und die Fortsetzung der als „soziale Marktwirtschaft" propagierten neoliberalistischen Wirtschaftspolitik. Im außenpolitischen Teil seiner Regierungserklärung stellte Konrad Adenauer die Beziehungen zu den Westmächten in den Mittelpunkt.

Vergleicht man die innen- und außenpolitischen Ziele der damaligen Bundesregierung mit den Zielen, zu denen sich zu dieser Zeit der Bundesverband der Deutschen Industrie bekannte, so tritt eine Gleichheit eineiiger Zwillinge im Hinblick auf die Interessen zutage, die vieles verständlich macht. Nach einer offiziellen Eigendarstellung bestanden die Ziele des Bundesverbands der Deutschen Industrie nämlich in folgendem:

„Einfügung in die politischen Tendenzen, Einnahme klarer Positionen auf westlicher Seite,

Bejahung der weltwirtschaftlichen Arbeitsteilung, unter anderem der Konzeption der europäischen wirtschaftlichen Zusammenarbeit,

Abbau der Nachkriegszwangswirtschaft, Entfaltung der freiheitlich sozialen Marktwirtschaft,

Abbau jedweder Diskriminierung, Freilassung der in Haft befindlichen Industriellen."

Was das letztere betrifft, so hatte sich auch Konrad Adenauer in seiner ersten Regierungserklärung für die Amnestie von rechtskräftig verurteilten Kriegsverbrechern eingesetzt. Während er sich in einer vergleichsweise umwundenen Art und Weise über die Rehabilitierung der Kriegsverbrecher aus der Wirtschaft des Dritten Reichs äußerte, sprach er überaus offen von der notwendigen Beseitigung der Entnazifizierungsfolgen: „Durch die Denazifizierung ist viel Unglück und viel Unheil angerichtet worden. Die wirklich Schuldigen an den Verbrechen, die in der nationalsozialistischen Zeit und im Kriege begangen worden sind, sollen mit aller Strenge bestraft werden. Aber im übrigen dürfen wir nicht mehr als zwei Klassen von Menschen in Deutschland unterscheiden: die politisch Einwandfreien und die Nichteinwandfreien. Diese Unterscheidung muß baldigst verschwinden. Der Krieg und auch die Wirren der Nachkriegszeit haben eine so harte Prüfung für viele gebracht und solche Versuchungen, daß man für manche Verfehlungen und Vergehen Verständnis aufbringen muß. Es wird daher die Frage einer Amnestie von der Bundesregierung geprüft werden, und es wird weiter die Frage geprüft werden, auch bei den Hohen Kommissaren dahin vorstellig zu werden, daß entsprechend für von alliierten Militärgerichten verhängte Strafen Amnestie gewährt wird."

Tatsächlich tat die Regierung Adenauer das Ihre, damit die „Unterscheidung" zwischen „zwei Klassen von Menschen": den „Einwandfreien" und den „Nichteinwandfreien", wie es Konrad Adenauer nannte, ein baldiges Ende hatte. Es war vor allem die CDU/CSU, die sich nach dem Abschluß der Entnazifizierung für die Wiederverwendung der entlassenen Beamten einsetzte. Im Grundgesetz war durch den parlamentarischen Rat unter Artikel 131 festgelegt worden, daß die Rechtsverhältnisse all jener Personen „einschließlich der Flüchtlinge und Vertriebenen", die seit dem 8. Mai 1945 aus dem öffentlichen Dienst „aus anderen als beamten- und tarifrechtlichen Gründen" ausgeschieden waren und bisher nicht oder nicht ihrer früheren Stellung entsprechend verwendet wurden, durch Bundesgesetz zu regeln sei.

Die Verfassungsgeber begründeten die Notwendigkeit einer solchen Regelung mit unbilligen Härten, die angeblich im Verlauf der Entnazifizierungsverfahren aufgetreten waren. Noch in der ersten Legislaturperiode verabschiedete der Bundestag mit Zustimmung der Sozialdemokraten das Gesetz zur Regelung der Rechtsverhältnisse der unter den Artikel 131 des Grundgesetzes fallenden Personen, das am 11. Mai 1951 in Kraft trat. Nach dem 131er Gesetz erhielten etwa 150.000 Beamte und Angestellte, ehemalige Wehrmachts- und Arbeitsdienstangehörige, die aufgrund ihrer Tätigkeit in der Zeit des Faschismus nach der Kapitulation aus dem öffentlichen Dienst entlassen worden waren, ihre vollen Versorgungsansprüche zurück beziehungsweise die Möglichkeit, erneut in den Staatsdienst zu treten. Neben nominellen Mitläufern der NSDAP, unbescholtenen Berufssoldaten oder Umsiedlern zogen mit Hilfe dieses Gesetzes zu einem großen Teil aktive Nationalsozialisten und Kriegsverbrecher wieder in die öffentlichen Verwaltungen ein.

In seiner ersten Regierungserklärung äußert zu diesem Thema Konrad Adenauer: „Es wird notwendig sein, sobald wie möglich auch die Frage der Pensionen der vertriebenen Beamten und der ehemaligen Militärpersonen durch ein Bundesgesetz zu regeln. Diese Regelung kann zwar an den namentlich in der Kriegszeit ungewöhnlich rasch erfolgten Beförderungen der Militärpersonen nicht achtlos vorbeigehen, sie wird aber doch die Wehrmachtsbeamten und Militärpersonen so behandeln müssen, wie es recht und billig ist."

Noch revanchistischer bringt Konrad Adenauer die Pläne seiner Regierung zum Ausdruck, indem er meint: „Wenn die Bundesregierung so entschlossen ist, dort, wo es ihr vertretbar erscheint, Vergangenes vergangen sein zu lassen, in der Überzeugung, daß viele für subjektiv nicht schwerwiegende Schuld gebüßt haben, so ist sie andererseits doch unbedingt entschlossen, aus der Vergangenheit die nötigen Lehren gegenüber allen denjenigen zu ziehen, die an der Existenz unseres Staates rütteln, mögen sie nun zum Rechtsradikalismus oder zum Linksradikalismus zu rechnen sein."

Daß diese Kampfansage keineswegs den Rechtsradikalen galt, zeigte sich in den darauffolgenden Jahren. Für die Kriegsverbrecher öffneten sich die Gefängnistore, die Linken, nicht nur die Kommunisten, sondern vor allem auch die Gegner der Adenauerschen Remilitarisierungspolitik, nämlich die Initiatoren der Ostermärsche, waren erneut Verfolgungen ausgesetzt. Im August 1950 beschlossen die Länderminister, gegen Kundgebungenn und Demonstrationen der Remilitarisierungsgegner vorzugehen. Im September des gleichen Jahres erließ die Bundesregierung eine Anordnung, derzufolge nicht nur Mitgliedern der KPD, sondern zum Beispiel auch Mitgliedern der VEREINIGUNG DER VERFOLGTEN DES NAZIREGIMES die Beschäftigung im öffentlichen Dienst untersagt wurde. Im

April 1951 wurde eine Volksbefragung die Remilitarisierung betreffend verboten. Ohne die gebotene Gründlichkeit wurde am 9. und 11. Juli 1951 die 2. und 3. Lesung eines Strafrechtsänderungsgesetzes, auch das BLITZGESETZ genannt, im Bundestag durchgesetzt. Dieses Gesetz ergänzte das geltende Strafgesetzbuch in den Kategorien Hoch- und Landesverrat, verschärfte unter anderem die Strafbestimmungen und führte als neues Delikt die sogenannte STAATSGEFÄHRLICHKEIT ein. Es war ein Gesetz, das hinlänglich Handhabe bot, verfassungswidrige Absichten oder verfassungswidrige Gesinnung zu unterstellen und, wie gesagt, unter anderem die Gegner der Adenauerschen Remilitarisierungspolitik zu verfolgen.

Aus seinen Remilitarisierungsabsichten macht Adenauer in einer zweiten Regierungserklärung im Jahr 1953 kein Hehl: „Der Ablauf der politischen Ereignisse hat es mit sich gebracht, daß bei den Wahlen die deutsch-alliierten Verträge, der Vertrag über die Europäische Verteidigungsgemeinschaft und der Deutschland-Vertrag noch nicht zur vollen Wirksamkeit erwachsen waren. Diese Verträge und die mit ihnen getroffenen Entscheidungen, namentlich die erklärte Bereitschaft zur Leistung eines deutschen Verteidigungsbeitrags . . . haben die Gesamtheit des deutschen Volkes besonders aufgewühlt und beschäftigt . . . Im Wahlkampf haben die Auseinandersetzungen um die deutsch-alliierten Verträge . . . einen breiten Raum eingenommen. Die Problematik trat für den deutschen Wähler klar zutage. Das Votum der Wähler ist völlig klar. Niemand wird heute noch behaupten können, daß das deutsche Volk den Verträgen und einem deutschen Verteidigungsbeitrag ablehnend gegenüberstehe. Der Ohne-mich-Standpunkt, der vor zwei Jahren eine Rolle spielte und den sich die gesamte Opposition von der KPD bis zu den Kreisen von Dr. Heinemann zunutze machte, ist überwunden und hat einer realistischen Beurteilung der deutschen Situation Platz gemacht. Der 6. September 1953 ist zu einem Bekenntnis des deutschen Volks für die Verträge geworden. Er ist ein Bekenntnis der Freiheit, Humanität und der europäischen Gemeinschaft im Geiste abendländischen Christentums", behauptete Konrad Adenauer in dieser zweiten Regierungserklärung, und er brachte, indem er ein vermeintliches Ja der Wähler zur Remilitarisierung einem Bekenntnis zur Humanität und zum Geist abendländischen Christentums gleichsetzte, nicht nur das Ausmaß seines Zynismus zum Ausdruck. Was seine Regierungserklärung obendrein enthüllte, als er über die Überwindung des Ohne-mich-Standpunktes redete, eines Standpunkts, von dem er jedermann glauben machen wollte, die Wähler seiner Partei hätten ihn mit sich und ihrem Gott überwunden, ist eine bodenlose Verachtung eines Volksvertreters für die Bevölkerung, die sich als beispiellos bezeichnen ließe, stände Adenauer mit dieser Verachtung unter unseren Bundeskanzlern alleine da.

Denn bekanntlich und wie bereits erwähnt wurde der Ohne-mich-Standpunkt nicht etwa überwunden, sondern dadurch unterbunden, daß da jeder einzelne Wähler etwa mit sich und seinem Gott zu Rate gegangen wäre und nach einem inneren Ringen trotz eines Weltkriegs, der schätzungsweise 56 Millionen Tote forderte, in einem geteilten Land, in dem Ruinen alles andere als einen Seltenheitscharakter hatten, sich zur Wiederaufrüstung bekannt hätte. Bekämpft wurde die Ohne-mich-Bewegung mit allen Mitteln, die der Staatsmacht, unter anderem auch durch Gesetzesänderungen, zur Verfügung standen. Und die Wähler wählten Adenauer wohl kaum, weil sie den Wunsch hegten, daß ihre Steuergelder für immer ausgepichtere Vernichtungswaffen verwendet wurden, sondern weil sie sich jene soziale Gerechtigkeit erhofften, die Adenauer mit großen Trara bereits in seiner ersten Regierungserklärung angekündigt hatte.

In dieser ersten Regierungserklärung war im übrigen nicht nur von der Durchführung des seit der Währungsreform anstehenden Lastenausgleichs, von Maßnahmen zur Eingliederung der Umsiedler, von der Förderung des Wohnungsbaues und von einer spürbaren Hilfe für den Mittelstand die Rede. Konrad Adenauer hatte sogar von einer Neuordnung der Besitzverhältnisse gesprochen. „Die soziale und gesellschaftspolitische Anerkennung der Arbeitnehmerschaft macht eine Neuordnung der Besitzverhältnisse in den Grundindustrien notwendig", meinte er seinerzeit.

Doch, wie gesagt, ist Konrad Adenauer nicht unser einziger Bundeskanzler, dessen Verachtung für die Bevölkerung in einer Regierungserklärung zum Ausdruck kommt. Seine Verachtung ist lediglich weniger verhohlen als die seiner Nachfolger. Allein die Art und Weise, in der er, nach gewonnenen Wahlen, jeweils seinen Wählern politische Reife bescheinigte, ist in diesem Zusammenhang der Rede wert. So meinte Adenauer nach gewonnener Wahl im Jahr 1953: „Auf dieses Ergebnis . . . kann das deutsche Volk stolz sein . . . Das deutsche Volk hat bei den Wahlen ein hohes Maß politischer Reife und politischer Urteilskraft bewiesen." Im Jahr 1957 meinte Konrad Adenauer nach gewonnener Wahl: „Die klare Mehrheit der Wähler bei der Bundestagswahl, die, wie ich betonen möchte, sich durch alle Schichten und Berufe, durch alle Lebensalter hindurchzog, hat bewiesen, daß die Wähler, auch wenn sie nicht alle sogenannten Feinheiten der Politik beherrschen, doch eine klare Erkenntnis des Wesentlichen haben."

Indirekt kommt auch bei Ludwig Erhard eine solche Verachtung der Bevölkerung zum Ausdruck, wenn er in einer zweiten Regierungserklärung meint: „Aus grundsätzlichen, rechtlichen, volkswirtschaftlichen und politischen Erwägungen kann sich die Bundesregierung zu einer Ausdehnung der Mitbestimmung über den Montanbereich hinaus nicht verstehen."

Von Verachtung zeugt diese Erklärung schon insofern, als es Erhard nicht für notwendig erachtete, die für die überwiegende Mehrheit der Bevölkerung wesentlichen, grundsätzlichen, rechtlichen, volkswirtschaftlichen und politischen Erwägungen, die seiner Meinung nach eine Ausdehnung der Mitbestimmung über den Montanbereich hinaus nicht zuließen, der Bevölkerung auseinanderzusetzen.

In den Regierungserklärungen Helmut Schmidts wiederum tritt diese Verachtung des Volks vor allem dadurch zutage, daß dieser Bundeskanzler darin alle erdenklichen Ungereimtheiten und Widersprüche unbekümmert auf sich beruhen läßt. So meinte er in seiner ersten Regierungserklärung: „Gegner der freiheitlichdemokratischen Grundordnung gehören nicht in den öffentlichen Dienst." Dieses Statement hindert ihn dennoch nicht daran — kaum daß die Berufsverbotpraxis von ihm für recht und billig erklärt wurde — auf derselben Seite seiner Regierungserklärung zu behaupten: „Wir stehen ein für eine offene Gesellschaftsordnung, in der Platz ist für die Vielfalt der Meinungen und auch für die Vielfalt der Gruppen."

In der Regierungserklärung des Kanzlers Kurt Georg Kiesinger schließlich ist diese Verachtung des Volks nicht nur weitaus weniger eklatant. Sie tritt erst im nachhinein zutage. Denn erst im nachhinein, als es sich herausstellte, welch rabiaten Abbau der demokratischen Rechte dieses Rechtsstaats, dessen Fortbestand ganz offenkundig mit obsoletem Recht allein nicht zu bewerkstelligen ist, eben die Große Koalition durch die Verabschiedung des Notstandsgesetzes im Jahr 1968 betrieben hatte, fällt es auf, daß Kanzler Kiesinger in seiner Regierungserklärung auf diesem Punkt nicht einmal am Rande zu sprechen gekommen war. Über die Notstandsgesetze hatte er kein Sterbenswörtchen verloren. Nachdem gegen die bereits von Konrad Adenauer und Ludwig Erhard beabsichtigten Maßnahmen wie seinerzeit gegen die Remilitarisierungspläne eine Volksbewegung entstanden war, die angefangen vom DGB bis zu Professoren, Studenten und Organisationen unterschiedlichster politischer Richtungen breiteste Kreise der Bevölkerung umfaßte, hielt es der Kanzler Kiesinger ganz augenscheinlich nicht für ratsam, die Notstandsgesetze vor deren Durchsetzung in einer Regierungserklärung zur Debatte zu stellen.

Argwohnerweckend achtsam drückte sich diesbezüglich schon Konrad Adenauer aus, als er in seiner letzten Regierungserklärung auf die Notstandsgesetze zu sprechen kam. „Wir werden die für die Erhaltung unserer inneren und äußeren Sicherheit erforderliche Gesetzgebung umgehend verabschieden müssen. Das Grundgesetz bedarf der Ergänzung, um für den Fall Vorsorge zu treffen, daß der Bestand oder die freiheitlich demokratische Grundordnung unseres Staats bedroht werden", erklärte er lediglich. Deutlicher drückte sich diesbezüglich Ludwig Erhard aus. Denn offenkundig bedarf dieser Rechtsstaat, um existieren zu können, wie ein Vampir des Blutes seiner Bedrohung. Obwohl diese Bedrohung daran krankte, daß sie nicht vorhanden war, meinte Kanzler Erhard: „Es liegt dem Hohen Hause bereits ein umfassendes Gesetzgebungswerk unserer Notstandsverfassung vor. Es kommt darauf an, dem Staat und seinen Organisationen eine gesetzliche, von rechtsstaatlichen Vorstellungen geformte Grundlage für das Handeln im Notfalle zu geben . . . Von dem gleichen Grundgedanken ausgehend, ist die Bundesregierung entschlossen, dem Parlament den Entwurf eines Gesetzes vorzulegen, das . . . die für jedermann erkennbaren Ausnahmen festlegt, in denen aus Gründen der Sicherheit des Staates und seiner Bürger wie auch der bei uns stationierten alliierten Truppen gewisse Einschränkungen des Post- und Briefgeheimnisses geboten sind."

Weil die Schutzvorkehrungen des Staates in keinem Verhältnis zu dessen vermeintlicher Bedrohung standen, konnte Kanzler Erhard nicht umhin, in seiner zweiten Regierungserklärung jene Meinungsverschiedenheiten zu erwähnen, die damals wegen der Verabschiedung der Notstandsgesetze, die durch keine Bedrohung, es sei denn dieses Rechtsstaats durch sich selbst, gerechtfertigt wurden, zwischen der Regierung und der Opposition entstanden. Allerdings beging die Opposition zu der Zeit, da sie an der Regierung war, an ihren Meinungen einen regelrechten Rufmord. Dank dieser Meinungsverschiedenheiten, mit denen sich die Opposition profilierte, mußte Ludwig Erhard in seiner zweiten Regierungserklärung bekennen: „. . . die vorgesehene Ergänzung des Grundgesetzes kam nicht mehr zustande. Die neue Bundesregierung wird in erneuten Verhandlungen mit der . . . Opposition ehestens zu klären haben, ob es in der neuen Legislaturperiode gelingen wird, unsere Verfassung durch eine Regelung zu ergänzen, die rechtsstaatlich den Notwendigkeiten der inneren und äußeren Sicherheit . . . gerecht zu werden vermag . . ."

Während der Kanzler Ludwig Erhard im Hinblick auf die Notstandsgesetze eine Niederlage erlitt, ging die Große Koalition, deren Mitglieder Erhard den Sieg nicht erringen ließen, im Hinblick auf die Notstandsgesetzgebung, die sie zuvor nach Kräften sabotiert hatten, als Sieger hervor. Ludwig Erhard scheiterte nicht zuletzt, weil er den Fehler beging, die Notwendigkeit der Notstandsgesetze, obwohl für sie keinerlei Notwendigkeit ersichtlich war, plausibel zu machen. Kanzler Kurt Georg Kiesinger ließ es überhaupt nicht erst zu irgendwelchen Debatten kommen. In seiner Regierungserklärung lassen lediglich zwei ungemein verallgemeinernde Formulierungen Mutmaßungen im Hinblick auf sein Vorhaben aufkommen.

„Die Hoffnungen richten sich darauf, daß es der Großen Koalition, die über eine so große, zwei Drittel weit übersteigende Mehrheit im Bundestag verfügt, gelingen werde, die ihr gestellten schweren Aufgaben zu lösen", meint Kurt Georg Kiesinger am Anfang seiner ersten

Regierungserklärung, in der das Hauptgewicht mehr auf der schlagkräftigen Mehrheit der Großen Koalition im Bundestag als auf den Vorhaben, deren Bewältigung die Mehrheit gewährte, liegt. Am Ende seiner Regierungserklärung unterrichtet dieser Bundeskanzler die Öffentlichkeit darüber, daß er weit davon entfernt sei, sie über alles zu informieren. „Die Regierungserklärung", konstatiert er, „hat darauf verzichtet, in der bisher üblichen Weise die ganze Breite der politischen Aufgaben aufzufächern".

Dieser sogenannte Verzicht, die Öffentlichkeit über die politischen Ziele der Großen Koalition zu informieren, zeigt von Kiesingers Furcht, mit der Ankündigung der geplanten Notstandsgesetzgebung ähnliche Proteste auszulösen wie es Adenauers Remilitarisierungspläne taten. Wohlweislich verschweigt dieser Kanzler in seiner Regierungserklärung die Möglichkeit, dank der Notstandsgesetzgebung den Einsatz der Bundeswehr zur Unterstützung der Polizei beim Schutz ziviler Objekte und bei der Niederschlagung von Aufständen zu sanktionieren. Sein Schweigen erstickt den naheliegenden Verdacht im Keim, daß diese Notstandsgesetzgebung vor allem der Zerschlagung demokratischer Volksbewegungen von Nutzen sein könne. Kein Wort verliert dieser Kanzler zudem über die Folgen seines Vorhabens, im Verteidigungsfall, der schon oft in der hiesigen Geschichte eine Vorwegnahme des Angriffs beinhaltete, die Kompetenzen der Länder zum Bund zu verschieben und die Kompetenzen vom Bundestag und Bundesrat zum gemeinsamen Ausschuß zusammenzuschließen, was zu einer totalen Aushöhlung der bundesstaatlichen Struktur führen könnte. In ein beredtes Schweigen hüllt sich dieser Kanzler auch darüber, daß die geplanten Grundrechtseinschränkungen im Hinblick auf das Brief-, Post- und Fernmeldegeheimnis jedermann zu einem gläsernen Menschen zu machen vermögen, wenn es dem Schutz der freiheitlich-demokratischen Grundordnung, die man besser vor ihren Sachwaltern schützen sollte, dient, selbst wenn kein äußerer oder innerer Notstand vorliegt. Ein Wunder ist unter den gegebenen Umständen die Wortkargheit dieses Kanzlers keineswegs, wenn der Kernpunkt der Notstandsgesetze, der der Öffentlichkeit auch heute noch nicht bekannt ist, zur Debatte steht. Die Notstandsgesetze erteilen nämlich den hiesigen Volkszertretern, die unser Volk noch immer für Volksvertreter hält, die Befugnis, das Grundrecht auf Arbeits- und Berufsfreiheit einzudämmen und eine Arbeitszwangspflicht einzuführen, die ein gemeingefährliches Disziplinierungsinstrument der hiesigen Arbeiterschaft darstellt, der im Ernstfall, wenn sie sich nicht selber zu helfen weiß, beide Hände gebunden sein werden.

Allerdings kennzeichnet die Regierungserklärungen unserer Bundeskanzler eine außerordentliche Diskretion nicht nur, wenn es um die Notstandsgesetzgebung geht. Ein Thema wie die innere Sicherheit wird in diesen Regierungserklärungen nur am Rande gestreift. So erwähnt Willy Brandt in seiner ersten Regierungserklärung lediglich einen Extremismus, den es zu bekämpfen gilt, was ihn nicht daran hindert, in der darauffolgenden Legislaturperiode, das heißt im Januar 1972, den sogenannten „Radikalenerlaß" ins Leben zu rufen, obwohl er doch angeblich mehr Demokratie zu wagen beabsichtigte. „Wir wollen mehr Demokratie wagen", sagte er bei seinem Regierungsantritt, weil er geradezu dazu begnadet ist, das, was er verneint, zu bejahen und das, was er bejaht, zu verneinen. Sein „Radikalenerlaß" weist eine große Ähnlichkeit mit den Bismarckschen Sozialistengesetzen auf, die angeblich den gemeingefährlichen Bestrebungen der Sozialdemokraten hatten Einhalt gebieten sollen.

Nachdem das Parlament zudem im Juni 1972 eine Reihe von Gesetzen beraten hatte, die den verstärkten Einsatz staatlicher Zwangsmittel, wie die Verschärfung des Haftrechts, die Erweiterung der ohnehin ungemein weiten Kompetenzen des Verfassungsschutzes und den Ausbau des derzeit überaus ansehnlichen Bundesgrenzschutzes als „jederzeit abrufbare Eingreifreserve", ermöglichen sollten, nachdem man sich mit einem Wort gewiß sein konnte, daß hinter dem Verputz dieses Rechtsstaats in ständiger Abrufsbereitschaft jener Terror lauert, der sich siegreich aus der Niederlage des Dritten Reichs in unsere Republik gerettet hat, erteilte Willy Brandt voller Nonchalance den Feinden der Verfassung, deren vermeintliche Gralshüter sich als ihre Erzfeinde erweisen, den Tip, daß sie „gut beraten" seien, wenn sie „heute wie morgen . . . mit der entschlossenen Abwehr" der Bundesregierung rechneten.

Zwar raffte sich Willy Brandt in seiner zweiten Regierungserklärung, in der er sattsam mit Freiheit und Demokratie Schindluder getrieben hatte, zu einem Bekenntnis auf, das sich allerdings in Anbetracht seiner Drohungen und seiner bedrohlichen Maßnahmen gegen nicht vorhandene Bedrohungen dieses Rechtsstaats lediglich als ein Lippenbekenntnis bezeichnen läßt. „Ein Gegensatz zwischen unserer freiheitlich-demokratischen Grundordnung und dem berechtigten Bedürfnis der Menschen nach Sicherheit darf nicht bestehen", beteuerte er zwar so inbrünstig, daß man daran hätte zweifeln können, daß gerade dieser Kanzler, der, wie gesagt, mehr Demokratie zu wagen verheißen hatte, mit der Demokratie auf eine Weise Schindluder trieb, die sie irreparabel ramponierte. Ungeklärt ist bis heute indes die Frage, ob die Regierung Willy Brandt nicht auch das Bedürfnis der Menschen nach Sicherheit, indem Sie mit ihren Sicherheitsmaßnahmen nicht Seelenruhe, sondern Furcht und Schrecken, Einschüchterung und Untertanengeist verbreitete, mit Füßen trat. Im Jahre 1974 kam Helmut Schmidt in seiner Regierungserklärung schon nicht mehr auf den Gegensatz zwischen dem von Staats wegen einsatzbereit gemachten Terror und der Seelenruhe der hiesigen Bürger, die nur der Untertanengeist noch garantierte, zu sprechen. Was die innere Sicherheit betraf, so bereitete ihm nicht der einsatzbereite Terror von seiten des Staats Kopfzerbrechen. Ihm mißfielen die Unkosten, die die legalisierte Verbreitung von Angst und Schrecken mit sich brachte. Dennoch schienen ihm Angst und Schrecken zwar sündhaft teuer, aber dermaßen lieb zu sein, daß er sich bei seiner zweiten Regierungserklärung zu der Äußerung ermannte: „Wir werden auf dem Felde der inneren Sicherheit unsere erfolgreichen Anstrengungen fortsetzen."

Weder in seiner ersten noch in seiner zweiten Regierungserklärung findet dieser Regierungschef die „Anti-Terror-Gesetze", die dazu geschaffen sind, dem Terrorismus mit staatlichem Terror den Rang abzulaufen, einer Erörterung für wert. Möglicherweise wollte er hiermit vereiteln, daß es ruchbar wurde, auf welch wackligen Füßen ein freiheitlich demokratischer Staat steht, der Gesetze verabschiedet, die es wie das Anti-Terror-Gesetz diesem Staat ermöglichen, die Rechte der Verteidiger zu beschneiden und den Verteidigerausschluß anzuordnen, die es diesem Staat nunmehr ermöglichen, jedermann zu inhaftieren, ohne daß es dem jeweils Inhaftierten gestattet ist, einen Rechtsbeistand hinzuzuziehen, die Polizeikommandos ermächtigen, wann immer sie es im Interesse der sogenannten „Terroristenbekämpfung" für notwendig erachten, Wohnsilos zu durchsuchen, eine unbegrenzte Anzahl Bürger aufgrund des Verdachts auf Verdacht auf Tatverdacht festzunehmen und Versammlungen beziehungsweise Demonstrationen und Kundgebungen aus Gründen des Staatsschutzes zu verbieten, zu verhindern oder aufzulösen.

Man kann den Bundesregierungen, gleichgültig, ob sie nun von der CDU/CSU oder der SPD mit Hilfe von Intrigen der FDP gestellt wurden, vieles anlasten. Eines kann man diesen Regierungen allerdings nicht nachsagen: daß sie in der Regierungspolitik die Kontinuität hätten missen lassen. Es führt ein geradliniger Weg vom 131er Gesetz, mit dessen Hilfe, wie bereits erwähnt, aktive Nationalsozialisten und Kriegsverbrecher wieder in die öffentlichen Verwaltungen einziehen konnten, zur Remilitarisierung, von der Remilitarisierung zu den Notstandsgesetzen, von den Notstandsgesetzen zum Radikalenerlaß und vom Radikalenerlaß zu den Anti-Terror-Gesetzen, die, obwohl man unseren Staat zu den Demokratien zählt, eine Liquidierung von bürgerlichen Freiheiten legalisieren, eine Liquidierung, die man sanktioniert, indem man sie in einen Akt zum Schutze bürgerlicher Freiheiten umfälschte.

Lediglich die Ostpolitik der Regierung Brandt, die nicht allein den Interessen von Handel, Banken und Industrie gerecht wurde, sondern eine Isolierung der Bundesrepublik hintertrieb, stellt ein — wenn auch keineswegs atemberaubendes — Novum innerhalb der Regierungspolitik der diversen Regierungen dar. Im Jahr 1969 fallen in der Regierungserklärung Willy Brandts nämlich zum erstenmal, wenn von der DDR die Rede ist, nicht mehr die Bezeichnungen „Zone", „Ostzone" oder „Sowjetzone". Auch ist in dieser Regierungserklärung im Gegensatz zur Regierungserklärung des Kanzlers Kiesinger nicht nur vage von einem anderen Teil Deutschlands die Rede. Die DDR wird in Brandts Regierungserklärung erstmalig DDR genannt.

Ansonsten kennzeichnet die Regierungserklärungen eine nach Absprache stinkende Gleichförmigkeit, die vor allem dann zutage tritt, wenn von der sogenannten Verteidigungspolitik, die an einem Mangel an Angriffen krankt, sowie vom nordatlantischen Bündnis, von der Notwendigkeit der Präsenz der US-Truppen in Europa, die erst Besatzungstruppen, dann Truppen von Bündnispartnern waren und, wenn Not am Manne sein sollte, durchaus zu einer Verwandlung zu Besatzungstruppen imstande wären, sowie von der Erhöhung der Kampfkraft der Bundeswehr und der NATO im Rahmen des Konzepts der sogenannten abgestuften Abschreckung die Rede ist.

In einer Einmütigkeit, die das Manna unserer pluralistischen Art von Meinungsfreiheit darstellt, wird von unseren Volkszertretern auch der sehnliche Wunsch nach einer Vereinbarung über eine kontrollierte Abrüstung, der sehnliche Wunsch nach einer Verminderung der Truppen und Rüstungen in Europa in schönfärberische Worte gekleidet, obwohl diesen Herzenswünschen stets die Behauptung vorausgeht oder folgt, daß leider vorläufig und bis auf weiteres, wenn nicht gar bis zum Sankt Nimmerleins Tag, die Unabdingbarkeit forcierter Aufrüstungsanstrengung unumgänglich sei. So ermahnte beispielsweise Konrad Adenauer in seiner dritten Regierungserklärung die hiesigen Steuerzahler zu einer an Heroismus grenzenden Aufopferungsbereitschaft, die sich dahingehend deuten läßt, daß es jedermanns Ehrensache zu sein hat, seine eigene Vernichtung zu finanzieren. „Jeder einzelne in Deutschland", verkündete er, „muß sich darüber Rechenschaft ablegen, daß ihm die Sicherung der Bundesrepublik, Europas und der westlichen Welt große finanzielle und auch persönliche Belastungen auferlegt. Erst wenn die Vereinbarung über eine kontrollierte Abrüstung vorliegt und funktioniert, kann man daran denken, diese Lasten zu erleichtern und die enormen Aufwendungen an menschlicher Kraft, Material und Geld für die allgemeine Wohlfahrt der Völker zu nutzen."

Weil die ersehnte kontrollierte Abrüstung zumal mächtigen amerikanischen Rüstungskonzernen und den von ihnen abhängigen Zulieferungsunternehmen zweifellos den Ruin bescheren würde, rüstet man wacker und blindwütig weiter auf, bemüht sich, die Pleitegeier von den Konzernen, die sich auf die mehrfache Menschheitsvernichtung spezialisiert haben, fernzuhalten und den Menschheitsvernichtungsprofiteuren demütigende Offenbarungseide zu ersparen, obwohl es eines jeden Volkszertreters Anliegen zu sein scheint, eine Abrüstung in die Wege zu leiten.

So macht auch Konrad Adenauer, unser hausgemachter Initiator der Remilitarisierung dieses Staats, der vorführt, wie ein Land auch ohne Souveränitätsrechte als Staatsgebilde zu erscheinen vermag, aus seinem Bedauern über die die Abrüstung vereitelnde Aufrüsterei kein Hehl. „Die Aussichten, der Welt durch Abrüstung den Frieden zu erhalten und zu sichern, sind leider nicht ermutigend . . ." gesteht er in seiner vierten Regierungserklärung. „Daher betrachtet die Bundesregierung die Stärkung der NATO als das Gebot der Stunde, und zwar durch verbesserte politische Konsultation und durch militärische Verstärkung. Nach Auffassung der Bundesregierung sollte der Plan einer NATO-Atom-Streitmacht möglichst bald verwirklicht werden."

So ermutigen die entmutigenden Aussichten auf eine Abrüstung unsere Kanzler zu einer immer bedrohlicher werdenden Aufrüstung. Das, was dabei herauskommt, sind Waffenarsenale, die der Verfriedhofung dieses Planeten Vorschub leisten, und Herzenswünsche, die, um den Herzen ihre Wünsche zu erhalten, niemals in Erfüllung gehen dürfen. Konrad Adenauer war die Erhaltung seines Herzenswunsches, eine Abrüstung zu verwirklichen oder wenigstens in die Wege zu leiten, dermaßen lieb und teuer, daß er sogar für die baldige Verwirklichung einer NATO-Atom-Streitmacht plädierte. Um den Verdacht zu entkräften, seine Regierung liebäugle mit dem Gedanken, die Bundeswehr mit atomaren Waffen zu bestücken, fiel er sich vorsichtshalber selbst ins Wort, indem er behauptete: „Die Bundesregierung hat diese Forderung niemals erhoben. Die Organisation des Nordatlantik-Pakts ist ein auf Verteidigung der gemeinsamen Interessen gerichtetes Bündnis der freien Völker. Die Bundesregierung ist ein loyaler Partner dieses Bündnisses. Der Verteidigungscharakter der deutschen Streitkräfte kann nicht besser demonstriert werden als durch die Tatsache, daß die deutschen Verbände dem alliierten Oberbefehl unterstellt sind."

Diese Äußerungen entbehren in der Tat nicht einer geradezu bodenlosen Widersinnigkeit. Denn die Tatsache, daß die hiesigen Streitkräfte den US-Streitkräften unterstellt sind, besagt nur die Subalternität dieses Staats, der nur so lange sein Gesicht wahren kann, als er die Frage nach den für jeden Staat unerläßlichen Souveränitätsrechten überhaupt nicht anschneidet. Ansonsten beweist die Unterordnung der hiesigen Streitkräfte unter die US-Streitkräfte schon insofern keinen Verteidigungscharakter, als der Verteidigungscharakter der US-Streitkräfte durch allzu viele Angriffskriege oder Interventionen auf eine verunstaltende Weise ramponiert ist. Die Unterscheidung zwischen Angriff und Verteidigung fällt dem Laien schon deshalb immer schwerer, weil Angriffe seit geraumer Zeit als Vorwegnahmen der Verteidigung hingestellt werden. Der Angreifer verteidigt sich, indem er einen Angreifer angreift, um den Angriff des vermeintlichen Angreifers in eine Verteidigung umzumünzen.

Den Verteidigungscharakter unserer Streitkräfte unterminiert außer Adenauer auch Ludwig Erhard, wenn er mit einer argwohnerregenden Selbstlosigkeit den NATO-Streitkräften eine nukleare Aufrüstung nahelegt. Auch er ist bemüht, eine politische Weltlage zu schaffen, bei der der hinter der Aufrüstung zum Zwecke der Verteidigung eine desolate Nachrüstung zum Zwecke eines vermeintlichen Angriffs bewerkstelligende Angreifer hinterdrein hinkt. Von einem Wettstreit der Aufrüstungsbemühungen kann keine Rede sein. Vielmehr sind die Verteidigungsleistungen den Angriffsanstrengungen dermaßen haushoch überlegen, daß man sich des Eindrucks nicht erwehren kann, man müsse den Angreifern zu Hilfe eilen, um sie vor den Verteidigern zu schützen. Dies hindert jedoch auch Ludwig Erhard nicht daran, sich für eine nukleare Aufrüstung der NATO-Streitkräfte stark zu machen. Damit die Bedrohten für ihre Bedroher eine noch größere Bedrohung darstellen, legt sich dieser Kanzler zudem für eine Erhöhung des sogenannten Verteidigungsetats ins Zeug. „Wir sind uns mit unseren Verbündeten darin einig", meint er in seiner ersten Regierungserklärung, „daß wir angesichts der weltpolitischen Situation in unseren gemeinsamen Anstrengungen auf dem Gebiet der Verteidigung nicht nachlassen dürfen . . . Die starken Verbände amerikanischer Truppen in Deutschland und die auf unserem Gebiet stationierten Truppen unserer anderen Bundesgenossen führen uns täglich vor Augen, wie weit unsere Bündnisgemeinschaft über die militärische Verklammerung hinaus immer mehr als eine Lebensgemeinschaft der Völker empfunden wird . . . Es gilt, die Kampfkraft der Verbände der Bundeswehr zu stärken."

Weil diesen Äußerungen zu entnehmen ist, daß in Anbetracht von Streitkräften, deren Handwerk das Töten, Morden, Metzeln, Massakrieren ist, statt Schlachtfeldern und Blutbädern Lebensgemeinschaften entwachsen zu lassen, nimmt es auch nicht wunder, daß Ludwig Erhard gemäß dem Motto: STERBEN UND STERBEN LASSEN, DAMIT LEBENSGEMEINSCHAFTEN ENTSTEHEN die Abrüstung ein Dorn im Auge ist. „Abrüstung allein", behauptet er in seiner zweiten Regierungserklärung, „ist kein Allheilmittel gegen die Unruhe der Völker, gegen Spannungen und Konflikte, die die Welt erschüttern . . . Insbesondere müssen jene Probleme gelöst werden, die sich aus der Tatsache ergeben, daß nunmehr einige Mitglieder der Allianz über eigene Kernwaffen verfügen, aber eine nicht. An der nuklearen Verteidigung müssen indessen die Bundesgenossen nach dem Grad ihrer Bedrohung und dem Grad ihrer Last beteiligt werden . . . Die Spaltung Deutschlands ist ein Unrecht. Dem darf nicht ein zweites dadurch hinzugefügt werden, daß man uns, die wir Wesentliches für das westliche Bündnis tun, die Verteidigung gegen die offene Bedrohung aus dem Osten erschwert."

Wer den besagten Grad der sogenannten offenen Bedrohung maß oder wie diese Bedrohung überhaupt zu messen war, erfahren wir von Ludwig Erhard nicht. Auch wird die besagte Bedrohung aus dem Osten nicht dadurch eklatanter, daß sie dieser Bundeskanzler als offen bezeichnet, obwohl vom Osten her kein einziger Übergriff zu verbuchen ist, der ein Verfügungsrecht dieses Staats über nukleare Waffen auch nur annähernd nötig erscheinen ließe. Nicht die Bedroher oder deren Bedrohungen, sondern das gigantische Potential von Vernichtungswaffen, mit dem der freiheitliche Westen aufzuwarten hat, sollen der Menschheit das Ausmaß einer Bedrohung veranschaulichen, die in der Art eines Dogmas nur dank der ihr unterschobenen Unanfechtbarkeit aufrechtzuerhalten ist. Jeder, der die Bedrohung bezweifelt, stempelt sich selbst zum Staatsfeind ab. Jeder, der zu fragen wagt, wann, wie oder wo wurden wir vom Osten bedroht, behaftet sich selbst mit dem Ruch das Hochverrats. Trotz ihrer Unnachweisbarkeit gilt die Bedrohung aus dem Osten als eine Tatsache, an der so wenig gerüttelt werden darf, daß jeder, der daran rüttelt, Rufmord an der westlichen Welt begeht, deren Wertmaßstäbe, Moral, Ethik und Ideologie ohne die ebenso unnachweisbare wie unanfechtbare Bedrohung aus dem Osten aus den Fugen geräten.

Auch Willy Brandt, dessen Äußerungen über die Verteidigungspolitik weniger militant anmuten als jene seiner Vorgänger, stellt die Bedrohung aus dem Osten keineswegs in Frage. Zwar spricht er nicht von einer Bedrohung aus dem Osten, sondern von einer Bewahrung eines ausgeglichenen Kräfteverhältnisses, für das die Präsenz der US-Streitkräfte in diesem Lande unerläßlich sei. Doch dieses Kräfteverhältnis behauptet er, nur durch eine Fortsetzung der Aufrüstungsanstrengungen aufrechterhalten zu können. „Die Bundesregierung wird . . . dafür wirken, daß der europäische Pfeiler des Bündnisses stärker wird", verspricht er wohl weniger seinen Wählern als vielmehr den Bündnispartnern dieses Staates, um den es schlecht bestellt wäre, wenn seine Bundeskanzler nicht hielten, was sie versprechen. Während Ludwig Erhard aus Streitkräften Lebensgemeinschaften entwachsen sah, bezeichnet Willy Brandt Wehrpflicht, Verteidigungshaushalt und Zivilverteidigung als einen „sinnvollen Dienst für die freie Gemeinschaft unserer Bürger". Für Helmut Schmidt wiederum stellen die NATO-Streitkräfte einen „politischen Rahmen für die Bemühungen um Entspannung in der Welt" dar. Statt einer Lebensgemeinschaft oder statt eines Dienstes für die freie Gemeinschaft unserer Bürger stellt er die Präsenz der US-Streitkräfte in Europa als die Ursache eines „nie zuvor gekannten Vertrauensverhältnisses zwischen den USA und der Bundesrepublik Deutschland" hin.

Wenn man die Verlautbarungen unserer Bundeskanzler liest, so möchte man fast meinen, es entsprösse gerade der unüberbietbaren Unmenschlichkeit, die die Schaffung eines noch nie dagewesenen Vernichtungswaffenpotentials beinhaltet, der Inbegriff der Menschheit. Was diese Humanität auch vor einem keineswegs undenkbaren Einsatz der besagten Vernichtungswaffen arg beeinträchtigt, sind nicht zuletzt die Kosten dieser Waffen, mit der man die Bürger ihre eigene Vernichtung finanzieren läßt. Völlig folgerichtig lassen unsere Bundeskanzler die hiesige Bevölkerung in ihren Regierungserklärungen wissen, daß sich diese die Verwirklichung eines Sozialstaats betreffend keinen trügerischen Hoffnungen hingeben möge.

Geradezu kassandrahaft warnen vor allem Konrad Adenauer und Ludwig Erhard die Bevölkerung nicht nur vor einem sogenannten „totalen Versorgungsstaat", sondern auch vor der Freiheitsbeschneidung, die ihren Äußerungen zufolge ein perfektes System sozialer Sicherung im Schlepptau nach sich zöge. „Der Sinn und die Erfüllung des Lebens", predigte Konrad Adenauer in seiner dritten Regierungserklärung, „liegen nicht im übersteigerten Lebensstandard und übertriebenem Luxus, nicht in Hast und Jagd nach Geld und materiellem Genuß . . . Die Bundesregierung ist entschlossen, den Gedanken der Selbsthilfe und privaten Initiative in jeder Weise zu fördern und das Abgleiten in einen totalen Versorgungsstaat, der früher oder später den Wohlstand vernichten würde, zu verhindern."

Obwohl diesen Äußerungen nicht zu entnehmen ist, um wessen Wohlstand es sich handelt, der da von einem Staat, der für die Versorgung aller Sorge trägt, vernichtet würde, liegt es dennoch auf der Hand, daß nicht die Habenichts, Hungerleider, Arbeitslosen, Lohnempfänger, kleinen Angestellten oder Gastarbeiter, die keinen Wohlstand, der sich von einem totalen Versorgungsstaat vernichten ließe, ihr eigen nennen dürfen, die Leidtragenden der Vernichtung eines Wohlstands von seiten eines Versorgungsstaates wären, der nicht geneigt ist, auf Kosten einer Mehrheit den Bedürfnissen einer Minderheit Rechnung zu tragen, deren „übersteigerten Lebensstandard" und deren „übertriebenen Luxus" Konrad Adenauer in seiner dritten Regierungserklärung den hiesigen Hungerleidern, Habenichtsen, Arbeitslosen, Lohnempfängern, kleinen Angestellten dadurch madig zu machen trachtet, daß er dem Wohlstand das Recht abspricht, Sinn und Erfüllung des Lebens zu sein.

Auch in seiner vierten Regierungserklärung rückt Adenauer wakker gegen den totalen Versorgungsstaat, den er nicht als einen sozialistischen Staat bezeichnen will, zu Felde. Ungeachtet dessen, daß bekanntlich die persönliche Freiheit mit dem sozialen Aufstieg steigt und mit dem sozialen Abstieg sinkt, sieht Adenauer in einer sozialen Sicherung, die wirklich Sicherheit gewährt, eine Gefährdung der Freiheit, die nur eine Gefährdung der Freiheit, vor die Hunde zu gehen, beinhalten kann. „Die Sozialpolitik darf nicht Selbstzweck sein . . ." meint er, „die Bundesregierung wird . . . Bedacht darauf nehmen, daß die Eigenverantwortung des Menschen gestärkt und seine persönliche Freiheit nicht geschmälert wird."

So gewinnt unter der Hand der Wohlstand, aus dem sich in Wahrheit Freiheiten, die jeder Beschreibung spotten, herausschlagen lassen, den Charakter einer Zwangsjacke, während die Mittellosigkeit, die in Wahrheit die Handlungsfreiheit der Hungerleider beschneidet, zum Garanten einer Freiheit avanciert, die darin besteht, sich knechten, ausbeuten, aussperren, kündigen, in Stadtküchen verköstigen, von karitativen Verbänden kleiden zu lassen, betteln zu gehen oder sich am nächsten besten Ast zu erhängen.

Diese Art Freiheit den Mittellosen zu erhalten, ist auch Ludwig Erhard bestrebt. Was ihm an dieser Bevölkerung mißfällt, ist deren Geringschätzung jener Art Freiheit, die weniger frei als vogelfrei zu machen pflegt. „Eine oft ausschließlich materiell bestimmte Grundhaltung weiter Kreise der Bevölkerung charakterisiert die Lage — 18 Jahre nach Beendigung der größten Katastrophe deutscher Geschichte", klagt er in seiner ersten Regierungserklärung, ehe er seine Absicht bekundet, die hiesige Jugend „vom falschen Weg des nur Geldverdienen- und Versorgt-sein-Wollens abzubringen". „Bemühen wir uns darum", fährt er fort, „jedwede Forderung an den Staat vorschnell mit dem Wort ‚sozial' oder ‚gerecht' zu versehen . . ."

Eine Phobie im Hinblick auf Soziales oder Gerechtes kommt auch in der zweiten Regierungserklärung dieses Bundeskanzlers zum Ausdruck. Ein regelrechtes Ärgernis scheint ihm die staatlich gewährleistete Sicherheit der Staatsbürger zu sein. Zwar geht er nicht soweit, dem Vagabundentum das Wort zu reden. Aber seine Einstellung zu einem von ihm so genannten TOTALVERSICHERUNGSSYSTEM kundet von einer Emotionalität, hinter der sich eine Unfähigkeit, dem Sozialismus mit Argumenten beizukommen, verschanzt.

„Die Bundesregierung", erklärt er, „lehnt die Einführung eines staatlichen Totalversicherungssystems aus grundsätzlichen Erwägungen ab . . . Sie möchte aber auch ein ungewolltes Hineingleiten des einzelnen in die immer stärkere Abhängigkeit vom Staat vermeiden. Deshalb ist es das Ziel der deutschen Sozialpolitik, alle sozialen Gruppen vor einer Entwicklung zu bewahren, in der sie zunehmend bloß Objekte staatlicher Fürsorge sind."

Unübersehbar ist an diesem Statement die ständige Trennung des Bürgers, der doch angeblich in den freiheitlich westlichen Staaten die Volksvertreter, aus denen der Staat besteht, in freien Wahlen wählt, vom Staat, der doch angeblich in freiheitlich westlichen Staaten aus in freien Wahlen gewählten Volksvertretern besteht. Dennoch stellt der durch freie Wahlen und Stimmzettelabgaben zum Bundeskanzler avancierte Ludwig Erhard den Staat, dessen mächtigster Repräsentant er einige Zeit lang war, als etwas hin, vor dem die Staatsbürger geschützt zu werden haben. Es scheint so, als wolle der mächtigste Repräsentant eines Staats, der sich als demokratisch bezeichnet, dessen Bürger davor bewahren, ihre Interessen von diesem Staat vertreten zu lassen. Wessen Interessen sollen, fragt man sich, den Bestrebungen des Bundeskanzlers Erhard zufolge, die Volksvertreter vertreten, wenn nicht die Interessen des Volks? Wer Ludwig Erhards Erläuterungen liest, kann sich jedenfalls des Eindrucks nicht erwehren, daß dieser Bundeskanzler ein arg gestörtes Verhältnis zur Demokratie hatte. Seine Sorge, daß das Volk von seinen Volksvertretern fordern könnte, daß diese dafür Sorge tragen, daß für das Wohl des Volks Sorge getragen werde, gibt zu denken. Offenbar sah dieser Volksvertreter im Volk nur Menschen, die ihn wählten, damit er andere Interessen vertreten konnte als die Interessen des Volks.

Seine Phobie vor dem TOTALVERSORGUNGSSTAAT teilten die Bundeskanzler, die die SPD stellte, zwar nicht in diesem Ausmaß. Dennoch gab Willy Brandt jenen, die Forderungen an den Staat zu stellen wagten, zu verstehen, daß seine Regierung nicht geneigt sei, sie ernst zu nehmen. „Wer nur neue Forderungen stellt, ohne zu neuen Leistungen bereit zu sein, wird der Lage, auch der eigenen Interessenlage, nicht gerecht und kann nicht erwarten, ernst genommen zu werden", meinte er. „Reformgerede, hinter dem sich nur Gehaltsforderungen tarnen, taugt wenig."

Der Meinung Willy Brandts zufolge diente die Sozialpolitik etwas Höherem als der Beseitigung der Furcht vor materieller Not und sozialem Abstieg. „Sie will bewirken, daß in unserer Gesellschaft mehr reale Freiheit herrscht", erklärte er in seiner zweiten Regierungserklärung. Nicht anders als in seinen Regierungserklärungen sucht man auch in den Regierungserklärungen von Helmut Schmidt nicht vergebens nach Freiheitsverheißungen. Von der Freiheit haben unsere Bundeskanzler nämlich allesamt nicht nur allgemein ausführlich geredet. Sie machten auf eine geradezu inflationäre Weise von diesem Begriff Gebrauch.

Um wieder „zur Freiheit ... zu kommen", gab es, laut Konrad Adenauer, „für das deutsche Volk ... keinen anderen Weg" als „mit den Alliierten zusammen ... den Weg in die Hölle zu gehen". „In ihrem Kampf um die Erhaltung der Freiheit" steht, laut Konrad Adenauer, „die westlich demokratische Welt" einem „festgefügten Block im Osten" gegenüber. „Die Freiheit" ist, laut Ludwig Erhard, „ein so hoher und absoluter Wert, daß sich ein Volk preisgibt, wenn es auf sie verzichtet." „Das deutsche Volk" ist sich, laut Ludwig Erhard, „bewußt", wie sehr die Freiheit ... der Bundesrepublik von der „Macht und Entschlossenheit der Vereinigten Staaten abhängt." Um die „ökonomischen Grundlagen für eine sich in Freiheit ... festigende Gesellschaft sicherzustellen", war die Regierung Erhard, laut Ludwig Erhard, entschlossen, „die Politik der sozialen Marktwirtschaft konsequent fortzuführen". „Die Qualität des Lebens" heißt, laut Willy Brandt, die Sozialpolitik bewirken. Auch ging es diesem Bundeskanzler um die „Freiheit im Alltag", wo seinen Äußerungen zufolge „jene Selbstbestimmung des einzelnen" anfängt, die sich „in der freien Existenz des Bürgers erfüllt und unter den Pflichten und Rechten der Nachbarschaft steht", wie er es wörtlich nannte. „Die Freiheit" muß, laut Helmut Schmidt, „auch gegenüber ihren Feinden verteidigt werden." Im „Zeichen deutlicher Freiheit" wünschte sich, laut Helmut Schmidt, derjenige, der „von Freiheit redet, auch Liberalität im Staate" wirklich herbeizuführen.

„Wer von Freiheit redet, muß auch Liberalität im Staate wirklich herbeiführen", erklärte dieser Bundeskanzler in seiner letzten Regierungserklärung.

Sieht man einmal davon ab, daß sich diese Äußerung durchaus gegen die Regierung Schmidt kehren ließe, so ist auch an den übrigen angeführten Redewendungen unseres Bundeskanzlers deutlich erkennbar, daß der Begriff Freiheit längst jeglichen konkreten historischen Inhalts beraubt und bis zur Bedeutungslosigkeit heruntergekommen ist. Als leere Formel war er den Bundeskanzerln hierzulande nicht nur immer dann willkommen, wenn es galt, ihm reaktionäre

Inhalte zu unterschieben und mit seiner Hilfe Maßnahmen wie beispielsweise die Remilitarisierung, die Notstandsgesetze oder die Anti-Terror-Gesetze durchzusetzen. Es war erklärtermaßen unser aller Freiheit, in deren Dienst unsere Bundeskanzler ihre Politik zu stellen vorgaben. Davon, daß eine abstrakte Freiheitspropaganda und die Verbreitung von Freiheitsillusionen zu den wichtigsten Instrumenten der Herrschaftsmechanismen in diesem Staate zählten und zählen, kundet auch die Floskel unseres derzeitigen Bundeskanzlers Helmut Kohl, der immer, wenn von Abrüstung die Rede ist, über „Frieden in Freiheit" zu sprechen pflegt, was sich durchaus als eine Verzichtbereitschaft im Hinblick auf den Frieden zugunsten der Freiheit interpretieren läßt.

Nicht von der Friedfertigkeit, sondern von der an Kadavergehorsam grenzenden Unterwürfigkeit dieses Kanzlers, dessen Regierungserklärungen hier ihrer Papageienhaftigkeit wegen außer acht gelassen wurden, zeugte jene Furore machende Verbeugung, die Helmut Kohl anläßlich eines Staatsempfangs im Weißen Haus bei der Begrüßung des amerikanischen Präsidenten Ronald Reagan vollführte. Obwohl sich Helmut Kohl zumindest in bezug auf seine Körpergröße sehen lassen kann, verneigte er sich, einzig und allein darauf bedacht, vor dem amerikanischen Präsidenten so klein zu erscheinen, wie es die Machtverhältnisse zwischen den USA und der Bundesrepublik gebieten, dermaßen tief vor Ronald Reagan, daß sein Kopf, gesetzt den Fall, er hätte einen Kniefall auf seine Kappe genommen, vom Fußboden auch nicht viel weiter entfernt gewesen wäre.

Was unsere übrigen Bundeskanzler in ihren Regierungserklärungen eilfertig zu kaschieren trachteten, offenbarte die auf einem Poster festgehaltene Verbeugung des Bundeskanzlers Helmut Kohl vor dem US-Präsidenten. Sie enthüllte die Lage dieses Staates, dessen höchste Repräsentanten den Vereinigten Staaten Dank dafür schulden zu müssen meinen, daß er von seinem engsten Verbündeten, der sich mehr und mehr als sein Todfeind entpuppt, dazu auserkoren ward, die Interessen der USA als ein passables Schlachtfeld zu wahren, auf dem es sich dessen Bevölkerung, wenn sie ihren Volkszertretern nicht endlich in deren schmutziges Handwerk pfuscht, wohl oder übel eine Ehre wird sein lassen müssen, die Rolle des verratenen und verkauften Schlachtviehs zu spielen.

POLITISCHES KAUDERWELSCH
Über auf den Hund gekommene politische Begriffe

Wer aktuelle Begriffe nicht nur als Schlagwörter verwendet, sondern versucht, sie im Hinblick auf ihre Bedeutung und auf die Konsequenzen, die sie im Rahmen der politischen und gesellschaftlichen Wirklichkeit der Bundesrepublik haben, zu erörtern, der wird, auch wenn seine Verschleierungsmanöver und seine Ausflüchte noch so geschickt sind, früher oder später dank seiner Wortwahl und dank seiner Argumentationsweise seinen ideologischen Standpunkt preisgeben. Wer beispielsweise statt des Begriffs UNGLEICHHEIT den Begriff VERSCHIEDENHEIT einsetzt, der trifft Anstalten, die der Ungleichheit innewohnende Ungerechtigkeit zu beschönigen. Wer beispielsweise schreibt: „Die individuelle Freiheit bildet in einer Marktwirtschaft ihren deutlichsten Ausdruck im Recht jedes einzelnen, seine persönlichen Ressourcen, besonders sein Leistungspotential . . . nach eigenem Ermessen auf Märkten einzusetzen, sei es als unternehmerisch Tätiger oder sei es als Kontrahent eines Arbeitsvertrages", der verdreht nicht allein die Tatsachen, sondern verschweigt, daß der Mehrheit der Bevölkerung hierzulande in Ermangelung persönlicher Ressourcen keineswegs die Möglichkeit offensteht, sich für eine lukrative unternehmerische Tätigkeit zu entscheiden. Er entlarvt mit seiner Behauptung obendrein, daß es sich bei der sogenannten individuellen Freiheit nur um das Privileg einer finanzkräftigen Minderheit handeln kann, die dank ihrer persönlichen Ressourcen tatsächlich imstande ist, zu entscheiden, ob sie sich einer unternehmerischen Tätigkeit widmen oder Kontrahent eines Arbeitsvertrages werden soll.

Das Zitat, das man zumal wegen der Bedenkenlosigkeit, in der hier entscheidende Sachverhalte ausgeklammert werden, als typisch für reaktionäre Argumentationsschemata bezeichnen kann, ist einem Buch mit dem Titel: KAMPF UM WÖRTER entnommen, das im Carl Hanser Verlag vor einiger Zeit erschien. In diesem Buch, das der Direktor des Instituts für Politikwissenschaft an der Universität Stuttgart: Martin Greiffenhagen herausgab, äußern sich maßgebende Persönlichkeiten, das heißt Professoren, Dozenten, Direktoren und Politiker, in zumeist zwischen acht und zehn Seiten umfassenden Statements zu Begriffen, die hierzulande in aller Munde sind. Sie äußern sich unter anderem zu den Begriffen CHANCENGLEICHHEIT, DEMOKRATISIERUNG, ENTSPANNUNG, FREIHEIT, GRUNDWERTE, DEMOKRATISCHER SOZIALISMUS, SOZIALSTAAT, RECHTSSTAAT oder FREIE MARKTWIRTSCHAFT, also zu Begriffen, die in diesem Land ebensooft gebraucht wie mißbraucht worden sind, werden und vermutlich auch künftig werden werden.

Allerdings sind die in dem besagten Buch enthaltenen Statements nicht etwa der Rede wert, weil darin die durch eine in der Regel willfährige Verwendung verwirrter Begriffe wiederum entwirrt würden. Der Rede wert sind die zur Debatte stehenden Statements allein, weil darin, von wenigen Ausnahmen einmal abgesehen, zu verfolgen ist, mit welchen sprachlichen Tricks, Finten und Kunstgriffen diese Begriffe ein weiteres Mal ihres ursprünglichen Inhalts so gründlich beraubt werden, daß sie sich nicht einmal mehr als Formulierungen der bundesdeutschen Wirklichkeit entgegenstellen lassen.

Dies gilt zum Beispiel für die durch die Verfassung gewährleistete CHANCENGLEICHHEIT, die besagt, daß alle Heranwachsenden, so verschieden ihre Elternhäuser sind, das gleiche Recht auf den Zugang zu den öffentlichen Bildungseinrichtungen haben, und daß ihr Bildungsweg von ihren Fähigkeiten und Interessen bestimmt werden soll, nicht vom sozialen Rang oder den wirtschaftlichen Mitteln ihrer Eltern.

Dieses Recht scheint Werner Remmer, der bei der Abgabe dieses Statements im Jahr 1980 Niedersächsischer Kultusminister war, als überaus prekär zu empfinden. Denn in seinem Statement meint er unter anderem: „Es geht nicht an, alle Probleme, die man irgendwo in der Familie — im öffentlichen Leben, in der Gemeinde hat, der Schule aufzuhalsen ... Viele wissen inzwischen sehr genau, wie die Schule auf ihre gesellschaftspolitische Überforderung reagiert: mit der Flucht in die totale Pauk- und Konkurrenzschule ... Ein Schlüsselwort der Überforderung der Schule ist das Wort Chancengleichheit ... Rückblickend müssen wir ... sagen, daß die Nachbarkeitsgläubigkeit in Sachen Begabung ... ganz unerfüllbare Ansprüche und Erwartungen geweckt hat ... Zur Chancengleichheit gehört ... vor allem, jeden das lernen zu lassen, was er tatsächlich am besten kann ... Die Verwirklichung von Chancengleichheit ist ... wahrscheinlich immer weniger eine Frage dessen, was wir an Aufwand investieren, als die Frage dessen, wie differenziert ... wir Leistungsverschiedenheiten und Leistungsunterschiede bewerten ... Wer ... der Meinung ist, er könne die bürgerlichen Glücks-, Status- und Einkommenserwartungen ... einfach sozialisieren, weiß entweder nicht, was er tut, oder er will diese Privilegien auf höchst inhumane Weise ruinieren."

Zu denken gibt an diesem Textstück zunächst, daß hier die Schule, von der es heißt, sie reagiere auf ihre gesellschaftspolitische Überforderung mit der Flucht in die totale Pauk- und Konkurrenzschule, anthropomorphisiert wird. Diese Anthropomorphisierung der Schule wird offenkundig vorgenommen, um die Verantwortung vor den Schulbehörden und vom Lehrpersonal abzuwälzen, die beide letztlich für die Zustände, die in einer sogenannten Pauk- und Konkurrenzschule herrschen, zur Rechenschaft gezogen werden müßten. Offenkundig ist es die Absicht des Niedersächsischen Kultusministeriums, die Schuld für die angebliche Überforderungskrise in den Schulen denjenigen zuzuschieben, die auf einer Verwirklichung der Chancengleichheit bestehen, also vor allem den Eltern der Schüler und den Schülern.

Daß es sich bei diesen Eltern keineswegs um Angehörige der oberen Schichten, sondern um Angehörige der unteren Schichten handeln muß, liegt auf der Hand. Ihnen wird eine sogenannte NACHBARKEITSGLÄUBIGKEIT IN SACHEN BEGABUNG vorgeworfen. Es wird ihnen mit einem Wort unterstellt, sie glaubten, daß dank der Chancengleichheit auch bei ihren hoffnungslos unbegabten Sprößlingen eine Begabung zutage treten würde. Die für die Leistungen eines Schülers bekanntlich alles andere als unbedeutende Rolle, die das soziale Milieu und vor allem die Wohnsituation spielen, wird bewußt bagatellisiert durch die Behauptung, daß die Verwirklichung der Chancengleichheit weniger eine Frage dessen sei, was die Behörden an Aufwand investieren, als vielmehr eine Frage der Differenzierung der Leistungsunterschiede.

Für den Schüler, den die häuslichen Verhältnisse am konzentrierten Lernen hindern, verwirklicht sich die Chancengleichheit lediglich dadurch, daß sich seine Lehrer beim Zensieren seiner schlechten Leistungen und der guten Leistungen seiner Mitschüler ein bißchen mehr Zeit nehmen als zuvor. Woher die schlechten und die guten Leistungen herrühren, steht nicht zur Debatte. Denjenigen, die meinen, sie könnten die Chancengleichheit sozialisieren, das heißt allen Schichten der Bevölkerung zuteil werden lassen, wird vom Niederrheinischen Innenminister vorgeworfen, sie beabsichtigten, die Chancengleichheit zu ruinieren, indem sie gleiche Chancen fordern. Mit dieser Bezichtigung bringt der Verfasser des Statements über die Chancengleichheit unmißverständlich zum Ausdruck, daß er der Erhaltung bürgerlicher Privilegien der Chancengleichheit gegenüber eine Priorität einräumt, die die Chancengleichheit bis zu einem Nichts unterminiert.

Sehr viel wolkiger als der Niedersächsische Kultusminister drückt sich Rolf Schroers, der bei der Ausgabe seines Statements der Direktor der Theodor-Heuss-Akademie war, über den Begriff DEMOKRATISIERUNG aus. In seinem Statement heißt es unter anderem: „Demokratisierung stellt sich immer deutlicher gegen die neue Herrschaft der Sachzwänge, gegen Expertokratie und Technokratie ... Nicht Volkssouveränität, sondern die Technik erscheint als der wahre Herr des Geschehens. Sie perfektioniert stets ihre eigenen Perfektionen, und diese sind nicht identisch mit der Mehrung von Freiheit und Menschenwürde ... Demokratisierung trifft auf die neue Herausforderung der Technokratie, die die Lebens-, Arbeits- und Freizeitwelt scheinbar selbständig unterwirft, ohne daß bisher ein wirksames Instrumentarium entwicklet wurde, die Technik demokratisch zu beherrschen."

Das Vorgehen des Verfassers dieses Statements besteht zunächst einmal in einer Dämonisierung und Verabsolutierung der Technik. Sie wird aus ihren gesellschaftlichen Relationen herausgelöst. Ja, die Äußerung, daß nicht Volkssouveränität, sondern Technik als der wahre Herr des Geschehens erscheine, unterschiebt der Technik etwas von einer Naturgewalt, wenn nicht Naturkatastrophe Vergleichbares, das sich dem menschlichen Zugriff entzieht. Die Frage, wer sich der technischen Errungenschaften auf eine Weise bedient, die der menschlichen Freiheit und Menschenwürde Abbruch tun, kann der Verfasser schon insofern nicht anschneiden, als eine solche Fragestellung seine Argumentation bis zur Unhaltbarkeit durchlöchern würde. Nur indem Rolf Schroers die in dem Unternehmen und Konzernen herrschenden undemokratisch hierarchischen Praktiken und die für diese Praktiken verantwortlichen Unternehmer, Konzernherren oder Spitzenmanager außer Betracht läßt, ist es ihm möglich, zu behaupten, daß die Technik die Arbeitswelt scheinbar selbständig unterwerfe, ohne daß bisher ein wirksames Instrumentarium entwikkelt worden sei, die Technik demokratisch zu beherrschen. Die Tatsache, daß vor allem die Profitratensteigerung der Menschenwürde und der menschlichen Freiheit im Wege steht, streift der Verfasser des Statements nicht einmal am Rande. Zwar relativiert er seine Behauptungen nicht ungern mit dem Wörtchen SCHEINBAR. Doch ist er weit davon entfernt, sich durch dieses SCHEINBAR erzielte Relativierung seiner Verlautbarungen zu erörtern. Denn solch eine Erörterung würde unweigerlich eine Erörterung der Auswirkungen der ungleichen Verteilung der Produktionsmittel und eine Erörterung der Möglichkeiten einer tatsächlichen Demokratisierung in den Betrieben im Schlepptau mit sich führen. So bleibt der Feind der Demokratisierung eine dämonische Kraft, der der Mensch nicht beikommen kann.

Sehr viel unumwundener als Rolf Schroers äußert sich Egon Bahr in einem Statement, in dem der Begriff ENTSPANNUNG zur Debatte steht. „Entspannung hat sich . . ." schreibt er unter anderem „als Ergebnis des nuklearen Patt zwischen den beiden Supermächten entwickelt. Die Einsicht in die Unmöglichkeit oder das zu große Risiko eines klassischen Sieges aufgrund der beiderseitigen Fähigkeit zu einer tödlichen Antwort im Falle eines ersten feindlichen Schlages führte über das noch immer gültige ‚Gleichgewicht des Schreckens' zu der Erkenntnis, daß beide Seiten wachsendes Interesse an der zuverlässigen Verhinderung des dritten Weltkrieges gewannen ... Unproportionierte einseitige Schritte der Auf- oder Abrüstung stören oder zerstören die Entspannung ... Die Entspannungspolitik hat in Europa, wo die stärksten Zerstörungspotentiale und die objektiv größte Gefahr lokalisiert sind, zu einer Stabilität geführt, die den Alten Kontinent als eine Oase des Friedens erscheinen läßt, wenn man sie mit den anderen Regionen der Unsicherheit und Instabilität ... vergleicht. So wie die Entwicklung der Waffentechnik eine der wichtigsten Quellen der Entspannung in und für Europa geworden ist, stellt die neue Entwicklung von Waffen (Neutronenwaffen und Mittelstreckenraketen) die Aufgabe, sie in die Erhaltung des annähernden Gleichgewichts einzupassen."

Bestürzend an diesem Textstück ist die Selbstverständlichkeit, in der hier der Ausdruck GLEICHGEWICHT DES SCHRECKENS verwendet wird. Dieses GLEICHGEWICHT DES SCHRECKENS wird nicht etwa als etwas mörderisch Bedrohliches hingestellt, das die Menschheitsvernichtung herbeizuführen imstande ist. Egon Bahr verkauft uns in seinem Statement die Möglichkeit der Menschheitsvernichtung als ein Geschenk des Himmels, dem wir die Entspannung zu verdanken haben. Entspannung ohne das GLEICHGEWICHT DES SCHRECKENS erscheint dank seiner Argumentationsweise undenkbar. Denkbar ist diese Entspannung angeblich nur durch das GLEICHGEWICHT DES SCHRECKENS. Folglich darf, der Argumentationsweise des Egon Bahr gemäß, am GLEICHGEWICHT DES SCHRECKENS nicht gerüttelt werden, weil nicht nur einseitige Schritte der Aufrüstung, sondern auch einseitige Schritte der Abrüstung die Entspannung zerstören würden. Durch die Behauptung, daß auch einseitige Schritte der Abrüstung die Entspannung zerstören würden, gewinnen einseitige Abrüstungsbemühungen unter der Hand einen verantwortungslosen Charakter. Verantwortungsvoll erscheint demgegenüber die unverminderte Fortsetzung des Wettrüstens, weil sie der Aufrechterhaltung des GLEICHGEWICHTS DES SCHRECKENS und somit der Entspannung dienlich ist. Die Behauptung, daß die Entspannungspolitik in Europa, wo die stärksten Zerstörungspotentiale und somit die objektiv größte Gefahr lokalisiert seien, zu einer Stabilität geführt hätte, die den Alten Kontinent als eine Oase des Friedens erscheinen ließe, verharmlost nicht nur die Bedrohung, in der Millionen Menschen tagein, tagaus leben müssen. Diese Behauptung suggeriert darüber hinaus, daß Oasen des Friedens vor allem in Ländern und auf Kontinenten entständen, die mit nuklearen Vernichtungswaffen gespickt sind wie ein Rehrücken mit Speck.

In der Entwicklung der Waffentechnik sieht Egon Bahr, der in diesem Zusammenhang wohl keineswegs zufällig nie von Vernichtungswaffen spricht, keinen Grund zur Beunruhigung, sondern einen Grund, die Seelenruhe zu bewahren, die auch die Entwicklung der Neutronenwaffe und der Mittelstreckenraketen schon insofern nicht beeinträchtigen kann, als diese Waffen, Egon Bahr zufolge, lediglich „in die Erhaltung des annähernden Gleichgewichtes einzupassen" sind.

Zu denken gibt an dieser Formulierung nicht allein, daß Egon Bahr diesmal statt vom GLEICHGEWICHT DES SCHRECKENS nur von einem ANNÄHERNDEN GLEICHGEWICHT spricht. Es läßt sich auch nicht übersehen, daß hier der Sachverhalt,daß es sich um neue Aufrüstungsbestrebungen handelt, die mittlerweile durch die Stationierung der Pershing-II-Raketen verwirklicht wurde, verhohlen wird. Statt von einer Erörterung der Erhöhung der Kriegsgefahr ist lediglich schönfärberisch von der Aufgabe die Rede, die neuen Vernichtungswaffen in die Erhaltung des sogenannten annähernden Gleichgewichtes einzupassen.

Im Rahmen jener Logik, die auch dem Wahnwitz innewohnt, wenn man sich erst einmal auf ihn eingestellt hat, und im Rahmen der Argumentationsweise des Herrn Bahr erscheint auch die Entwicklung der Neutronenwaffe und der Mittelstreckenraketen sowie deren sogenannte Einpassung in die Erhaltung eines annähernden Gleichgewichts des Schreckens, von dem man den Eindruck gewinnt, es würde durch einseitige Aufrüstungsbestrebungen weitaus weniger gefährdet als durch einseitige Abrüstungsbestrebungen, als eine weitere Quelle der Entspannung auf dieser Welt. Folglich muß jede neue Vernichtungswaffenstationierung diese Oase des Friedens noch friedlicher gestalten, als sie es Bahrs Äußerungen zufolge ohnehin ist.

Noch aberwitziger als die Verlautbarungen Egon Bahrs nehmen sich die Verlautbarungen des Herrn Friedrich Zimmermann aus, der ebenfalls ein Statement über den Begriff ENTSPANNUNG zum besten gab. In diesem Statement schreibt Zimmermann nämlich unter anderem: „Es kommt zuerst einmal darauf an, das westliche und das östliche, das freiheitliche und das kommunistische Verständnis von Entspannung zu definieren ... Je lauter die Sowjetunion von Entspannung redete, desto heftiger wurden ihre Anstrengungen auf militärischem Gebiet ... Moskau denkt nicht daran, auf ein echtes Gleichgewicht zur Friedenssicherung einzugehen. Vereinbarungen über Rüstungsbegrenzungen ... sollen der Sowjetunion im Wettlauf der Systeme die Möglichkeit geben, ihre Rüstungsanstrengungen rationeller zu gestalten. Niemand muß sich jetzt wundern, daß gerade im Zeitalter der Entspannung die Sicherheitslage Europas sich dramatisch verschlechtert hat. Im Vertrauen darauf, daß ja die mit der Sowjetunion geschlossenen Verträge ‚den Frieden sicherer machen', vernachlässigte der Westen in den 70er Jahren die militärische Rüstung ... An einer westlichen militärischen Nachrüstung führt kein Weg vorbei ... Das Problem des Westens war es, daß er den Begriff ‚Entspannung' beinahe theologisch mystifizierte ... Entlastend für die Bundesregierng (damals die SPD) ... gilt lediglich der Umstand, daß der Westen insgesamt, gerade auch die USA, den Sirenenklängen sowjetischer Entspannungsangebote erlegen sind ... Die Bundesrepublik, Europa und die Welt werden sich auf eine Phase der Spannungen einzustellen haben. Aufgabe einer verantwortungsvollen Politik muß es sein, diese Phase mit Festigkeit durchzustehen."

Abgesehen davon, daß die sogenannte Nachrüstungsdebatte und deren Auswirkungen diese Festigkeit bewiesen haben, kennzeichnet dieses Textstück nicht allein die Tatsache, daß die Behauptungen Zimmermanns über die Sowjetunion jeglicher Grundlage entbehren. Charakteristisch für diese Behauptungen ist darüber hinaus, daß sie ausnahmslos demselben Zweck dienen, nämlich dem

Zweck, die Entspannungspolitik als eine Politik hinzustellen, die den Fortbestand der sogenannten freiheitlich westlichen Welt insofern aufs Fahrlässigste gefährdet, als diese Entspannungspolitik angeblich auf die Dauer nur zu einer militärischen Unterlegenheit des Westens führen kann.

Um seine absurden Äußerungen glaubwürdig und berechtigt erscheinen zu lassen, grenzt Herr Zimmermann zunächst einmal das sogenannte „freiheitliche" und das sogenannte „kommunistische" Verständnis von Entspannung so sorgfältig voneinander ab, daß ein gutgläubiger Leser glauben muß, das, was der Westen für Entspannung hält, diene dem Osten zur Kriegstreiberei. Zimmermanns Äußerungen zufolge macht sich nämlich angeblich die Sowjetunion die lauteren westlichen Entspannungsbemühungen heimtückisch zunutze, um ihre Rüstungsanstrengungen in aller Ruhe rationeller zu gestalten. Die Sowjetunion wird als ein alles andere als vertrauenswürdiger Verhandlungspartner hingestellt. In dem Maße aber, in dem ihr die Vertrauenswürdigkeit als Verhandlungspartner abgesprochen wird, werden auch die westlichen Entspannungsanstrengungen nicht nur immer fragwürdiger. Sie gewinnen einen geradezu selbstmörderischen Charakter.

Unter den dargelegten Umständen, die der Verfasser des besagten Statements dem Leser als reale Sachverhalte anzudrehen gedenkt, erscheint die Verhandlungsbereitschaft des Westens höchst töricht. Die westlichen Politiker, die, wie es in dem zitierten Textstück heißt, den „Sirenenklängen sowjetischer Entspannungspolitik" erlegen sind, erwecken den Eindruck von Tölpeln. Ihre Absicht, den Frieden durch Vertragsabschlüsse mit einem Partner sicherer zu machen, dem zuvor sattsam unterstellt wurde, daß er zu Vertragsbrüchen neige, wirkt hirnrissig.

Doch erscheint dies alles nebensächlich in Anbetracht einer ebenfalls jeglicher realen Grundlage entbehrenden Behauptung Zimmermanns, nämlich der Behauptung, daß der Westen dank seiner vermeintlichen Vertrauensseligkeit in den 70er Jahren die militärische Rüstung vernachlässigt habe. Denn diese Behauptung widerlegt allein der wachsende Rüstungsetat der freiheitlich westlichen Staaten. Seine Lügenmärchen erzählt Friedrich Zimmermann allein in der Absicht, der sogenannten Nachrüstung eine Bresche zu schlagen, die ja bekanntlich längst erfolgte. Jenen, denen vor einer solchen sogenannten Nachrüstung angst und bange wurde, sucht Zimmermann dadurch Trost zu spenden, daß er sie darauf hinweist, daß sie sich eben auf eine „Phase der Spannung" einzustellen hätten. Denn in einem gedanklichen Rahmen, in dem die Fortsetzung einer mit allen Mitteln verunglimpften Entspannungspolitik als selbstzerstörerisch hingestellt wurde, kann als Alternative nur mehr zu unser aller Heil die Spannung, also ein dem Kriegszustand beängstigend nahegerücktes Stadium, zur Debatte stehen.

Allerdings läßt sich Herr Zimmermann auf eine Erörterung der Gefahr eines Kriegsausbruchs wohlweislich nicht ein. Denn all unsere Kriegshetzer gefallen sich im Habitus der Friedenshelden. Daran ändert auch die Tatsache nichts, daß Friedrich Zimmermann davon Abstand nimmt, die Beseitigung der Kriegsgefahr keineswegs zu den Aufgaben einer verantwortlichen Politik zu zählen. Vielmehr sieht er die Aufgabe einer verantwortungsvollen Politik darin, die Phase der „Spannungen", was auch immer dies sein mag, mit „Festigkeit", also mit einer Mannbarkeit, die im Lauf der Geschichte schon unzählige Tote gefordert hat, durchzustehen. Doch über die Toten, die bekanntlich nicht reden können, hüllt sich Herr Zimmermann in ein Stillschweigen, das nicht unbedingt von Pietät kunden muß.

Zu einem auf den ersten Blick weitaus harmloser anmutenden Thema äußert sich Hanna-Renate Laurien, die ihr Statement abgab, als sie Kultusministerin des Landes Rheinland-Pfalz war. Sie beschäftigt sich mit dem Begriff FREIHEIT, einem Begriff, der vor allem in westlichen Demokratien so bedenkenlos strapaziert wurde und wird, daß kein Mensch, der die FREIHEIT als das heiligste Gut bezeichnet, weiß, was er unter diesem heiligsten Gut zu verstehen hat. In ihrem Statement belehrt Frau Laurien den Leser darüber, was er unter FREIHEIT zu verstehen hat.

„Freiheit", schreibt sie, „zu verwirklichen verlangt, das Recht auf Unterschiedlichkeit einzubringen. Gerade wenn die Gleichheit (oder die Vergleichbarkeit) der Chancen verbreitet, ja gesichert ist, wird aufgrund der menschlichen Freiheit und der Tatsache menschlicher

Unterschiedlichkeit die Verschiedenheit der Ergebnisse sichtbar ... Freiheit ist immer dem einzelnen zugeordnet und nie dem Kollektiv. Es muß demokratiefreie, das heißt von Mehrheitsentscheidung und parlamentarischer Kontrolle freie Gesellschaftsräume geben, wenn Freiheit des Menschen erhalten werden soll ... Freiheit ist ... nicht eindeutig inhaltlich fixiert. Sie ist die Chance für Vielfalt, die Chance für die Wahrheit ..."

Auffallend an diesen Textstück ist zunächst, daß erst von einer Gleichheit der Chancen und dann von einer Vergleichbarkeit der Chancen gesprochen wird, was ein himmelweiter Unterschied ist. Denn vergleichbar sind auch völlig ungleiche Chancen. Trotzdem wird in dem zitierten Text die Verschiedenheit der Ergebnisse menschlicher Bemühungen nicht auf die Ungleichheit der Chancen zurückgeführt, die ungeachtet aller sogenannter CHANCENGLEICHHEIT zwischen dem Nachkömmling mittelloser Eltern und dem Nachkömmling begüterter Eltern weiterbesteht, sondern auf die menschliche Unterschiedlichkeit, die angeblich nur aufgrund der Freiheit zur Geltung kommen kann.

Tatsächlich bestehen aber menschliche Unterschiede auch in der Unfreiheit weiter. Der musisch Begabte bleibt selbst im Zuchthaus musisch begabt, das Mathematikgenie bleibt auch während einer Diktatur ein Mathematikgenie. Zieht man diesen in dem zitierten Textstück nicht in Betracht gezogenen Sachverhalt in Betracht, so wird das Wesen, das in diesem Text der Freiheit unterjubelt wird, immer unersichtlicher. Ersichtlicher macht das Wesen der Freiheit auch nicht die Hartnäckigkeit, mit der in diesem Textstück den menschlichen Unterschieden eine Priorität gegenüber den menschlichen Gemeinsamkeiten eingeräumt wird. Dies geschieht selbstredend nicht zufällig. Denn es steht außer Frage, daß durch eine Hervorhebung der menschlichen Gemeinsamkeiten die Forderungen, die dann an die Freiheit zu stellen wären, ein ganz andersgeartetes Gesicht bekämen.

Statt einer Freiheit, über die Frau Laurien selber schreibt, daß sie nicht „eindeutig" inhaltlich fixiert sei, stände die Freiheit von Not, die Freiheit von Arbeitslosigkeit, die Freiheit von sozialer Unsicherheit und die Freiheit von der Unterdrückung des Menschen durch den

Menschen im Produktionsprozeß zur Debatte. So betrachtet wird die Freiheit zu einer gesellschaftlichen Kategorie und ist von ökonomischen, politischen und ideologischen Bedingungen abhängig. Doch gerade eine Freiheit, die als gesellschaftliche Kategorie zu begreifen ist und als solche ganz konkrete Inhalte hat, findet Frau Laurien nicht akzeptabel.

Vielmehr behauptet sie nicht allein, daß die Freiheit immer „dem einzelnen zugeordnet" sei und nie dem „Kollektiv". Die Freiheits-Expertin erklärt darüber hinaus, daß zur Erhaltung der Freiheit „demokratiefreie Gesellschaftsräume" vonnöten wären. Weil mit diesen von Demokratie und Mehrheitsbeschlüssen freien Gesellschaftsräumen nicht die durch eine hierarchische Ordnung bestimmten Konzerne, Unternehmen, Betriebe, sondern nur der häusliche Bereich und, der auch vom Einkommen keineswegs unabhängige Konsumbereich gemeint sein können, schrumpft die so definierte Freiheit, was den häuslichen Bereich betrifft, zur Möglichkeit, einem Hobby zu frönen oder die eigenen Marotten großzuzüchten, und was den Konsumbereich betrifft, zur Möglichkeit, beispielsweise zwischen fünf Wurstsorten eine Auswahl zu treffen, zusammen. Was die durch eine hierarchische Ordnung bestimmten, eher diktatorischen Konzerne, Unternehmen und Betriebe betrifft, so wird hier die Freiheit zum Privileg einer Minderheit, Entscheidungen zu fällen und Aktivitäten vom Zaun zu brechen, die für die Mehrheit oftmals die verhängnisvollsten Folgen haben. Es entpuppt sich die Freiheit von Hinz und Kunz und Lieschen Müller als eine Freiheitsillusion, während die Freiheit einer finanzkräftigen Minderheit zunehmend anarchische Züge annimmt.

Auch Helmut Kohl läßt es sich nicht nehmen, in einem Statement über den Begriff GRUNDWERTE seine Ansichten über die FREIHEIT darzutun. „Für mich als Demokrat", schreibt er in diesem Statement, „sind Freiheit, Solidarität und Gerechtigkeit Grundlage und Auftrag meines politischen Handelns. Als Christ verstehe ich diese Grundwerte als Ausdruck eines religiösen Bekenntnisses . . . Für die CDU ist Freiheit weder eine kollektive noch eine individualistische Kategorie . . . Für uns gründet Freiheit in der Würde des Menschen als Person . . . Für uns Christen ist die Solidarität die politische Konsequenz des christlichen Gebots der Nächstenliebe ... Grundlage der Gerechtigkeit ist die Gleichheit aller Menschen in ihrer personalen Würde — ohne Rücksicht auf Macht, Leistung oder Versagen des einzelnen. Gleichwohl sprechen wir nicht einfach von Gleichheit ... Wer gesellschaftliche Gleichheit erzwingen will, beseitigt die Freiheit der Menschen — und schafft neue, schlimmere Ungleichheiten. Chancengleichheit hingegen soll das Recht für jeden gewährleisten, sich in gleicher Freiheit so unterschiedlich zu entfalten, wie es seiner Eigenart entspricht. Wer Gleichheit ... der menschlichen Daseinsform anstrebt, verhindert die Chancengleichheit ... Wer alles gleichmachen will, kann gleiche Chancen nicht versprechen. Gerechtigkeit verlangt, Gleiches gleich und Ungleiches ungleich zu behandeln."

Es fällt nicht leicht, sich in diesem begrifflichen Kauderwelsch zurechtzufinden. Da ist zunächst einmal von der Freiheit die Rede, die angeblich in der Würde des Menschen gründet, also von etwas, das theoretisch zwar als unantastbar gilt, in der Praxis jedoch leichterdings durch menschenunwürdige Verhältnisse angetastet, ja bis zur Unkenntlichkeit beeinträchtigt werden kann. Da ist von Solidarität die Rede, also von einem Begriff, der mit der Arbeiterbewegung eng verflochten ist, für die die Solidarität eine Waffe im Kampf um soziale Gerechtigkeit darstellte und darstellt.

Doch als eine Waffe der Arbeiterschaft im Kampf um soziale Gerechtigkeit wird die Solidarität in dem zitierten Textstück am allerwenigsten betrachtet. Diesem Kampfbegriff wird vielmehr eine ganz andersgeartete Bedeutung unterschoben. Indem Helmut Kohl die Solidarität der christlichen Nächstenliebe gleichsetzt, entschärft er diesen Begriff zu einem Akte des Samaritertums. Aus dem Kampfbegriff eines Kollektivs, das sich gegen seine Unterdrücker wehrt, wird eine individuelle Tugend, deren Ausübung zwar rührend und anerkennenswert ist, doch keine nennenswerten gesellschaftspolitischen Konsequenzen nach sich zu ziehen pflegt.

Schließlich ist da von der Gerechtigkeit die Rede, als deren Grundlage wiederum die Gleichheit aller Menschen in ihrer personalen Würde bezeichnet wird. Daß diese Gleichheit aller Menschen in ihrer personalen Würde, die, weil sie für alles mögliche herhalten muß, unter der Hand den Charakter eines Lückenbüßers gewinnt, schon insofern höchst fragwürdig ist, als sie mit der gesellschaftlichen Gleichheit nichts gemein hat, tritt in den darauffolgenden Äußerungen Helmut Kohls zutage. Ebenso eilfertig befürwortet unser derzeitiger Bundeskanzler die sogenannte Gleichheit aller Menschen in ihrer personalen Würde wie er die gesellschaftliche Gleichheit, im Rahmen einer Verleugnung der bürgerlich-demokratischen Traditionen, ablehnt. Seine Ablehnung der gesellschaftlichen Gleichheit sucht Helmut Kohl zu begründen, indem er beteuert, daß derjenige, der gesellschaftliche Gleichheit politisch erzwingen wolle, nicht allein die Freiheit beseitige, sondern obendrein neue, schlimmere Ungleichheiten schaffe, über die er sich wohlweislich nicht äußert.

Kehrt man seine Äußerung um, wird sie auch nicht plausibler. Denn dann besagt sie, daß derjenige, der die gesellschaftliche Ungleichheit aufrechterhält, die Entstehung schlimmerer Ungleichheiten verhindere. Die Menschheit scheint mit einem Wort um so gleicher zu sein, je ungleicher sie ist. Denn schlimm scheinen die ungenannten Ungleichheiten zu sein, die die Bestrebungen, gesellschaftliche Gleichheit zu verwirklichen, zur Folge haben.

Um uns über den Mangel an gesellschaftlicher Gleichheit hinwegzutrösten, wartet Helmut Kohl jedem, der außerstande ist, in der Ungleichheit den Inbegriff der Gerechtigkeit zu entdecken, mit der Chancengleichheit auf, die, obwohl sie auch das Wort GLEICHHEIT in sich birgt, mit der gesellschaftlichen Gleichheit nicht das geringste gemein hat. Folgt man den Äußerungen unseres derzeitigen Bundeskanzlers, so gewinnt man vielmehr den Eindruck, daß es sich nicht etwa bei der Gleichheit und der Ungleichheit um nicht zu vereinbarende Gegensätze handelt, sondern bei der Gleichheit und der Chancengleichheit.

Das sich Gleichheit und Chancengleichheit nämlich gegenseitig ausschließen, beinhaltet die Behauptung Helmut Kohls, daß derjenige, der Gleichheit anpeile, die Chancengleichheit hintertreibe. Kehrt man auch diese Behauptung in ihr Gegenteil um, so tritt deutlich zutage, was unser Bundeskanzler unter Chancengleichheit versteht. Dann lautet die Behauptung nämlich: Wer die gesellschaftliche Ungleichheit aufrechtzuerhalten trachtet, fördert die Chancengleichheit. Je ungleicher zwei Leute sind, um so größere Chancen auf Chancengleichheit wird ihnen folglich zuteil.

Glücklicherweise behandelt Hans Kremendahl, der Privatdozent für Politwissenschaften an der Freien Universität Berlin bei der Abgabe seines Statements war, ein weniger verzwicktes Thema. In seinem Statement nimmt er es auf seine Kappe, zu definieren, was unter dem DEMOKRATISCHEN SOZIALISMUS zu verstehen sei. „Die Grundwerte des Demokratischen Sozialismus", schreibt er, „. . . entspringen nicht einer Weltanschauung. Der Demokratische Sozialismus kann daher auch nicht selbst Weltanschauung sein. Vielmehr eröffnen humanistische, christliche, klassisch-philosophische, historisch-materialistische und andere theoretische Ausgangspunkte je unterschiedliche, auf der Basis der Grundwerte aber zumindest teilweise konsensfähige Zugänge zu sozialistischem Denken und Handeln. Dies bedingt die Offenheit einer demokratisch-sozialistischen Partei für verschiedene geistige Strömungen und politische Richtungsgruppen in ihrem Inneren. Demokratischer Sozialismus ist keine fertige Ideologie, sondern ein Prinzip, um dessen konkrete Ausgestaltung ein ständiges geistiges Ringen erfolgt . . . Das Selbstverständnis der heutigen SPD als Volkspartei ist nicht im Sinne einer prinzipienlosen, lediglich auf Stimmenmaximierung angelegten Allerweltspartei mißzuverstehen. Vielmehr versteht sich das Prinzip des Demokratischen Sozialismus als ein Angebot für die Zustimmung und Mitwirkung von Menschen aus den verschiedensten sozialen Schichten."

Dieser Text entbehrt nicht einer gewissen Komik, weil sich dessen Verfasser im Schweiße seines Angesichts müht, jeder eindeutigen, handfesten Äußerung tunlichst aus dem Weg zu gehen. Entsprechend hat man nach der Lektüre des Statements nur höchst wolkige Vorstellungen davon, was man eigentlich unter dem Demokratischen Sozialismus zu verstehen hat, dessen Offenheit für so gegensätzliche geistige Strömungen, wie es das Christentum, die klassische Philosophie und der historische Materialismus sind, vom Verfasser dieses difizilen Textes mit der Beflissenheit eines Mehrzwecksäuberungsmittel-Vertreters, der seinen Artikel an den Mann bringen will, betont wird.

Obwohl eine Offenheit für geistige Strömungen, die bis zur gegenseitigen Bekämpfung konträr sind, eher Prinzipienlosigkeit verrät als deren Gegenteil, bezeichnet Hans Kremendahl den Demokratischen Sozialismus als ein Prinzip, um dessen konkrete Ausgestaltung allerdings ein ständiges geistiges Ringen von statten gehe. Der Verfasser des besagten Statements zieht dabei nicht in Betracht, daß man erst dann von einem Prinzip reden kann, wenn das geistige Ringen zu einem Ergebnis geführt hat. Bei ihm scheint das Ergebnis des geistigen Ringens ein geistiges Ringen zu sein. Das Prinzip ist, daß gerungen wird, und zwar selbstredend bloß geistig.

Hans Kremendahl verwendet den Begriff PRINZIP, bemüht, über die Prinzipienlosigkeit des Demokratischen Sozialismus hinwegzutäuschen, nicht ungern. In dem zitierten Textstück taucht der Begriff PRINZIP immerhin noch zwei weitere Male auf, obwohl sich das zitierte Textstück nicht eben als lang bezeichnen läßt. Das zweite Mal verwendet der Verfasser des Statements diesen Begriff, wenn er behauptet, daß sich die SPD nicht im Sinne einer prinzipienlosen Allerweltspartei mißverstehe. Das dritte Mal fällt dieser Begriff in der Behauptung, daß sich das Prinzip des Demokratischen Sozialismus als ein Angebot für die Zustimmung und Mitwirkung von Menschen aus den verschiedensten sozialen Schichten verstehe. Unübersehbar ist, daß die erste Äußerung, die einen durch und durch defensiven Charakter hat, im Widerspruch zur zweiten Äußerung steht. Denn was anderes als eine auf Stimmenmaximierung angelegte Allerweltspartei soll eine Partei schon sein, deren Prinzip es ist, sich für die Zustimmung und Mitwirkung von Menschen aus den verschiedensten sozialen Schichten, also den unteren Schichten, der Mittelschicht und der Oberschicht, anzubieten.

Bei der Lektüre des zitierten Textstücks wird deutlich, daß dessen Verfasser, indem er den Begriff PRINZIP so großzügig verwendet, gewissermaßen eine Flucht nach vorn antritt. Immer dann bringt er diesen Begriff in der Art eines Alibis ein, wenn sich der Verdacht verdichtet, daß es sich beim Demokratischen Sozialismus um eine politische Strömung handelt, die die von ihr Umworbenen, aus den verschiedensten Schichten stammenden Anhänger nur mit Hilfe eines Programms, dessen unprogrammatischer Charakter ins Auge fällt, und mit Hilfe einer Politik, deren Hauptmerkmal eine an Selbstverleumdung grenzende Kompromißbereitschaft, die der Promiskuität zum Verwechseln ähnlich ist, bei der Stange halten kann.

Nach einer solchen Kompromißbereitschaft sucht man in dem Statement des Herrn Roman Herzog, der, als er dieses Statement publizieren ließ, Innenminister des Landes Baden-Württemberg war, vergebens. In seinem Statement, das den Begriff RECHTSSTAAT zum Thema hat, schreibt Herr Herzog unter anderem: „Der staatliche Herrschaftsanspruch hat seine innerste Begründung auch heute noch nicht in sozialen und technischen Glanzleistungen, sondern . . . in der Garantie innerer Sicherheit . . . Trotzdem ist es nicht übertrieben zu sagen, daß der Schutz der inneren Sicherheit im ersten Vierteljahrhundert der Bundesrepublik zugunsten der Sozialstaatlichkeit . . . in ganz unangemessener Weise in der zweiten Linie stand . . . Es bedurfte jahrelanger Erfahrungen mit wachsender Gewaltkriminalität und vor allem mit einem immer brutaler werdenden . . . Terrorismus, um die Einsicht in die Eindimensionalität und Kurzsichtigkeit der eigenen Positionen zu schaffen . . . Mit der Warnung vor einem Rückfall in polizeistaatliche, ja gar unrechtsstaatliche Methoden und mit der Warnung vor der Erzeugung von Angstpsychosen werden die eigentlichen Probleme verschleiert . . . Der permanente und massive Einsatz polizeilicher Mittel ist nicht schon Polizeistaatlichkeit, und eine breit angelegte Fahndung ist noch lange keine Erzeugung von Angstpsychosen . . . Das alles sollte nicht darüber hinwegtäuschen, daß ein weiteres Vordringen des . . . Terrorismus den Staat eines Tages vor eine Situation stellen könnte, in der er sich eingestehen muß, daß die objektiven Grenzen seiner Sicherheitspolitik und ganz besonders die objektiven Grenzen einer rechtsstaatlichen freiheitlichen Sicherheitspolitik erreicht sind . . . Es sollte niemand die Augen davor verschließen, daß sich dann die Frage nach der Lebensfähigkeit des modernen Staates . . . völlig neu stellen würde, und zwar von einer Seite, die gewiß die . . . Verbindungen zwischen Sicherheit und Freiheit auflösen würde. Eine solche Entwicklung ist nur zu verhindern, wenn verhindert wird, daß ihre Voraussetzungen eintreten . . . Vor allem aber gilt es, der Sicherheit selbst im öffentlichen Bewußtsein wieder jenen Rang zu verschaffen, der ihr zukommt."

Was einem bei der Lektüre dieses Textstücks nicht entgehen

kann ist die Tatsache, daß seinem Verfasser alle Mittel recht sind, um beim Leser Angst zu erzeugen. Angst wird nicht nur vor einem weiteren Vordringen des Terrorismus erzeugt, sondern auch vor den Reaktionen des Staates und der staatlichen Sicherheitsorgane, die ohnehin durch das Notstandsverfassungsgesetz und die Anti-Terror-Gesetze imstande sind, die bürgerlichen Freiheiten ganz beträchtlich zu beschneiden. Denn entgegen den Behauptungen des Innenministers des Landes Baden-Württemberg wurde der Schutz der inneren Sicherheit auch im ersten Vierteljahrhundert der Bundesrepublik keineswegs zugunsten der Sozialstaatlichkeit, die nicht sein Steckenpferd zu sein scheint, vernachlässigt.

Vielmehr wurde bereits im Jahr 1968 von der Großen Koalition das Notstandsverfassungsgesetz verabschiedet. Zudem begann man im Dezember 1974 die Rechte der Verteidiger zu beschneiden. Es wurde sogar der Verteidigerausschluß ermöglicht. Das Gesetz vom Juni 1976 sah die Überwachung des Schriftverkehrs zwischen Verteidiger und Angeklagtem vor. Und durch die Verabschiedung des sogenannten Kontaktsperregesetzes im September 1977 kann jedermann, auch ein Unschuldiger, inhaftiert werden, ohne die Möglichkeit zu haben, einen Rechtsbeistand hinzuzuziehen. Auch werden durch die Anti-Terror-Gesetze Polizeikommandos dazu ermächtigt, wann immer sie es im Interesse der Terrorismusbekämpfung für notwendig erachten, eine unbegrenzte Anzahl von Wohnungen zu durchsuchen, eine unbegrenzte Anzahl von Bürgern festzunehmen und Versammlungen beziehungsweise Demonstrationen aus Gründen des Staatsschutzes zu behindern oder aufzulösen.

Dies alles scheint dem besagten Innenminister offenkundig noch nicht ausreichend zu sein, um das Ausmaß an innerer Sicherheit herzustellen, das er im Auge hat. Vielmehr geht er diesbezüglich so weit, da er die Warnung vor einem Rückfall in polizeistaatliche Methoden und die Warnung vor einer Erzeugung von Angstpsychosen als eine Verschleierung der eigentlichen Probleme bezeichnet. Gegenüber diesen sogenannten eigentlichen Problemen erscheinen ihm der permanente Einsatz polizeilicher Mittel und die breit angelegten Fahndungen, deren Ergebnis vor allen in einer Einschüchterung der Bevölkerung zu bestehen pflegt, unproblematisch.

Was nun diese sogenannten eigentlichen Probleme betrifft, so stellt es sich bei der Lektüre des zitierten Statements heraus, daß es sich hierbei um nichts anderes als Fiktionen und böse Vorahnungen handelt, die der Innenminister wohl nicht zufällig von gewissen Mitarbeitern der Springer-Presse teilt. In Ermangelung handfester Sachverhalte muß er sich damit begnügen, eine Gefahr heraufzubeschwören: nämlich die Gefahr eines weiteren Vordringens des Terrorismus.

Weil es für eine solche Gefahr indes wenig Anzeichen gibt, hüllt sich auch der Innenminister des Landes Baden-Württemberg diesbezüglich in Stillschweigen. Außerstande, stichhaltige Anhaltspunkte für die von ihm heraufbeschworene Gefahr zu liefern, läßt er sich erst gar nicht darauf ein, seine Unkereien durch Argumente zu untermauern. Vielmehr macht er sich voller Eilfertigkeit daran, die Folgen von etwas, für dessen Eintreten ihm jegliche Handhabe mangelt, in den düstersten Farben zu schildern. Er malt das Schreckensbild eines durch ein weiteres Vordringen des Terrorismus förmlich aus den Fugen geratenden Staates aus, eines Staates, in dem sich, wie er es nennt, die Verbindung zwischen Sicherheit und Freiheit lösen würde. Offensichtlich hat dies zu besagen, daß im Falle eines Vordringens des Terrorismus, der diesem Staat längst als Joker bei seinen fragwürdigen Machenschaften dient, die innere Sicherheit nicht mehr die Funktion hätte, den sogenannten freiheitlichen Rechtsstaat zu schützen, sondern nur mehr die Aufgabe, den inneren Feind, auch wenn er sich als ein Phantom erweisen sollte, auf Kosten der Rechtsstaatlichkeit zu bekämpfen.

Daß dieser Experte für Bürger-Einschüchterung die Gefahr des Vordringens des Terrorismus und das Schreckensbild eines perfekten Polizeistaats nur heraufbeschwört, um jedermann den weiteren Ausbau der inneren Sicherheit als eine unumgängliche, vorbeugende Maßnahme plausibel erscheinen zu lassen, liegt auf der Hand. Sein Vorschlag läuft darauf hinaus, einen bloß fiktiven Teufel mit einem leibhaftigen Beelzebub auszutreiben. Sein Statement ist der Versuch, den Leser, den er in Ermangelung triftiger Argumente nicht überzeugen kann, mit Finten, die die Bauernfängerei kennzeichnen, zu übertölpeln.

Allerdings ist dieses Statement keineswegs das einzige in dem von Martin Greiffenhagen herausgegebenen Sammelband, in dem mit den Mitteln der Bauernfängerei operiert wird. Gleichgültig, ob es sich um das Statement zur CHANCENGLEICHHEIT, um das Statement zur DEMOKRATISIERUNG oder um Statements zur ENTSPANNUNG, zur FREIHEIT, zu den GRUNDWERTEN oder zum DEMOKRATISCHEN SOZIALISMUS handelt — sie haben allesamt eines gemein: statt den Leser überzeugen zu wollen, ziehen es ihre Verfasser vor, ihn für dumm zu verkaufen. Bei diesem Unterfangen machen sie sich die fortgeschrittene Heruntergekommenheit der politischen Begriffe zunutze, die mittlerweile durch die fahrlässige oder auch gezielt irreführende Art und Weise, in der sie hierzulande zumal von den federführenden Persönlichkeiten und den Meinungsmultiplikatoren gebraucht und mißbraucht zu werden pflegen, bis zur Unkenntlichkeit verunstaltet worden sind.

Der Rede wert sind die zitierten Statements vor allem, weil man bei ihrer Lektüre verfolgen kann, welcher Mittel sich die Begriffsverwirrer, in der Absicht, deren Tragweite auf ein Minimum zu reduzieren, beim Verwirren von Begriffen bedienen. Denn die Kenntnis der von den Begriffsverwirrern angewendeten Mittel und ihrer Motive ist vonnöten, um diese Begriffe so gründlich zu entwirren, daß sie ihren ursprünglichen Inhalt wiedergewinnen und sich wiederum als politische und soziale Forderungen der bundesrepublikanischen Wirklichkeit entgegenstellen lassen.

STERBEN UND STERBEN LASSEN
Über Kriegslieder im Dritten Reich

Es zittern die morschen Knochen
Der Welt vor dem großen Krieg
Wir haben den Schrecken gebrochen
Für uns war's ein großer Sieg
Wir werden weitermarschieren
Wenn alles in Scherben fällt
Und heute hört uns Deutschland
Und morgen die ganze Welt

Und mögen die Alten auch schelten
So laßt sie nur toben und schrei'n
Und stemmen sich gegen uns Welten
Wir werden doch Sieger sein
Wir werden wieder marschieren
Wenn alles in Scherben fällt
Und heute hört uns Deutschland
Und morgen die ganze Welt.

Um die Bevölkerung eines Landes oder große Teile der Bevölkerung eines Landes dazu zu bringen, derartige Lieder zu singen und sich einer skrupellosen Clique Herrschender und ihrer Hintermänner bei der Verwirklichung ihrer imperialistischen Kriegsziele als Kanonenfutter zur Verfügung zu stellen, bedarf es nicht nur der Ausübung nackten Terrors. Es bedarf auch einer Kriegspropaganda, deren vordringlichstes Ziel es sein muß, die Kriegsschuld auf den jeweiligen Gegner abzuwälzen und der Bevölkerung einen Angriffskrieg als einen Verteidigungskrieg zu verkaufen.

Diese Aufgabe kam während des Dritten Reichs bekanntlich dem sogenannten Reichsministerium für Volksaufklärung und Propaganda mit Joseph Goebbels an der Spitze zu. Schon vor dem Ausbruch des Zweiten Weltkrieges mühte sich Goebbels immer wieder, die deutsche Bevölkerung glauben zu machen, es würden in London, Paris und Washington finstere Angriffspläne gegen Deutschland ausgebrütet. So schrieb er im Mai 1939 in einem Artikel mit dem Titel DIE EINKREISER: „Seht, das sind die Kriegs- und Panikmacher in London, Paris und Washington! Schaut sie euch genau an, wie sie in ihren Klubs, Freimaurerlogen und Judenbanken zusammenhocken und jenes Unheil ausbrüten, das über Europa ausbrechen soll. Sie sind nicht einheitlich, weder in ihrem Aussehen noch in ihrem Auftreten. Ihr bemerkt unter ihnen die feudalen Lords der englischen Gesellschaft neben urbanen Arbeiterführern, die vornehmsten Dandys Arm in Arm mit schmierigen Ostgaliziern, laut schreiende und aufgeregt gestikulierende Advokaten mit dicken, wohlgenährten Spießern, die eine pausbäckige Röte in ihren Gesichtern zur Schau tragen, feige, niederträchtige Juden und rachsüchtige Emigranten. Sie alle glauben, nun in trautem Verein ihre Rechnung mit Deutschland abmachen zu können. Eine sonderbare und höchst merkwürdige Kumpanei! Menschen aus den verschiedensten gesellschaftlichen und sozialen Lagern, Repräsentanten weit auseinanderklaffender Weltanschauungen, die sich niemals zusammenfinden würden, wenn es nicht darum ginge, ein Land und eine Idee, die sie als ihren gemeinsamen Feind ansehen zu müssen glauben, aus dem Wege zu räumen ... Sie säen Wind und wissen, daß sie Sturm ernten werden; und sie wollen das auch."

Die Haltlosigkeit derartiger Behauptungen suchte Goebbels auch nach dem Ausbruch des Zweiten Weltkriegs und im Verlauf des Krieges dadurch aus der Welt zu schaffen, daß er diese Behauptungen immerfort wiederholte. Beispielhaft ist in diesem Zusammenhang die Rede mit dem Titel NEUJAHRSGRUSS AN DIE SOLDATEN, die er am 1. Januar 1943 hielt. In dieser Rede heißt es unter anderem: „Immer und immer wieder müssen wir uns klarmachen, daß dieser Krieg uns aufgezwungen worden ist. Er ist kein Angriffs-, sondern im wahrsten Sinne des Wortes ein nationaler Verteidigungskrieg. Unsere Feinde brachen ihn vom Zaune als Antwort auf unsere bescheidene Forderung, die deutsche Stadt Danzig wieder in den Verband des Reiches zurückzuführen und uns einen Korridor durch den polnischen Korridor, der unser Heimatgebiet von der Provinz Ostpreußen trennte, zuzugestehen. Feige überfielen sie uns mitten im nationalsozialistischen Aufbau ... Das deutsche Volk muß wiederum, wie so oft in der Geschichte, um sein Leben kämpfen, das durch den Angriffskrieg unserer traditionellen Feinde aufs ernsteste bedroht war."

Gegen die sogenannten traditionellen Feinde, die Franzosen und die Engländer nämlich, ist auch das folgende Kriegslied mit dem Titel GEGEN BRITEN UND FRANZOSEN gerichtet, in dessen zweiter Strophe von einem Lügnerpack und von Judenknechten die Rede ist, die angeblich den Krieg entfachten:

> Als Soldaten Adolf Hitlers ziehen wir zum Kampfe aus
> Gegen Briten und Franzosen, niemand bleibt zuhaus, zuhaus
> Lebe wohl mein Kind, denn im Westen pfeift der Wind, der Wind
> Leb wohl Mütterlein, heute muß geschieden sein.
>
> Lügnerpack und Judenknechte haben einen Krieg entfacht
> Bomben knallen, Helden fallen und es blitzt und kracht und kracht
> Lebe wohl mein Kind, denn im Westen pfeift der Wind, der Wind
> Leb wohl Mütterlein, heute muß geschieden sein.

Die Soldaten an der Front waren zweifellos gegen eine derartige Kriegspropaganda nicht immun, obwohl eine Millionenflut von sogenannten Tornisterschriften sicherlich noch wirksamer war als die Kriegslieder des Dritten Reichs. Dennoch erschien es Goebbels und den übrigen Propagandisten des Dritten Reichs nicht ausreichend, den Krieg lediglich als einen Verteidigungskrieg hinzustellen. Nachdem Goebbels bereits vor dem Ausbruch des Zweiten Weltkriegs von einem KLASSENKAMPF DER VÖLKER gesprochen hatte, dessen Ursache seinen Äußerungen zufolge in der Tatsache lag, daß „die einen Nationen augenblicklich alles besaßen, während die anderen nichts ihr eigen nennen konnten", ging er in den darauffolgenden Kriegsjahren dazu über, den Krieg als eine „soziale Revolution" zu bezeichnen.

So schrieb er im November 1942: „Dieser Krieg ist eine soziale Revolution ... Sie verficht nicht mehr die Interessen verarmter und proletarisierter Klassen, sondern die lebenshungriger Völker ... Wir sehen das höchste aller Ideale darin, unserem Volke sein tägliches

Brot zu sichern . . . Wir glauben uns dabei in Übereinstimmung mit der ganzen deutschen Nation, wenn wir darin eine höchst ideale, sittlich berechtigte und notwendige Zielsetzung dieses Krieges erblicken."

Der „höchst idealen, sittlich berechtigten und notwendigen Zielsetzung des Krieges", der Goebbels' Äußerungen zufolge nichts mit einer kapitalistischen Führungsschicht zu tun hatte, sondern angeblich ein Volkskrieg war, stellte der Reichspropagandaminister eine um so niedrigere Zielsetzung der Kriegsgegner gegenüber. In einer Ansprache zur Weihnachtsfeier der Saarland- und Baltendeutschen im Dezember 1939 meinte er: „Es ist ein Irrtum anzunehmen, die Kriegshetzerclique etwa in Paris wollte uns mehr schonen als die in London. Die eine ist in ihren offen verlautbarten Zielen genauso brutal und zynisch wie die andere. Das heißt also, die plutokratische Welt hat sich in ihrer Gesamtheit gegen das deutsche Volk in seiner sozialen Gemeinschaft erhoben und will es niederschlagen und vernichten . . . Das deutsche Volk setzt sich deshalb auch in seiner Gesamtheit gegen diese internationale Bedrohung zur Wehr, und zwar verteidigt es nicht nur seine Ehre, seine geistige Welt, seine sozialen Vorstellungen und Errungenschaften oder seine soziale Gemeinschaft, nein: es verteidigt sein Leben."

Davon, daß es um die Erhaltung des deutschen Geschlechts ginge, handelt auch das folgende Kriegslied mit dem Titel NUN ERST RECHT:

Kameraden, Schwestern, Brüder
Es geht um das deutsche Geschlecht
Drum heißt unser Schwur immer wieder:
Wir kämpfen, nun erst recht.

Den Kriegsgegnern wurde von Goebbels allerdings nicht nur die Absicht unterstellt, das deutsche Volk vernichten zu wollen. Goebbels ließ auch keine Gelegenheit ungenutzt, zunächst die führenden Politiker Englands und Frankreichs und mit ihnen unter der Hand England und Frankreich verächtlich zu machen. So schrieb er in einem Artikel mit dem Titel DIE VERPASSTEN GELEGENHEITEN im Juni 1940: „Man fragt oft, was denken die nun eigentlich, die Churchill und Chamberlain und Reynaud und Daladier? Ich antworte: gar nichts . . . Sie sind von einer so protzigen und arroganten Überheblichkeit, daß sie glauben, sie könnten es sich leisten, nichts zu denken . . . Nun bricht die Westoffensive über diese Plutokratien herein . . . Man sollte nun annehmen, daß ihren Staatsmännern, wenigstens nach ihren bisherigen Reden zu urteilen, nichts Erwünschteres hätte passieren können: jetzt haben sie ja den Krieg, den sie wollten und ausdrücklich erklärt haben. Nun aber schreien sie plötzlich Zeter und Mordio, daß wir sie angreifen. So sei das nicht gemeint gewesen. Sie hätten einen unblutigen Krieg im Sinne gehabt, bei dem nicht die deutschen Soldaten kämpfen, sondern die deutschen Frauen und Kinder hungern sollten . . . Was soll man diesen Gesinnungsathleten auf ihre vollkommen wirren Behauptungen und Erklärungen überhaupt noch antworten? Sie werden nicht müde, die Luft mit ihrem penetranten Hilfegeschrei zu erfüllen. Dabei bleiben sie weiterhin frech, überheblich, dumm und feige, kleine Handwerker der Politik, die vermessen genug waren, sich einem geschichtlichen Genius entgegenzustellen, der einmal mit Recht sagte, daß er es dem Schicksal nicht verzeihen könne, ihn immer nur Nullen als Gegner zu bescheren . . . In die Geschichte . . . werden sie eingehen als die Totengräber einer Welt, die morsch und faul geworden ist, und die man nun stoßen muß, damit sie falle."

Vom Vorstoß nach Frankreich, und zwar mit Bombengeschwadern, ist in dem sogenannten FRANKREICHLIED die Rede:

Kamerad wir marschieren im Westen
Mit Bombengeschwadern herein
Und fallen auch viele der Besten
Wir schlagen zu Boden den Feind
Vorwärts, voran, voran
Über die Maas, über Felder und Rhein
Marschieren wir siegreich nach Frankreich hinein.

Kamerad wir marschieren und stürmen
Für Deutschland zum Sterben bereit
Bis die Glocke von Türmen zu Türmen
Verkündet die Wende der Zeit
Vorwärts, voran, voran,
Über die Maas, über Felder und Rhein
Marschieren wir siegreich nach Frankreich hinein.

Weitaus mehr Platz als Frankreich räumte Goebbels, bedingt durch den Verlauf des Krieges, in seinen Hetzreden und Hetzartikeln England ein, das heißt der von ihm als Plutokraten bezeichneten englischen Oberschicht. In einem Artikel mit dem Titel VON DER GOTTESÄHNLICHKEIT DER ENGLÄNDER schrieb er im Juni 1940: „Es ist nicht nur für einen Deutschen, sondern überhaupt für einen normalen Europäer schwer, die Mentalität der englischen Plutokraten, ihr Gefühlsleben und ihre Art zu denken zu verstehen ... Sie stehen Europa fremd und verständnislos gegenüber, ja, sie geben sich nicht einmal die Mühe, es zu verstehen ... Eine Herrenschicht, die in ihrer ganzen Geschichte nur mit Kolonialvölkern umgegangen ist, deren gesamte politische Weisheit seit jeher darin bestand, sie ... mit List, Tükke, Lüge und Gewalt zu unterwerfen, ... ist allzuleicht geneigt, auch einen ganzen benachbarten Kontinent, den sie gar nicht versteht, weil sie ihn nicht kennt, wenn nicht nach denselben Maximen zu behandeln, so doch nach denselben Maximen zu beurteilen. Aus alledem resultiert das, was wir am britischen Plutokraten so hassenswert und verächtlich empfinden: sein grenzenlos bornierter Hochmut, seine Trägheit im Denken, sein aufreizendes Phlegma den Sorgen und Interessen anderer Völker gegenüber, seine heuchlerische und gleisnerische Moral, seine dummdreiste Naivität in der Verbreitung von Lügen und Verleumdungen ..."

Verglichen mit diesem Haßausbruch nimmt sich das Kriegslied WIR FAHREN GEGEN ENGLAND vergleichsweise harmlos aus:

Heute wollen wir ein Liedlein singen
Trinken wollen wir den kühlen Wein
Und die Gläser sollen dazu klingen
Denn es muß, es muß geschieden sein
Gib mir deine Hand, deine weiße Hand
Lebwohl, mein Schatz, lebwohl, lebewohl
Denn wir fahren, denn wir fahren
Denn wir fahren gegen England.

Und so flattern unsere Segel auf den Masten
Sie verkünden unseres Reiches Macht
Denn wir wollen es nicht länger leiden
Daß der Englisch-Mann darüber lacht

Gib mir deine Hand, deine weiße Hand
Lebwohl, mein Schatz, lebwohl, lebewohl
Denn wir fahren, denn wir fahren
Denn wir fahren gegen England.

Auffallend an diesem Kriegslied ist der fröhliche Charakter des Abschieds, den es suggerieren soll. Der Krieg gegen England gewinnt unter der Hand den Anstrich einer Bagatelle, ja eines regelrechten Spaziergangs. Auch Goebbels versuchte noch nach dem ersten Kriegsjahr einen ähnlichen Eindruck zu vermitteln. Im Dezember 1940 verglich er in einem Artikel mit dem Titel WAS DENKT SICH CHURCHILL EIGENTLICH Winston Churchill mit dem Manager eines Boxers, der kurz vor dem K.o. steht. So schrieb er unter anderem über Churchill: „Er befindet sich in der Rolle eines Managers, der seinem Boxer, obschon der bereits während der dritten Runde röchelnd am Boden lag und bis sieben ausgezählt wurde, in der Pause zwischen Gong und Gong Mut zuspricht, ihm gute Ratschläge erteilt, die vor Beginn des Kampfes angebracht waren, jetzt aber geradezu komisch wirken. So allein nur läßt sich die englische Kriegsführung erklären . . . Warum schlägt ein Boxer, der schon aus den Augen, Nase und Mund blutet, der bereits taumelnd zwischen den Seilen herumirrt und gar keine Chance mehr zum Siege hat, immer noch, wenn auch mit ganz unüberlegten und ungefährlichen Schlägen auf den Gegner ein, obschon er weiß, daß er damit gar nichts anderes erreichen kann als höchstens den anderen so wütend zu machen, daß er ihm um so eher den betäubenden K.o. versetzt? Warum? Weil einem Boxer, auch wenn er sich selbst schon verloren gibt, gar nichts anderes übrigbleibt, als zu schlagen, oder sich auszählen zu lassen."

Von den Schlägen, die es England zu versetzen galt, handelt auch das Kriegslied BOMBEN AUF ENGELAND:

Wir fühlen in Horsten und Höhen
Des Adlers verwegenes Glück
Wir steigen zum Tor der Sonne hervor
Wir lassen die Erde zurück
Kamerad, Kamerad, alle Mädels müssen warten
Kamerad, Kamerad, der Befehl ist da: wir starten
Kamerad, Kamerad, die Losung ist bekannt:

Rann an den Feind, rann an den Feind
Bomben auf Engeland

Wir stellen den brit'schen Löwen
Zum letzten entscheidenden Schlag
Wir halten Gericht, ein Weltreich zerbricht
Das wird unser stolzester Tag
Kamerad, Kamerad, alle Mädels müssen warten
Kamerad, Kamerad, der Befehl ist da: wir starten
Kamerad, Kamerad, die Losung ist bekannt:
Rann an den Feind, rann an den Feind
Bomben auf Engeland.

Schockierend ist an diesem Kriegslied vor allem die Bedenkenlosigkeit, die darin zum Ausdruck kommt, wenn es um die gnadenlos heitere Vernichtung des Gegners geht. Nicht zuletzt dank der musikalischen Untermalung erweckt zumal der Refrain des Liedes den Eindruck, als seien es nicht etwa Bomben, sondern vielmehr Scherzartikel, mit denen die englische Bevölkerung bedacht werden sollte. Bekanntlich verlieren in Kriegszeiten alle Fragen, die die Humanität betreffen, mit einer rapiden Geschwindigkeit ihr Gewicht. Für die Nationalsozialisten waren diese Fragen allerdings schon in Friedenszeiten von einer höchst untergeordneten Bedeutung. Welchen Wert Adolf Hitler dem Thema Humanität beimaß, zeigt bereits eine Passage aus seinem Werk MEIN KAMPF, in der er, so als handle es sich hierbei um ein Thema, das dem schöngeistigen Bereich zuzurechnen sei, auf die Humanität nur im Zusammenhang mit der Ästhetik zu sprechen kommt. In dieser Passage heißt es:

„Wenn aber die Völker um ihre Existenz auf diesem Planeten kämpfen, mithin die Schicksalsfrage von Sein oder Nichtsein an sie herantritt, fallen alle Erwägungen von Humanität oder Ästhetik in ein Nichts zusammen, denn alle diese Vorstellungen schweben nicht im Weltäther, sondern stammen aus der Phantasie des Menschen und sind an ihn gebunden. Sein Scheiden von dieser Welt löst auch diese Begriffe wieder in Nichts auf, denn die Natur kennt sie nicht. Damit haben aber alle diese Begriffe beim Kampf eines Volkes um sein Dasein auf dieser Welt nur untergeordnete Bedeutung, ja scheiden als bestimmend für die Formen des Kampfes vollständig aus, sobald durch sie die Selbsterhaltung eines im Kampfe liegenden

Volkes gelähmt werden könnte. Das aber ist immer das einzig sichtbare Ergebnis. Was die Frage der Humanität betrifft, so hat sich schon Moltke dahin geäußert, daß diese beim Krieg immer in der Kürze des Verfahrens liege, also daß ihr die schärfste Kampfesweise am meisten entspräche. Wenn man aber versucht, in solchen Dingen mit dem Gefasel von Ästhetik usw. anzurücken, dann kann es darauf wirklich nur eine Antwort geben: Schicksalsfragen von der Bedeutung des Existenzkampfes eines Volkes heben jede Verpflichtung zur Schönheit auf . . . Wenn aber diese Gesichtspunkte von Humanität und Schönheit für den Kampf erst einmal ausscheiden, dann können sie auch nicht als Maßstab für Propaganda Verwendung finden."

Daß sich in der Kriegspropaganda des Dritten Reichs, von der Ästhetik einmal abgesehen, zumal für die Humanität keinerlei Verwendung fand, kommt nicht zuletzt in den Kriegsliedern zum Ausdruck. Für sämtliche Waffengattungen wurden Melodien komponiert und Texte geschrieben, die die erbarmungslose Vernichtung des Gegners zum Inhalt haben. In dem Kriegslied U-BOOTE FAHREN sind es die Torpedos, die den Gegner in den Tod jagen sollen:

Die Stunde hat geschlagen
Britanniens Macht vergeht
Durch U-Boot-Männer Kühnheit
Großdeutschlands Flagge weht
U-Boote fahren gar weit ins Meer hinaus
U-Boote jagen Torpedos aus den Rohren raus
Jagen England, England in den Tod
Jagen England, England in den Tod.

Im Kriegslied PANZER ROLLEN IN AFRIKA VOR heißt es über die Panzer, daß sie zur Vernichtung des Gegners gedacht worden seien:

Panzer des Führers gebieten, habt acht
Die sind zu euerer Vernichtung erdacht

Sie fürchten vor Tod und vor Teufel sich nicht
An ihnen der britische Hochmut zerbricht
Es rasseln die Ketten, es dröhnt der Motor

Panzer rollen in Afrika vor
Panzer rollen in Afrika vor.

Heiß über Afrikas Boden die Sonne glüht
Unsere Panzermotoren singen ihr Lied
Deutsche Panzer im Sonnenbrand
Stehen zur Schlacht gegen Engeland
Es rasseln die Ketten, es dröhnt der Motor
Panzer rollen in Afrika vor
Panzer rollen in Afrika vor.

Im Stukalied wiederum ist die Rede davon, daß die Stukas dem Gegner die ehernen Krallen mitten ins Herz schlagen:

Wie schwarze Vögel ziehen hoch über Land und Meer
Und wo sie erscheinen, da fliehen die Feinde vor ihnen her
Sie lassen jäh fallen vom Himmel der Erde wärts
Sie schlagen die ehernen Krallen
Dem Gegner mitten ins Herz
Wir sind die schwarzen Husaren der Luft
Die Stukas, die Stukas, die Stukas.
Immer bereit, wenn der Einsatz uns ruft
Die Stukas, die Stukas, die Stukas
Wir stürzen vom Himmel und schlagen zu
Wir fürchten die Hölle nicht und geben nicht Ruh
Bis endlich der Feind am Boden liegt
Bis England, bis England, bis Engeland besiegt
Die Stukas, die Stukas, die Stukas.

Im MARSCH DES DEUTSCHEN AFRIKAKORPS wird der Krieg zu einer Safari, in der der Britische Löwe zu Tode gejagt wird:

Wohlauf durch Wüstensand und heißen Sonnenbrand
Hier setzt ein großes Jagen an mit lautem Halali
Die Jäger, die sind wir im weiten Jagdrevier
Das deutsche Korps in Afrika, heija, heija, heija Safari.

Und wenn auch noch so wild der Brit'sche Löwe brüllt
Es nützt ihm nichts sein großes Maul
Wir jagen ihn zu Tode
Denn Jäger, die sind wir im weiten Jagdrevier
Das deutsche Korps in Afrika, heija, heija Safari.

Im Lied der Jagdflieger ES BLITZEN DIE STÄHLERNEN SCHWINGEN holt den Feind sogar der Teufel:

Es blitzen die stählernen Schwingen
Es dröhnen und donnern im Takt
Die starken Motoren, sie singen
Das Lied, das im Herzen uns packt
Bei uns wird nicht lange gefackelt
Wir haben den Tommi versohlt
Die stolze Maschine, sie wackelt, wackelt
Den Feind hat der Teufel geholt

Wir Flieger zum Kämpfen geboren
Wir feuern mit sicherer Hand
Wir haben's dem Führer geschworen
entschlossen zu schützen das Land
Bei uns wird nicht lange gefackelt
Wir haben den Tommi versohlt
Die stolze Maschine, sie wackelt, wackelt
Den Feind hat der Teufel geholt.

Ehemalige Kriegsteilnehmer, die diese Lieder vor mehr als vierzig Jahren gehört und gelegentlich gesungen haben, sind oft nicht bereit, über ihre damaligen Empfindungen Auskunft zu geben. Sie weigern sich auch, sich diese Kriegslieder noch einmal anzuhören. Sie behaupten, sie seien dazu außerstande. Hierzu bereit ist ein ehemaliger Kriegsteilnehmer, der seinen Namen nicht genannt haben will.

Auf die Frage, was er beim Anhören dieser Kriegslieder empfinde, antwortet er: „Wenn man diese Kriegslieder hört, dann packt einen das kalte Grausen, wirklich das kalte Grausen. Mit ihnen kommt der ganze Schlamassel einem wieder in den Kopf. Ich hätte sie mir gar nicht anhören sollen. Damals, an der Front haben wir sie gesungen. Schon damit man an nichts anderes hat denken müssen, hat man sich den Kopf leergesungen, daß man die Angst losgeworden ist, da haben wir alles mögliche gesungen."

Auf die Frage, ob er manchmal daran gedacht hätte, daß es sich beim sogenannten Feind um Menschen wie ihn selbst gehandelt hat, erwidert dieser Kriegsteilnehmer:

„Wenn man im Krieg erstmal an so was denkt, dann bleibt man über kurz oder lang selber auf der Strecke. Mitleid ist da ein Luxus, den man sich nicht leisten kann. Eines stimmt schon: manchmal, zwischendrin, da ist es mir schlagartig bewußt geworden, daß hinter dem Begriff Feind ganz normale Menschen stecken. Das hat mich momentan stutzig gemacht. Es hat schon Momente gegeben, da habe ich versucht, mir vorzustellen, wie der Feind ausschaut, was der für ein Gesicht haben könnte. Manchmal habe ich es direkt vor mir gesehen. Ein komisches Gefühl war das. Aber meistens war es anders. Da habe ich mir den Feind nicht vorstellen können. Ich wollte es auch nicht. Das war einfach einer, der mir an den Kragen wollte. Und wenn wir gesungen haben: Wir jagen den Feind in den Tod, dann haben wir das schon so gemeint."

Bezeichnend für die Kriegslieder im Dritten Reich ist allerdings nicht nur die heitere Brutalität, mit der hier die Vernichtung des Gegners propagiert wird. Bezeichnend ist auch die Primitivität des Schemas, nach dem ihre Texte aufgebaut sind. Daß den Kriegsliedern vor allem die Aufgabe zukam, den Soldaten die Angst zu nehmen, ist eklatant. Gleichgültig, ob es sich nun um das U-BOOT-LIED, das STUKALIED, das PANZERLIED, das JAGDFLIEGERLIED oder um andere Kriegslieder handelt — stets wird die Schlagkraft der eigenen Waffen hervorgehoben und die der gegnerischen ausgespart. Durch das Hervorheben der Schlagkraft der eigenen Waffen wird von vornherein Siegesgewißheit suggeriert. Die Lebensgefahr, in der sich der einzelne Soldat befindet, kommt nie direkt zum Ausdruck. Bald wird sie gänzlich unterschlagen. Bald wird sie mit Sätzen wie: „Im Westen pfeift der Wind" oder„Im Westen stehen dunkle Wolken" schönfärberisch heruntergespielt.

Die Behauptung, daß der Sieg über den Gegner sicher sei, ist fast ausnahmslos in einen Kontext eingebettet, der sich auf eine höchst dilettantische Weise mit der jeweils zur Debatte stehenden Waffengattung befaßt. So heißt es von den U-Booten, daß sie aus ihren Rohren Torpedos hinausjagten. So heißt es von den Panzern, daß ihre Ketten rasselten und ihre Motoren dröhnten. So heißt es von den Jagdflugzeugen, daß ihre stählernen Schwingen blitzten und ihre Motoren ein Lied sängen. Im Stukalied werden die Stukas mit schwarzen Vögeln verglichen. Im Lied der Flieger ist davon die Rede, daß sie in Horsten und Höhen des Adlers verwegenes Glück fühlten. Das geistige Niveau der Kriegslieder im Dritten Reich läßt sich keineswegs als auch nur annähernd anspruchsvoll bezeichnen. Daß das Niveau der Propaganda und insbesondere der Kriegspropaganda nicht niedrig genug sein könnte, schrieb Adolf Hitler bereits in seinem Werk MEIN KAMPF. In der Passage, die sich mit diesem Thema befaßt, meinte er unter anderem: „Jede Propaganda hat . . . ihr geistiges Niveau einzustellen nach der Aufnahmefähigkeit des Beschränktesten unter denen, an die sie sich zu richten gedenkt. Damit wird ihre rein geistige Höhe um so tiefer zu stellen sein, je größer die zu erfassende Masse der Menschen sein soll. Handelt es sich aber, wie bei der Propaganda für die Durchhaltung eines Krieges, darum, ein ganzes Volk in ihren Wirkungsbereich zu ziehen, so kann die Vorsicht bei der Vermeidung hoher geistiger Vorstellungen gar nicht groß genug sein . . . Die Aufnahmefähigkeit der großen Masse ist nur sehr beschränkt, das Verständnis klein, dafür jedoch die Vergeßlichkeit groß. Aus diesen Tatsachen heraus hat sich jede wirkungsvolle Propaganda auf nur sehr wenige Punkte zu beschränken und diese schlagwortartig so lange zu verwerten, bis auch bestimmt der Letzte unter einem solchen Worte sich das Gewollte vorzustellen vermag."

Zu den wenigen Punkten, auf die sich die Kriegspropaganda in den Kriegsliedern des Dritten Reichs entsprechend beschränkte, zählte unter anderem auch die darin immer wieder zum Ausdruck gebrachte Behauptung, daß man den Tod nicht fürchte, ja daß man für Deutschland zu sterben bereit sei. So heißt es beispielsweise im sogenannten FALLSCHIRMJÄGERLIED:

Rot scheint die Sonne, fern ist der Kampf
Wer weiß, ob sie morgen für uns noch lacht
Werft an die Motoren, schiebt Vollgas hinein
Daß sie losfliegen kann, heute geht es zum Feind
In die Maschinen, in die Maschinen
Kamerad, da gibt es kein Zurück.

Donnern Motoren, Gedanken allein
Denkt jeder noch schnell an die Lieben daheim
Dann kommt Kameraden zum Sprung das Signal
Und wir schweben zum Feind, zünden dort das Fanal
Dann wird gelandet, dann wird gelandet
Kamerad, da gibt es kein Zurück.

Klein unser Häuflein, wild unser Blut
Wir fürchten den Feind nicht und auch nicht den Tod
Wir wissen nur eines, wenn Deutschland in Not
Zu kämpfen, zu siegen, zu sterben den Tod
An die Gewehre, an die Gewehre, Kamerad, da gibt es kein Zurück.

Im sogenannten PANZERLIED ist nicht nur davon die Rede, daß man für Deutschland zu sterben bereit sei. Hier heißt es sogar, daß es die höchste Ehre sei, für Deutschland zu sterben:

Ob's stürmt oder schneit, ob die Sonne auch lacht
Der Tag glühend heiß oder eiskalt die Nacht
Bestaubt sind die Gesichter
Doch froh ist unser Sinn, ist unser Sinn
Es braust unser Panzer im Sturmwind dahin
Bestaubt sind die Gesichter
Doch froh ist unser Sinn, ist unser Sinn
Es braust unser Panzer im Sturmwind dahin.

Mit donnernden Motoren, geschwind wie der Blitz
Dem Feinde entgegen im Panzer geschützt
Voraus Kameraden, im Kampf sind wir allein, sind wir allein
So stoßen wir tief in die feindlichen Reih'n
Voraus Kameraden, im Kampf sind wir allein, sind wir allein
So stoßen wir tief in die feindlichen Reih'n.

Wenn vor uns ein feindliches Heer dann erscheint
wird Vollgas gegeben und ran an den Feind
Was gilt denn unser Leben für unseresgleichen mehr
Für Deutschland zu sterben ist uns höchste Ehr
Was gilt denn unser Leben für unseresgleichen mehr
Für Deutschland zu sterben ist uns höchste Ehr.

In seinem Werk MEIN KAMPF sprach Hitler davon, daß es die Aufgabe der Kriegspropaganda sei, die Menschen, wie er es wörtlich nannte, „zum Sterben zu berauschen". Auf die Frage, ob ihn die Kriegslieder, in denen von der Bereitschaft, für Deutschland zu sterben, die Rede ist, in einen Zustand der Sterbensbereitschaft versetzt hätten, erwidert ein weiterer Kriegsteilnehmer, der ebenfalls nicht genannt werden möchte: „Ich selbst war in den letzten Kriegswochen, soweit ich mich daran jetzt noch erinnere, sicher nicht mehr zum Sterben bereit. Ich war als sechzehnjähriger Luftwaffenhelfer eingesetzt, meine Kameraden waren Hitlerjungen im gleichen Alter, und es gab da schon einige darunter, die wirklich beeinflußt auch durch die vorhergehende Hitlerjugendausbildung und alles noch bereit waren, in so einer Art Nibelungentreue, in einer richtigen Untergangsstimmung: es lohnt sich nicht, zu überleben, aber es ist für Deutschland wichtig, noch ein Opfer zu bringen, auch in diesen letzten Kriegswochen noch ganz bewußt zum Sterben bereit waren. In vielen von diesen Kriegsliedertexten wird ja mit Begeisterung gestorben, aber sterben wollte natürlich keiner. Was den sogenannten Feind betrifft, so ist das sicher im Zweiten Weltkrieg in vielen Punkten anders gewesen als im Ersten. Während der Zeit der Blitzkriege haben sich solche Vorstellungen, was ist der da gegenüber, zunächst überhaupt nicht eingestellt. Die ganze Technisierung hat, glaube ich, mehr als die musikalische Berieselung dazu beigetragen, so auf Perfektion, auf das Funktionieren hin diesen Krieg zu verstehen. Dieses Nirgendwo-den-Gegner-als-Menschen-Sehen, noch nicht einmal als persönlichen Feind, das ist doch in einem erschreckend breiten Umfang von 1939 an durchgesetzt worden."

Obwohl das Feindbild, das die Propagandisten des Dritten Reichs Frankreich und England betreffend schufen, an Widerwärtigkeit wenig zu wünschen übrig ließ, erschienen Goebbels die bislang angewendeten propagandistischen Mittel nicht mehr ausreichend, als es galt, eine Greuelpropaganda über die Sowjetunion zu verbreiten und die angeblich satanischen Absichten und Pläne dieses Kriegsgegners der deutschen Öffentlichkeit zur Kenntnis zu bringen.

Zu diesem Zweck bereicherte Goebbels den Wortschatz seiner Propaganda durch einen neuen Begriff, den Begriff DICHTERISCHE WAHRHEIT nämlich, der nur intern, das heißt innerhalb seines Propagandaministeriums, gebraucht werden sollte. Mit Hilfe der sogenannten DICHTERISCHEN WAHRHEIT sollten die Propagandisten des Dritten Reichs nicht nur Tatsachen ausschmücken, über die man wenig wußte. Sie sollten auch Vorgänge und Begebenheiten beschreiben, „wie sie", den Worten Goebbels' zufolge, „leicht geschehen hätten können".

Goebbels selbst hat sich in seinen Hetzreden und Hetzartikeln gegen die Sowjetunion dieser DICHTERISCHEN FREIHEIT sattsam bedient. So schrieb er in einem Artikel mit dem Titel DER SCHLEIER FÄLLT im Juli 1941: „In diesen Tagen und Wochen überschreiten

Hunderttausende junger deutscher Soldaten unsere Grenzen im Osten und marschieren auf Straßen und Wegen in das vielgerühmte ‚Paradies der Arbeiter und Bauern' ein ... Die Lügnerbande im Kreml scheint dumpf zu ahnen, daß das Verhängnis naht ... Sie sehen mit Schrecken, wie ihr feingesponnenes Lügennetz plötzlich zerrissen wird und dahinter der Boden zu wanken beginnt, auf dem sie stehen ... Wir haben eine Kommission von Ärzten, Juristen, Journalisten und Rundfunkleuten nach Lemberg geschickt. Sie kehrten zurück mit grauen und gelben Gesichtern. Was sie dort sahen, läßt sich gar nicht beschreiben ... Angesichts der dort ersonnenen und praktizierten Tötungsmethoden muß es fast als Gnade empfunden werden, wenn eine bestialisierte Soldateska einer schwangeren Ukrainerin den Leib aufschlitzt und den Embryo an die Wand nagelt ... Der Krieg, den wir gegen den Bolschewismus führen, ist der Krieg der gesitteten Menschheit überhaupt gegen seelische Fäulnis, gegen den Verfall der öffentlichen Moral, ... gegen eine kriminelle Politik, deren Urheber auf Leichenbergen sitzen, um Ausschau zu halten, wen sie sich als nächstes Opfer auswählen sollen."

Allerdings stellte Goebbels den Krieg gegen die Sowjetunion nicht allein, ähnlich wie es Ronald Reagan tut, als eine Art Kreuzzug der gesitteten Menschheit hin. In jener berühmten und berüchtigten Rede, die er im Februar 1943 im Berliner Sportpalast hielt, mühte er sich, den Krieg gegen die Sowjetunion in einen Krieg umzumünzen, der dazu dienen sollte, einer angeblichen Weltrevolution des Judentums Einhalt zu gebieten.

So behauptete er unter anderem: „Der Ansturm der Steppe gegen unseren ehrwürdigen Kontinent ist in diesem Winter mit einer Wut losgebrochen, die alle menschlichen und geschichtlichen Vorstellungen in den Schatten stellt. Die deutsche Wehrmacht bildet dagegen mit ihren Verbündeten den einzigen überhaupt in Frage kommenden Schutzwall ... Würden wir in diesem Kampf versagen, so verspielten wir damit überhaupt unsere geschichtliche Mission ... Das Ziel des Bolschewismus ist die Weltrevolution der Juden. Sie wollen das Chaos über das Reich und über Europa herbeiführen, um in der daraus entstehenden Hoffnungslosigkeit und Verzweiflung der Völker ihre internationale, bolschewistisch verschleierte kapitalistische Tyrannei aufzurichten ... Hinter den anstürmenden Sowjetdivisionen sehen wir schon die jüdischen Liquidationskommandos, hinter diesen aber erhebt sich der Terror, das Gespenst des Millionenhungers und einer vollkommenen Anarchie. Hier erweist sich wiederum das internationale Judentum als das teuflische Ferment der Dekomposition, das eine geradezu zynische Genugtuung dabei empfindet, die Welt in ihre tiefste Unordnung zu stürzen und damit den Untergang jahrtausendealter Kulturen, an denen es niemals einen inneren Anteil hatte, herbeizuführen."

Von der Härte und Unerbittlichkeit des Krieges gegen die Sowjetunion zeugt in dem Kriegslied VORWÄRTS NACH OSTEN vor allem die Tatsache, daß hier von Millionen die Rede ist, die zwischen Finnland und dem Schwarzen Meer zur Schlacht antreten:

Wir standen für Deutschland auf Posten
Und hielten die große Wacht
Nun hebt sich die Sonne im Osten
Und ruft die Millionen zur Schlacht
Von Finnland bis zum Schwarzen Meer
Vorwärts, vorwärts, vorwärts nach Osten so stürmen wir
Freiheit das Ziel, Sieg das Panier
Führer befiehl, wir folgen dir.

Den Marsch von Horst Wessel begonnen
Im braunen Gewand der SA
Vollenden die braunen Kolonnen
Die große Stunde ist da
Von Finnland bis zum Schwarzen Meer
Vorwärts, vorwärts, vorwärts nach Osten stürmen wir
Freiheit das Ziel, Sieg das Panier
Führer befiehl, wir folgen dir.

Die Tatsache, daß ein Krieg wie der Zweite Weltkrieg Leiden in Hülle und Fülle zur Folge hatte, konnten auch die nationalsozialistischen Propagandisten nicht gänzlich außer acht lassen. In einem Artikel mit dem Titel SEGEN DER ERDE, der im Oktober 1942 veröffentlicht wurde, äußerte sich Goebbels nicht nur über die Fähigkeit des Menschen, Leiden zu ertragen. Er riet seiner Leserschaft auch davon ab, den Kriegszustand als einen Ausnahmezustand zu betrachten. „Auch die Fähigkeit des Menschen, Leiden zu ertragen", schrieb er, „ist relativ. Sie hängt sehr davon ab, welche Leiden ihm vom Schicksal im einzelnen zugemutet werden. Wenn es darauf ankommt, wird der Mensch fast mit allem fertig. Er empfindet die Stärke der Leiden immer im Verhältnis zu seinem sonstigen Wohlbefinden. Es kann sein, daß einer sich im normalen Leben durch einen geringfügigen Schmerz mehr belästigt und geschlagen fühlt als im harten Leben des Krieges durch den Verlust eines Hauses und seines gesamten Eigentums. Und da gerade beginnt die heutige Zeit besonders drückend zu werden, wo die Menschen den Krieg als eine Ausnahme ansehen und immer noch versuchen, sich möglichst viel vom Frieden zu erhalten . . . Da haben es die ungleich viel besser, die beizeiten mit dem Frieden Schluß gemacht und sich, solange der Krieg nun einmal dauert, auf Krieg eingestellt haben. Sie sind durch nichts mehr umzuwerfen. Sie klagen nicht über das, was ihnen durch den Krieg genommen worden ist, sondern freuen sich dessen, was ihnen der Krieg noch gelassen hat, immer bereit, wenn er es fordern sollte, auch darauf zu verzichten. Sie haben sozusagen die Brücken zum Frieden hinter sich abgebrochen und suchen sich einen Weg zu ihm nach vorn."

Der Ansicht Joseph Goebbels zufolge hatten Kriege allerdings nicht nur Nachteile, sondern auch Vorzüge. Über die Vorzüge des Zweiten Weltkriegs äußerte sich Goebbels noch im Juni 1943 anläßlich einer Rede zur Eröffnung der 7. Großen Deutschen Kunstausstellung. „Zwar ist der Krieg ein großer Zerstörer", meinte er, „aber er weist auch aufbauende Elemente auf, die mitten in seinem Vernichtungswerk manchmal fast blitzartig in Erscheinung treten. Er raubt nicht nur die Besinnung, er gibt auch die Besinnung zurück. Niemals haben die Menschen unseres Kontinents so wie heute geistige Bilanz gemacht und sich Rechenschaft darüber abgelegt, wo Europa steht und was wir tun müssen. Mag sein, daß Zeiten eines satten Friedens den Menschen manchmal die Genußmöglichkeiten des materiellen Lebens allzu verlockend erscheinen lassen; der Krieg wischt das mit einer Handbewegung weg. Er führt auch den Stumpfen und Gleichgültigen wieder zurück zu den Wurzeln und Quellen seiner Kraft und lehrt selbst ihn, daß der Mensch nicht vom Brote allein lebt. Niemals ist der Zug zu einer geistigen und seelischen Verinnerlichung im deutschen Volk so stark gewesen wie heute."

Doch nicht genug, daß man im Dritten Reich den Krieg als ein unter anderem auch aufbauendes Element zumal im Hinblick auf eine Verinnerlichung der deutschen Bevölkerung rühmte. Zumal in den Kriegsliedern gewinnt der Krieg gelegentlich nicht allein den Charakter eines gigantischen Happenings, wenn es beispielsweise heißt: „Bomben knallen, Helden fallen, und es blitzt und kracht und kracht". Manche Krieglieder haben darüber hinaus zeilen- oder strophenweise einen nachgerade neckischen Charakter, so zum Beispiel der Marsch des deutschen Afrikakorps, in dem von einer Jagd mit „lautem Halali" die Rede ist, oder das Jagdfliegerlied, in dem es heißt: „Bei uns wird nicht lange gefackelt, wir haben den Tommi versohlt." Das gleiche trifft auch auf das Lied EIN JEDES MÄDEL LIEBT DAS MILITÄR zu:

Ein jedes Mädel liebt das Militär
Kommt es mit Tschingdaratschingbumdara
Und immer fest im gleichen Schritt
Marschiert sie mit, marschiert sie mit.

Eine ähnliche Verharmlosung des Krieges kommt auch in dem Kriegslied WIR SIND KAMERADEN AUF SEE zum Ausdruck:

Wir sind Kameraden auf See
Wir sind Kameraden auf See
Drum Mädel nun gib mir den Abschiedskuß
Sei tapfer und treu, wenn ich scheiden muß
Und fahren wir heute hinaus
Wir kommen ja wieder nachhaus'
Wir stehen wie Felsen in Luv und Lee
Wir sind Kameraden auf See.

Neben den Versuchen, den Krieg zu bagatellisieren, wurden von seiten der nationalsozialistischen Propaganda auch Versuche unternommen, der Kriegswirklichkeit auf die eine oder andere Weise Rechnung zu tragen. Schließlich konne man die Tatsache, daß im Zweiten Weltkrieg im Akkord gestorben wurde, nur schwerlich mit Stillschweigen übergehen. Immer wieder mühte man sich deshalb, die Entsetzlichkeit dieses staatlich angeordneten Massensterbens abzumildern, indem man ihm einen Sinn unterjubelte.

So schrieb Goebbels in einem Artikel mit dem Titel SEGEN DER ERDE: „Der moderne Krieg wäre in seiner brutalen Grausamkeit überhaupt unerträglich, wenn er nicht für ein Volksziel geführt würde. Er muß die Gewähr bieten, daß aus jedem ausgelöschten jungen Heldenleben einer der Ursprünge einer reicheren und glücklicheren Zukunft unseres Volkes entspringt . . . Diesmal geht es nicht um Thron und Altar, sondern um Getreide und Öl, um Raum für unsere wachsende Volkszahl, die in der bisherigen Enge nicht leben und nicht ernährt werden kann. Wir müssen schon deshalb durch dieses schaurige Drama hindurch, ob wir wollen oder nicht. Das wissen auch alle, die die schwerste Last dieses Krieges zu tragen haben. Sie sehen vor sich ein Ziel, um das es sich zu kämpfen verlohnt . . . Sie zogen durch Länder voll von blühender Fruchtbarkeit, immer den Tod vor Augen, und sahen hier im Überfluß alles das, was uns zum Leben fehlt . . . Es ist ein grausames, aber auch wahres Wort, daß Blut die Äcker düngt. Erst aus der Erde stammt die Kraft der Völker. Verlieren sie die Erde, dann verlieren sie auch ihr Leben . . . Es bleibt uns nichts anderes übrig, als den Weg zurück zur Erde anzutreten. Je weiter ein Volk sich davon entfernt hat, um so mehr Blut kostet die Rückkehr. Jedes Heldenleben, das heute draußen an den Fronten verlöscht, ist ein Stück dieses Weges. Aus dieser Saat unseres Volkes wird einmal die reichste Ernte entspringen. Die Wunden, die der Krieg uns heute schlägt, werden bald vernarben; aber die Opfer, die gebracht werden vom ganzen Volk, werden auch Früchte bringen für das ganze Volk . . . Über den tiefen Erschütterungen unserer Zeit, die jeden von uns erfassen, steht ewig und unveränderlich der Wille nach Raum. Er gibt dem Krieg seinen Sinn. Er verklärt auch die größten und schwersten Opfer, die damit für ein Volk gebracht werden."

Auch in dem folgenden Kriegslied ALS DIE GOLDENE ABENDSONNE wird den Überlebenden vorgegaukelt, daß die Soldaten an den verschiedenen Fronten nicht umsonst gefallen wären:

> Als die goldne Abendsonne sandte ihren letzten Schein
> Zog ein Regiment von Hitler in ein kleines Städtchen ein
> Traurig klangen ihre Lieder durch die kleine stille Stadt
> Denn sie trugen ja zu Grabe einen Hitlerkamerad

Und der Mutter in der Ferne sandten sie den letzten Gruß
Daß ihr Sohn mit Stolz gefallen, durch das Herz traf ihn der Schuß
Du bist nicht umsonst gefallen, schworen sie es ihm aufs neu
Dreimal krachten dann die Salven, er blieb Adolf Hitler treu
Als die goldne Morgensonne sandte ihren ersten Schein
Zog ein Regiment von Hitler weiter in die Welt hinein.

Stutzig macht an diesem Kriegslied vor allem die Tatsache, daß hier die Bestattung der Gefallenen als höchst feierlich und besinnlich dargestellt wird. Auf die Frage, wie die Bestattungen an der Front im allgemeinen verliefen, erwiderte ein Kriegsteilnehmer, der den Krieg an der Westfront erlebte:

„Also sehr feierlich ging es, soweit ich das erlebt habe, bei Kriegstoten nicht zu. Unseren ersten Toten hatten wir im Frankreichfeldzug an der Loire. Das war ein Feldwebel. Da wurde noch im nächsten Dorf ein Sarg besorgt, da gab es noch ein Kommando, das die Ehrensalve abgegeben hat, da wurde zum Schluß noch gesungen: ‚Ich hatt' einen Kameraden, einen bess'ren find'st du nie'. Aber später gab es das alles nicht mehr. Wenn's viel war, war es die Zeltplane des Toten, in die man ihn eingewickelt hat, und dann wurde er möglichst an einer Ecke, wo der Boden nicht allzu hart war, eingegraben, Schildchen dran, manchmal auch noch ein Holzkreuz, aber mehr auch nimmer."

Noch weniger feierlich verliefen die Bestattungen an der Ostfront, falls sie überhaupt stattfanden. Über diese Bestattungen berichtet ein anderer Kriegsteilnehmer: „Ich war in den letzten Jahren des Krieges an der Ostfront, erst im sogenannten Kurland und später in Pommern und an der Ostseeküste entlang. Von einer Beerdigung von Gefallenen oder im Kriegsgeschehen umgekommenen Zivilisten war bei der Masse Toten, die es da gab, keine Rede, zumindest, soweit ich es beobachten konnte unmittelbar an und direkt hinter der Front. Wenn es Tote gab, und wir lagen in festen Stellungen, dann wurden bestenfalls die Gefallenen in Erdvertiefungen geschleppt und dort mit einigen Spatenstichen mit Erde bedeckt. Wenn es ganz gut ging noch irgendein Holzkreuz drauf, aber das war schon recht selten der Fall. Meistens war es so, wenn gute Kameraden dabei waren, die haben dann noch die Blechmarke abgebrochen, um die Angehörigen zu verständigen. Aber selbst das war in den letzten Monaten nicht mehr möglich. Ich habe es wiederholt erlebt, daß Leiber zerfetzt waren, die wurden dann in Zeltplanen eingewickelt und auch in Erdtiefen geschleppt und dort einfach zugebuddelt. Aber meistens war es so während des Rückzugs, daß wir auf der Flucht waren, und da gab es keine Beerdigung von Toten, sondern die blieben einfach liegen, zu einer Beerdigung war keine Möglichkeit. Erstens hatten wir keine Zeit, und zweitens wäre man dann selber unter den Toten gewesen. Da hieß es nur noch: rette sich wer kann."

Einer solchen Kriegswirklichkeit, wie sie die Soldaten zumal während der letzten Kriegsjahre an allen Fronten erfahren mußten, konnten Kriegslieder, wie die hier zur Debatte stehenden, in denen einerseits Siegesgewißheit suggeriert werden sollte und andererseits immerzu von der Bereitschaft, für Deutschland zu sterben, die Rede war, auf die Dauer nicht gerecht werden. Sie standen ganz einfach in einem zu eklatanten Widerspruch zur Wirklichkeit. Unter den Mitteln der psychologischen Kriegsführung zählten diese Kriegslieder ohnehin zu den weniger erfolgreichen. Den Aussagen ehemaliger Kriegsteilnehmer zufolge wurden nämlich während des Zweiten Weltkriegs von Anfang an von den Soldaten nicht etwa die Kriegslieder, die da im Dienst der nationalsozialistischen Propaganda fabriziert wurden, bevorzugt. Weitaus mehr schätzten die Soldaten vielmehr Lieder, die einen ausgesprochen friedlichen Charakter haben.

Zu diesen Liedern zählte zum Beispiel das Lied: OH, DU SCHÖNER GRÜNER WESTERWALD. Es zählte dazu das Lied: SCHWARZBRAUN IST DIE HASELNUSS. Es zählte dazu das Lied: MÄRKISCHE HEIDE, MÄRKISCHER SAND, das Lied: AUF DER HEIDE BLÜHT EIN KLEINES BLÜMELEIN, das Lied HEIMAT, DEINE STERNE oder das berühmte Lied, das Marlene Dietrich in dem Film DER BLAUE ENGEL sang: ICH BIN VON KOPF BIS FUSS AUF LIEBE EINGESTELLT.

Selbstverständlich blieb den nationalsozialistischen Propagandisten die relativ große Unbeliebtheit der primitiv brutalen Kriegslieder, in denen das Motto STERBEN UND STERBEN LASSEN groß geschrieben war, nicht verborgen. Man ging deshalb im Verlauf des

Krieges mehr und mehr dazu über, die Soldaten an den verschiedenen Fronten mit Edelkitsch und Kriegsschnulzen zu versorgen. An Verlogenheit standen sie den Kriegsliedern um keinen Deut nach. Dennoch mag die Darstellung einer angeblich heilen Welt in der Heimat, auf die in diesen Kriegsschnulzen größter Wert gelegt wurde, von manch einem Soldaten, allen Nachrichten über die damaligen Bombenangriffe zum Trotz, zumindest vorübergehend als tröstlich empfunden worden sein, zumal, wenn da, wie in der folgenden Kriegsschnulze, eine unverbrüchlich treuliebende Frau nicht nur voller Gelassenheit, sondern auch voller Zuversicht auf den Tag des Wiedersehens zu warten verspricht, ohne zu fragen, ob dieser Tag der Sankt Nimmerleins-Tag ist:

Wenn eure Kompanie marschiert
Und die Trommel sich im Gleichschritt rührt
Dann marschiert immer eine neben ihr her
Und sei dein Marsch auch noch so schwer
Eine, die dich nie vergißt, das bin ich, das bin ich
Und ich warte auf dich, was auch kommen mag
Ich warte nur auf den einen Tag
Da hoch die Fahnen weh'n, und wir uns wiederseh'n.

Du träumst vielleicht von einer Frau
Im Morgengraun am Drahtverhau
Laß dir sagen, daß irgendwo auf der Welt
Dir eine Frau die Treue hält
Eine, die dich nie vergißt, das bin ich, das bin ich
Und ich warte auf dich, was auch kommen mag
Ich warte nur auf den einen Tag
Da hoch die Fahnen weh'n, und wir uns wiederseh'n.

Und ziehst du draußen in die Schlacht
In dem weiten Feld bei dunkler Nacht
Ja dann zieht an des Himmels ewigem Heer
Ein kleines Sternlein vor dir her
Immer wacht es über dich, das bin ich, das bin ich
Und ich warte auf dich, was auch kommen mag
Ich warte nur auf den einen Tag
Da hoch die Fahnen weh'n, und wir uns wiederseh'n.

EHRE WEM EHRE GEBÜHRT

Appell an den Bundesgerichtshof in Sachen Ernst-Thälmann-Mörder

Hohes Gericht, glücklicherweise werden in diesem Staat, der auch nach der Kapitulation des Dritten Reichs nicht wenigen Kriegsverbrechern eine Heimat blieb, den einstigen Mördern weitgehendst lästige Ermittlungsverfahren erspart. Es kann nur im Sinne dieses Rechtsstaats sein, dessen Fortbestand nicht immer mit obsoletem Recht allein zu bewerkstelligen ist, daß unter den einstigen Mördern keine Zwietracht, sondern Eintracht herrscht. Statt sich gegenseitig flagellantisch auf die Anklagebänke der Gerichtssäle dieses Landes zu zerren, hüllen sich unsere Mörder in ein Stillschweigen, das man nicht einmal als beredt bezeichnen kann.

Ein Sieg Heil den hiesigen Mördern des Dritten Reichs, die selbst den von ihnen Ermordeten mit ihrer Verschwiegenheit den Rang ablaufen. Ein Sieg Heil der hiesigen Justiz, die sich als ein Hemmschuh bewährt, wenn immer es gilt, jene Ermittlungsverfahren zu verschleppen, die lediglich eine Vergangenheit, die wir vergeben und vergessen wollen, aufwühlen.

Obwohl es diesem Staat dessen spezifische Art von Freiheitlichkeit gebietet, auch in den Mördern des Dritten Reiches vor allem den Mitbürgern und Mitmenschen zu sehen, vergällten die Witwe und die Tochter des 1944 im KZ zu Buchenwald ermordeten Kommunistenführers Ernst Thälmann den hiesigen Bürgern das Vergeben und Vergessen dessen, woran wir uns noch allesamt weißgott nicht mehr erinnern wollen. Unterstützt von der Justiz der DDR richten diese beiden Megären ihr ganzes Sinnen und Trachten darauf, die hiesige Justiz, deren Antikommunismus gewissermaßen das Tüpfelchen auf dem I ihrer Unparteilichkeit darstellt, dadurch in Verlegenheit zu bringen, daß sie Anklage wegen Mordes gegen den einstmaligen SS-Oberscharführer Wolfgang Otto erhoben, nur weil dieser dem Vernehmen nach zu jenen Mördern zählt, die einstmals im KZ zu Buchenwald dank ihrer Ermordung des Kommunistenführers Ernst Thälmann dazu beitrugen, daß dieser Staat zu einem Bollwerk gegen den Bolschewismus avancierte.

Zu unserer Erleichterung verschied zwar die Witwe des Ernst Thälmann, ohne daß es ihr trotz ihrer Jahrzehnte währenden Bemühungen gelungen wäre, einen von den hiesigen Staatsanwälten dazu zu bewegen, Recht vor Gnade walten zu lassen. Was indes die Mutter nicht vermochte, brachte die Tochter des Ernst Thälmann zustande. Nach einer mehr als vierzig Jahre virtuos durchgeführten Ermittlungsverfahrensverschleppung bürdete Irma Thälmann der hiesigen Justiz ein Gerichtsverfahren auf, das dazu angetan war, den ansonsten allerseits als das Tüpfelchen auf dem I der Unparteilichkeit unserer Justiz respektierten Antikommunismus in einem wunden Punkt zu verwandeln.

Obwohl hierzulande allein der Marxismus-Leninismus als parteilich gilt, nahm es die hiesige Justiz keineswegs auf ihre Kappe, sich dadurch tolpatschig zu ihrem Antikommunismus zu bekennen, daß sie dem Thälmann-Ermordungs-Mitwirkenden Wolfgang Otto, den seine Mitwelt einen „Herrn mit gutem Leumund" heißt, ohne langes Federlesens einen Freispruch unterjubelt hätte. Vielmehr rang sich der zuständige Richter, geradezu ächzend unter der Bürde der besagten leidigen Unparteilichkeit eine Verurteilung ab, die schon insofern weder Fisch noch Fleisch war, als sie der Ahnung eines Diebstahls, nicht aber der Ahnung eines Meuchelmords gerecht war.

Der SS-Oberscharführer, über den eine läppische Haftstrafe von vier Jährchen verhängt wurde, muß jedenfalls von diesem demütigenden Urteil tödlicher verletzt worden sein als Ernst Thälmann von dem auf ihm abgefeuerten Genickschuß. Ungeachtet dessen, daß Wolfgang Otto ein denkwürdiges Verbrechen mitbegangen hatte, stand er wie der rückfällige Dieb einer Leberwurst da. Trotzdem begrüßten sogar die hiesigen Kommunisten in der ihnen eigenen

Selbstvergessenheit lobhudelnd die Tatsache, daß einem Kommunisten-Ermordungs-Mitwirkenden von der hiesigen Justiz kein Freispruch zuteil geworden war. Ein jähes Ende bereitete ihren Lobhudeleien das Revisionsverfahren, in dem die hiesige Justiz, weil sie letztlich zuvor mit der Verurteilung des Thälmann-Mörders ihre auf ein wenig wackligen Beinen stehende Unparteilichkeit demonstriert hatte, dem SS-Oberscharführer getrost zu einem Freispruch verhelfen konnte, ohne der Parteilichkeit bezichtigt zu werden. Entsprechend warf der hiesigen Justiz auch niemand vor, daß diese die besagte Haftstrafe nur verhängt hatte, um sie in einem Revisionsverfahren wieder rückgängig zu machen.

Wir dürfen, hohes Gericht, wahrhaftig stolz auf unsere Richter sein, die ihre Freisprüche in dererlei politischen Fällen mit unverbüßten Haftstrafen zu sanktionieren wissen. Seit der Ermordung der Rosa Luxemburg und des Karl Liebknecht, deren Mördern ihre Freisprüche von weitaus weniger feinsinnigen Richtern förmlich nachgeworfen wurden, haben die hiesigen Richter gelernt, jenen ein Armutszeugnis auszustellen, die von Klassenjustiz reden.

Daran ändert auch das Einverständnis nichts, das die hiesige Justiz mit den übrigen Thälmann-Mördern bekundet. Mit einer erfrischenden Offenherzigkeit erklärte das für diese Mörder zuständige Landesgericht Köln: „Wir kennen den Kreis der Mörder, die Zeit und die Umstände des Verbrechens; aber wir unternehmen nichts, weil die Mörder sich nicht gegenseitig belasten wollen."

Ein Sieg Heil dem Landesgericht Köln, das sich offenkundig außerhalb unserer stickigen Gerichtssäle mit den sich nicht gegenseitig belastenden Mördern dahingehend einigte, diese Mörder trotz der Kenntnis ihrer Namen und trotz der Kenntnis der Zeit und der Umstände ihres Verbrechens seinerseits nicht zu belasten. Ein Sieg Heil dem hohen Gericht, das, ohne zu fragen, woher das Landesgericht seine Kenntnisse in bezug auf den Thälmann-Mord bezogen hatte, das ihm unterstellte Landesgericht auch dann noch voller Freizügigkeit nach Belieben schalten und walten läßt, wenn dieses mit Mördern die Vereinbarung trifft, sie nicht auf die Anklagebank zu bringen.

Wem, fragen wir uns, außer der Gerechtigkeit, die man besser in

Ehren hält als übt, schadet es schon, daß das Landesgericht Köln die Thälmann-Mörder vor schlaflosen Nächten bewahrte, indem es ihnen ihre Ungeschorenheit zusicherte. Wem schadet es schon, daß dem ehemaligen SS-Oberscharführer Wolfgang Otto nunmehr ein sonniger Lebensabend in seinem heimeligen Häuschen im katholischen Städtchen Geldern, Am Harttor 23, vergönnt ist.

Doch könnte, hohes Gericht, dieser Lebensabend des Thälmann-Ermordungs-Mitwirkenden zweifellos sonniger sein als er es ist. Zu unermeßlich sind Herrn Ottos Verdienste, als daß ihnen ein Freispruch und ein sonniger Lebensabend gerecht würden. Denn dank der Thälmann-Ermordungs-Mitwirkung trug Herr Wolfgang Otto in einer rühmenswerten Weise dazu bei, daß nach der Niederlage des Dritten Reichs jenes Bündnis zwischen Kommunisten und Sozialdemokraten Windei blieb, das der Kommunistenführer Ernst Thälmann mit seinem Mithäftling, dem Sozialdemokraten Rudolf Breitscheid, im KZ zu Buchenwald ausheckte, um Gründungen von Rechtsstaaten wie unseren Rechtsstaat zu vereiteln, dessen Immunschwäche gegen das Unrecht ihr traditioneller Charakter adelt.

Zwar verschied der moskauhörige Sozialdemokrat bei einem Bombenangriff. Zwar wurde der heimtückische Kommunistenführer ermordet. Weil indes den Ermordeten das Sterben oftmals leichter fällt als deren Mördern das Überleben, bitten wir das hohe Gericht, diesen Thälmann zu vergessen. Nehmen wir uns besser seiner Mörder an, die seit der Kapitulation im Hinblick auf ihren Mord ihr Licht untern Scheffel zu stellen haben.

Im Gegensatz zu der hiesigen Justiz, deren gute Bekannte die übrigen Thälmann-Mörder zu sein scheinen, kennen wir, hohes Gericht, von den zur Debatte stehenden Mördern nur den SS-Oberscharführer Wolfgang Otto, den vielleicht noch immer die degradierende Haftstrafe bedrückt, die ihn trotz seiner Verdienste vorübergehend mit dem rückfälligen Dieb einer Leberwurst auf eine Stufe stellte. Schon um diese kurzfristige Deklassierung wettzumachen, ersuchen wir untertänigst das hohe Gericht, dafür Sorge zu tragen, daß man diesem Mörder für seine Mitwirkung bei dem Thälmann-Mord einen Orden verleiht.

Weil diesen Mord, dem wie einem Mercedes oder einer Packung

Persil das Gütezeichen MADE IN GERMANY gebührt, kein tierischer Ernst, sondern ein goldener Humor der Mörder kennzeichnet, die witzigerweise Ernst Thälmann vor seinem Tod dadurch zu übertölpeln trachteten, daß sie ihn unter dem Vorwand, seine Körpergröße messen zu wollen, vor einer Metall-Latte mit genickhohen, kugelgroßen Schlitzen Aufstellung zu nehmen befahlen, um ihn statt zu messen zu ermorden, bitten wir obendrein untertänigst das hohe Gericht, im Hinblick auf die Verleihung des Ordens an den ehemaligen SS-Oberscharführer dessen goldenem Humor Rechnung zu tragen. Dies könnte man beispielsweise vortrefflich tun, wenn man ihm mit der gebotenen Feierlichkeit einen Orden in Form einer genickbreiten Metall-Latten-Imitation mit einem kugelgroßen Schlitz überreichte. Zum Totlachen wäre es nicht nur für uns, sondern auch für die übrigen Thälmann-Mörder, wenn man den Orden als den GENICKSCHUSS-LATTEN-ORDEN bezeichnen würde.

Schön wäre es, wenn die übrigen Thälmann-Mörder, die wegen der kompromittierenden Wirkung einer GENICKSCHUSS-LATTEN-Ordensverleihung leer ausgehen müssen, wenigstens wieder einmal wie einst beim Thälmannmord etwas zum Totlachen hätten. Zwar sollen diese Mörder, die aus dem Morden einen Jux zu machen verstanden, Gerüchten zufolge in diesem Lande leben wie die Maden im Speck. Wer aber, hohes Gericht, sagt uns, ob nicht auch die Maden, mit denen wir hier die Thälmann-Mörder nur der Redewendung wegen vergleichen, nach Höherem streben als profanem Speck. Ein Aufmunterungsschreiben von seiten der Justiz wirkte gewiß auf diese um ihren Ruhm geprellten Mörder wie Manna.

Das Schreiben könnte etwa lauten: „Ihr Mörder, ihr Maden, ihr Juxmacher, ihr Spaßvögel, ihr Stimmungskanonen, die ihr den Ernst Thälmann nicht nur abzumurksen, sondern ulkigerweise tötend zu übertölpeln trachtetet, bewahrt euch jenen goldenen Humor, der ganz gewiß, auch wenn man ihn gemeinhin golden heißt, mit Gold allein nicht aufzuwiegen ist."

Wir aber, hohes Gericht, stimmen zu Ehren dieser Mörder ein in das Lied:

Lustig ist unsrer Mörder Leben
Fahriafahriaho
Brauchen den G'richten kei' Rechenschaft ablegen
Fahriafahriahoh.
Lustig war's dereinst in Buchenwald
Wo unsrer Mörder Genickschüss' ham 'knallt
Rot war'n die Toten und tot sei'n die Roten fortan
O Fahriahoh.

VON EINEM, DER AUSZOG, EINE REVOLUTION OHNE VOLK ANZUZETTELN

Zum 20. Todestag von Che Guevara

Am 9. Oktober 1967 wurde Che Guevara auf einen mehr oder minder gemeinsamen Beschluß des Oberbefehlshabers der bolivianischen Armee und einer Reihe hinzugezogener CIA-Agenten hin in einem kleinen bolivianischen Ort in einer hüttenartigen Schule ermordet. Pläne im Hinblick auf seine Ermordung sollen dem Vernehmen nach auch auf höchster Stelle im Weißen Haus erörtert worden sein. Seinen Tod gaben bolivianische Regierungssprecher als die Folge einer Beinverwundung aus, die sich Che Guevara im Verlaufe eines Gefechts zwischen bolivianischen Truppeneinheiten und dem 47 Mann zählenden desolaten Guerillero-Haufen, der sich zu den Zielen dieses Revolutionärs bekannte, zugezogen hatte.

Ehe die Regierung Barrientos Che Guevaras Leiche, von seinen in Spiritus konservierten, abgehackten Händen einmal abgesehen, spurlos verschwinden ließ, bekamen diese Leiche allerdings obduzierende Ärzte und internationale Journalisten zu Gesicht, deren Photos belegen, daß Che Guevara außer seiner Beinverwundung von sieben Kugeln durchschossen worden war. Das Angebot Fidel Castros, die angeblich verbrannten sterblichen Überreste seines ehemaligen Kampfgefährten gegen 100 bolivianische Häftlinge auszutauschen, mußte schon insofern von der bolivianischen Regierung abschlägig beantwortet werden, als der Leichnam Che Guevaras keinen Zweifel darüber offen ließ, daß dieser Revolutionär ermordet worden war.

Was mit Guevaras sterblichen Überresten geschah, ist auch heute noch unbekannt. Ihn überlebte jedoch ein eigentümlicher Mythos, dessen Ausmaße in keinerlei Verhältnissen zu den Taten Che Guevaras standen und stehen. Obwohl dieser Berufsrevolutionär seinen Fans die oft genug verhießene Revolution schuldig blieb, wurde er nicht allein zum geradezu unantastbaren Idol der Protestbewegungen der sechziger Jahre, deren Proteste ebensowenig Folgen zeitigten wie die Revolutionspläne ihres Idols. Professionelle heimatlose Linke und Linkssektierer verfaßten hymnische Gedichte auf Che Guevara. Zu seinen Ehren wurden Dramen verfaßt. Zu seinen Ehren wurden Filme gedreht. Südamerikanische höhere Töchter ließen sich auf der Straße mit roten Blusen, auf die das Konterfei Guevaras gedruckt war, blicken. Eine Flut von Pop-Postern mit diesem Konterfei, das auf einen smarten Sex-Appeal getrimmt war, überschwemmte den Poster-Markt. Jeder Progressive, der auf sich hielt, nagelte diesen Poster mit dem retouchierten Gesicht des als konkurrenzlos geltenden Revolutionärs der sogenannten freiheitlich westlichen Welt über das Kopfende seiner Matratze. Finanzkräftige kapitalistische Buch- und Zeitungsverlage feilschten mit Summen zwischen 200.000 und 400.000 Dollar so lange um die Weltrechte Guevaras Tagebuch, bis ihnen Fidel Castro, der über eine Kopie des gefragten Tagebuchs verfügte, dadurch ein Schnippchen schlug, daß er dieses Tagebuch auf Staatskosten drucken und in einer hohen Auflage auf Staatskosten kostenlos unter der Bevölkerung Kubas verteilen ließ. Eher elektrisiert als verwirrt durch Guevaras Scheitern wetteiferten Guerilleros in Guatemala, Peru, Kolumbien und Venezuela miteinander darin, sich kraft der strikten Einhaltung der haltlosen Revolutions-Patentrezepte von Che Guevara frohgemut zum Scheitern zu prädestinieren. Im Gegensatz zu Che Guevara, der ihnen im Scheitern nicht nachstand, blieb ihnen jedoch jener Mythos versagt, der im Hinblick auf Che Guevara wahrhaftig ins Kraut schoß, obwohl Guevara mit keinen Taten aufzuwarten hat, die einen Vergleich mit den Taten Lenins, Ho Tschi Minhs, Titos oder Fidel Castros nicht zu scheuen bräuchten. Vielmehr wuchs der Ruhm des exzessiv individualistischen, mit allen Lastern der Ideologie der Linksabweichler behafteten Che Guevara nicht nur proportional mit seinen Mißerfolgen, denen oftmals der Charakter von Hanswurstiaden innewohnt.

Zu ihrem Idol kürten Guevara wohl auch die heimatlosen Linken zu einem wegen seiner maroden idealistischen Vorstellung von einer Revolution, deren Grundlage nicht der dialektische Materialismus, sondern ein wolkig vager, wundervoll vieldeutiger Begriff im Hinblick auf den sogenannten NEUEN MENSCHEN darstellte. Zum anderen adelten die heimatlosen Linken diesen Revolutionär, dessen Idealismus ihn vom festen Boden der Wirklichkeit wie Kehrricht wegfegte, offenkundig wegen seiner wohlfeilen Kommunismusphobie.

„Die Revolution von Lenin . . . ist tot", behauptete Guevara, „sie widert mich an . . . Man mag mich für einen Kommunisten halten, aber ich mag das nicht . . . Mit ihrer Revolution haben die Russen die größte Betrügerei aller Zeiten aufgezogen . . . Auch wenn ich an Kuba denke, wo Fidel jetzt dabei ist, dieselbe verrottete Zukunft in die Wege zu leiten . . . dann wird mir übel . . ."

Leider ist nicht bekannt, ob es Fidel Castro seinerseits übel wurde, wenn ihm die Urtriebe zu Ohren kamen, die sein ehemaliger Kampfgefährte und sein späterer Wirtschaftsminister da im bolivianischen Dschungel in Szene setzte. Bekannt ist nur, daß Castro Che Guevara, nachdem dieser als Wirtschaftsminister in Kuba dadurch verheerende Schäden gestiftet hatte, daß er sein ganzes Sinnen und Trachten darauf richtete, in diesem Agrarland, in dem die Elektrizität und die Rohstoffe Mangelware waren, auf Teufel komm raus einen Industriestaat mit allem Trara herbeizuhexen, sanft und sachte aus dem öffentlichen Leben abschob, daraufhin öffentlich einen Abschiedsbrief verlas, dessen Verfasser er als Che Guevara bezeichnete, und es schließlich seinem am Schadenstiften abgehaltenen Kampfgefährten gestattete, in Ost-Bolivien gemeinsam mit einem Häuflein Weltrevolutions-Anpeilern, die sich um der Weltrevolution willen sogar an gebratenen Affen gütlich taten, den Guerilla-Krieg zu exerzieren, ehe er diesen Weltrevolutions-Anpeilern bei der Einschleusung nach Bolivien behilflich gewesen sein soll.

Che Guevara, ein Mehrzweck-Revolutionär, der von sich selber sagte: „. . . ich bin auf meine Weise alles zugleich: Christ, Marxist, Trotzkist, Maoist", hatte nämlich nicht nur die unverrüttelbare Absicht, mit nicht mehr als 50 Kampfgenossen in Bolivien einen Bürgerkrieg vom Zaun zu brechen, zu dem ihm allerdings, wie sich herausstellte, vor allem die Bürger, das heißt die bolivianischen Bauern und Proletarier, fehlten. Darüber hinaus war es sein Ziel, durch diesen unausgebrochenen Bürgerkrieg mit seinen 50 Mann eine Invasion der Weltmacht USA in Bolivien zu erzwingen, eine Invasion, die seinen Spekulationen zufolge allein eine Ausweitung der Revolution auf den gesamten südamerikanischen Kontinent, wenn nicht vielleicht sogar auf die ganze Welt auszulösen imstande war.

„Wie herrlich wäre die Zukunft, wenn noch zwei, drei, noch viele Vietnams erblühten", schrieb er 1966 in sein Tagebuch, ohne sich einerseits zu fragen, ob die Vietnamesen den Vietnamkrieg ebenso herrlich empfanden wie er und ohne andererseits die Frage zu erläutern, ob es die US-Bomben oder das US-Napalm war, das da in Vietnam auf die exzessivste Weise erblühte.

In einer Farm im tiefsten bolivianischen Dschungel schuf er zwar eine Guerillero-Basis, die indes weder einen Zulauf noch einen Run der bolivianischen Bauern und Proletarier zu verbuchen hatte. Auch Guerilleros aus Bolivien und den umliegenden Staaten fanden sich nicht ein. Obwohl Guevara den Guerilla-Krieg als einen „Krieg der Massen" bezeichnete, der ohne die „Unterstützung der Bevölkerung" nur den „Auftakt zur unvermeidlichen Katastrophe" darstelle, wurde den Guerilleros im Dschungel von seiten der Bauern der umliegenden Orte nur größtes Mißtrauen zuteil. Der einzige, der der besagten Farm einen von Zurückhaltung gekennzeichneten Besuch abstattete, war der General-Sekretär der bolivianischen Kommunistischen Partei, mit dem sich Che Guevara, der von diesem KP-Chef eine Unterordnung unter seine, Guevaras, Direktriven forderte, nicht einigen konnte. Diese Forderung einer Unterordnung des Kommunistenführers, der großen Einfluß unter den bolivianischen Minenarbeitern hatte, leistete der ohnehin demoralisierenden Isolierung der Guerilleros in der Dschungelfarm von der Bevölkerung, die in ihren selbsternannten Befreiern nur dahergelaufene Fremde und in den Aktivitäten dieser Fremden nur finstere Machenschaften sah, zweifellos zusätzlich Vorschub.

Nachdem die gottverlassen Guerilleros, für die jeder Bauer ein potentieller Denunziant war, sich mit ebenso sinnlosen wie Kräfte verschleißenden Auskundschaftungen der näheren Umgebung in einem Land, dessen Dörfer für sie Böhmische Dörfer sein mußten, sattsam verausgabt hatten, wurden sie von einem Deserteur aus ihren eigenen Reihen bei den bolivianischen Behörden denunziert, was zur Folge hatte, daß sich die Befehlshaber der bolivianischen Armee, ehe es zu Solidaritätsaktionen zwischen den selbsternannten Volksbefreiern und dem befreiungsunwilligen Volk gekommen war, mit der CIA in Verbindung setzten. Von US-Ranger-Ausbildern, die sich, um zu vereiteln, daß die USA offiziell in diesen von Che Guevara angezettelten Mini-Krieg hineingezogen wurde, wohlweislich im Hintergrund hielten, wurden 400 von den Indios, die Che Guevara gern befreit hätte, zu Rangern ausgebildet. So ging denn die Katastrophe, die Guevara in einem Fernbleiben der Massen sah, ihren Gang. Die immer desperater werdenden Guerilleros wurden von einer Übermacht bolivianischer Truppen umzingelt.

Es „erblühte" kein zweites Vietnam, geschweige denn ein drittes. Vielmehr schilderte Guevara, wenn er sich nicht defätistisch der Lektüre revolutionärer Schriften widmete, in seinem Tagebuch Zustände, die seine Äußerung: „Alles Große entwächst dem Chaos" Lügen straften. Das einzig Große an dem Chaos, das Guevara, unterstützt von seinen Kampfgefährten, schuf, war nämlich die Größe dieses Chaos. Es herrschte unter den Guerilleros offenkundig eine haarsträubende Undiszipliniertheit. Verrat, Denunziation, tödliche Unfälle, Brechanfälle, kolikartige Darmentleerungen, Hungerleiderei, Ödeme und die Hustenanfälle, die Guevara dank seines Asthmas beutelten, hatten keinen Seltenheitscharakter. Daß man unter diesen Umständen aus Wassermangel den eigenen Urin trank, ist nicht verwunderlich.

In seinem Tagebuch, das eher einer Parodie über Revoluzzertum als einer Revolutionsstrategie gleicht, schreibt Guevara zwar nicht mehr von der „großen Lehre der Unbesiegbarkeit der Partisanen", die „die Masse der Besitzlosen erfassen wird". Ungeachtet dessen, daß die Unbesiegbarkeit der Partisanen vom Sieg der Massen abhängt, mit denen Besiegbarkeit und Unbesiegbarkeit der Partisanen stehen und fallen, klagt Che Guevara in seinem Tagebuch: „Die Bauern sind undurchdringlich wie Steine." „Der Zustand völliger Isolierung dauert an". „Unsere Moral hat einen Tiefstand erreicht."

Doch legt Guevara sich und seiner Nachwelt keinerlei Rechenschaft darüber ab, aus welchen Gründen der Zustrom der Massen, die ihm ebenso wildfremd war wie er ihnen, in diesem für ihn wildfremden Land ausblieb. Vielmehr glorifiziert er die Scharmützel, die zwischen seinem Guerillero-Haufen und bolivianischen Armeeeinheiten stattfanden, zu Feldsiegen. Niederlagen der Guerilleros führt er prinzipiell auf bewußte Desinformationen der Medien zurück. Unterredungen mit seinen lädierten Kampfgefährten adelt er zu Generalstabsplanungen. Sein Rückzugsversuch aus dem fremden Land, in das er als Befreier kam, ohne dessen Bevölkerung zu fragen, ob sie gewillt sei, sich von ihm befreien zu lassen, artet zu einer burlesken Odyssee aus. Indem Guevara von einem Irrweg auf den nächsten gerät, tut er der Mitwelt auf eine bildhafte Weise dar, wie einer zum Opfer seiner eigenen Irrtümer werden kann.

Doch all dies hat seinen Ruhm nicht zu schmälern vemocht. Denn dieser Ruhm hat einen mächtigen Schirmherrn. Als ein willkommenes Ablenkungsmanöver der ohnehin sattsam desorientierten Linken wurde Che Guevaras Ruhm vom Imperialismus produziert. Gestützt auf das Fundament dieses Imperialismus', den er auszumerzen trachtete, blieb Guevara als Revolutionär über Jahre hinweg ein Spitzenreiter für die professionellen Suchenden, die sich vor nichts mehr als vor Funden fürchteten, für die heimatlosen Linken, für die antimarxistischen Marxisten, das heißt mit einem Wort: für die Sippschaft der irregeleiteten Söhnchen und Töchterlein der Bourgeoisie, für die im Ernstfall der Status quo seit eh und je schon Revolution genug war.

Weil Che Guevara dank seiner Irrtümer für die Machthaber des Imperialismus ein gefundenes Fressen wurde, bedurfte er keines Erfolgs, der seinen Ruhm gerechtfertigt hätte. Gerade sein Scheitern und sein qualvoller Tod machten ihn für die Machthaber des Imperialismus als Revolutionär salonfähig. Denn in der sogenannten freiheitlich westlichen Welt ist einer, der blindwütig auszieht, um in ein fremdes Land eine Revolution ohne Volk zu importieren, stets ein ungemein viel wahrerer Revolutionär als beispielsweise Lenin, dessen Revolution in den Augen der Bourgeoisie den Haken hat, daß sie, statt zu scheitern, glückte.

Obwohl Che Guevara vielleicht an sich und an seinen Revolutionsstrategien, die der Tragik ebensowenig wie der Komik entbehren, zu zweifeln begonnen hätte, wenn er sich im bolivianischen Dschungel bewußt geworden wäre, wer da seinen Ruhm entfachte, anheizte und auf großer Flamme brennen ließ, sei ihm dieser wenn auch fragwürdige Ruhm beileibe nicht mißgönnt. Denn außer diesem Ruhm und außer seinen wegen der Fingerabdrücke in Spiritus präparierten, abgehackten Hände hat Che Guevara der Nachwelt wenig vorzuweisen.

Ein Glück für diese Welt ist dennoch sein Unglück schon insofern, als der Verwirklichung seines Wunschtraums, dank einer mit 50 Mann angezettelten US-Invasion in Bolivien auf dieser Erde, als wäre ein Vietnam nicht des Schrecklichen genug, ein zweites, drittes oder noch mehr Vietnams „erblühen" zu lassen, die Che Guevara eigene Wirklichkeitsferne im Weg stand.

GESELLSCHAFTSKRITISCHE AUFSÄTZE

DER RUF DER GROSSEN MUTTER
Über die hiesige Frauenbewegung

Es hat zwar lange gedauert. Aber nun haben luzide Geister endlich herausgefunden, daß die Weltwirtschaftskrise, die die westlichen Demokratien in regelrechte Jammertäler zu verwandeln droht, keine ökonomische, sonder hormonelle Ursachen hat. In den rustikalen Küchen der Ganzheitlichkeit Ringenden und in den Einödhöfen der Identitätssucher herrscht seither eine hektische Aufbruchsstimmung. Man munkelt sogar, daß unter den Bioladenkunden, für die der Wurm im Apfel ein Stück heiler Welt verkörpert, ein Steckbrief kursiert, auf dem statt einer Verbrechervisage ein Hodensack zu sehen ist.

Fast grenzt es schon ans Wunderbare, daß man zu einem Zeitpunkt, da die Herren über Leben und Tod nur noch über die Tageszeit, zu der die Menschheit vernichtet werden sollte, geteilter Meinung zu sein scheinen, erkannt hat, daß es die Testikel sind, die uns an den Rand des Abgrunds getrieben haben. Mit der Einmütigkeit, die das Manna unseres pluralistischen Meinungsspektrums ist, beteuern die Kapazitäten der Erkenntnisbranche, daß der Missetäter, der der Menschheit bereits im Trojanischen Krieg eine Kostprobe seiner Zerstörungswut dargeboten hat, kein anderer ist als der MANN. Daß Gemälde wie die MONA LISA oder Erfindungen wie die Dampfmaschine Produkte einer zynischen Irreführung sind, mit der der MANN seit alters her seine Gemeingefährlichkeit zu bemänteln trachtete, versteht sich jetzt von selbst.

Entsprechend charakterisiert eine wachsende Gnadenlosigkeit die seit Jahrhunderten fällige Abrechnung mit dem MANN. Längst sind es nicht allein amoklaufende Feministinnen wie Elisabeth Gould Davis, die dem MANN sogar die Daseinsberechtigung als simplen Samenspender absprechen. Die wahren Feinde des MANNES rekrutieren sich vielmehr aus den Reihen derer, die ebenfalls mit Testikeln geschlagen sind. Auf eine unmißverständliche Weise bekunden zahlreiche Publikationen, daß das letzte Gefecht der Geschlechter in zunehmendem Maße zu einem Kesseltreiben der Männer gegen den MANN ausartet.

Zu den Wegbereitern der männlichen Anti-MANN-Welle zählen nicht nur Philosophen wie der von Marx zum Allmächtigen übergelaufene ehemalige Spitzenfunktionär der KPF Roger Garaudy, sondern auch Pachtherren der Bestsellerlisten wie Horst Eberhard Richter, dem wir die Entdeckung des männlichen GOTTESKOMPLEXES zu verdanken haben. Wie Geranientöpfe die Balkone von tristen Trabantenstädten zieren die Zitate aus den Werken solcher Wegbereiter so glanzlose Publikationen wie DAS ANIMA-PRINZIP, dessen Verfasser Michael Kneissler den MANN nicht allein als einen meuchelmörderischen Metzger entlarvt. Offensichtlich darauf erpicht, als männliche Megäre Furore zu machen, lastet der Gift und Galle speiende Autor dem ohnehin schon bloßgestellten Schlächter obendrein noch „seine sinnlosen Brustwarzen" an.

Seit der MANN der westlichen Welt, wo die ins Kraut schießenden Mißstände Begründungen zur Mangelware gemacht haben, als Sündenbock unersetzlich geworden ist, hat der Männerhaß den Charakter eines Gütezeichens für waschechte Progressivität gewonnen. Als gewissermaßen universelles Übel schweißt der MANN die Hungerleider und die Begüterten zu einer Solidargemeinschaft der Männerfeinde zusammen.

Daß wir in hiesigen Verlagsprogrammen mit Bibelwiderlegungen bedacht werden, ist beileibe nicht auf eine um sich greifende Gottlosigkeit zurückzuführen. Unentbehrlich wie das Kochbuch der Hausfrau ist die Heilige Schrift für die weiblichen und männlichen Männerhasser nur deshalb geworden, weil man den MANN, der sein Renommee als Sündenbock letztendlich dem Umstand zu verdanken hat, daß er sozial und ökonomisch nicht zu erfassen ist, lediglich im Rahmen der Schöpfungsgeschichte entrechten kann. Im klassenlosen Paradies wird er deklassiert, zur „zweitrangigen Kreatur", zum „Beiprodukt", ja sogar zu einem „Mutanten" degradiert, mit dem verglichen sich jede Küchenschabe wie die Krönung der Schöpfung ausnimmt.

Die Tatsache, daß die Parole der feministischen Wortführerinnen nicht GLEICHEN LOHN FÜR GLEICHE ARBEIT lautet, sondern letztlich auf ein OHNE EVA'S RIPPE KEIN ADAM hinausläuft, zeigt nur ein weiteres Mal, daß die hiesige Frauenbewegung keine Bewegung der unteren Schichten ist. Die exaltierten Furien, die sich jederzeit das FRAUSEIN, das ihnen seit Menschengedenken noch niemand streitig gemacht hat, mit Häkelnadeln zwischen den Zähnen erkämpfen zu müssen meinen, erweisen sich vielmehr als legitime Nachfolgerinnen jener bürgerlichen Frauenbewegung des 19. Jahrhunderts, die sich tollkühn in ihren Kutschen zu den Fabriken fahren ließen, um für ein Stündchen prickelnd animierende proletarische Fronarbeit zu verrichten, ehe sie erquickt in ihren schmucken Kutschen entschwanden.

Heute sind die Fabriken als Emanzipations-Oasen aus der Mode gekommen. Das Frausein hat neuartige Betätigungen ins Leben gerufen, die für den gesellschaftlichen Produktionsprozeß ebenso relevant sind wie es die Gobelinstickerei der bürgerlichen Urgroßmütter war. Die dem Frausein frönenden Frauen leisten sogenannte TRAUERARBEIT, sie leisten ERINNERUNGSARBEIT. Auch für die PHANTASIEARBEIT sind sie sich nicht zu fein. Auf einer vor einiger Zeit in Bremen veranstalteten Tagung schreibender Frauen war die Mehrzahl der Teilnehmerinnen sogar bereit, sich obendrein noch die ARBEIT AM WORT aufzubürden.

Einen Vorgeschmack dieser ARBEIT AM WORT können sich Neugierige durch die Lektüre des von einem regelrechten Wortputz zeugenden Werkes DAS LICHT DER FRAU verschaffen, dessen Verfasserin Mariella Mehr mit Formulierungen aufwartet, die so flauschig sind, als wären sie in einen geistigen Weichmacher getaucht worden. In dem mit Lyrikfäden durchwirkten Prosawerk ist nicht nur vom „trockenen Gelächter entlaubter Träume" die Rede. Dem Leser schallt auch das „wilde Gelächter der Wacholderbeere" in die Ohren. Zudem „lachen die Gräber lebend". Von dem in eine Trauerfolie gewickelten Frohsinn fällt sogar ein Brocken für eine an Lippenkrebs leidende Nachbarin ab, deren Lächeln von der Autorin als „sternig“ bezeichnet wird.

Die Hühner, die da möglicherweise ebenfalls lachen würden, werden allerdings in dem besagten Werk nicht erwähnt, das allen Heiterkeitsausbrüchen der „entlaubten Träume“ zum Trotz eine tränenfeuchte Kampfschrift sein will, durch die die Öffentlichkeit von den Mißständen in den spanischen Stierkampfarenen in Kenntnis gesetzt werden soll, wo es sich die Toreros „anmaßen“, „zwischen den Hörnern der Stiere zu masturbieren“, während die noch immer diskriminierten Stierkämpferinnen ihre Todesstöße lediglich „invaliden Kühen“ versetzen dürfen, die allerdings auf das rote Tuch mit einer panischen Flucht reagieren.

Das einzige, was solche Leiden in den Schatten stellt, ist das Martyrium, das die Autorin beim Verfassen ihres Werkes offensichtlich hat erdulden müssen.

„Du bist fast zugrunde gegangen an dieser Arbeit“, schreibt eine Freundin von Frau Mehr in einem im Anhang des Buches abgedruckten Briefes an Frau Mehr.

Zwar erweist sich nicht bei jedem das Dichten als dermaßen lebensgefährlich wie bei Frau Mehr. Aber vor Hemmungen krümmt und windet sich von den Autoren, deren Bücher eher Schweißtücher als Druckerzeugnisse sind, nahezu jeder zweite. Die Schilderungen dieser Hemmungen bilden den Auftakt jener Schriften, die beim Leser, der vergebens zu ergründen sucht, warum die Verfasser unter den anfänglich so eindrucksvoll geschilderten Hemmungen gelitten haben, den bitteren Nachgeschmack eines ungelösten Rätsels hinterlassen.

Die Feministin Margrit Brückner, die sich auf Mißhandlungen, die bekanntlich für den Feminismus die Bedeutung haben wie die Harnblase für die Urologie, spezialisiert hat, mußte das, was sie ihrer Hemmungen wegen auf Deutsch nicht zu Papier zu bringen vermochte, in Englisch niederschreiben, um daraufhin ins Deutsche zurückzuübersetzen. Verständlicher wären solche Hemmungen, wenn Margrit Brückner den Frauen höchstpersönlich die vielen Tritte in den Unterleib verpaßt hätte, von denen in ihrer Schrift DIE LIEBE

DER FRAUEN die Rede ist. Stattdessen hat die Feministin, in deren Buch am Ende von der Erde nur mehr ein um die Sonne kreisender Prügel-Planet übrigbleibt, die Mißhandlungsbranche lediglich mit Fausthieben und Fußtritten beliefert, die die Rohstoffe für die Mißhandlungen sind, mit denen dieser Erwerbszweig so gewinnbringend gegen die Mißhandlungen protestiert, die sein täglich Brot sind.

Die Schrift von Margrit Brückner verdeutlicht vor allem eines: daß die Mißhandlungsbranche krisenfester ist, als manch einer vielleicht meint. Der kommerzielle Erfolg der Mißhandlungsbranche scheint aufs beste durch deren ideellen Mißerfolg abgesichert zu sein. Margrit Brückner zufolge tritt man nicht nur in den unteren Schichten. Selbst in den besten Kreisen kann man Getretene und Tregende treffen.

„Der Ausbildungsgrad sowohl einiger mißhandelter Frauen wie auch einiger mißhandelnder Männer reicht bis zur Promotion", stellt die Autorin aufgrund einer der zahllosen Untersuchungen der Chronistinnen des Feminismus fest, die emsig das ohnehin schon endlose Sündenregister des MANNES verlängern, in dem eine männliche Missetat die andere totschlägt.

Daß die FRAU dank dieses Sündenregisters nun als universelles Leid allerseits gefeiert wird, nutzt den Frauen genausoviel wie es den Männern schadet, daß der MANN als universelles Übel verabscheut wird. Die über den irdischen Nichtigkeiten thronende Gerechtigkeit, mit der Leid und Übel an den MANN und an die FRAU verteilt werden, fegt Unterschiede zwischen einem Arbeitslosen und einer Großaktionärin nur deshalb so gleichmacherisch vom Tisch, damit die Sippschaft der männlichen und weiblichen Geschäftemacher hinter ihrer hochrichterlichen Strohpuppe unbeheligt ihr Schäfchen ins Trockene bringen kann.

Die Aufwertung der FRAU zum universellen Leid hat nur zur Folge, daß die von Weiberverächtern ersonnenen sogenannten „weiblichen" Eigenschaften, deretwegen das schwache Geschlecht seit Jahrtausenden sattsam mit Geringschätzung bedacht worden ist, jetzt in den Himmel gehoben werden. Daß niemand auch nur die Frage aufwirft, ob die Eigenschaften, die von Weiberverächtern ebenso bedenkenlos wie von Frauenverehrern als „weiblich" bezeichnet werden, tatsächlich als weiblich zu bezeichnen sind, ist kein Zufall. Auf das ganze Konzept, dem die sogenannten „weiblichen" Eigenschaften entsprossen sind, hätte allein eine solche Frage, ohne daß überhaupt eine Antwort vonnöten wäre, die Wirkung einer Sprengladung aus Dynamit.

Deshalb stellt man lieber, wie es der Soziologe Ernest Borneman tut, mit einer Wissenschaftlichkeit, unter der wie der Wolf im Schafspelz der Opportunismus einherstolziert, Listen sogenannter weiblicher Tugenden auf. Weil an diesen Tugenden noch immer die Untugend nagt, werden sie nach Kräften aufgetakelt. Aus der typisch weiblichen Torheit ist die typisch weibliche Spontaneität geworden, aus der typisch weiblichen Engstirnigkeit das typisch weibliche Wissen-Um, das ein Synonym für Unwissenheit ist, und aus dem typisch weiblichen Unverstand ist die typisch weibliche Ganzheitlichkeit geworden, die in einer beklemmenden Gedankenarmut zum Ausdruck kommt.

Obwohl den hektischen Würdigungen der FRAU noch immer der Ruch der Schmähung anhaftet, meinen viele Frauen, in dem umjubelten Zerrbild der FRAU ihr ureigenstes Wesen wiederzuentdekken. Zumal die Extremistinnen des Feminismus, denen es längst nicht mehr um die obsolete Gleichberechtigung der Frau, sondern nur noch um die Vormachtstellung der Gebärmutter zu gehen scheint, tun ihr Menschenmögliches, um die zur Idealfigur ernannte Spottfigur zu übertrumpfen. Das Verhalten eines Klumpfüßigen, der sich die Bewunderung eines Tänzers dadurch zu erzwingen sucht, daß er ihm etwas vorhumpelt.

Mit ihrer geistigen Humpelei ist es diesen Feministinnen nicht nur gelungen, das Interesse der Zoologen auf die FRAU zu lenken, in deren Körperbau der Schweizer Zoologe Adolf Protmann die „Grundgestalt des Urmenschen" entdeckt hat. Kaum daß sich die dem Frausein frönenden Frauen den Rang des Urmenschen zurückerobern konnten, erweist ihnen ein amerikanischer Historiker die Ehre, eine „Geschichte der vaginalen Ausflüsse" zu verfassen.

„Die Geschichte der vaginalen Ausflüsse" ist allerdings nur ein umfangreiches Kapitel des historischen Werks von Edward Shorter, das der Piper-Verlag unter dem Titel DER WEIBLICHE KÖRPER ALS SCHICKSAL herausgegeben hat, obwohl der zutreffendere Titel besser gelautet hätte: DER WEIBLICHE UNTERLEIB ALS HORROR-KABINETT. Während Edward Shorter die vaginalen Ausflüsse betreffend ganz und gar nicht pingelig ist, verrät die Tatsache, daß dieser Historiker in einem anderen Zusammenhang von einem sogenannten „Ernährungshandicap" redet, wie gründlich ihm allein der Ausdruck HUNGER schon den Appetit zu verderben scheint. Unter solchen Umständen muß er notgedrungen vermeiden, sich mit den Ursachen der Weltrekorde zu befassen, die die Proletarierinnen in der Disziplin der Abtreibung durch einen unmäßigen Genuß von Quecksilber, Phospor und Blei am Ende des 19. und zu Beginn des 20. Jahrhunderts in englischen, französischen und deutschen Großstädten immer dann zu erzielen vermochten, wenn wieder einmal ein Krieg oder eine Inflation über die Bühne ging.

Lieber befaßt sich der Geschichtsprofessor mit den Ursachen des Kindbettfiebers, für das gottlob die Bakterien die Verantwortung tragen.

„Die Ärzte . . . schleppten wahrscheinlich große Flecken von Eiter . . . auf ihren Gehröcken mit sich herum", schreibt der Historiker, der offensichtlich nicht ahnt, wieweit er mit seinem Plädoyer für den Arzt im weißen Kittel hinter dem neuesten Stand der Entwicklung herhinkt.

Man spricht es zwar noch nicht unumwunden aus, daß an der heutigen Geburt der letzte Pfiff: das Kindbettfieber fehlt. Aber die Geburtsberaterin Sheila Kitzinger, die in ihrem Buch SEXUALITÄT IM LEBEN DER FRAU über die „sterilisierte Kleidung, Kittel, Kappen", „Masken und Handschuhe" der Ärzte klagt, bringt nur die Sehnsüchte der dem Frausein frönenden Frauen zum Ausdruck, die wieder einmal von den Zeiten träumen, in denen sich die Gebärende in einem Bakterienherd wälzen oder an einem Dachsparren hängen durfte. Ganz offensichtlich empfindet es die Geburtsberaterin als eine Entweihung des Kreißsaals und als einen Verstoß gegen die Anstandsregeln, wenn sich Frauen an einem Ort, wo Heulen und Zähneklappern geboten sind, örtlich betäuben lassen, nur damit sie, ohne sich bewußt zu sein, daß sie den „sexuellen Höhepunkt" ihres Lebens verpassen, während der Geburt in Ruhe Zeitung lesen können.

„Heutzutage wollen die Frauen weg von der entpersonalisierenden ... Geburt und hin zu einer ihr Lebensgefühl erhöhenden ... einzigartigen Erfahrung, bei der ihnen die Gelegenheit geboten wird, ... der durch ihren ganzen Körper strömenden Energie freudigen Ausdruck zu geben", schreibt die Geburtsberaterin in einer Tonart, in der man im Dritten Reich zum Gebären zu mobilisieren pflegte, ehe sie die „intensiven Gefühle" beim Gebären schildert, die man sich allerdings auch dadurch verschaffen kann, daß man sich an einem Tollkirschenkompott gütlich tut.

Um auf den vollen Genuß ihrer Pein zu kommen, bittet die sogenannte NEUE FRAU hingegen zur Veranstaltung ihrer Geburt geladene Gäste in ihr trautes Heim, wobei die passende Geburtsgarderobe betreffend noch keine geregelten Vorschriften existieren. Auch steht die NEUE FRAU dem Kreißsaal trotz seiner stimmungsbeeinträchtigenden Sterilität nicht mehr so negativ gegenüber, seit dem Kindsvätern, die nun endlich zu begreifen scheinen, was für ein Höhenflug die von Männern so genannte Niederkunft in Wirklichkeit ist, der Zutritt nicht mehr verwehrt wird. Zumal wenn die Kindsväter bleicher und bleicher werden, tritt ihr Neid in seiner ganzen Kraßheit zutage.

Selbst an den Niagara-Fällen wird nicht so verzweifelt photographiert wie in manchen Kreißsälen. Die hier entstandenen Photos zeigen die durch die Geburt noch fraulicher gewordene NEUE FRAU, auf deren Gesicht das Mutterglück wütet, und ihre Gäste, während der NEUE MANN kriecherisch Pistazienkerne und Hirtenkäse herumreicht und frischen duftenden Blütentee in die Aushöhlungen archaisch anmutender Tonklumpen gießt, die von Selbstverwirklicher-Händen geformt wurden.

Den Gästen, denen schon beim Bestaunen des Neugeborenen Schweißperlen auf der Stirn standen, bleibt keine andere Wahl, als weiterzustaunen, auch wenn auf den Photos immer wieder dasselbe zu sehen ist: die weitauseinander gespreizten, gegen das Kindbett gestemmten Beine der Gastgeberin, die schiefwinklig auf den wunden Punkt des EWIG WEIBLICHEN zulaufen. Der Perspektive entsprechend ist auf den Photos der Kopf der Gebärenden so winzigklein, wie es der Kopf der GROSSEN MUTTER sein muß, deren Ruf jetzt aus grauer Vorzeit bis zur Gegenwart vorgedrungen ist und in der westlichen Welt eine Suchaktion der dem Frausein frönenden Frauen vom Zaun gebrochen hat.

Obwohl die feministischen Ethnologinnen, die einen regelrechten Run auf den Busch veranstalteten, keineswegs auf Spuren der GROSSEN MUTTER, sondern nur auf geknechtete Buschweiber stießen, die mit den Vorstadtwitwen zumal den Defätismus teilten, werden die Suchaktionen fortgesetzt. Die Enttäuschungen derer, die sich, indem sie voller Verbissenheit nach dem Falschen suchten, der Möglichkeit beraubten, das Richtige zu finden, spornen die ethnologischen Nachwuchskräfte offensichtlich nur dazu an, noch verbiesterter nach dem Falschen zu suchen.

Einzig von der Furcht beseelt, sie könnten bei ihrer Sucherei nach den Ursachen des Geschlechterkampfs ähnliche Funde zutage fördern wie beispielsweise Friedrich Engels, der sich in seiner im Jahr 1884 erschienenen Schrift DER URSPRUNG DER FAMILIE, DES PRIVATEIGENTUMS UND DES STAATS mit diesem Thema erfolgreicher auseinandersetzte, treffen auch die Ethnologinnen und Ethnologen mit der Planmäßigkeit von Zügen nacheinander in der Sackgasse ein, an deren Ende zwar gesichtslos und nur dank seiner gottgewollten Testikel erkennbar, dafür aber wie ein Pfingstochse behängt mit Komplexen, abermals kein anderer wartet als der MANN, um einen weiteren Komplex in Empfang zu nehmen.

Weil einerseits die Psychiatrie durch die Raubzüge aller erdenklichen Berufsgruppen nahezu ausgeplündert ist und weil andererseits die Komplexe und Phobien des MANNES, gleichgültig, ob es sich nun um dessen „Potenzangst", dessen „Gebärneid" oder um dessen „Gotteskomplex" handelt, allesamt schon als Patente angemeldet worden sind, mußte sich der Ethnologe Klaus E. Müller, der der Thyssen-Stiftung ein Stipondium wert war, ohne Zweifel den Kopf zerbrechen, damit sein psycho-ethnologischer Wälzer DIE BESSERE UND DIE SCHLECHTERE HÄLFTE als Ertrag zu allem Überfluß auch noch den „Inferioritätskomplex" des MANNES abwarf.

Die Tatsache, daß nun dem „Gotteskomplex" des Mannes der „Inferioritätskomplex" des MANNES gegenübersteht, die beide als Fundament der vermeintlichen Herrschaft des MANNES über diese

Erde herhalten müssen, ist allerdings nur insofern von Belang, als sie aufs anschaulichste vor Augen führt, wie rapide das Bewußtsein, wenn es sich über das Sein hinwegsetzt, auf den Hund kommt.

Derzeit ist das Bewußtsein wieder einmal so lichtscheu geworden, daß es jede Erhellung fürchtet, die die Düsternis beeinträchtigen könnte, in die es sich geflüchtet hat. Wer dem Zeitgeist, der momentan die Bewußtseinstrübung fordert, seinen Tribut nicht schuldig bleiben will, tut gut daran, schleunigst seine Erkenntnisse abzustoßen, ehe deren Kurswert noch weiter fällt. Für die NEUEN FRAUEN stellen Erkenntnisse ohnehin nur mehr Steine dar, die der Menschheit von Männerhänden in den Weg zur GROSSEN MUTTER gelegt worden sind.

Seit sie den Ruf der GROSSEN MUTTER vernommen haben, leisten die dem Frausein frönenden Frauen Beinarbeit. Weil die vier Himmelsrichtungen, weil die Meter, die Kilometer, die Meilen und die Millimeter, weil die Sekunden, die Stunden, die Monate und die Jahre, weil mit einem Wort sämtliche Zeit- und Raumzerteilungen von Männern ersonnen worden sind, kann der Fußmarsch der NEUEN FRAUEN weder ein Rückzug in die Urzeit noch eine Flucht nach vorne in die Zukunft sein, sondern nur das, was er ist: ein weibliches, rundes, ganzheitliches Im-Kreise-Herum-Irren.

Das keimende Leben im Bauch oder das Kind-Gewordene-Keimende-Leben mit einem handgewebten Tuch um den Bauch gebunden, schreiten die immer fraulicher werdenden NEUEN FRAUEN, deren Wegweiser dunkle Ahnungen sind, irgendwie ins Nirgendwo, ohne sich ihren Weg betreffend von den NEUEN MÄNNERN hineinreden zu lassen, die mit Schmetterlingsfängern, Schaukelpferden, Teddybären, Puppenhäusern, Kasperletheatern und Säcken voller Leinsamen bepackt, duckmäuserisch und hechelnd hinterdrein hasten. Und während die NEUEN MÄNNER im Schweiße ihres Angesichtes leise vor sich hinbeten: „Was ist schon die Last dieser Puppenhäuser, dieser Kasperletheater und dieser Leinsamensäcke verglichen mit der Schuld, die wir, weil wir Männer sind, auf uns geladen haben", rauscht in den Ohren der NEUEN FRAUEN unablässig der Ruf der GROSSEN MUTTER. „JETZT ABER HUSCH HUSCH, MEINE KINDLEIN, MEINE KINDESKINDLEIN, MEINE KINDESKINDESKINDLEIN, HINEIN MIT EUCH IN MEINEN SCHOSS."

CLARA ZETKIN
Versuch einer Belehrung der schwer belehrbaren NEUEN FRAU

Die Emanzipation der Frau
wie des ganzen Menschengeschlechts
wird ausschließlich das Werk der Emanzipation
der Arbeit vom Kapital sein.

Clara Zetkin

Als man Clara Zetkin auf dem Weltkongreß der Kommunistischen Internationale im Jahr 1921 anläßlich ihres 64. Geburtstages als revolutionäre Kämpferin ehrte, wies sie in ihrer Dankesrede jedes Lob von sich. Sie meinte vielmehr: „Liebe Genossen und Genossinnen, was ich getan habe, war so selbstverständlich wie nur etwas. Ich habe immer nur meiner Natur gehorcht und verdiene dafür kein Lob. Ich habe nicht anders sein können, als ich gehandelt habe. Und verdient der Fluß Lob dafür, daß er talwärts fließt, verdient der Vogel Lob, wenn er singt? Es ist ganz natürlich. Und so habe ich der Revolution gedient, weil ich aus innerer Notwendigkeit der Revolution dienen mußte."

Diese Notwendigkeit, der Revolution zu dienen und in Deutschland den Sozialismus herbeizuführen, hat sich bei Clara Zetkin, die am 5. Juli 1857 als Tochter eines Dorfschullehrers in Wiederau, einem kleinen Ort in der Nähe von Leipzig geboren wurde, schon sehr frühzeitig bemerkbar gemacht und sie in jeder Phase ihres Lebens zu einem Handeln veranlaßt, das durch einen beispiellosen Mut und durch eine beispiellose Unmißverständlichkeit in gleicher

Weise gekennzeichnet ist wie durch eine frappierende Unbeirrbarkeit hinsichtlich der Konsequenzen, die es nach sich zog.

Bereits die erste politische Entscheidung, die sie traf, nachdem sie im Jahr 1878 in Leipzig eine Lehrerinnenausbildung im Lehrerinnenseminar der Frauenrechtlicherin Auguste Schmidt mit dem Examen abgeschlossen hatte, nämlich die Entscheidung, sich trotz des gerade in Kraft getretenen Sozialistengesetzes für die Sozialdemokratische Partei zu engagieren, blieb alles andere als folgenlos. Clara Zetkin setzte sich mit diesem Schritt nicht nur den Repressalien der Polizei aus, die dank des Sozialistengesetzes unter anderem zur Auflösung sozialdemokratischer Vereine und zur Ausweisung sozialdemokratischer Propagandisten ermächtigt worden war. Ihr Engagement für die Sozialdemokratische Partei, das nicht zuletzt auf den Einfluß des russischen Emigranten Ossip Zetkin, ihres späteren Lebensgefährten, zurückzuführen ist, hatte die Trennung von ihrer bürgerlichen Familie und die Entzweiung mit der einflußreichen Leiterin des Leipziger Lehrerinnenseminars, der Frauenrechtlerin Auguste Schmidt, zur Folge, die es von nun an unterließ, ihre aufmüpfige ehemalige Schülerin weiter zu fördern, so daß sich Clara Zetkin schließlich gezwungen sah, die schlechtbezahlte Stellung einer Hauslehrerin bei einem Unternehmer anzunehmen.

Allerdings blieb sie nicht lange Hauslehrerin. Kurz nachdem Ossip Zetkin wegen der Repressalien von behördlicher Seite Deutschland verlassen hatte, folgte sie ihm nach Paris, wo sie sowohl mit deutschen und russischen Emigranten als auch mit französischen Marxisten engen Kontakt hatte, sich mit Übersetzungen und Stunden in deutscher Sprache über Wasser hielt und zusammen mit Ossip Zetkin, dessen Namen sie damals annahm, Artikel über das Leben der Pariser Arbeiter und Arbeiterinnen schrieb. Vor allem aber beschäftigte sie sich mit dem Studium des Marxismus, insbesondere mit der Analyse der Frauenarbeit, die Karl Marx im KAPITAL liefert.

In dieser Analyse verurteilt Marx zwar die Ausbeutung der Frauen aufs Schärfste. Zugleich aber stellt er fest, daß die Arbeit der Frau „in gesellschaftlich organisierten Produktionsprozessen jenseits der Sphäre des Hauswesens" unter anderen ökonomischen Bedingungen, also im Sozialismus, die ökonomische Grundlage für eine höhere Form der Familie und des Verhältnisses der Geschlechter schaffe, eine Erkenntnis, die auch die Forderungen bestimmte, die Marx und Engels zur Frauenfrage für die I. Internationale, die von ihnen gegründete erste internationale Arbeitervereinigung, aufstellten und durchsetzten. Die Forderungen lauteten: „Kein Kampf für das Verbot der Frauenarbeit, wie das viele nicht marxistische Arbeitervertreter damals forderten, sondern vielmehr „gemeinsamer Kampf von Männern und Frauen gegen den Kapitalismus, verbunden mit dem Ringen um besondere Schutzbestimmungen der Frau."

Clara Zetkin hat die Forderungen von Marx und Engels hinsichtlich der Frauenfrage ihr Leben lang mit unverminderter Vehemenz ihrerseits gestellt. Öffentlich tat sie dies zum erstenmal anläßlich der Gründung der II. Internationale im Jahr 1889. In der Rede, die sie über die Lage der Arbeiterinnen im Kapitalismus vor vierhundert, größtenteils männlichen Anwesenden hielt, zu denen auch August Bebel und Wilhelm Liebknecht zählten, heißt es: „Diejenigen, welche auf ihr Banner die Befreiung alles dessen, was Menschenantlitz trägt, geschrieben haben, dürfen nicht eine ganze Hälfte des Menschengeschlechts durch wirtschaftliche Abhängigkeiten zu politischer und sozialer Sklaverei verurteilen. Wie der Arbeiter vom Kapitalismus unterjocht wird, so die Frau vom Manne; und sie wird unterjocht bleiben, solange sie nicht wirtschaftlich unabhängig dasteht. Die unerläßliche Bedingung für diese ihre wirtschaftliche Unabhängigkeit ist die Arbeit ... Die Arbeiterinnen sind durchaus davon überzeugt, daß die Frage der Frauenemanzipation keine isoliert für sich bestehende ist, sondern ein Teil der großen sozialen Frage ... Die Emanzipation der Frau wie des ganzen Menschengeschlechts wird ausschließlich das Werk der Emanzipation der Arbeit vom Kapital sein. Nur in der sozialistischen Gesellschaft werden die Frauen wie die Arbeiter in den Vollbesitz ihrer Rechte gelangen ..."

Clara Zetkins Auftreten trug wesentlich dazu bei, daß sich der Kongreß für die Berufsarbeit der Frau erklärte und die Partei verpflichtete, die Einbeziehung der Frauen und Mädchen in die soziale Bewegung durchzusetzen. Eine solche Einbeziehung möglichst vieler Frauen und Mädchen in die sozialistische Bewegung war auch Clara Zetkins vorrangiges Ziel. Um diesem Ziel näherzukommen, übernahm sie, nach dem Fall des Sozialistengesetzes nach Deutschland zurückgekehrt, die Redaktion der Zeitschrift DIE GLEICHHEIT, eine Zeitschrift für die Interessen der Arbeiterinnen, die ein von Heinrich Wilhelm Dietz geleiteter sozialdemokratischer Verlag herausgab.

Die Zeitschrift wurde rasch zum Motor der proletarischen Frauenbewegung. Sie enthielt Artikel über die Lage der Arbeiterinnen in Deutschland und anderen Ländern. Sie belehrte ihre Leserinnen über die Grundbegriffe des Marxismus und über das Wesen der kapitalistischen Ausbeutung. In einer Beilage für Frauen und Mütter wurden Fragen der Gesundheit, der Hygiene, Ernährung und Krankenpflege erörtert. Zudem bildete Clara Zetkin Arbeiterkorrespondenten und Arbeiterkorrespondentinnen aus. Funktionäre der Sozialdemokratischen Partei und Gewerkschaften, Betriebsarbeiter, Landarbeiterinnen, Dienstmädchen und proletarische Hausfrauen berichteten über ihre Lebensverhältnisse und Arbeitsbedingungen.

Im Jahr 1895 war die Zahl der ins Erwerbsleben einbezogenen Frauen auf 6,78 Millionen angeschwollen. Von diesen waren 1,5 Millionen in der Industrie tätig, 2,7 Millionen in der Landwirtschaft und 1 Million als Dienstboten. Die Arbeitstage dieser Frauen betrugen 11, 12, ja 16 bis 18 Stunden. Ihre Löhne machten zwei Drittel, oft nur die Hälfte der Männerlöhne aus. Viele von ihnen unterstanden nicht einmal der ohnehin unzureichenden Arbeiterschutzgesetzgebung. Viele arbeiteten eng aneinandergedrängt in dunklen Werkstätten, deren Luft von Maschinenöl verpestet war. Die meisten hatten nach der Arbeit keine Aussicht auf einen Feierabend wie die Männer. Sie mußten zusätzlich die anfallende Hausarbeit verrichten.

Trotz dieser unerträglichen Lebensbedingungen war es für Clara Zetkin und ihre Mitkämpferinnen mehr als schwierig, diese Frauen für die sozialistische Bewegung zu gewinnen. Sie neigten zur Schicksalsergebenheit und waren von ihrer Minderwertigkeit überzeugt. Zudem waren sie ungemein bedürfnislos. Doch gerade in ihrer Bedürfnislosigkeit sah Clara Zetkin keine Tugend. Vielmehr schrieb sie in einem Artikel mit dem Titel: SCHWIERIGKEITEN DER GEWERKSCHAFTLICHEN ORGANISATION DER ARBEITERINNEN: „Die ebenbürtige Stellung der Frau in der Familie und der Gesellschaft hat diese verdammte Bedürfnislosigkeit großgezogen und nährt sie noch heute, und das Kapital beutet sie aus. Der Unternehmer schätzt es als eine kostbare Tugend der Arbeiterinnen, daß sie so kulturwidrig bescheiden und anspruchslos sind, mit weit weniger ihren Lebensunterhalt bestreiten, als ihre Brüder der Fron. Diese Genügsamkeit ist ja die Quelle fetter kapitalistischer Profite. Die Arbeiterinnen rauchen nicht und besuchen kein Wirtshaus; die ‚Bildungslaster' des Zeitungslesens und Versammlungsbesuchens haften ihnen nicht an; sie sind es gewöhnt, den Genuß von Fleisch als Luxus und jede Minute der Muße als eine Verletzung der Pflicht des Arbeitstiers zu betrachten. Sie lassen sich deshalb die schmachvollsten Arbeitsbedingungen bieten; sie verstehen nicht die Sprache ihrer kärglichen Lebensverhältnisse, die mit überzeugender Wucht mahnen: Organisiert euch . . . damit ihr zu einer höheren Lebenshaltung, zu einer höheren Kultur emporzusteigen vermögt."

In ihrer Bemühung, die Arbeiterinnen zu organisieren, war Clara Zetkin unermüdlich. Sie war entscheidend daran beteiligt, daß nach dem Fall der Sozialistengesetze im ganzen Land sogenannte Frauenagitationskommissionen ins Leben gerufen wurden, die die Aufgabe hatten, die Arbeiterinnen aus ihrer Lethargie zu reißen, ihnen ihre Lage bewußt werden zu lassen und sie für die proletarische Frauenbewegung zu gewinnen. In Berlin, aber auch in Dresden, Leipzig und Hamburg entstanden Zentren der proletarischen Frauenbewegung, die allerdings ihre politische Arbeit keineswegs unbehelligt ausüben konnten.

Ausgehend von Preußen und Bayern, setzte sehr rasch im ganzen Land eine Verfolgungswelle der Reaktion gegen die proletarische Frauenbewegung ein. Überall erfolgten Versammlungsauflösungen. Überall wurden Frauenagitationskommissionen verboten. Überall kam es zu Verhaftungen und zu Prozessen, in denen oft ganze Vereine vor Gericht gestellt wurden. Auch wurden die Frauen aus Gewerkschaftsversammlungen ausgewiesen. Es wurden sogar Arbeiterveranstaltungen verboten, weil daran Frauen teilnehmen sollten.

Zu derartigen Maßnahmen wurden die Behörden in den meisten deutschen Ländern durch gesetzliche Bestimmungen ermächtigt, die mehr oder weniger den Bestimmungen des Preußischen Vereinsgesetzes entsprachen, demzufolge politischen Vereinen die Aufnahme von Frauen, Schülern und Lehrlingen verboten war. Außerdem untersagte das Preußische Vereinsgesetz den Frauen die Teilnahme an Versammlungen und Sitzungen, in denen politische Gegenstände behandelt wurden.

Die proletarischen Frauen setzten sich gegen diese Repressalien unerbittlich zur Wehr. Sie legten gegen jedes Gerichtsurteil Berufung ein und arbeiteten illegal weiter. Auch wählten sie nach dem Verbot ihrer jeweiligen Agitationskommission eine Vertrauensperson, die die Bewegung insofern nach außen vertreten konnte, als man, wie sie es nannten, „eine Person weder verbieten noch auflösen könne". Clara Zetkin traf sich mit den Mitgliedern der Agitationskommissionen in Proletarierküchen. Sie feuerte sie an, für deren Recht auf Teilnahme am politischen Leben zu demonstrieren. Obwohl ihre Kräfte stark beeinträchtigt waren, durch eine Herzkrankheit, die oft dazu führte, daß sie auf politischen Versammlungen ohnmächtig zusammenbrach, unternahm sie Versammlungstourneen, die sie durch das ganze Land führten. Ihren eigenen Aussagen zufolge hat sie einige Jahre hindurch bis zu dreihundert Versammlungen im Jahr abgehalten. In der Zeitschrift DIE GLEICHHEIT, die damals alle vierzehn Tage erschien und eine Auflage von 140.000 Exemplaren hatte, forderte sie nicht nur volles Vereinsrecht und Versammlungsrecht der Frauen. Es erschien zu jener Zeit keine einzige Nummer dieser Zeitschrift, in der Clara Zetkin nicht die Vertreter der Behörden, vom Minister bis zum simplen Schutzmann, angegriffen und lächerlich gemacht hätte. Die Titel ihrer Artikel lauteten unter anderem WIR PFEIFEN DRAUF, GEBT UNS DIE WAFFEN, KLASSENKAMPF IST DIE LÖSUNG.

Wo immer sich ihr eine Gelegenheit bot, wo immer ihr ein Forum zur Verfügung stand, vertrat Clara Zetkin die Sache der proletarischen Frauen. Sie vertrat sie beispielsweise auf dem Internationalen Arbeiterkongreß, der im Jahr 1893 in Zürich tagte. Dort gehörte sie der Kommission an, die jenes Programm ausarbeitete, das im wesentlichen zur Grundlage der späteren Politik der Sozialisten hinsichtlich der Frauenfrage geworden ist. Es forderte unter anderem den Achtstundentag, gleichen Lohn für gleiche Leistung, eine Schonzeit für Schwangere und die Einbeziehung aller bis dahin ungeschützten Frauen in die Schutzgesetzgebung.

Auch auf den sozialdemokratischen Parteitagen vertrat Clara Zetkin die Sache der proletarischen Frauen. So hielt sie auf dem Parteitag der Sozialdemokraten im Jahr 1896 erstmalig ein Referat über die Agitation unter werktätigen Frauen. Das Referat ist in diesem Zusammenhang insofern von Bedeutung, als sich Clara Zetkin darin ausführlich mit den Unterschieden zwischen der proletarischen und der bürgerlichen Frauenbewegung auseinandersetzte. Zwar bezeichnete sie die gesamte Frauenfrage als ein Kind der kapitalistischen Produktionsweise, die dank der maschinell hergestellten, billigen Konsumartikel die alte Familienwirtschaft, die zuvor der Masse der Frauen Lebensunterhalt und Lebensinhalt gewährleistet hatte, in Trümmer geschlagen hatte. Doch betonte sie zugleich, daß es keine einheitliche Frauenbewegung gäbe, weil die Gründe, die bürgerliche und proletarische Frauen in den Kampf um Gleichberechtigung trieben, völlig verschieden seien. Clara Zetkins Ausführungen zufolge verlangte die bürgerliche Frau, die gleiche Berufsausbildung und die gleiche Berufstätigkeit für beide Geschlechter forderte, im Gegensatz zur Proletarierin, die dank der Fabriksarbeit längst ökonomisch selbständig geworden war, nicht etwa nur ihr eigenes Brot. Sie wollte sich vielmehr geistig ausleben und ihre Individualität entfalten und entfesselte mit dieser Forderung einen Interessensgegensatz zwischen Frauen und Männern.

„Die Konkurrenz der Frauen in den liberalen Berufen ist die treibende Kraft für den Widerstand der Männer gegen die Forderungen der bürgerlichen Frauenrechtlerinnen", meinte Clara Zetkin, und sie kennzeichnet damit die bürgerliche Frauenbewegung als eine zwar berechtigte, aber begrenzte Bewegung, die, auf dem Boden der kapitalistischen Ordnung stehend, die Interessen der bürgerlichen Frauen vertrat, jedoch nicht das Recht hatte, sich, wie es nicht selten aus einem verschworenen Mitgefühl geschah, als Interessenvertreterin der Arbeiterinnen aufzuspielen. Denn Clara Zetkins Ausführungen zufolge war die proletarische Frauenbewegung im Gegensatz zur bürgerlichen eine Bewegung, die keinen Konkurrenzkampf mit dem Mann führte. Sie meinte vielmehr: „Für die proletarische Frau ist es das Ausbeutungsbedürfnis des Kapitals, unaufhörlich Rundschau zu halten nach den billigsten Arbeitskräften, das die Frauenfrage geschaffen hat ... Deshalb kann der Befreiungskampf der proletarischen Frau nicht ein Kampf sein wie der der bürgerlichen Frau gegen den Mann ihrer Klasse; umgekehrt, es ist der Kampf mit dem Mann ihrer Klasse gegen die Kapitalistenklasse."

Obwohl diese Abgrenzung von der bürgerlichen Frauenbewegung an Deutlichkeit nicht zu wünschen übrig läßt, fehlen ihr noch der polemische Charakter und die Schärfe, die in dem als Fragment hinterlassenen Werk ZUR GESCHICHTE DER PROLETARISCHEN FRAUENBEWEGUNG DEUTSCHLANDS zutage treten, das Clara Zetkin in ihren letzten Lebensjahren verfaßte. Voller Hohn berichtet sie in diesem Werk über die Deutsche Frauentagung, die im Jahr 1865 unter der Leitung der Frauenrechtlerin Louise Otto-Peters und ihrer Schülerin, der bereits erwähnten Auguste Schmidt, in Leipzig stattfand. Ihren Spott erregte vor allem ein Antrag der Frauenrechtlerinnen, in dem die Arbeit als eine Pflicht, eine Ehre und ein Recht des weiblichen Geschlechts bezeichnet wurde. Clara Zetkin stellte diesem Antrag die Wirklichkeit entgegen, mit der sich die Proletarierinnen konfrontiert sahen. Sie schrieb: „Das Elend der Arbeiterfamilie und die wirtschaftlichen Fortschritte enthoben die Proletarierinnen jenes Kampfes um das ‚Recht' und die ‚Ehre' der Arbeit, für sie bestand nicht die ‚Pflicht', nein, der grausamste Zwang zur Arbeit. Worauf es für sie ankam, war der Schutz gegen das Übermaß kapitalistischer Ausbeutung."

Daß die bürgerlichen Frauen gar nicht daran dachten, die Möglichkeit einer Erwerbsarbeit in den Fabriken auszunutzen, konstatiert Clara Zetkin lakonisch. Auch kommt sie auf das idyllische Bild zu sprechen, das sich die Frauenrechtlerin Louise Otto-Peters, die Fabrikarbeit betreffend, zu machen schien, wenn sie in der Broschüre DAS RECHT DER FRAUEN AUF ERWERB zunächst mit einer recht makaber anmutenden Gönnerschaft betonte, daß sie nichts Anstößiges darin sähe, wenn auch gebildete Frauen für eine bestimmte Anzahl von Tagesstunden in Fabriken arbeiteten, und darauf auf amerikanische Frauen zu sprechen kommt, die sich zumeist in Wagen zu den Fabriken bringen ließen, wo man ihnen in aller Achtung begegnete.

In der Gründung des ersten Deutschen Arbeiterinnenvereins unter der Leitung von Louise Otto-Peters, der es sich zum Ziel gesetzt hatte, die Lage der Arbeiterinnen durch belehrende und unterhaltende Vorträge und durch soziale Hilfe zu beheben, sah Clara Zetkin das Bestreben liberaler Kräfte, das Proletariat im „Pferch der bürgerlichen Demokratie festzuhalten", wie sie es nannte. Besonders fragwürdig erschien ihr das Mitgefühl, das die bürgerlichen Frauenrechtlerinnen für ihre „armen Schwestern" hegten. Dieses Mitgefühl, meinte sie, wohne in den luftigen Wolken der demokratischen Ideologie und Phraseologie und zerstöbe wie diese Wolken, sobald die rauhen Stürme der gegensätzlichen Klasseninteressen von Bourgeoisie und Proletariat bliesen.

Allerdings ist es nicht so, daß Clara Zetkin kein gutes Haar an der bürgerlichen Frauenbewegung gelassen hätte. Sie erkannte das fortschrittliche Moment durchaus an, das in der Betonung der Bedeutung lag, die die bürgerliche Frauenbewegung der Berufsarbeit der Frau für die Gleichberechtigung mit dem Mann zuschrieb. Sie leugnete auch nicht den fortschrittlichen Charakter, der der Forderung der bürgerlichen Frauenbewegung nach politischen Rechten der Frau sowie ihrer Bemühung innewohnte, die Vorurteile von der Minderwertigkeit der Frau abzubauen. Zugleich grenzte Clara Zetkin in ihrem Werk die bürgerliche und die proletarische Frauenbewegung noch entscheidender und präziser voneinander ab, als sie es seinerzeit auf dem Parteitag der Sozialdemokraten getan hatte. Sie bezeichnete die Behauptung der Frauenrechtlerinnen, daß die Verwirklichung der Forderung nach Gleichwertung und Gleichstellung der Frau mit dem Mann für alle Frauen unterschiedslos die gleiche befreiende Wirkung hätte, schlichtweg als falsch und schrieb dann weiter: „Die Frauenrechtlerinnen sehen nicht . . . die für volle soziale, menschliche Freiheit oder Sklaverei entscheidende Tatsache, daß die bürgerliche Gesellschaft . . . durch den unüberbrückbaren Klassengegensatz von Bourgeoisie und Proletariat gespalten ist, in Ausgebeutete und Beherrschende auf der einen Seite und Ausbeutende und Beherrschte auf der anderen. Die Zugehörigkeit des weiblichen und männlichen Geschlechts zu der einen oder anderen Klasse ist letztenendes ausschlaggebend für die Lage, die Lebensgestaltung der Frauen und nicht ihre Gemeinschaft als Geschlecht ... Die formale Gleichstellung des weiblichen mit dem männlichen Geschlecht in Gesetzestexten sichert in der Folge den Frauen aus der ausgebeuteten und unterdrückten Klasse ebensowenig tatsächlich volle soziale und menschliche Freiheit und Gleichberechtigung, wie sie solche den Männern ihrer Klasse trotz ihrer Geschlechtsgemeinschaft mit den Männern der Bourgeoisie verleiht. Die Grundursache des Klassengegensatzes ist das Privateigentum an den der bürgerlichen Gesellschaft eigentümlichen Mitteln der Gütererzeugung ... Damit die Frauen der unterdrückten ... Klasse ... in Wahrheit ... volle Gleichberechtigung erlangen, muß diese Grundursache ihrer Klassensklaverei beseitigt werden ... Die gegenrevolutionäre Macht der organisierten Frauenrechtlerei beruht ... auf dem täuschenden, lähmenden Einfluß auf große werktätige Frauenmassen, deren Wollen und Handeln auf den Kampf von Geschlecht zu Geschlecht für die Reform der bürgerlichen Ordnung konzentriert wird, statt auf den Kampf von Klasse zu Klasse für die Revolution."

Die Art und Weise, in der sich Clara Zetkin mit der bürgerlichen Frauenbewegung auseinandersetzte, läßt an Schärfe nichts zu wünschen übrig. Ihre Argumentation verrät darüber hinaus die geschulte Marxistin. Clara Zetkin ist ihren Lehrmeistern Marx und Engels sowie in den späteren Jahren Lenin immer treu geblieben. Als eine unbeirrbare Marxistin erwies sie sich jedoch nicht allein im Hinblick auf die Frauenfrage. Sie zählte auch zu denjenigen, die den Revisionisten innerhalb der Sozialdemokratischen Partei sehr frühzeitig den Kampf ansagten. Bereits im Jahre 1889, als ihr Kreis noch verhältnismäßig klein war, forderte Clara Zetkin vom Parteitag die Zurückweisung der Auffassung Eduard Bernsteins, der die Meinung vertrat, daß sich der Sozialismus ohne die Machtergreifung der Arbeiterklasse im Rahmen der bestehenden kapitalistischen Ordnung durch einen allmählichen Ausgleich der ihr innewohnenden Widersprüche und durch eine politische Demokratisierung des kapitalistischen Staats verwirklichen lasse.

Selbstverständlich wurde ihr wiederholtes Eingreifen zugunsten der Wahrung des klassenkämpferischen Charakters der Partei von den Revisionisten keineswegs ohne Gegenmaßnahmen hingenommen. Als sie trotz der Entschiedenheit, mit der Clara Zetkin gemeinsam mit Rosa Luxemberg, Karl Liebknecht und Franz Mehring die Umwandlung der SPD in eine bürgerliche Reformpartei zu verhindern suchte, die Oberhand gewonnen hatten, holten sie zum ersten Schlag gegen ihre vehemente Widersacherin aus. Auf dem Parteitag 1908, wo aufgrund des neuen Reichsvereinsgesetzes die Aufnahme der Frauen in die Partei erfolgte, wurde Clara Zetkin nicht in den Vorstand gewählt, obwohl sie als prominente Führerin der sozialistischen Frauenbewegung von den in Frage kommenden Frauen ohne Zweifel darauf das größte Anrecht gehabt hätte.

Ein zweiter Schlag, zu dem die Revisionisten nach der Abspaltung der USPD ausholten, der Clara Zetkin kurzfristig angehörte, ehe sie im Jahr 1919 in die soeben gegründete Kommunistische Partei Deutschlands eintrat, traf sie allerdings härter. Sie wurde vom Vorstand der SPD als Redakteurin der Zeitschrift DIE GLEICHHEIT, die sie fünfundzwanzig Jahre lang redigiert hatte, fristlos entlassen. Die Entlassung erfolgte im Jahr 1917, also zu einer Zeit, da der Erste Weltkrieg voll im Gange war, zu einer Zeit, da sich die SPD-Führung längst mit den Kriegszielen der reaktionären Kräfte im Deutschen Reich identifiziert hatte, zu einer Zeit, da Clara Zetkin als Friedenskämpferin längst in einen nicht zu vereinbarenden Widerspruch zur offiziellen Politik der SPD-Führung stand.

Schon sehr frühzeitig hat Clara Zetkin, die sich bis ins hohe Alter als leidenschaftliche Friedenskämpferin hervortat, die nationalen Tendenzen innerhalb der SPD bekämpft. Als Gustav Noske im Jahr 1907 anläßlich einer Militärdebatte im Reichstag versicherte, die Sozialdemokraten würden ihr Vaterland begeistert verteidigen, erwiderte sie ihm in einem Artikel mit dem Titel UNSER PATRIOTISMUS: „Die Nationalitätsgemeinschaft ist in den modernen Gesellschaftssystemen keine Kraft, welche die Klassenunterschiede aufhebt . . ., um Arme und Reiche . . ., Knechte und Herren als ein einig Volk von Brüdern zusammenzuschweißen . . . Dank der herrschenden brüderlichen Ordnung stehen die besitzenden Klassen den werktätigen Massen in der Machtposition von Eroberern . . . gegenüber . . . Kein Nationalitätsprinzip hindert sie daran, diese ihre Macht zu gebrauchen und zu mißbrauchen . . . Im Namen des Vaterlandes sprechen sie, unbekümmert um das Wohl und Wehe der Millionen, die ihnen unterworfen sind ... Wo ist das Anrecht der Ausgebeuteten auf den Heimatboden? Es ist für viele zum Mietkontrakt des Laubenkolonisten zusammengeschrumpft, für noch mehr zur Anwartschaft auf das Grab im Armenfriedhof."

Ähnlich äußerte sich Clara Zetkin nach dem Ausbruch des Balkankriegs auf dem Internationalen Sozialistenkongreß im Jahr 1912. Im März des Jahres 1914 organisierte sie eine internationale Antikriegsdemonstration der Frauen. Als die SPD-Führung die Kriegskredite bewilligte, gehörte Clara Zetkin mit Rosa Luxemburg und mit Karl Liebknecht sowie Franz Mehring zu den ersten Parteiführern, die sich im Ausland von der Politik der SPD abgrenzten. Auch entwarf sie anläßlich der Internationalen Frauenkonferenz, die im Jahr 1915 in Bern stattfand, eine Resolution, die als das sogenannte BERNER FLUGBLATT in die Geschichte eingegangen ist. In diesem Flugblatt heißt es: „Nicht die Verteidigung des Vaterlandes, seine Vergrößerung ist der Zweck dieses Kriegs ... Die Arbeiter haben durch diesen Krieg nichts zu gewinnen, wohl aber alles zu verlieren, was ihnen lieb und teuer ist ... Das Volk der Arbeit aller Länder ist ein Volk von Brüdern. Nur der einige Wille dieses Volks kann dem Morden Einhalt gebieten." Das Flugblatt wurde in Deutschland in einer Auflage von 200.000 Exemplaren illegal verteilt. Clara Zetkin wurde allerdings wegen versuchten Landesverrats verhaftet. Man entließ sie zwar bald wieder aus der Haft. Die Anklage wurde jedoch aufrechterhalten. Als Grund für ihre Entlassung wurde ihr Gesundheitszustand angegeben.

Tatsächlich war der Gesundheitszustand der damals Achtundfünfzigjährigen seit langem schon bedenklich. Er verschlechterte sich zudem mit zunehmendem Alter. Clara Zetkin litt nämlich nicht nur unter einer Herzkrankheit, die, wie gesagt, des öfteren zur Folge hatte, daß sie auf politischen Versammlungen ohnmächtig zusammenbrach. Es machte ihr auch ein Augenleiden zu schaffen. Später führte eine Malaria-Infektion zu häufigen Malaria-Anfällen. Schließlich mußte sie noch wegen eines erfrorenen Fußes am Stock gehen.

Doch dachte Clara Zetkin nicht daran, sich zu schonen. Mit einer unbezwingbaren Willenskraft kam sie den Aufgaben nach, die sich ihr im Lauf der Zeit in ihrer Funktion als Mitglied des Zentralkomitees der KPD, als Mitglied des Exekutivkomitees der Kommunistischen Internationale, als Präsidentin der Internationalen Roten Hilfe und nicht zuletzt als Reichstagsabgeordnete stellten. Selbst ein Jahr vor ihrem Tod reiste sie, mittlerweile fünfundsiebzig, gebrechlich und nahezu blind, aus Moskau, wo sie sich damals niedergelassen hatte, nach Berlin, um als Alterspräsidentin ihr Recht auf die Eröffnung des Deutschen Reichstags wahrzunehmen und in einem Appell alle friedliebenden Deutschen vor der drohenden Machtergreifung der Faschisten zu warnen und sie zur Bildung einer Einheitsfront aufzurufen.

In einem Brief an ihren Sohn schrieb Clara Zetkin einmal: „Mein Leben ist das Leben der Partei, der revolutionären proletarischen Vorhut, und das ist nicht angenehm. Ich stehe als Soldat der Revolution auf Posten und halte aus."

Daß viele Menschen in Clara Zetkin weitaus mehr sahen als einen Soldaten der Revolution, zeigen die Ehrerweisungen, die man ihr in der Sowjetunion bei ihrem Tod zuteil werden ließ. Über 600.000 Arbeiter, Arbeiterinnen, Schüler, Studenten und Rotarmisten gaben der Führerin der proletarischen Frauenbewegung das letzte Geleit. Sie wurde an der Kremlmauer beigesetzt.

HOSEN MACHEN BEINE

Über die hiesigen Frauenzeitschriften

In der Bundesrepublik erscheinen regelmäßig fast zehn namhafte Frauenzeitschriften, die samt und sonders den Anspruch erheben, den Interessen des hiesigen weiblichen Geschlechts gerecht zu werden. Diese Frauenzeitschriften nennen sich VOGUE, MADAME, CHIC, COSMOPOLITAN, BRIGITTE, PETRA, FREUNDIN, FÜR SIE und BURDA MODEN. Die auflagenstärkste Frauenzeitschrift, die den Zeitschriftenmarkt mit 2 Millionen 400 Tausend Exemplaren überschwemmt, ist mit Abstand BURDA MODEN. Die zweitgrößte Zeitschrift, nämlich BRIGITTE, bringt es immerhin zu einer Auflagenhöhe von 1 Million 350 Tausend Exemplaren, während die Zeitschrift FÜR SIE, obwohl ihr Inhalt keine geistigen Höhenflüge riskiert, nur mit knapper Not die Hürde einer Einmillionen-Auflage überschreitet. Die auf einen von Biederkeit beeinträchtigten Pfiff getrimmte Zeitschrift FREUNDIN beweist mit ihrer Auflagenhöhe, daß sie von knapp 800 Tausend Leserinnen als eine Freundin betrachtet wird. Die Zeitschrift PETRA, deren Titel für eine gewisse Zeitspanne zu den beliebtesten weiblichen Vornamen in diesem Lande zählte, erreicht nur mehr eine Auflage von knapp 600 Tausend Exemplaren, während die Zeitschrift COSMOPOLITAN, deren Titel einen allerdings recht halbherzigen Polit-Appeal suggeriert, mit diesem Polit-Appeal lediglich eine Nachfrage zu schaffen vermag, die eine Auflagenhöhe von 180 Tausend Exemplaren deckt. Die Zeitschrift MADAME, deren Titel verrät, daß sie sich nicht an Lieschen Müller wendet, ist so exklusiv, daß sie sich mit einer Auflagenhöhe von 120 Tausend Exemplaren begnügen muß, während die Auflagenhöhe der Zeitschrift CHIC, die kaum mehr als 100 Tausend Exemplare beträgt, davon kundet, daß es die deutsche Frau noch immer vorzieht, eine Mutti zu sein, die BURDA MODEN kauft. Und was die Zeitschrift VOGUE betrifft, so zahlen dieser Zeitschrift deren in ihrem Titel zutage tretende Frankophilie die teutonischen Muttis dadurch heim, daß sie sie vor der Hürde einer Auflagenhöhe von einhunderttausend Exemplaren kapitulieren lassen. Tatsächlich kann die Zeitschrift VOGUE nur mit einer Auflagenhöhe von 90.000 Exemplaren aufwarten, weil sie ihren Leserinnen offenbaren will, was man unter internationaler Eleganz zu verstehen hat.

Der Eleganz und der Extravaganz, der außer VOGUE auch MADAME und CHIC ihren Tribut zu zollen wissen, laufen auf dem altbewährten Trampelpfad teutonischen Geschmacks die Zeitschrift PETRA, die ein Lieblingstöchterchen sein möchte, die Zeitschrift FÜR SIE, die sich als ein Geschenk ausgibt, die Zeitschrift FREUNDIN, deren Titel besagt, was sie ihren Leserinnen sein will, die Zeitschrift BRIGITTE, deren Titel etwas Drohnenhaftes innewohnt, sowie die Zeitschrift BURDA MODEN, die mit ihren Schnittmusterbögen den Modehäusern elitärer Art den Fehdehandschuh hinwirft, mit ihren Auflagenhöhen den Rang ab.

Bereits die Inhaltsangaben dieser Frauenzeitschriften kunden von einer Begrenztheit der Interessen, die die hiesigen Frauen und Mädchen, falls man sie ihnen nicht unterstellt, tatsächlich den Auflagenhöhen dieser Zeitschriften gemäß haben müssen. Typisch für diese entweder unterstellten oder in die geistigen Niederungen getriebenen Interessen ist das Inhaltsverzeichnis von BRIGITTE, das folgende Rubriken enthält: MODE UND SCHÖNHEIT, AKTUELLES UND BERATUNG, REISE UND FREIZEIT, UNTERHALTUNG, REZEPTE, HAUSHALT, WOHNEN.

Ähnlich lauten auch die Inhaltsangaben der weniger elitären Frauenzeitschriften. Statt AKTUELLES UND BERATUNG heißt die entsprechende Rubrik in der FREUNDIN lediglich AKTUELLES, in PETRA nennt sich diese Rubrik salopp JOURNAL, während in der FREUNDIN schnoddrig von einem REPORT die Rede ist.

Dennoch werden unter dieser Rubrik ebensowenig wie unter den übrigen erwähnten Rubriken keineswegs Themen abgehandelt, die sich als heiße Eisen bezeichnen ließen. Was vielmehr unter der Rubrik REPORT erörtert wird, ist beispielsweise: DER NEUE TREND ZUR ZÄRTLICHKEIT.

Ohnehin nehmen die als aktuell hingestellten Rubriken nur einen geringen Teil in den fettwänstigen Frauenzeitschriften ein. Das Hauptgewicht dieser Zeitschriften wird Fragen der Mode zuerkannt. Bei VOGUE handelt es sich um Modelle, die nur bei den Festlichkeiten der gehobenen Kreise zu tragen sind. Bei BURDA MODEN haftet den Kleidern der Ruch des verschnittenen Selbstgeschneiderten an.

Aufgewertet zu dieser Existenzfrage wird auch die Kosmetik, die dem Speck vergleichbar präsentiert wird, der den Mann wie eine Maus in die Falle locken soll. Ein Kinn wird bedingt durch ein winziges schwarzes Härchen zum Katastrophengebiet. Schlüpflider wandeln sich zu Lawinen, die auf die Augen die Wirkung des Schnees auf Berghütten haben. Lidschatten werden zu Bernhardinern, die das von Schlüpflidern verhängte Auge ausdrucksvoll erscheinen lassen. Die Achselhaarentfernung wird zu einer Rodung. Die Privatsphäre der Frau wird zu einer Staatsaffäre.

Evakuiert aus diesen Frauenzeitschriften wird die gesellschaftliche Wirklichkeit. Ein Bild der Frau erwächst aufgrund der Lektüre, das die Frau, als hätte hier ein Haarmann mit seinem Hackebeilchen mitgewirkt, als ein Sammelsurium aus Körperteilen und Körperteilchen erscheinen läßt. Diese Körperteile und Körperteilchen müssen ohne Unterlaß gepflegt, enthaart, bekleidet, eingecremt, parfümiert oder mit Make-up bekleistert werden, um zu vereiteln, daß das sogenannte EWIG WEIBLICHE in Gestalt einer Sumpfblüte im Morast des weiblichen Sklavengeistes nicht schon als Knospe verwelkt.

Daß unter diesem Gesichtspunkt den Herausgebern der Frauenzeitschriften der Kopf der Frau nur insofern nennenswert erscheint, als er zum Frisieren ungemein geeignet ist, versteht sich von selbst. Gemäß dem Motto WAS ICH NICHT WEISS, MACHT MICH NICHT HEISS trägt man in den besagten Frauenzeitschriften dafür Sorge, das Wissen wie einen Wolf vom hiesigen weiblichen Geschlecht fernzuhalten, auf daß der Kopf der Frau ein fesch frisierter Schafskopf bleibe. Den Schutzwall um ihren geistigen Horizont bildet die

Privatsphäre, von der die Chefredakteurin der Zeitschrift COSMOPOLITAN sagt: „Ich behaupte, die Privatsphäre ist nicht nur das Ausschlaggebende, sondern auch das Lebenserhaltende für die Frau. Es gibt überhaupt nichts Wichtigeres für Frauen als die Privatsphäre."

Auch die stellvertretende Chefredakteurin der Zeitschrift MADAME erwidert auf die Frage, aus welchen Gründen aus ihrer Zeitschrift Politik, Wirtschaft oder Geschichte eliminiert sind: „Aber wir sind doch ein reines Frauenblatt. Unsere Leserin ist ein Luxusgeschöpf, das sehr viel Zeit hat, zum Friseur geht, zur Kosmetikerin geht, sich mit Couture beschäftigt: sie hat meist durch ihren Ehemann auch die nötigen Voraussetzungen hierzu. Deshalb beschäftigen wir uns mit der Garderobe, mit dem Gesicht unserer Leserinnen. Wir wollen auch dazu anregen, daß sie mit ihren Männern ein neues Parfüm diskutieren."

Befremdung löst auch bei der Chefredakteurin von VOGUE allein die Vorstellung aus, man würde es ihr zumuten, in die Spalten ihrer Zeitschrift gesellschaftspolitische Wirklichkeit einzuschmuggeln. „Das ist nicht im Sinne des VOGUE-Konzepts", meint sie, ehe sie erklärt, daß im Sinne des VOGUE-Konzepts „A gentle way of life" sei. Sie bekennt sich zur Schönheit, wobei ihr Bild von der Schönheit das Kainsmal entstellt, daß sich ihr Schönheitssinn auf eine Modepuppe reduziert, die sie allerdings vom Ruche der Oberflächlichkeit zu bereinigen trachtet, indem sie meint: „Die Frau soll nicht nur attraktiv von außen, sondern auch von innen sein."

Darüber, wie sich eine Frau auch von innen attraktiv zu gestalten vermag, hüllt sich die Chefredakteurin wohl schon insofern in Stillschweigen, als es selbst der kokettesten Modepuppe schlichtweg unmöglich ist, sich Lidschatten auf ihre Leber, Nagellack auf ihre Nieren, Maskara auf ihre Milz und Make-up auf ihre Gebärmutter zu schmieren.

Deshalb ist es auch nicht verwunderlich, daß sich die Frauenzeitschriften vorerst mit der weiblichen Attraktivität von außen befassen. Vergebens sucht man in ihren Modeberichten nach Röcken für Eierstöcke. Doch sind diese Modeberichte nicht nur regelrechte Hofberichte, sondern Oden, denen etwas Sirenenhaftes innewohnt.

Gleichgültig, ob da ein Modeschöpfer aus Frauen Rumpelstilzchen oder Vogelscheuchen macht, gleichgültig, ob die neueste der neuesten Moden schon gleich nach dem Creieren in den letzten Zügen liegt, stets wird die Mode in den Frauenzeitschriften als ein freudiges Ereignis oder gar als eine frohe Botschaft gefeiert. Es wird die Agonie zur Auferstehung, die Letzte Ölung zur Taufe, das Comeback zum Debüt. Wenn da ein cleverer Bursche wie beispielsweise Carl Lagerfeld, der Genius der hiesigen Frauenzeitschriften, von drangsalierten Näherinnen für Hungerlöhne etwas zusammenflicken läßt, setzt er, indem er mit dem, was er Modelle nennt, die Krönung der Schöpfung verunstaltet, selbst den Allmächtigen, der Adam und Eva die Nacktheit gestattete, schachmatt. Die Modeshows sind Messen, in denen dem Modeschöpfer gehuldigt wird. Die Krönung der Schöpfung ist das Modellkleid. Des Allmächtigen Schöpfung Krönung wird zum Kleiderständer, das heißt zum Model. Die Modeberichterstatterinnen der Frauenzeitschriften überbieten sich gegenseitig mit einer argwohnerweckenden Stetigkeit in Begeisterungsstürmen, egal, was da immer auch auf den Laufstegen gezeigt wird.

So heißt es beispielsweise in einem Modebericht der FREUNDIN. „Wirklich hingerissen ist man von der einfach klassischen Tagesmode . . . Leichte Anzüge im Pyjamastil, das sind Sachen, die man den Models direkt vom Leibe reißen könnte. Das Ah und Oh aus dem Publikum klingt wie ein Kürzel für die ganz private Äußerung: Das werde ich mir kaufen."

Noch marktschreierischer drückt sich die Zeitschrift BURDA MODEN aus, in der ein Satz wie: „Bermudas: Die Hosen, die Beine machen" zu lesen steht. Einst bezeichnete man Hosen als Beinkleider. Nunmehr ist der Nährboden, auf dem ein Bein gedeiht, die Hose. Folglich kann, wer keine Hosen hat, auch keine Beine haben. Es sind allein die Hosen, die die Menschheit davor bewahren, auf Krücken zu gehen oder sich in Rollstühlen vorwärtszubewegen. Allein die Hose garantiert den aufrechten Gang der Schöpfung.

Zwar war in den Modeberichten der Frauenzeitschriften noch nicht zu lesen, daß Hüte Köpfe machten oder daß die Hutlosigkeit enthaupte. Dennoch sind die Modeberichte Hymnen auf Kleidungsstücke. Allerdings ist diese Begeisterung zu frenetisch, um ungeheuchelt zu sein. So gibt entsprechend auch die stellvertretende Chefredakteurin von MADAME auf die Frage, warum in den Modeshow-Berichten nie auch nur das leiseste kritische Wörtchen fiele, zu, daß die vergötterten Modeschöpfer aus Paris und Mailand unter einer Immunschwäche im Hinblick auf Kritik zu leiden scheinen, die sie mit den Inhabern oder Inhaberinnen der renommierten Modehäuser teilen.

Die Tatsache, daß die Auswirkungen einer kritischeren Beurteilung der jeweils creierten Mode verheerende Folgen für die Frauenzeitschriften zeitigen würde, leugnet die stellvertretende MADAME-Chefredakteurin nicht. „Wenn wir die Mode kritischer beurteilen würden, würden wir zu den Shows nicht mehr zugelassen werden", meint sie. „Ich kenne da böse Fälle." Von einem nackten Terror, der da von den Modehäusern ausgeübt wird, will sie zwar nichts wissen, aber sie gesteht ein: „Nackt würde ich nicht sagen. Aber Druck wird ausgeübt."

Während man sich in MADAME diesem Druck zu beugen scheint, müht man sich in VOGUE, diesem Druck dadurch auszuweichen, daß man Modelle, die „nicht in den VOGUE-Stil passen", einfach nicht zeigt. „Sie zu kritisieren ist nicht unsere Aufgabe", meint die Chefredakteurin von VOGUE. „Unsere Aufgabe ist es, die Frauen schöner zu machen."

Die hier zum Ausdruck gebrachte Selbstlosigkeit strafen allerdings allein die Photos der Zeitschrift VOGUE Lügen. Denn gerade die Photographen dieser Zeitschrift verstehen es, mit ihren Aufnahmen die Leserinnen nach den präsentierten Modellen lechzen zu lassen. Die besagten Kleidungsstücke verwandelt nicht allein das oftmals exotische Umfeld, zu dem diese Photographien mit den Models und den Modellen in Jetsetflügen befördert werden, in märchenhafte Wunderwerke. Auch bei den Kommentaren zu diesen Aufnahmen sind das Umfeld, das Model und das Modell dermaßen raffiniert miteinander verquirlt, daß sie bei den VOGUE-Leserinnen Sehnsüchte wachrufen müssen. So lautet der Kommentar zu einem Photo, das ein im exotischen tropischen Umfeld tanzendes Model zeigt: „Genießen Sie tagsüber die Stille tropischer Strände und stürzen Sie sich am Abend in das temperamentvolle Nachtleben der Insel, beherrscht vom Rhythmus des ‚Merengue'. Die neuen Sommerkleider mit ihren beschwingten Volants sind . . . wie geschaffen dafür. Links: ein fröhliches Kleid . . . An die Orchideen der Insel . . . erinnert der Blumendruck . . ."

Während man einstmals zu sagen pflegte DA LACHEN JA DIE HÜHNER, ist in VOGUE ein Kleid zum Frohsinn befähigt, und ein Volant hat eine gehobene, das heißt beschwingte Stimmung. Die Ware erlebt eine Anthropomorphisierung, und der Mensch erleidet in Gestalt eines bildschönen Models einen Entmenschungsprozeß. Doch schlachtet diese Zeitschrift um einer vermenschten Ware willen sogar eine entmenschte menschliche Beziehung für ihre Zwecke aus. Unter dem Titel TÊTE À TÊTE inszeniert die Redaktion den Tagesablauf eines verliebten Pärchens. Hier ersetzt die exotische Kulisse der junge Mann. Indem sich das entmenschlichte Model immer wieder mit dem jungen Mann in anderen Modellen zeigt, glückt ihm im Rahmen einer Photoserie eine amouröse Affäre. „TÊTE À TÊTE", lautet der Kommentar. „Man könnte es auch Zweisamkeit nennen . . . etwas Seltenes, Unvergeßliches. Und was man dabei anzieht — oder auszieht — ist wichtig."

Plumper gehen andere von den genannten Frauenzeitschriften vor, wenn es gilt, ihre Leserinnen zum käuflichen Erwerb eines Kleidungsstücks zu verleiten. Besonders marktschreierisch gebärdet sich die Zeitschrift BURDA MODEN, der im Gegensatz zu den übrigen Frauenzeitschriften daran gelegen ist, ihre Schnittmuster an die Frau zu bringen. Ohne Umfeld stehen die farblosen Photomodelle wie zurechtgerückt auf dem Papier, auf dem offenkundig ein Platzmangel einer Flut von Angeboten beizukommen hat. Bedingt durch diesen Platzmangel stehen die Models in Reih und Glied. Das, wofür sie gewissermaßen strammstehen, sind die Schnittmuster der Zeitschrift BURDA MODEN.

„Auf Platz eins", lautet hierin ein Angebot, „Jacken. Flockenleichte Frühlingswärme", was suggerieren soll, daß sich eine Frau bloß eine Jacke zu schneidern braucht, um auch im eisigsten Winter den Frühling herbeizuhexen. Einem anderen Angebot dieser Zeitschrift zufolge, ist es der „Rock", „der schlanke Hüften garantiert", während die „Jacke streckt — auch wenn man ein wenig mehr Oberweite oder einen kurzen Hals hat".

Hier schneidert das Schnittmuster nach seinem Ebenbild den Menschen. Es macht kurze Hälse länger, es verhilft, indem es „streckt", untersetzten Menschen zur Stattlichkeit und läßt einen Mammutbusen zu niedlichen Brüstchen schrumpfen.

Während die Zeitschrift BURDA MODEN dem hierzulande heimischen weiblichen Geschlecht zu Schleuderpreisen eine nicht unbedingt ansehnliche Ansehnlichkeit verheißt, verschweigen die Zeitschriften VOGUE, CHIC, MADAME und COSMOPOLITAN, bemüht, kein böses Blut aufzurühren, die Preise, zu denen die von ihnen propagierte Schönheit zu erwerben ist. Jedem, der sich dennoch nach diesen der Öffentlichkeit vorenthaltenen Preisen erkundigt, werden hinter vorgehaltener Hand unter dem Siegel der Verschwiegenheit als Mindestpreis für ein Kleid 5000 DM und als etwaiger Höchstpreis für ein Abendkleid nicht weniger als 50.000 DM genannt.

In Gegensatz zu dieser Heimlichtuerei richten die Zeitschriften FÜR SIE, FREUNDIN, PETRA und BRIGITTE ihr ganzes Sinnen und Trachten darauf, ihre Leserinnen nicht nur durch die vorteilhafte photographische Wiedergabe eines Kleidungsstücks, sondern auch durch die Nennung preisgünstig erscheinender Preise zum Kauf zu verlocken. So kommt es dazu, daß da haufenweise Abendkleider gekauft werden, die in Ermangelung eines festlichen Anlasses ungezogen auf Nimmerwiedersehen in den Kleiderschränken der Leserinnen dieser Frauenzeitschriften verschwinden. Mit dem Kleiderkauf sehnt man sich einen Lebensumstand herbei, der den Nachteil hat, nur in den seltensten Fällen einzutreffen.

Dies hindert jedoch die hiesigen Frauenzeitschriften nicht daran, im Rahmen eines sogenannten „Service-Dienstes" ihren Leserinnen auch weiterhin den Bärendienst zu erweisen, ihnen als Wegweiser zu den Boutiquen und Konfektionshäusern, in denen die abgebildeten Kleider feilgeboten werden, herzuhalten. Im sogenannten BEZUGSQUELLENNACHWEIS werden jeder Leserin die genaue Adresse und der Name der jeweils zur Debatte stehenden Herstellungsfirma, des jeweils zur Debatte stehenden Versandhauses oder des zur Debatte stehenden Modegeschäfts angegeben.

Für diese Art SERVICE-DIENST zeigen sich die Modeschöpfer, die

Konfektionäre, die Herstellerfirmen und nicht zuletzt die Modellhäuser erkenntlich, indem sie seitenlange Inserate in den besagten Frauenzeitschriften publizieren lassen. Darüber, ob diese Inserate größere Profite für die Frauenzeitschriften abwerfen als die Profite, die sich aus dem Verkauf dieser Frauenzeitschriften herausschlagen lassen, oder darüber, ob die Verkaufsprofite höher als die Inseratsprofite sind, reden abgesehen von den Chefredakteurinnen von VOGUE oder MADAME die sonstigen Chefredakteurinnen der erwähnten Frauenzeitschriften nicht gern.

Dennoch ist anhand der Auflagenhöhe der diversen Frauenzeitschriften und anhand der Ausdehnung des Inserateteils sehr wohl zu entschlüsseln, wo im einzelnen die Käuferin und wo im einzelnen der Inserent König ist. Was die Zeitschrift VOGUE zum Beispiel betrifft, so verrät das Überhandnehmen des Inserateteils und das Schrumpfen des redaktionellen Teils in gleicher Weise wie die verhältnismäßig kleine Auflagenhöhe dieser elitären Frauenzeitschrift, wer hier der König ist, während der vergleichsweise geringfügige Inserate-Anteil der Zeitschrift BURDA MODEN und die überwältigende Auflagenhöhe dieser Zeitschrift enthüllen, daß hier nicht von einer Diktatur der Inserenten, sondern nur von einer Diktatur des Hauses BURDA, das aus der Geldknappheit seiner Leserinnen, indem es diesen statt unbezahlbaren Modellen Schnittmusterbögen andreht, Profite einzuheimsen weiß, die Rede sein kann.

Während das materielle Fundament der elitären Frauenzeitschriften in einem raren Überfluß an Geld, das sich einfach nur noch vergeuden läßt, zu sehen ist, läßt sich der anhaltende Erfolg der Zeitschrift BURDA MODEN ausschließlich auf die grassierende Geldknappheit der BURDA-MODEN-Leserinnen zurückführen. Die Beantwortung der Frage, ob geschäftlich mehr aus der Geldknappheit oder mehr aus dem Geldüberfluß herauszuschinden ist, muß hier den Finanzämtern und den Steuerprüfern überlassen werden. Wenn wer vorangetrieben von seiner Wißbegier bis zu den Chefetagen der Frauenzeitschriften vordringt, dem wird auf die Frage nach den Bilanzen stets nur die Antwort zuteil: „Aber als Frauenzeitschriften steht für uns nicht irgendeine langweilige Bilanz, sondern allein die Frau im Mittelpunkt."

Daß zumal jene Frauenzeitschriften, in denen der Inserent der König ist, geradezu verflochten eng mit Modehäusern zusammenarbeiten, leugnet die Moderedakteurin der Zeitschrift MADAME keineswegs. „Die Redaktion", meint sie, „wird von Modehäusern umworben, weil jedes Modehaus daran interessiert ist, eine Création in MADAME abgebildet zu sehen. Andererseits umwerben wir auch wiederum die Modehäuser, denn wir sind interessiert daran, daß sie ihre Anzeigen in MADAME schalten. Das ist für uns der finanzielle Background."

Die enge Verflechtung von Zeitschriften wie MADAME mit renommierten Modehäusern offenbart sich auch durch die frappierende Ähnlichkeit zwischen dem redaktionellen Teil und dem Inserateteil, die sich fast so schwer wie eineiige Zwillinge voneinander unterscheiden. „Wenn MADAME ein Modell veröffentlicht", erklärt die Moderedakteurin dieser Zeitschrift, „dann bestimmt die Redaktion, in welcher Größe, in welcher Position das abgebildet wird. Wenn die Firma für ihre Modelle wirbt, dann bekommt die Werbeagentur einen entsprechenden Auftrag, und es bestehen ganz konkrete Vorstellungen seitens des Auftraggebers, wie das Modell präsentiert werden muß."

Dafür, daß sich die Vorstellungen der Frauenzeitschriftenredaktionen und der Inserenten decken, findet man immer wieder Beweise. Die Aufnahmen der Redaktion entdeckt man bei genauerem Hinschauen ein paar Seiten weiter im Inserateteil. Während indes die Moderedakteurin von MADAME diesen Sachverhalt zu beschönigen trachtet, bekennt die Chefredakteurin von COSMOPOLITAN, daß für sie die zwillingshafte Ununterscheidbarkeit zwischen Inserat und redaktionellem Artikel der wundeste aller wunden Punkte ihrer Zeitschrift darstellt. „Ich stehe in einem ständigen Clinch und möchte überhaupt keine Produktwerbung", klagt sie. „Ich möchte am liebsten gar nicht sagen, von wem ein Kleid ist. Nur gewisse Dinge sind anders nicht möglich, weil wir sonst die Kleider nicht kriegen. Hierfür ist eine verkappte Werbung die Voraussetzung. Ohne verkappte Werbung leiht man mir die Kleider nicht zum Photographieren."

Die Chefredakteurin von VOGUE hingegen schwärmt von der harmonischen Beziehung zwischen den Modehäusern und ihrer

Zeitschrift. Ganz im Banne dieser Harmonie und zudem beseelt von ihrer Mission, die Zeitschrift VOGUE als eine Oase der Schönheit zu erhalten, gesteht die VOGUE-Chefredakteurin, daß man sich in ihrer Redaktion nicht damit begnüge, den Inserenten für teures Geld Platz einzuräumen. Vielmehr greift man diesen Inserenten in der Redaktion brüderlich unter die Arme, indem man ihnen bei der Gestaltung ihrer Inserate Pionierdienste leistet. „Die redaktionellen Seiten werden von der Werbung kopiert und nicht umgekehrt", meint die VOGUE-Chefredakteurin nicht ohne Stolz, ehe sie auf die Frage, ob VOGUE einem Schrittmacher der VOGUE-Inserenten gleichzusetzen sei, erwidert: „Ja, in bezug auf die Creativität. But not for commercial reasons."

Offenkundig hat die Werbung, deren Zweck selbstredend nur ein kommerzieller sein kann, die Herausgeber und Redakteurinnen der Frauenzeitschriften dermaßen infisziert, daß man das platte Feilbieten einer Ware zu einem Akt der Kreativität idealisiert. Bekanntlich haben einige bildende Künstler schon Geldscheine zu einem mehr als zehnfachen Wert als Kunststücke verkauft. Die Kunst ist hier der Verkauf. Der Verkäufer ist zum Künstler avanciert. Der Käufer, der für einen Einhundert-Markschein einen Eintausend-Markschein auf den Tisch blättert, adelt sich zum Kunstexperten. Auch in den besagten Frauenzeitschriften besteht die Kunst nicht im Formulieren von Artikeln, sondern im Verkaufen der Ware ihrer Inserenten. Hierbei spielen zumal kosmetische Produkte eine große Rolle. Die Frauenzeitschriften bieten diese kosmetischen Produkte nicht einfach feil. Sie reden ihren Leserinnen mit einem drohenden Unterton geradezu ins Gewissen.

So ist in der Zeitschrift FÜR SIE ein Artikel publiziert, der sich mit der Haut der Frau über dreißig befaßt. „Mit 30", heißt es in diesem Artikel, „sehen Sie jeder Haut an, ob man sie alleingelassen hat. Spätestens dann wird Ihnen Ihre Haut die Rechnung präsentieren . . . Die Haut bekommt einen . . . fahlen Grundton. Und doch ist es nie zu spät. Beginnen Sie jetzt mit einer gezielten Pflege . . . Rund um die Augen: Die Pflege dieser empfindlichen Hautpartien muß ab sofort mit zum täglichen Programm gehören . . . Jahresringe am Hals sind Schwätzer . . . Sprechende Hände: Im wahrsten Sinne des Wortes, sie sagen alles. Auch über Ihr Alter. Hier können Sie nichts verdecken, kaschieren — nur pflegen . . ."

Gedruckt unter der Knute ihrer Inserenten, scheint die Zeitschrift FÜR SIE keine andere Wahl zu haben, als ihre Leserinnen in Angst und Schrecken zu versetzen. Jeder Blick in den Spiegel artet für die Leserin zu einem Wagnis aus. Die auf eine unersichtliche Weise alleingelassene Haut wird spätestens am 30. Geburtstag ihre Rechnung präsentieren. Wie hoch die Rechnung ist, wird zwar der Leserin verschwiegen. Aber die Tatsache, daß man ihre Haut als fahl bezeichnet, muß bei ihr Assoziationen auf einen Leichenschmaus wachrufen. Der Hals der Leserin gewinnt nicht nur den Charakter eines Schwätzers, sondern den eines Judas, der die Kreuzigung der Leserin in Form von Krähenfüßen heraufbeschwört. Zu diesem Judas gesellen sich die Hände der Leserin. Jeder von ihren zehn Fingern ist ein Denunziant, der sie der Schuld bezichtigt, jedes Jahr um ein Jahr älter geworden zu sein. Im Hinblick auf die Strafe für das Verbrechen, älter zu werden, kann sich die Leserin nur dann mildernde Umstände erheischen, wenn sie ihr Geld für Kosmetikprodukte vergeudet, die ihr zwar ewige Jugend verheißen, aber wohlweislich verschweigen, woraus sie zusammengesetzt sind.

Auch die Zeitschrift MADAME hebt neue Cremes und neue Parfüms geradezu aus der Taufe. Die Kinder, die da getauft werden, heißen beispielsweise EXISTANCE oder JUVENANCE. Obwohl die Euphorie der MADAME-Redaktion die Inserate, die ihre Hymnen regelrecht umzingeln, arg derangiert, behauptet die Chefredakteurin dieser Zeitschrift: „Wir sehen in unserem KOSMETIKSCHAUFENSTER . . . einen reinen Informationswert . . . Wir wollen nur aufzeigen: MADAME ist unterwegs, um etwas Neues zu entdecken."

Die Zeitschrift COSMOPOLITAN unternimmt keine Entdeckungsreisen. Vielmehr bekennt sie sich, offenkundig unter der Fuchtel eines desolaten Bettenfabrikanten unter der Abbildung eines als LOTTER-LUXUS-WIESE bezeichneten Betts, dessen Abbildungen auf den Inseraten des Bettenfabrikanten ebenfalls zu bestaunen sind, zu diesem Bett. Ja, sie müht sich, auch ihre Leserinnen zu dererlei Bekenntnissen zu mobilisieren. „Ein Mann, der oft in fremden Betten lag", heißt es in dem Artikel über das besagte Bett, „merkt den . . . Unterschied sofort: ob das Lager gut genug ist für ein himmlisches Vergnügen oder so grausam, daß er sich nach dem Morgengrauen sehnt. Wie man sich bettet, so liebt man. Ein wackliges Gestell, eine schlechte Matratze sind nämlich Sand im Getriebe jeder Liebesnacht. Da bleibt die Liebe auf der Durststrecke . . . Wenn Sie nicht als Nonne Ihre Jahre verbringen wollen, dann schaffen Sie sich ein geräumiges Bett an . . . Bekennen Sie sich zu Ihrer Lotter-Luxus-Wiese — auch im Miniappartement."

Eine dermaßen schmachvolle Kapitulation vor den Wünschen eines Inserenten muß sich eine Zeitschrift wie BRIGITTE, deren Auflagenhöhe, wie gesagt, eine Million und 350 Tausend Exemplare sind, von ihren Inserenten nicht zumuten lassen. Wovor diese Zeitschrift die Waffen streckt, ist das geistige Niveau ihrer Leserinnen, die selbst die Gebrauchsanweisungen auf den Verpackungen der Waschmittel zu überfordern scheinen. Zumindest ruft diesen Verdacht ein Artikel in BRIGITTE wach, der nichts anderes ist als eine selbst für geistig Behinderte wohl nicht unverständliche Gebrauchsanweisung für Waschmittel.

Während sich der Rotweinfleck auf dem blütenweißen Tischtuch als der Mittelpunkt des Universums der BRIGITTE-Leserin erweist, prägt der Schnittmusterbogen die Weltsicht der BURDA-MODE-Leserin. Den Leserinnen der Zeitschrift FREUNDIN, die unter anderem mit einem Artikel über das Flirten aufwartet, ist der Mann das Maß aller Dinge. Vor der Gefahr, sich an einen Mann zu klammern, müht sich die Zeitschrift COSMOPOLITAN in einem Artikel ihre Leserinnen zu schützen, indem sie diese zur Vielmännerei animiert.

„Es ist", heißt es in diesem Artikel, „zweifelsohne kein Skandal mehr, ein abwechslungsreiches Liebesleben zu führen . . . Mehrere Liebhaber bewahren einen davor, sich an einen Mann zu klammern. Wenn Sie meinen, daß Sie Ihre Befriedigung nur im Zusammenleben mit mehr als einem Mann finden können, achten Sie darauf, daß Sie Ihre eigene Identität nicht einbüßen, wenn Sie Ihre Sympathie auf mehrere Liebhaber verteilen."

Daß es mit der Identität der Frau, die da bei jeder Liebschaft in die Binsen zu gehen droht, nicht weit her sein kann, bringt der zitierte Artikelausschnitt zwischen den Zeilen zum Ausdruck. Ohnehin erlebt der Mann in den hiesigen Frauenzeitschriften eine Allgegenwärtigkeit, die ihn fast göttlich macht. Auch im Sinne des Mannes tragen die Frauenzeitschriften zur Verewigung des EWIG WEIBLICHEN bei. Denn dieses EWIG WEIBLICHE ist in der Tat eine Goldgrube, über die sich die Inserenten der Frauenzeitschriften und deren Herausgeber, geeint in ihrer Profitgier, hermachen.

Wohlwissend, daß Getretene in einen Rauschzustand geraten, wenn ihnen da irgendwer zu Füßen liegt, werben minnesängerhaft die Inserate und die in dem Choral der Inserenten einstimmenden Frauenzeitschrift-Redaktionen nicht nur um die Gunst der gnädigen Frauen, der höheren Töchter oder der Mätressen federführender Persönlichkeiten, sondern auch um die Gunst der Mauerblümchen der Nation, der Stiefkinder der Natur, der mit dem Stigma der Unscheinbarkeit Geschlagenen sowie der unerlösten Aschenbrödel, die, noch mit dem Fuß zu Grabe stehend, auf den Märchenprinzen warten werden, der in der Zeit, in der er auf sich warten ließ, zum Tattergreis geworden sein wird.

Die Gunst, um die das weibliche Geschlecht da in den Frauenzeitschriften so minnesängerhaft angegangen wird, erweckt insofern einen überaus selbstlosen Eindruck, als die umworbenen Frauenzeitschriften-Leserinnen geradezu angefleht werden, niemand anderem als sich selbst die Gunst zuteil werden zu lassen, sich beispielsweise den Luxus eines Fläschchens LAGERFELD-Parfüms, bei dem das golden schimmernde, metallene große L einen zu einem Kleinod avancierten Buchstaben darstellt, oder den Luxus eines COCO-CHANEL-Kostümchens zu leisten, das einzig und allein sein zum Insignium des guten Geschmacks emporgestiegene Etikett vor dem Schattendasein eines Ladenhüters in den Boutiquen von Trabantenstädten zu retten vermag.

Die Tatsache, daß der Choral der Minnesänger, die da in den Frauenzeitschriften ihre Leserinnen um die Gunst angehen, sich selber Gunst um Gunst vergönnend zum eigenen Günstling zu werden, Erfolg hat, verrät nicht zuletzt der süßlich aasige Geruch, den die Ohrläppchen von Ladenmädchen, die Achselhöhlen von Discount-Drogerie-Kassiererinnen oder die weißen Kittel von Sprechstundenhilfen ausströmen. Der süßlich-aasige Geruch, den man als einen

Gestank bezeichnen würde, wenn ihn nicht der Preis, den er kostet, und das golden schimmernde große L zu einem Duft adelten, den der Couture-Copierer und Kondensmilch-Imperiumserbe Karl Lagerfeld creiert hat.

Seinen Rang, der konkurrenzlos dastehende größte Dandy von Paris zu sein, hat Karl Lagerfeld zweifellos der Verrottung dieser einstmaligen Metropole der Eleganz zu verdanken. Zumal in den elitären Frauenzeitschriften feiert man diesen Dandy, der nicht nur jene kurzen Beine hat, die man der Lüge nachsagt, sondern obendrein auf dem besten Wege ist, ein Fettwanst zu werden, der seinen Wanst, nicht gewillt, sich einzugestehen, daß er ein Dickerchen ist, in zwangsjackenhaft enge Jacketts zu zwängen pflegt, als einen Genius. Immer wieder wird er in den Berichten über gesellschaftliche Ereignisse, die in den elitären Frauenzeitschriften zu lesen sind, als Festteilnehmer mit seinem Mozartzopf und mit einer getönten Brille abgebildet, die ihm das Aussehen eines Banausen verleihen, der für einen Bohemien gehalten werden möchte.

Wenn dieser Couture-Copierer und Frauenzeitschriften-Genius seine Modeschauen veranstaltet, drängelt sich die große Welt almosenempfängerhaft auf schmalen, harten Stühlen wie in einer Caritas-Zweigstelle zusammen und schlägt sich angesichts der Créationen dieses Couture-Copierers, die man nicht als Plagiate zu bezeichnen wagt, die Hände grün und blau. Den Höhepunkt des Ereignisses, bei dem das Plagiat als der Innbegriff der Originalität frenetischen Applaus einheimst, stellt der Auftritt Karl Lagerfelds dar. Die große Welt scheint mit Blindheit geschlagen zu sein. Denn dem, der zum Sehen fähig ist, kann hierbei nicht entgehen, daß dieser Dandy, wenn er kurzbeinig, beleibt und mit seinem Mozartzopf zwischen seinen ranken, schlanken, langbeinigen, grazilen, rassigen und exotischen Models mit einer Brille auf der Nase, die ihm den Tag zur Nacht und jeden Stern am Himmelszelt wie ein Blinklicht erscheinen lassen muß, im Schweiße seines Angesichts bemüht, Blasiertheit an den Tag zu legen, über den Laufsteg geht, zum Opfer der Schönheit seiner Models wird und sich wie ein Popanz ausmacht.

Daß er dennoch die Küßchen der großen Welt ergattert, während sich die bildhübschen Models, die nur als Ausstopfungsmaterial für Modelle herzuhalten haben, in irgendwelchen Umkleideräumen der Modelle entledigen, die Lagerfeld die Verachtung jedes ehrbaren Flickschneiders eintrügen, verrät nur das Ausmaß der Deformation der großen Welt, der in ihrem Nihilismus ein golden schimmerndes L zu werden vermochte, was einem gläubigen Christen das Kruzifix ist.

Obwohl der Dandy von Paris und der Genius der elitären Frauenzeitschriften in seinem für 18 Millionen Mark restaurierten Rokoko-Schlößchen ein gnadenloser Feudalherr ist, der seiner mit Allonge-Perücken und Rokoko-Livreen ausstaffierten Lakaienschar die Fron auferlegt, stundenlang reglos schwere, vielarmige Kerzenständer hochzustrecken, ohne sich auch nur minutenlang an die kostbaren Innenwände seines Rokoko-Schlößchens anlehnen zu dürfen, obwohl der Dandy von Paris bis zum Überdruß die Anekdote zum besten gibt, daß seine Mama, bückunwillig, wie sie es als Dame war, jedesmal, wenn ihr ein Spitzentaschentüchlein zu Boden glitt, um sich das Bücken zu ersparen, nach ihrem Personal klingelte, obwohl der Dandy von Paris nichts unterläßt, um Haß zu säen, erntet er nur Popularität, Bewunderung und Verehrung.

Von den unteren bis zu den oberen Schichten findet er Parteigängerinnen. Denn in seiner grenzenlosen Menschenverachtung macht Karl Lagerfeld selbst vor einer scheinbaren Demokratisierung der Mode nicht halt. Das golden schimmernde L gewährt er nicht nur beispielsweise einer Primadonna der Waschmittelbranche wie Gabriele Henkel, deren Konterfeis ebenfalls oftmals in den elitären Frauenzeitschriften zu sehen sind. Auch Lieschen Müller kann des großen L teilhaftig werden, wenn sie sich für 95 Mark ein Fläschchen Gestank oder für 75 Mark bei C&A Blue-Jeans kauft. Der einzige Unterschied in diesem vermeintlichen Demokratisierungsprozeß ist der, daß Lieschen Müller 75 Mark sündhaft teuer findet, während beispielsweise einer Gabriele Henkel, deren Gesichtshaut dermaßen gestrafft ist, daß ihre Augenhöhlen mehr und mehr in die Richtung ihrer Ohren driften, 50.000 Mark als ein Schleuderpreis erscheinen muß.

Der popanzhafte Dandy von Paris müht sich nach Kräften, seinem Ruf dadurch gerecht zu werden, daß er den Sozialismus verhöhnt, indem er Hammer und Sichel als Stoffmuster mißbraucht. Auch macht er sich über die Konditoren und seine Kundinnen lustig, indem er Torten kopiert und als Kopfbedeckungen auf den Markt wirft. Das große L ist nicht nur ein Markenzeichen, sondern das Symbol für die ideelle Leere, die Herr Lagerfeld mit den Frauenzeitschriften gemein hat. Die Angebote der Inserenten, die Tips der Beraterinnen, die genannten oder unterschlagenen Preise der Konfektionsware oder der Modelle, die Themenstellungen im redaktionellen Teil und die Auswahl der jeweils lobpriesenen Waren, die bei den populäreren Frauenzeitschriften stets billig oder preisgünstig und bei den elitären Frauenzeitschriften nur für eine Minorität erschwinglich sind, kunden davon, daß in den Chefetagen der Frauenzeitschriften und in den Werbeagenturen der Inserenten dieser Frauenzeitschriften deren Leserinnen in materieller wie in ideeller Hinsicht GLÄSERNE MENSCHEN sind.

Nie beginge eine Zeitschrift wie BURDA MODEN die Torheit, ihre Leserinnen mit der Präsentation eines VOGUE-Modells vor den Kopf zu stoßen. Nie begingen Zeitschriften wie VOGUE, MADAME oder CHIC die Torheit, ihren Leserinnen den Anblick eines Schnittmusterbogens zuzumuten. Die Zeitschrift FREUNDIN hütet sich wohlweislich davor, sich ihre Leserinnen zu Feindinnen zu machen, indem sie ihnen von traumhaften Äquatortaufen oder Silvesternächten auf den Fiji-Inseln berichtet, die zu den Themen der elitären Blätter zählen.

Zwischen ihren Inseraten kann man bei der Lektüre einen Einblick in das High-Life der internationalen Hautevolee gewinnen. Die Hautevolee läßt sich wohlweislich nur beim Geldvergeuden sehen. Davon, wie sie zu dem Geld kommt, das da dermaßen besinnungslos vergeudet wird, ist nicht die Rede. Vielmehr zeigt sich die Hautevolee beim Verzehren von Riesenschlangenfilets in einem Luxus-Lokal, das in der Astgabelung eines gigantischen Urwaldbaumes errichtet wurde. Auch findet die Hautevolee nichts dabei, sich in einer zu einem Luxus-Lokal umfunktionierten ehemaligen Pariser Kapelle sehen zu lassen, in der einstmals die Clochards die Kommunion zu empfangen pflegten. Es werden von dieser Hautevolee sogar Clochards vertrieben, die sich in jener ehemaligen Kapelle vermutlich hauptsächlich vor Kälte schützten, damit die Hautevolee ganz unter sich und unbehelligt von Bettlern die prickelnd elektrisierende Armseligkeit, von der zweifellos noch ein Hauch an der besagten ehemaligen Kapelle haftet, genießen kann.

Auch über die Probleme der internationalen Hautevolee zerbrechen sich die Redakteure und Redakteurinnen der elitäreren Frauenzeitschriften die Köpfe. Die Leserin erfährt, daß für das Verbringen von Silvesternächten die Fiji-Inseln nicht mehr so up to date sind wie Alaska, wo man neuerdings Silvester in Gesellschaft von Fallenstellern auf Hundeschlitten verbringt. Auch über Karajans Herzenswunsch, Silvester in einem Zelt auf dem Mount Everest zu feiern, wird die Leserin der elitären Frauenzeitschriften in Kenntnis gesetzt. Man verschweigt ihr zudem nicht, daß sich federführende Persönlichkeiten neuerdings an den winzigen, nur mit einer Lupe erkennbaren Eierchen von Weinbergschnecken gütlich tun, weil sie allein beim Anblick von Kaviar ein Brechreiz überkommt.

Während sich der Prolet den Magen vollschlägt, droht dem Prasser dank seiner Überfressenheit der Hungertod. Selbst in ihren Nöten laufen die Reichen den Armen den Rang ab.

Auch im Tourismusteil der elitären Frauenzeitschriften wird keinem Run auf die von Hungerleidern belagerten Paläste der Reichen Vorschub geleistet. Vielmehr preist man die Hütten, aus denen der Hunger die Armen vertrieben hat, wegen ihrer „malerischen Lage" als sehenswert an. Die Reichen beäugen die Hütten der Armen. Lieschen Müller werden von den weniger elitären Frauenzeitschriften Strände angepriesen, auf denen der Sand mehr und mehr zu einer Rarität und der Unrat mehr und mehr zu einer Massenware zu werden droht.

Doch gleichgültig, ob es sich nun um elitäre Frauenzeitschriften oder um populäre handelt, stets trägt man in den Chefetagen dieser Frauenzeitschriften dafür Sorge, daß deren Leserinnen der Unwillen, in jenen Apfel vom Baum der Erkenntnis zu beißen, der der Bibel gemäß die Vertreibung der Menschheit aus dem Paradies zur Folge hatte, erhalten bleibt. Selig, aber arm im Geiste läßt die Lektüre der Frauenzeitschriften ihre hiesigen Leserinnen.

OBEN OHNE, UNTEN OHNE

Über Herrenmagazine auf dem hiesigen Zeitschriftenmarkt

Die Auswahl an Herrenmagazinen, die man hierzulande in jedem gewöhnlichen Zeitungsgeschäft erwerben kann, läßt sich keineswegs als dürftig bezeichnen. Aneinandergereiht nehmen die amerikanische und die deutsche Ausgabe des PLAYBOY, die amerikanische und die deutsche Ausgabe von PENTHOUSE, die französische und die deutsche Ausgabe des Magazins LUI sowie die englischen Magazine MAYFAIR, MEN ONLY, CLUB INTERNATIONAL und die deutschen Magazine ER und SUPER DAS DA auf den Auslegetischen der Zeitungsläden nicht weniger Platz ein als die diversen Frauenzeitschriften. Wer sich jedoch in Anbetracht eines derartigen Angebots auch eine gewisse Vielfältigkeit verspricht, der wird recht enttäuscht sein. Denn bereits beim Durchblättern dieser Herrenmagazine stellt es sich heraus, daß es nur Nuancen sind, durch die sich PLAYBOY und PENTHOUSE, LUI und ER oder MAYFAIR und MEN ONLY voneinander unterscheiden.

Der Eindruck einer öden Gleichförmigkeit, den der Leser schon innerhalb von kürzester Zeit gewinnt, entsteht vor allem durch die darin publizierten Photoserien, die allesamt nackte oder nahezu nackte Mädchen zeigen. Manche Mädchen sind nur mit Hüten bekleidet, manche nur mit Strumpfhaltern, Strümpfen und Stöckelschuhen. Manche stellen ihre Reize unter offenen Morgenmänteln, vampirhaften Umhängen oder Blusen zur Schau. Ein Mädchen trägt außer schwarzen Stiefeln lediglich eine farblich passende schwarze Perlenkette. Ein anderes Mädchen im Evakostüm fällt inmitten ihrer Geschlechtsgenossinnen dadurch aus dem Rahmen, daß es sich eine Taucherbrille mit Schnorchel um den Kopf geschnallt hat. Ein weiteres Mädchen, das in einem offenen weißen Bademantel langgestreckt auf dem Fußboden liegt, behält man im Gedächtnis, weil irgendwer es witzig fand, ihm zur Abkühlung einen laufenden Ventilator zwischen die gespreizten Schenkel zu stellen.

Obwohl das Magazin PENTHOUSE, dessen amerikanische Ausgabe allmonatlich in einer Auflage von 4,6 Millionen Exemplaren und dessen deutsche Ausgabe allmonatlich in einer Auflage von 350.000 Exemplaren erscheinen, seine Photoserien recht großspurig als Bild-Essays bezeichnet, unterscheiden sich die Posen, mit denen die Mädchen hier in einer Art Striptease-Show ihre Reize den Blikken darbieten, in keiner Weise von den Posen der Mädchen in den übrigen Magazinen. Weil selbst der wohlproportionierteste weibliche Körper nur mit einer begrenzten Anzahl weiblicher Reize aufwarten kann, müssen naturgemäß auch die Posen, mit denen diese Reize zur Geltung gebracht werden sollen, begrenzt sein. Entsprechend verlaufen die Striptease-Shows, die in den einzelnen Magazinen inszeniert werden, nicht nur allesamt mehr oder weniger nach dem gleichen Schema. Sie werden zudem mit einer nachgerade primushaften Verbissenheit über die Bühne gebracht.

Vor wechselnden Hintergründen, das heißt bald vor Meereswellen, bald vor Felswänden, bald vor exotischen Gewächsen, bald vor antiken Möbelstücken zeigen die Photoserien die Mädchen zunächst von vorn mit entblößten Brüsten, dann von hinten mit entblößten Gesäßen und schließlich zumeist in einem Ganzphoto wiederum von vorn, um das zu enthüllen, was ein Herrenmagazin, das auf sich hält, noch enthüllen darf: die taktvoll arrangierten Schamhaare nämlich.

Ein Herrenmagazin, das mehr zur Schau stellen würde, begäbe sich in den Bereich des Pornographischen, wo die amerikanischen Magazine HUSTLER, CLUB und CHIC als federführend gelten. Deshalb bieten die übrigen Photos in den hiesigen Herrenmagazinen dem Beschauer auch keine pikanten Neuheiten mehr. Sie zeigen die Mädchen auf dem Bauch oder auf dem Rücken liegend. Sie zeigen sie, wie sie fasziniert, als sähen sie sie zum erstenmal, ihre eigenen Brüste begaffen. Sie zeigen sie, wie sie sich tief hinabbücken, so daß das Gesäß in den Mittelpunkt rückt, während der Kopf aus dem Blickfeld gerät. Sie zeigen sie, wie sie auf allen vieren über Teppiche, Sandstrände oder treppabwärts kriechen. Vor allem aber zeigen sie sie immer wieder mit geschlossenen oder trübe dreinblickenden Augen, die Hand zwischen den Beinen, in zerwühlten Betten liegend, und nach Kräften bemüht, das zu simulieren, was man gemeinhin unter Triebhaftigkeit zu verstehen pflegt.

„Unsere Mädchenbilder . . . sind Liebeserklärungen an schöne Frauen", lautet überraschenderweise die Definition der besagten Photos in den Mitteilungen der PENTHOUSE-Redaktion, die nicht die einzige Redaktion ist, die die sogenannten Liebeserklärungen an schöne Frauen unerläutert läßt. Vielmehr wird in sämtlichen Herrenmagazinen dafür Sorge getragen, daß wenigstens ein kleiner Platz zwischen den Aufnahmen der Nackedeis für mehr oder weniger kurze Bildkommentare freibleibt, die den Anschein erwecken, sie wollten über das gezeigte Mädchen Auskünfte erteilen.

Zwar erfährt man, welche Berufe die Mädchen ausüben, die allesamt nicht zu den gehobenen Schichten zählen. Man erfährt, daß sie unbekannte Schauspielerinnen sind, die in Pornofilmen bereits Hauptrollen spielten. Man erfährt, daß andere Mädchen hauptberuflich Go-Go-Girls, Tänzerinnen, Verkäuferinnen, Photoassistentinnen, Stenotypistinnen oder Friseusen sind. Die übrigen Auskünfte über diese Mädchen dienen jedoch vorrangig dazu, den Verdacht zu verstärken, daß es sich bei ihnen um liederliche Frauenzimmer handelt.

So setzt zum Beispiel das englische Magazin MAYFAIR unter einem Photo, das ein Mädchen mit weit herausgestrecktem Gesäß im Bett neben einem Teddybären liegend zeigt, den Beschauer davon in Kenntnis, daß dieses Mädchen nur zu besonderen Anlässen einen Schlüpfer trage. So meint im Magazin PENTHOUSE ein Mädchen mit einem sonnenüberfluteten Gesäß: „Andere Mädchen machen morgens Gymnastik. Ich habe sie dann schon hinter mir. Warum soll ich einen Kopfstand machen, um rosige Bäckchen zu bekommen".

Tatsächlich machen die Mädchen in den Herrenmagazinen nicht nur gute Miene zu dem bösen Spiel, das da mit ihnen getrieben wird. Vielmehr erweckt es den Eindruck, als betrachteten sie die

Photoserien, auf denen sie oft genug in einer entwürdigenden Art und Weise gezeigt werden, als eine durchaus akzeptable Möglichkeit der Selbstdarstellung. So meint beispielsweise ein Go-Go-Girl: „Für PENTHOUSE photographiert zu werden, bedeutete für mich die Erfüllung eines Traumes." Ebenfalls der Ansicht, daß die Publikation ihrer Photos und die Wahl zum sogenannten PET des Jahres einem Aufstieg gleichzusetzen sei, ist eine australische Tänzerin, wenn sie meint: „Für eine, die von da unten stammt, bin ich ganz schön hochgekommen."

Während die Mädchen in der amerikanischen Ausgabe des Magazins PENTHOUSE Pets, also Kuscheltiere, genannt werden, bezeichnet sie der PLAYBOY als Playmates, also als Spielgefährtinnen. Diese etwas weniger herabsetzende Bezeichnung hat allerdings auf die Photoserien, die der PLAYBOY publiziert, keinerlei Auswirkungen. Auch hier werden die Mädchen dazu veranlaßt, dackelhaft auf allen vieren zu posieren wie es zum Beispiel eine Photoassistentin neben einer Überschrift tut, die da lautet: „Barbara ist ein Gedicht." Statt einem von den üblichen Kommentaren druckt der PLAYBOY in diesem Falle die Verse ab, die die Photoassistentin Barbara in ihrer Freiheit zu dichten pflegt. Der Vers zwischen drei Nackedei-Photos von ihr lautet: „Ich will ein wenig Wahnsinn züchten und zärtlich zornig gegen Geister wüten."

Für die Publikation einer Photoserie bezahlt der PLAYBOY, das größte Herrenmagazin, dessen amerikanische Ausgabe allmonatlich in einer Auflage von 6 Millionen Exemplaren und dessen deutsche Ausgabe allmonatlich mit einer Auflage von 420.000 Exemplaren erscheint, jedem Mädchen 4000 Mark. Die sogenannte Produktion einer Photoserie dauert im allgemeinen nicht weniger als volle vierzehn Tage. Wegen der günstigeren Lichtverhältnisse fliegt das PLAYBOY-Team sogar bis zu den Bahamas. Allerdings findet die Produktion einer Photoserie nur statt, wenn die Ergebnisse des Tests, dem sich jedes Mädchen zuvor zu unterziehen hat, von der PLAYBOY-Redaktion als positiv befunden wurden.

Ein solcher Test verläuft dergestalt, daß ein PLAYBOY-Photograph mit einem Mädchen einen Termin vereinbart und sich, um herauszufinden, aus welchem Grund es bereit ist, Aktphotos von sich publizieren zu lassen, mit diesem Mädchen unterhält. Verlangt wird, den Angaben eines PLAYBOY-Testers zufolge, außer körperlichen Reizen auch ein geistiges Einverständnis mit den Zielen dieses Magazins. Ist dieses Verständnis vorhanden, so hat sich das Mädchen auszuziehen, was ein PLAYBOY-Tester „als peinlichsten Punkt für das Mädchen und den Tester" bezeichnet. „Es ist da irgendwo ein Produkt in dem Moment und nimmer ein Mensch", meint der PLAYBOY-Photograph Wolfgang Ott, ehe er fortfährt: „Der Mensch ist ja sekundär in so einem Augenblick. Das Äußere ist wichtiger. Wenn es unseren Vorstellungen entspricht: guter Busen, guter Arsch und vielleicht irgendwo ein geiler Ausdruck, macht man Probe-Photos. Man photographiert von vorn, von hinten, wie gesagt: Busen, Arsch, Ganzfigur, paar gute Köpfe, also alles, wo man sieht, daß da was zum Holen ist. Dann entwickelt man die Photos, um zu sehen, ob da irgendwelche Sachen wie Zellulitis oder Hängebusen da sind, die halt nicht so geil sind. Alles läuft ja darauf hinaus, daß das Mädchen von irgendeinem zum Onanieren benutzt wird."

Dennoch haben viele Mädchen auch nach einem erfolgreichen Test plötzlich Bedenken, Nacktaufnahmen von sich publizieren zu lassen. Diese Mädchen fürchten, daß sie von irgendwem in ihrem Verwandten- oder Bekanntenkreis wiedererkannt werden. „Es ist ja auch eine gewisse Gefahr dabei", meint der besagte PLAYBOY-Photograph. „Wenn man ein nacktes Mädchen in der Zeitung sieht, dann macht man sich so seine Gedanken über solch ein Mädchen. Man sieht es nackt. Das ist eine Vorgabe, die man normalerweise einem anderen Menschen gegenüber nicht macht. Das Hauptthema ist Sexualobjekt."

Den Äußerungen dieses Photographen zufolge werden viele Mädchen dadurch gewonnen, daß sie Photographen oder Mittelsmänner der Photographen in Diskotheken, Badeanstalten, Cafés oder schlichtweg auf der Straße ansprechen.

Was die Bezahlung dieser Mädchen betrifft, so werden sie vom Herausgeber des Magazins LUI in drei Leistungsklassen eingeteilt. Am schlechtesten kommen die Mädchen weg, die auf dem Wege sind, als Schauspielerinnen Karriere zu machen. Diese Mädchen werden entweder von Filmverleihen oder von ihren Künstleragenturen angeboten. Weil der Abdruck ihrer Nacktphotos als Publicity gilt, erhalten diese angehenden Schauspielerinnen von dem Magazin LUI überhaupt kein Honorar. Zu der zweiten Gruppe Mädchen zählen vor allem Berufsmodelle. Die ihnen zugestandenen Tarife liegen je nach Bekanntheitsgrad, Alter und Aussehen zwischen 300 und 1500 Mark pro Tag. Zur letzten Gruppe zählen die von den Photographen aufgelesenen Mädchen. In diesem Fall vereinbart der jeweilige Photograph mit dem jeweiligen Mädchen ein Honorar. Dieses Honorar deckt entweder die Bezahlung eines Hotelaufenthalts oder einen Teil der Reiseunkosten.

Auf die Frage nach den Motiven dieser Mädchen, sich nackt publizieren zu lassen, erwidert der Herausgeber von LUI: „Bei den ersten beiden Gruppen ist es klar. Die Schauspielerinnen wollen Publicity haben. Bei den Modellen ist es ihr Beruf, sich photographieren zu lassen. Und bei der letzten Gruppe ist es einfach der Spaß daran, sich in einem Magazin wie LUI gedruckt zu sehen."

Noch weniger Schwierigkeiten, solche Mädchen zu finden, hat das Herrenmagazin PLAYBOY, in dessen Redaktion sich die Mädchen ungerufen und ungebeten einzustellen pflegen. Die Entscheidung darüber, welches Mädchen jeweils zum Playmate des Monats avancierte, trifft der Chefherausgeber des deutschen PLAYBOY höchstpersönlich. Zwar richtet er sich im Hinblick auf die Photos, so weit ihm dies möglich ist, auch nach Leserwünschen. Aber oft sind diese Leserwünsche dermaßen abartig, daß man im PLAYBOY den Wünschen der Mehrheit der Leser den Vorzug vor den Minderheitsleserwünschen gibt.

„Es gibt Leute, die würden gern von jeder Playmate noch zusätzlich die Fußsohlen sehen", meint der Chefherausgeber des deutschen PLAYBOY achselzuckend.

Einen Einblick in die geheimen Wünsche der Leser bieten vor allem die Leserbriefspalten der englischen Herrenmagazine MAYFAIR oder CLUB INTERNATIONAL. So schreibt ein MAYFAIR-Leser in diesem Magazin: „Ich finde, Mädchen in Büstenhaltern und Schlüpfern sind weitaus interessanter als völlig nackte ... In den letzten Monaten hat mir das Fehlen von Schlüpfern, die ich für die erotischste Sache halte, ... den Anblick sehr guter Photos vergällt."

Ein Leser des Herrenmagazins CLUB INTERNATIONAL ist gegenteiliger Ansicht: „Viele Männer", schreibt er, „sind Schlüpferfetischisten. Sie sind von ihnen so fasziniert, daß es ihnen sogar Spaß macht, das Wort auszusprechen oder diese kleinen, durchsichtigen Dingerchen, die in den Schaufenstern zu sehen sind, anzugaffen. Was mir gefällt, sind Mädchen, die nie Schlüpfer tragen. Das Mädchen, das ich geheiratet habe, hat sie nie getragen, es sei denn, es herrschte gerade eine sibirische Kälte." Ein weiterer Leser hat sehr viel ausgefallenere Vorstellungen. Er schreibt an das Herrenmagazin MAYFAIR: „Es wird den Wünschen der Fuß-Fetischisten viel zu wenig Rechnung getragen. Ich schlage Ihnen vor, zwei junge Modelle in Strümpfen und Strumpfhaltern zu zeigen, die einander erst die Strumpfhalter ausziehen und dann die Strümpfe und sich schließlich gegenseitig an den Zehen lutschen." Ein weiterer MAYFAIR-Leser will hingegen von Fußlutschereien nichts wissen. Vielmehr schreibt er: „Es stimmt schon, daß Sie häufig Mädchen in nassen Unterhemden bringen . . . Aber damit ist es nicht getan. Wir wollen vollkommen bekleidete Mädchen, die sich im Schlamm wälzen. Wann kriegen wir sie?"

Daß der Wunsch, schlammbedeckte bekleidete weibliche Wesen zu Gesicht zu bekommen, keinen Seltenheitscharakter hat, beweist nicht zuletzt der Leserbrief, den eine Ehefrau an das Magazin MAYFAIR schreibt. „Ich lese regelmäßig das MAYFAIR-Exemplar meines Mannes Bob und vergleiche meine Figur mit den Figuren Ihrer Modelle. Bob hat Ihnen mehrmals über seine Vorliebe für nasse und schlammbesudelte Mädchen berichtet. Weil Sie nichts unternehmen, bin ich gewöhnlich diejenige, die naß oder schlammbesudelt zu sein hat. Tatsächlich macht es mir Spaß, weil es Bob antörnt. Aber es gibt auch Nachteile. Es ruiniert meine Kleider. Ich muß mir hauptsächlich pflegeleichte Sachen kaufen. Aber leider habe ich auch einige Kleider, die gereinigt werden müssen. Um den Leuten keinen Anlaß zum Gerede zu geben, lasse ich diese Kleider nicht hier in der Gegend reinigen. Ein weiteres Problem ist die Frage, wo man es machen soll. Im Sommer können wir ans Meer gehen oder in irgendeinen Wald. Aber im Winter ist es da zu kalt. Und zu Hause können wir nur das Badezimmer benutzen, das irgendwie klinikartig ist, obwohl wir es eigens für diesen Zweck dekoriert haben. Wir können auch die Küche benützen, zu deren Reinigung man hinterher lange Zeit braucht. Auch außer Hauses gibt es Probleme. Unser Garten ist zu klein, und die Nachbarn können von ihren Häusern aus über den Zaun schauen. Deshalb müssen wir das Haus verlassen. Das bedeutet, daß ich auf dem Rückweg eiskalt und klamm bin und merkwürdig angestarrt werde, weil ich auch bei trockenem Wetter völlig klatschnaß und schlammbesudelt bin. Außerdem bin ich schon von Insekten völlig zerstochen worden. Aber trotz dieser Misere möchte ich mit niemandem tauschen. Bob und ich haben eine wundervolle Beziehung, und alles so zu lassen, wie es ist, bedeutet ja nur, daß man sich hin und wieder widerwärtig vorkommt. Mir macht das nichts aus. Bob hofft, daß der Sommer in diesem Jahr schön wird. Er trägt sich mit dem Gedanken, mich in eine Stewardessen-Uniform zu stecken, in der ich dann sozusagen versehentlich in einen ziemlich sumpfigen Waldsee fallen soll. Außerdem hat er noch eine Idee mit einem Schweinestall, die mir allerdings nicht sonderlich gut gefällt."

Auch ein weiterer Leser ist zwar nicht auf Schlamm, aber auf Nässe versessen. „Tun Sie mir doch den Gefallen", schreibt er, „zeigen Sie uns ein Mädchen mit Handschuhen im weißen Abendkleid . . . Das erste Bild sollte sie trocken zeigen. Das zweite, wie sie sich eine Kanne voller Wasser über die Brust gießt, so daß ihre Unterwäsche unter dem glitzernden, nassen weißen Kleid zum Vorschein kommt."

Während die übrigen Herrenmagazine derartige Leserwünsche nur insofern berücksichtigen, als sie Mädchen mit nassen Hemden sowie nasse, hie und da sandbeschmutzte Mädchen zeigen, geht das Herrenmagazin MAYFAIR einen Schritt weiter, indem es eine Photoserie publiziert, in deren Verlauf die Verkäuferin eines Juweliergeschäfts völlig bekleidet in einen Swimmingpool fällt. Selbstverständlich entbehrt die Szene jeglicher Erotik. Obwohl das Mädchen, während es triefend vor Nässe aus dem Swimmingpool klettert und auf den folgenden Photos die übliche Striptease-Szene vorführt, statt einer stutzigen Miene, mit der jeder Clown die eigene Tölpelhaftigkeit zu unterstreichen weiß, ein tapferes Lächeln zur Schau stellt, gibt es eine überaus traurige Figur ab. Denn nicht anders als die Posen, mit denen man in sämtlichen Herrenmagazinen den Geschlechtsmerkmalen der Mädchen auf Kosten ihrer übrigen Merkmale eine Priorität einzuräumen pflegt, bringt auch dieses Lächeln ein Einverständnis mit der Degradierung der eigenen Person zum puren Sexualobjekt zum Ausdruck.

Zwar bestreitet man in den Herrenmagazinen hartnäckig, daß hier eine Degradierung des weiblichen Geschlechts betrieben wird. Doch tritt die Menschenverachtung, die diese Magazine den jungen Mädchen durch die Art und Weise entgegenbringen, in der sie diese jungen Mädchen zeigen, nicht allein auf den Photos und Bildkommentaren zutage. Das Herrenmagazin PENTHOUSE, das die Striptease-Show einer Schweizerin einem Akt der Emanzipation gleichzusetzen zu können meint, verrät seine Geringschätzung allein dadurch, daß es junge Mädchen als Pets, also als Kuscheltiere, bezeichnet. Das Herrenmagazin LUI ordnet zwar die Mädchen, die es zeigt, nicht der Gattung der Tiere zu. Doch ist die Rolle, die ihnen dieses Magazin zubilligt, eine Rolle höchst subalterner Art. „Mädchen waren und sind für uns immer das gewesen, was sie im Leben eines intelligenten Mannes auch sind; nämlich ein Aspekt seines aufregenden Daseins in dieser Welt", heißt es in den redaktionellen Mitteilungen dieses Magazins, dessen Herausgeber von einer Ebenbürtigkeit des Mannes mit der Frau wenig zu halten scheint. Denn er meint: „Innerhalb unserer Hefte spielen Mädchen die Rolle, die sie im Leben eines Mannes spielen. Vielleicht zwanzig, fünfundzwanzig Prozent seiner Zeit verbringt ein Mann mit dem anderen Geschlecht. Die übrigen 75 Prozent verbringt er mit Beruf, Auto, mit Schachspiel, mit Tennisspiel . . ."

Viel ausschlaggebender als die 25 Prozent seiner Zeit, die ein Mann mit einem Mädchen verbringt, scheint bei der Mehrzahl der in den Herrenmagazinen gezeigten Mädchen die Hoffnung zu sein, sie könnten durch die Publikation einer Photoserie in einem der namhaften Herrenmagazine als Nackedei Karriere machen. Denn schließlich sind es nicht die Mädchen selbst, sondern ihre meistens unter Pseudonymen auf Glanzpapier publizierten Photos, die auf den anonymen Käufer von Herrenmagazinen, einen Käufer, den diese Mädchen vermutlich nie zu Gesicht bekommen, eine sexuelle Anziehungskraft ausüben. Offensichtlich nehmen die Mädchen die Herabwürdigung ihrer Person zum Sexualobjekt vorwiegend in Kauf, weil sie darin die einzige Chance sehen, in die höheren Schichten aufzurücken. Daraus machen sie, soweit man sie in den Bildkommentaren überhaupt zu Worte kommen läßt, auch kein Hehl. Die eine hat sich das Ziel gesetzt, auf das Titelblatt von VOGUE zu gelangen, eine zweite will eines Tages in Paris eine Model-Agentur eröffnen, eine dritte will es zur Tänzerin am Broadway bringen, während sich eine vierte, deren Vater Arbeiter und deren Mutter Verkäuferin ist, vorläufig nur weigert, ebenfalls einen Beruf zu ergreifen, der keinerlei Aufstiegsmöglichkeiten, wie es bei den Berufen ihres Vaters und ihrer Mutter der Fall ist, bietet.

Den Äußerungen des Chefredakteurs des deutschen PLAYBOY zufolge sollen es von zwölf Playmates, die der PLAYBOY im Jahr veröffentlicht, im Durchschnitt acht zu Photomodels bringen, wenn sie nicht gar den Sprung zum Film schaffen. Mitunter gelingt es einem Playmate, in die VOGUE zu gelangen, wenn sie von da an keine anderen Nacktaufnahmen auf ihre Kappe nimmt. Gewöhnlich ist die Karriere, die einer Playmate nach der Publikation im PLAYBOY offensteht, jedoch alles andere als atemberaubend. Das Photomodel Anna, das die Tochter eines Beamten ist, erschien nie auf dem Titelbild von VOGUE. Anna arbeitet lediglich für die Versandhäuser NECKERMANN und QUELLE. Beim Photographieren für den PLAYBOY fühlte sich Anna ihren Aussagen zufolge „natürlich gehemmt". Als sie jedoch die Photographien sah, war sie hingerissen von ihrer eigenen Schönheit, die bei ihrem Anblick nur versteckt zutage tritt. Auf die Frage, ob sie sich so gesehen haben will, wie sie auf den PLAYBOY-Photos gezeigt wurde, findet sie die Zurschaustellung ihrer Brüste und ihres Gesäßes in Ordnung. Was ihr Hemmungen bereitete, war allein die Anforderung, ihre Hand zwischen ihre Beine zu klemmen. Zu ihrer Erleichterung erkannte sie weder von ihren Verwandten noch von ihren Bekannten jemand wieder. „Und als der PLAYBOY publiziert wurde, lag er bei uns auf dem Tisch, und ein Freund von meinem Freund blätterte den PLAYBOY durch. Mich hat er gar nicht beachtet, sondern einfach weitergeblättert. Denn man sieht auf dem Bild ganz anders aus. Wir haben den Freund meines Freundes gefragt, kennst du die nicht da in der Mitte, und er antwortete: nein."

Völlig andersgeartet ist die Reaktion des typischen Herrenmagazinlesers. Er betrachtet die Mädchen, die in den Magazinen abgebildet sind, nicht nur als begehrenswert. Er neigt obendrein dazu, in diesen Mädchenabbildungen Idealgestalten zu sehen, mit denen er die eigene Frau oder Freundin vergleicht. Aufschlußreich ist in diesem Zusammenhang ein Leserbrief, den ein Ehemann an das Magazin PENTHOUSE schreibt. „Liebes PENTHOUSE", heißt es in seinem Brief, „ich muß Ihnen danken. Sie haben nämlich aus meiner Frau eine femme fatale gemacht . . . Sie erwischte mich eines Tages bei der Lektüre der ersten deutschen Ausgabe . . . Zuerst war sie etwas schockiert, nein, ich glaube eifersüchtig. Sie quängelte ein bißchen und fragte: Ich möchte mal wissen, was die haben, das ich nicht habe. Ein paar Tage später brachte ich ihr schwarze Dessous mit und sagte lakonisch: das haben sie. Meine Frau schien nicht sonderlich beeindruckt und zog den Slip und den aufreizenden BH nicht einmal an. Nicht auf Befehl, meinte sie. Ich war enttäuscht. Knapp vier Wochen später fand ich auf dem Kopfkissen das neue PENTHOUSE-Heft, und quer auf dem Bett lag meine Frau im schwarzen, hauchdünnen Minislip und dem eher enthüllenden BH, den ihre vollen Brüste beinahe sprengten."

Eine andere Ehefrau eines Herrenmagazin-Lesers ist zunächst über die Lektüre ihres Gemahls empört. Nach einer Unterredung mit einer Freundin gelangt sie indes zu der Ansicht, daß es „immer noch besser" sei, wenn ihr Ehemann Herrenmagazine lese, „als wenn er fremd geht". Die Konsequenz aus dieser Schlußfolgerung zog sie, indem sie sich ebenfalls Reizwäsche zulegte. „Unser ganzes Eheleben hat sich geändert, seit ich eine vorurteilslosere Einstellung zum Sex habe", erklärt sie nicht allein. Sie macht auch kein Hehl daraus, daß sie sich nunmehr von ihrem Ehemann wie ein Herren-Magazin-Model photographieren läßt. Die Filme läßt ihr Gatte nicht in ihrer Wohngegend, sondern in der Bahnhofsgegend entwickeln.

Solche Lösungen von Eheproblemen sind kein Einzelfall. In den Leserbriefspalten der Herrenmagazine findet man immer wieder

Briefe, in denen die Leser berichten, daß sie angeregt durch die dort publizierten Photos, ihrerseits angefangen hätten, von ihren Ehefrauen Aktphotos zu knipsen, wenn sie nicht gar ihr Liebesleben mit Hilfe eines Video-Rekorders dokumentieren. Dieses Liebesleben wird erst als Photo oder als Film zur Wirklichkeit.

Aktphotos von Amateuren publiziert das englische Herrenmagazin CLUB INTERNATIONAL auf nicht weniger als sechs bis acht Seiten. Auf den ersten Blick wirken diese Amateur-Photos insofern recht befremdend, als die nackten oder nahezu nackten Frauen auf den Aufnahmen zum Teil ihre Gesichter hinter einer Maske, unter einer Wollmütze, unter einer Papierrolle oder hinter einem Sombrero verbergen, falls sie sich nicht abwenden, um nicht wiedererkannt zu werden. Auch sind ihre Körper zumeist nicht braungebrannt oder make-up-braun wie die Körper der Herrenmagazin-Modelle. Ihre Haut ist weiß. Ansonsten ahmen diese Frauen eher linkisch die Posen der Modelle nach.

Zweifellos sind diese Posen der Modelle in den Magazinen CLUB INTERNATIONAL oder MAN ONLY um eine Spur obszöner als die der Models in den Magazinen PLAYBOY, PENTHOUSE oder LUI. Fachleute unterscheiden die diversen Aufnahmen mit den Adjektiven „soft" und „hard". Den Äußerungen der Inhaberin eines Zeitungsgeschäfts zufolge kaufen die PLAYBOY- und die PENTHOUSE-Leser keineswegs MEN ONLY oder CLUB INTERNATIONAL. MEN ONLY oder CLUB INTERNATIONAL erwerben zumeist ältere Herren, die aus der Mittelschicht stammen.

Den Marktforschungsergebnissen des Herrenmagazins LUI zufolge zählt auch der LUI-Leser zum Mittelstand. „Er lebt", konstatiert der Herausgeber dieses Magazins, „in der Großstadt. Er ist 29, 30 Jahre alt. Er ist nicht ungebildet. Die Hälfte unserer Leser hat Abitur beziehungsweise Hochschulbildung. Unser Leser hat Sinn für französische Lebensart. Er ist an ausgefallenen Autos interessiert. Er würde über hundert Kilometer fahren, um exklusiv essen zu können."

Ähnliche Ergebnisse bestätigen auch die Marktforschungsanalysen, die das Magazin PLAYBOY zur Hand hat. Der typische PLAYBOY-Leser ist Junggeselle. Er lebt zu über 75% in Großstädten. Die

Schulbildung besteht aus Abitur oder auch einem Hochschulausbildungsabschluß. Sein Einkommen beträgt über 3000 D-Mark Netto. Er ist bereit, einen gewissen Teil seines Einkommens für ein angenehmes Leben zu opfern. Vom PLAYBOY will er erfahren, wie er dies am besten bewerkstelligen könne. Er will wissen, wo er seinen nächsten sogenannten „Abenteurerurlaub" verbringen kann. Er will wissen, wo er mit seiner Freundin gut essen gehen kann. Er will über Sport gleichermaßen informiert sein wie über den Kauf von Antiquitäten oder Graphiken oder Perserteppichen.

Tatsächlich weist die Themenauswahl der oft überaus weitschweifigen Artikel und Berichte, die die Herrenmagazine zwischen den Aktphoto-Serien zu publizieren pflegen, darauf hin, daß sie sich an Leser wenden, denen hinlänglich Geld zur Verfügung steht, um ihr Leben abwechslungsreicher zu gestalten, als es einem Durchschnittsbürger dieses Landes möglich ist. Man findet in den Herrenmagazinen Artikel oder Berichte über Polo, über die Zubereitung von Barbecues, über Luxusjachten, über Probleme, die durch die Zeitverschiebung bei Langstreckenflügen im Hinblick auf den Kreislauf verursacht werden. Man findet dort Artikel und Berichte über Schönheitscremes für Männer, über die Ursachen für die Schwankungen des Goldkurses, über Revuen in schicken Pariser Night-Clubs, über Leonardo da Vinci als Erfinder, über den Neandertaler, über Hexenwahn und über Oldtimer.

Im PLAYBOY-Forum äußert sich über die Frage, ob der Reichtum noch der Mühe wert sei, Philip Rosenthal, der da meint: „Ein Reicher kann glücklich sein, aber es ist für ihn schwerer als für denjenigen, der nicht zu wenig und nicht zu viel Geld hat."

Das Niveau, das durch die Aktphotoserien wie auch durch schlüpfrige Witze, schlüpfrige Bettgeschichten und Artikel über den Penis, über Exhibitionisten, über Transsexuelle, über das homosexuelle Verhalten der Päpste, über Darstellerinnen von Pornofilmen oder über den multiplen Orgasmus beim Mann arg gedrückt wird, sollen auf der anderen Seite prominente Namen heben. So stößt man beispielsweise in den Herrenmagazinen auf Prosa von Alberto Moravia, Simone de Beauvoir, Kasimir Edschmidt oder Patricia Highsmith. Man stößt dort beispielsweise auf Interviews mit Ephraim

Kishon, Gunther Sachs oder Carl Friedrich von Weizsäcker. Selbst Golo Mann läßt dort dann und wann einen Essay von sich publizieren. Selbst Ronald Searle ist sich nicht zu fein, den Herrenmagazinen Zeichnungen von sich zum Photographieren zur Verfügung zu stellen.

Voller Genugtuung weist das Herrenmagazin PENTHOUSE in seiner deutschsprachigen Ausgabe darauf hin, daß es Rolf Hochhut als Mitarbeiter gewonnen hat. Allerdings werden die Herrenmagazine das Stigma, das ihnen zumal wegen ihrer Aktphotos anhaftet, einfach nicht los. Zwischen den Aktphotoserien, die man in den Redaktionen eilfertig herunterzuspielen sucht, nehmen sich die nicht sonderlich aktuellen Artikel und Berichte, in denen von Sexualität keine Rede ist, eher wie Lückenbüßer aus. Zudem wird die Bemühung, das Thema Sexualität nicht überhandnehmen zu lassen, in den einzelnen Magazinen durch die Leserbrief- und Ratgeberspalten wiederum zunichte gemacht.

Denn in den Leserbriefspalten ist dieses Thema ebenso an der Tagesordnung wie in den Ratgeberspalten. Im Forum des Herrenmagazins PENTHOUSE, in dem zwischenmenschliche Beziehungen diskutiert werden sollen, renommieren zahlreiche Leser mit größtenteils recht unglaubwürdigen sexuellen Erlebnissen. In den Ratgeberspalten stehen die Probleme zur Debatte, die sich beim Ausmessen weiblicher Geschlechtsteile oder beim Tätowieren weiblicher Vornamen in männliche Geschlechtsteile ergeben. Es stehen die Probleme zur Debatte, die eine Ehefrau in der Tatsache sieht, daß ihr Mann hin und wieder der Selbstbefriedigung frönt. Während es im Magazin PENTHOUSE eine Lebedame namens Xaviera ist, die sich der Leser annimmt, beantwortet im englischen Herrenmagazin MEN ONLY außer einem weiblichen Pornofilm-Star sogar ein sogenannter Experte für ungewöhnliche sexuelle Probleme die Anfragen der Leser.

Daß für eine Beantwortung mancher Leserbriefe tatsächlich ein sogenannter Sex-Experte vonnöten ist, zeigt beispielsweise der folgende Leserbrief, in dem es heißt: „Ich bin ein ganz normaler Bursche, bis auf einen Punkt: ich bin verrückt auf riesige Brüste. Ich möchte zwar mit keinem Mädchen verheiratet sein, das eine Oberweite von 60 Inches hat, aber in meiner Phantasie spielen riesige Brüste eine große Rolle. Ich stelle mir sogar Brüste vor, die mit einem Schubkarren transportiert werden müssen ... ich wäre dankbar für jede Information, die Sie mir geben können, wo man große Brüste zu sehen bekommt." Dem Sex-Experten überläßt das Herrenmagazin MEN ONLY auch die Beantwortung eines Leserbriefes, in dem es heißt: „Ich bin beschnitten und sehr beunruhigt. Mein Penis ist sehr kurz. Außerdem ist seine Spitze nicht so dick wie sein Schaft. Man hat mir erzählt, daß die Ärtze manchmal beim Beschneiden Fehler machen und zu viel Fleisch abschneiden. Ich frage mich, ob das bei mir passiert ist. Ich schäme mich wegen meines Penis' und das ruiniert mein Leben. Ich schäme mich wegen seiner Kürze, aber noch mehr schäme ich mich wegen der abnormalen Spitze. Ich habe gehört, daß man die Spitze durch eine Silikon-Injektion verlängern kann. Würden Sie mir das empfehlen?"

Den Anforderungen, die solche Leser stellen, können die Herrenmagazine offensichtlich nicht immer gerecht werden. Ihr ideales Männerbild ist zwar nicht weniger unrealistisch als ihr Frauenbild, doch sieht dieses Männerbild ganz anders aus. Eine mehr als nur ungefähre Vorstellung von dem Männer-Ideal, das den Herrenmagazinen vorschwebt, bietet beispielsweise ein zehn Seiten langer Bildbericht in dem Magazin LUI, der von einem draufgängerischen Abenteurer handelt, der sich immer wieder in die Einsamkeit des Dschungels von Französisch Guyana begibt, um dort in den verlassenen Goldminen nach Gold zu suchen. Über den Goldsucher heißt es in diesem Bildbericht: „Die maskuline Lust auf wilde Welt und harte Bewährung erfüllt sich der Franzose Jean-Paul Chesne in den verlassenen Goldminen von Französisch Guyana ... Wenn Chesne in diesem Treibhausklima unter steiler Sonne mit den alten Schüsseln der Goldgräber den gelben Metallstaub aus dem Flußsand ... wäscht, dann geht es ihm dabei weniger um großen Reichtum als vielmehr um seine ganz persönliche Freiheit. Eine Freiheit, die ihn unabhängig macht von den Plätzen und den Zugeständnissen der Zivilisation ... Chesne ist ein Kerl, der seinen Weg geht, der zum Abenteuer sagt: ich komme ... Der Mann hat überhaupt keine Nerven ... Wo andere noch zerfledderte Karten studieren, Risiken abwägen und nach Leitlinien suchen, verläßt er sich auf seinen Instinkt ... Er spielt gern mit dem Feuer ... In seinen Augenwinkeln hat sich die Summe dieser Strapazen in der Treibhausschwüle tief eingegraben ... Einer wie Chesne fällt um oder macht weiter."

Der Goldsucher selbst meint mit einer wehleidigen Tiefsinnigkeit: „Es gibt keinen Ort, der mich binden kann, nur das Meer; es gibt nur eine Gegenwart. Und Gegenwart ist Begegnung. Die beste Umgebung ist jene, die wechselt. Und die besten Freunde sind solche, die du morgen triffst."

Nicht weniger klischiert wirkt ein Männerportrait im deutschen Herrenmagazin ER: nämlich das Portrait des einstmals gefragtesten, mittlerweile verstorbenen Stuntman Wolfgang Köpke. In diesem Portrait heißt es über den Stuntmann, den sein Beruf ins Jenseits brachte: „Er hält den Europa-Rekord im Sprung von der 43 Meter hohen Eisenbahnbrücke in Eglisau. Als er aus dem Rhein wieder auftauchte ... spreizte er ... die Hände wie Churchill zum Siegesgruß ... Wohl kaum dachte er in den kalten Sekunden des Auftauchens an die 10.000 Schweizer Franken, die ihm der Sprung in die Tiefe eingebracht hatte ... Jeden Tag stemmt Köpke Eisen ... Auch deshalb trainiert er so hart ... um seinen eigenen Europa-Rekord im Sprung von Brücken einzustellen und schließlich auch ganz groß herauszukommen, wenn er den anvisierten Sprung von der Golden Gate Brücke schafft."

Diesen Sprung von der Golden Gate Brücke überlebte der deutsche Stuntman nicht. Vor seinem Tod nach den Problemen gefragt, die sein Beruf mit sich bringt, äußerte er sich nicht weniger tiefsinnig als der draufgängerische Goldsucher. Er meinte: „Das Beschissene ist ..., daß man ja ohne Gesicht springt ... Das ist schon manchmal ein trauriges Gefühl, wenn alles nur darum geht, daß die Szene gut in den Kasten kommt, und man selber riskiert sein Leben, Ruf und Knochen ... Diese Einsamkeit da oben und die Gleichgültigkeit nach der Leistung, für die ich ja auch bezahlt werde ... Es ist nicht lange her, da saß ich zu Hause allein mit meinem Hund, der von mir gar nicht mehr wegzudenken ist ... und da hab ich gemerkt, wie der Hund mit mir gefühlt hat."

Eine weitere Idealgestalt gibt der argentinische Tennismeister

Guillermo Vilas ab, der nicht anders als der Goldsucher und der Stuntman als ein unverbesserlicher Einzelgänger präsentiert wird. Er liebt das Meer und die Einsamkeit. In seiner Freizeit schreibt er Gedichte, die vom Tode handeln. Auf die Frage, ob ihn das beschäftige, was politisch in Argentinien vor sich gehe, antwortet Vilas: „Ja, sicher, das interessiert mich. Aber da ich fast immer unterwegs bin, maße ich mir keine Urteile an."

Ebenfalls enthaltsam, was politische Äußerungen betrifft, ist eine andere männliche Idealgestalt, die im amerikanischen PLAYBOY zu Worte kommt: nämlich der Filmstar George Hamilton. In dem PLAYBOY-Interview wird dieser Filmstar als der Inbegriff des PLAYBOY-Mannes bezeichnet. Über diesen Inbegriff des PLAYBOY-Mannes erfährt man, daß er am Tag 120 Vitamine zu sich nimmt, daß er regelmäßig sein Blut reinigen läßt und daß er in der Woche mindestens 20 Stunden damit verbringt, für die Bräunung seiner Haut Sorge zu tragen. Man erfährt über ihn, daß er Junggeselle ist, daß er außer sechs Wohnungen und zwei Plantagen mehrere hundert Anzüge besitzt und daß er einige Häuserblocks mit hundertprozentigem Gewinn verkauft hat. Man erfährt über ihn, daß er nicht gewillt ist, seine Zeit mit stürmischen Liebesaffären zu verlieren oder sich mit einer depressiven Frau auch nur zu verabreden. Hamilton macht kein Hehl daraus, daß er seinen Spaß haben will. Auf die Frage, ob er sich eine Philosophie für den Erfolg zurechtgelegt hätte, antwortet der mittlerweile weniger erfolgreiche Filmstar: „Alle Geschäfte sind gleich. Man muß sich selbst verkaufen. Aber man kann dies nicht direkt tun. Demjenigen, der behauptet: Das hier ist die tollste Sache auf der Welt, wird man nicht glauben, weil er sie selbst hergestellt hat; . . . Aber man wird dem Mann Gehör schenken, der sagt: Ich arbeite für eine Firma; diese Firma stellt ein Produkt her; ich habe mich entschlossen, für diese Firma zu arbeiten, weil dieses Produkt das beste ist . . ."

Eine so simple, aber gängige Geschäftsmoral dürfte den Geschäftsleuten, die man des öfteren im dunkelgrauen Flanellanzug, ein Diplomatenköfferchen in der Hand und die FAZ und ein Herrenmagazin unter dem Arm, in den Wartehallen der Flughäfen sowie in den Erster-Klasse-Abteilen der Intercity-Züge auftauchen sieht, ebenso akzeptabel erscheinen wie die durchwegs konservativen Meinungen, die in den wenigen politischen Artikeln geäußert werden, die die Herrenmagazine publizieren. Allerdings ist das höchst fragmentarische, in erster Linie nicht etwa der Information, sondern der Unterhaltung dienende Bild der Wirklichkeit, das sich dem Leser zumal bei der Lektüre der Herrenmagazine PLAYBOY, PENTHOUSE, LUI und ER eröffnet, nicht jedermanns Sache. Ohne Zweifel sind die Herrenmagazine lediglich die geeignete Lektüre für Menschen, die vom Lebenskampf nicht hinlänglich verausgabt sind, für Leute, die sich nicht unbedingt weiterbilden zu müssen meinen, für Leute, die gelegentlich unter arger Langeweile leiden.

Die wenigen Aspekte der Wirklichkeit, die in den einzelnen Magazinheften, obwohl diese zumeist einhundertfünfzig, mitunter sogar über zweihundert Seiten umfassen, zwischen aufwendigen Farbphotos auf kostspieligem Glanzpapier der Erörterung für wert befunden werden, ergeben das Bild einer im großen und ganzen heilen Welt, in der Konflikte, wenn sie nicht ohnehin nur privater Natur sind, eine sehr untergeordnete Rolle spielen.

Es ist die Welt der Luxusdiskotheken, der Luxushotels, der Luxusrestaurants, der Luxus-Nightclubs, der Luxus-Autos, der Luxusjachten. Es ist die Welt der blindwütig draufgängerischen Abenteurer, der hartgesottenen, doch verinnerlichten Einzelgänger, der cleveren geschäftstüchtigen Stars, die Millionen ergattern. Es ist eine Welt, in der bis zur Lächerlichkeit maskuline Männer es sich anmaßen, Frauen nur im Hinblick auf ihre Eignung für willfährige Sexualobjekte zu begutachten. Vor allem aber ist es eine Welt, zu der die Mehrzahl der Bürger dieses Landes keinen Zutritt hat. Die Probleme der Mehrzahl dieser Bürger stehen in den Herrenmagazinen auch nicht zur Debatte. Vielmehr zeigen die dort publizierten Artikel und Berichte hauptsächlich eines: daß es diesen Magazinen, gleichgültig, ob sie sich nun PLAYBOY, PENTHOUSE oder LUI nennen, ein Anliegen ist, ihrer Leserschaft beim Erlernen eines allerdings recht hausbackenen Snobismus behilflich zu sein.

LEO PERUTZ

Der Meister des Jüngsten Tages

Wohin rollst du, Äpfelchen . . .

Sankt Petri Schnee

„Wohin rollst du, Äpfelchen . . ." ist ein spannender Roman, geschrieben in einer zu hoher Kunst stilisierten Umgangssprache. Man kann auch die ganze russische Revolution vergessen und ihn lesen als die Geschichte eines Mannes, der vom Wahn getrieben wird. In ihrer Art ist sie schlechterdings perfekt.
Ich verdanke der Geschichte von dem Äpfelchen und meiner typisch deutschen Gründlichkeit, daß ich auch die anderen Werke von Leo Perutz kennengelernt habe, darunter eine so aufregende Mordgeschichte wie „Der Meister des Jüngsten Tages" (1923), vor allem jedoch dieses Kleinod der phantastischen Literatur, das man einen Klassiker nennen möchte, wenn es nicht so ganz unverstaubt, so wie gestern (oder morgen) geschrieben wirkte: „Sankt Petri Schnee" . . .
Es ist ein Rätselspiel mit tieferer Bedeutung, bei dem der Leser durch wohlgeplante Labyrinthe mit doppeltem Boden geführt wird; aber nach zwei Stunden (der Roman ist kurz) nicht nur das Gefühl hat, sich fabelhaft unterhalten zu haben, sondern auch, einem Geheimnis einen Schritt näher gekommen zu sein.
Die großen unter den Romanen des Leo Perutz — „Wohin rollst du, Äpfelchen . . .", „Der Meister des Jüngsten Tages" und vor allem eben „Sankt Petri Schnee" mögen nicht zur Weltliteratur gezählt werden. Aber einem Qualitätsvergleich mit den Texten eines Franz Werfel oder Stefan Zweig halten sie lässig stand . . .

Rudolf Walter Leonhardt
in *Die Zeit*